INTERNATIONAL FINANCE
LAW AND PRACTICE

国际融资
法律实务指南

任谷龙 / 著

法律出版社 | LAW PRESS

前　　言

近年来，随着“一带一路”战略的推进，中国企业积极走出国门，参与国际竞争，投身海外项目开发和建设。目前中国企业的身影遍布世界各地，除了具有传统优势的亚非拉地区之外，中国企业近来在欧洲和北美等地区发达国家市场也越来越活跃。在传统的制造业基础上，中国企业在高铁、核电等高端技术领域也逐渐凸显优势。技术、产能等方面的优势使得中国企业在国际市场上具有相当大的竞争力，从而成为国际经济建设中的重要力量。

企业的投资离不开金融的支持。金融对“一带一路”战略的实施具有重要意义，特别在基础设施、矿产能源、高端制造等资金需求量大的行业。作为国际经济活动的重要组成部分，国际融资有着自身的规则和特点。在过去一百多年由英国和美国主导的国际金融市场发展过程中，基于英美法的理念和交易习惯，通过各参与方在每一融资交易中的谈判、磋商，国际金融市场已经形成了一套繁复而精细的法律规则和商业惯例。熟悉这些规则和惯例对于交易的成功至关重要。每一个交易都有其自身特点，由于涉及的交易主体多，而且跨越不同法域，所以大部分国际融资交易往往比较复杂。这对参与国际融资交易的各方提出了极高的专业知识、技巧和经验要求。

笔者一直在国内外著名律所工作，专注于国际融资业务，参与了国际金融机构牵头的大量跨境融资交易，积累了丰富的国际项目经验。近年来又协助中资金融机构和中国企业完成了众多“一带一路”项目的融资工作。凭借着律师的专业技能和快速学习能力，通过法律尽职调查、分析和设计融资结构、起草与谈判融资文件、协调安排签约和放款、出具法律意见书等各项工作，协助客户顺利完成各项融资交易。在历经了数百个不同行业、不同类型的融资交易后，笔者积累了丰富的实务经验，同时对国际融资的法律和商业规则与惯例有了深刻的理解。

本书基于笔者的从业经验，以律师的视角介绍国际融资业务的交易流程和主要法律文件，探讨分析其中的法律风险和各方关注要点。本书的内容非常丰富，基本涵盖了国际融资交易的各个方面，包括：融资的基础概念，融资交易中的核心文件贷款协议的主要条款及其谈判要点，融资交易中除贷款协议之外的其他重要法律文件，国际银团贷款和债券发行两种主要融资方式，融资的担保和增信，以及不同类型和不同行业的融资特点。

本书撰写过程中得到了安杰律师事务所国际融资团队的大力支持，特别是杨安舒、文湘来、胡佳楠等几位律师和助理。他们协助完成了部分项目资料的整理以及书稿的校对，在此特别表示感谢！

笔者真诚地希望本书能为参与国际融资交易的各类从业人士提供指导和参考，对中国企业参与“一带一路”建设有所帮助。当然，本书不可避免地存在疏漏之处，恳请各位读者指正。

作者

2018 年 5 月 26 日

简　目

第一章　融资基本要素 …… 1

第二章　贷款基础概念 …… 47

第三章　贷款协议的主要条款 …… 81

第四章　贷款协议的谈判要点 …… 187

第五章　融资中的其他法律文件 …… 224

第六章　国际银团贷款 …… 254

第七章　国际债券发行 …… 269

第八章　融资担保和增信 …… 310

第九章　特定类型的融资 …… 348

第十章　特定行业的融资 …… 378

详　　目

第一章　融资基本要素 …… 1

第一节　资金来源 …… 1

一、多边金融机构 …… 1

（一）世界银行 …… 2

（二）国际货币基金组织 …… 3

（三）亚洲开发银行 …… 3

（四）亚洲基础设施投资银行 …… 4

（五）金砖国家开发银行 …… 5

二、政策性金融机构 …… 6

（一）政策性金融机构的类型 …… 6

（二）中国的政策性金融机构 …… 8

（三）国外常见的政策性金融机构 …… 10

三、商业银行 …… 12

（一）国内商业银行 …… 12

（二）国外商业银行 …… 13

四、专项投资基金 …… 14

（一）丝路基金 …… 14

（二）中非发展基金 …… 16

（三）中非产能合作基金 …… 17

（四）其他基金 …… 18

第二节 影响融资的主要因素 …… 19
一、借款人资信 …… 19
（一）借款人的性质 …… 19
（二）财务指标 …… 20
二、借款人股东 …… 25
（一）股权变更限制 …… 25
（二）政府股东的注意事项 …… 25
（三）股东数量 …… 26
（四）跨境项目中的当地股东 …… 26
（五）股东的义务 …… 26
（六）对股东收益的限制 …… 27
三、贷款用途——项目的类型和性质 …… 27
（一）项目类型 …… 27
（二）项目所在行业 …… 27
（三）项目所用技术 …… 27
（四）项目许可 …… 27
（五）项目用地 …… 28
（六）环境风险 …… 28
四、还款来源 …… 28
（一）产品销售收入 …… 28
（二）收购项目产生的现金流 …… 28
（三）借款人自由现金流 …… 29
五、担保 …… 29
（一）担保主体合法性 …… 29
（二）担保完善程序 …… 29
（三）担保财产 …… 29
（四）类担保支持 …… 30
六、融资项目所在地 …… 30
（一）东道国政治风险 …… 30

（二）东道国法律体系 …… 30
（三）政治和法律的稳定性 …… 31
（四）民众接受度 …… 31
（五）税务问题 …… 31
（六）外汇 …… 32
七、其他因素 …… 32
（一）本国成分 …… 32
（二）银行合规要求 …… 33
第三节　融资风险识别和管理 …… 33
一、国际融资风险的识别 …… 33
（一）国际项目的问题和难点 …… 33
（二）影响风险的主要因素 …… 34
（三）政治风险 …… 34
（四）货币风险 …… 35
（五）合规风险 …… 35
（六）项目建设运营风险 …… 35
（七）并购交易风险 …… 37
二、政治和货币风险的管理 …… 37
（一）政治风险的管理 …… 37
（二）汇率风险的管理 …… 40
（三）合规风险的管理 …… 40
三、项目融资风险管理 …… 41
（一）融资前的筹备阶段 …… 41
（二）项目融资阶段 …… 41
四、并购融资风险管理 …… 42
（一）签约前风险及防范 …… 42
（二）签约至成交前的风险及防范 …… 44
（三）成交后风险及防范 …… 46

第二章　贷款基础概念 …… 47
第一节　贷款分类 …… 47
一、按贷款方式分 …… 47
（一）双边贷款 …… 47
（二）银团贷款 …… 48
（三）融资参与 …… 49
二、其他分类 …… 51
（一）贷款期限 …… 52
（二）是否有担保 …… 52
（三）贷款人的义务性质 …… 52
（四）还款方式 …… 52
第二节　主要融资文件 …… 53
一、条款清单 …… 53
二、贷款协议 …… 54
（一）共同条款协议 …… 54
（二）单项贷款协议 …… 54
（三）债权人间协议 …… 54
三、担保文件 …… 55
第三节　国际贷款协议文本 …… 55
一、行业标准文本 …… 55
（一）亚太信贷市场协会 …… 55
（二）伦敦信贷市场协会 …… 56
（三）美国银团贷款交易协会 …… 57
（四）中国银行业协会 …… 57
二、贷款协议的结构 …… 57
（一）财务条款 …… 57
（二）管理条款 …… 58
（三）格式条款 …… 59

第四节　重要术语……60
一、财务术语……60
（一）基本财务术语……60
（二）基础利率……65
（三）其他财务术语……66
二、法律术语……71
（一）基本法律术语……71
（二）其他法律术语……75
三、管理术语……77
（一）基本管理术语……77
（二）其他管理术语……80

第三章　贷款协议的主要条款……81
第一节　信贷安排与使用……81
一、授信额度……81
（一）单一货币……81
（二）多种货币……82
（三）不同货币之间的换算……83
二、贷款用途……84
（一）贷款用途条款的作用……84
（二）贷款用途的常见约定……85
三、授信使用条件……86
（一）初始先决条件……86
（二）进一步先决条件……92
四、授信的提用……92
（一）提款申请书……92
（二）币种及金额……94
第二节　还款、提前还款和额度取消……94
一、还款……94

(一)定期贷款的还款 …… 95
(二)循环贷款的还款 …… 95
二、自愿提前还款 …… 96
(一)一般条款 …… 96
(二)自愿提前还款的限制 …… 96
(三)提前还款费 …… 97
(四)部分提前还款的顺序 …… 98
三、强制提前还款 …… 98
(一)非法 …… 98
(二)借款人控股权变更 …… 99
(三)其他情形 …… 101
四、额度取消 …… 101
五、提前还款和额度取消的限制 …… 102
(一)通知的不可撤销性 …… 102
(二)同时支付利息 …… 102
(三)不得再借已经提前偿还的贷款 …… 103
(四)不得在非约定时间提前还款或者取消额度 …… 103
(五)取消额度不得恢复 …… 103
第三节 利息、费用和其他支付义务 …… 104
一、利息 …… 104
(一)利息的计算 …… 104
(二)利率的通知 …… 106
(三)违约利率 …… 106
二、利息期 …… 107
(一)利息期的选择 …… 108
(二)利息期变更 …… 109
(三)非营业日 …… 109
(四)利息期末贷款的合并和分拆 …… 109
三、利息计算的变更 …… 110

(一)没有利率报价 …… 110
(二)市场干扰事件 …… 111
(三)参照银行报价 …… 111
(四)备选参照行市场干扰事件 …… 111
(五)磋商机制 …… 113
四、贷款收费 …… 114
(一)承诺费 …… 114
(二)安排费 …… 115
(三)代理费 …… 115
(四)提前还款费 …… 116
五、其他付款义务 …… 116
(一)税款补偿 …… 116
(二)成本增加 …… 118
(三)其他补偿 …… 119
(四)成本和支出 …… 121
第四节　陈述和保证 …… 124
一、陈述条款概述 …… 124
(一)什么是陈述条款 …… 124
(二)基本目的 …… 125
二、法律陈述 …… 125
(一)基本法律陈述条款 …… 125
(二)常见法律陈述条款 …… 131
三、商业陈述 …… 136
(一)基本商业陈述条款 …… 136
(二)常见商业陈述条款 …… 140
(三)其他商业陈述条款 …… 142
四、重复陈述 …… 143
第五节　承诺 …… 144
一、承诺条款概述 …… 144

二、一般承诺 …… 144
(一)必备条款 …… 145
(二)常见条款 …… 147
(三)其他条款 …… 152
三、信息承诺 …… 153
(一)财务报表 …… 153
(二)违约通知 …… 153
(三)财务合规证书 …… 154
(四)其他信息 …… 155
(五)KYC 文件 …… 156
四、财务承诺 …… 157
(一)适用范围 …… 157
(二)财务指标 …… 158
(三)财务指标测试 …… 158
第六节 违约事件 …… 159
一、违约事件概述 …… 159
二、典型的违约事件 …… 160
(一)不付款 …… 160
(二)违反其他义务 …… 161
(三)不实陈述 …… 161
(四)资不抵债、破产或债权人程序 …… 162
(五)不合法 …… 165
(六)预期不履约 …… 166
(七)交叉违约 …… 166
(八)重大不利变化 …… 168
三、其他违约事件 …… 168
(一)控股权变更 …… 168
(二)管理层变更 …… 169
(三)不履行生效判决 …… 169

(四)停止营业 …… 170
(五)诉讼程序 …… 170
(六)其他违约事件 …… 170
四、违约救济 …… 171
(一)宣布贷款加速到期 …… 172
(二)宣布贷款见索应付 …… 172
(三)取消承贷额 …… 172
(四)行使融资文件约定的其他权利 …… 172
第七节　其他条款 …… 173
一、贷款转让条款 …… 173
(一)借款人转让 …… 173
(二)贷款人转让 …… 174
(三)贷款转让的方式 …… 174
二、贷款人保护条款 …… 176
(一)抵销条款 …… 176
(二)计算和证明 …… 176
(三)部分无效 …… 178
(四)救济和弃权 …… 179
三、通知条款 …… 180
(一)通知的形式 …… 180
(二)联系方式 …… 181
(三)通知生效时间 …… 181
四、协议修改 …… 182
五、保密条款 …… 183
六、分别签署 …… 184
七、适用法律和争议解决 …… 185
(一)适用法律条款 …… 185
(二)争议解决条款 …… 186

第四章 贷款协议的谈判要点 …… 187
第一节 借贷双方的立场 …… 187
一、基本出发点 …… 187
（一）贷款人 …… 187
（二）借款人 …… 188
二、重点条款的考量 …… 188
（一）先决条件 …… 188
（二）陈述 …… 190
（三）承诺 …… 190
（四）违约事件 …… 191
三、违约事件的现实考量 …… 191
第二节 技巧性谈判点 …… 194
一、义务的适用范围 …… 194
（一）借款集团 …… 194
（二）重大子公司 …… 195
（三）债务人 …… 196
（四）具体条款中应用 …… 196
（五）非合同方的义务约束力 …… 196
二、重大和重大不利变化 …… 197
（一）重大的定义 …… 197
（二）重大不利影响的定义 …… 198
（三）无重大不利变化 …… 198
（四）避免双重重大限制 …… 199
三、宽限期 …… 199
（一）常见的宽限期 …… 200
（二）违约事件和承诺条款中的宽限期交叉 …… 201
（三）无法给予宽限期的情形 …… 201
四、起点金额 …… 201
（一）承诺条款中的起点金额 …… 202

（二）违约事件中的起点金额 …………………………… 202
五、其他技巧 …………………………………… 202
（一）合理性 …………………………………… 202
（二）例外排除 ………………………………… 203
第三节　商业事项的谈判 ………………………… 203
一、授信的类型 ………………………………… 203
（一）承诺性与非承诺性 ……………………… 203
（二）定期贷款与循环授信 …………………… 207
（三）单一授信与综合授信 …………………… 209
二、融资成本 …………………………………… 209
（一）融资成本的构成 ………………………… 209
（二）借款人费用补偿 ………………………… 210
三、成本增加和贷款人的减损义务 …………… 210
（一）成本增加 ………………………………… 210
（二）贷款人减少损失义务 …………………… 211
四、其他财务负债和举借新债 ………………… 212
五、现有担保和对外担保 ……………………… 213
六、业务经营的限制 …………………………… 214
（一）资产处置例外 …………………………… 215
（二）不得合并的例外 ………………………… 215
第四节　主要法律条款的谈判 …………………… 216
一、重复陈述 …………………………………… 216
二、信息陈述 …………………………………… 217
三、潜在的诉讼程序 …………………………… 218
四、破产程序中的例外 ………………………… 218
五、遵守法律与依法纳税 ……………………… 219
六、违约事件与强制提前还款 ………………… 220
（一）不合法 …………………………………… 220
（二）管理层变更 ……………………………… 220

(三)控制权变更 …… 221
七、交叉违约与交叉加速到期 …… 221
(一)交叉违约的限定 …… 221
(二)交叉违约修改为交叉加速到期 …… 222
八、违约救济 …… 222
九、保密条款 …… 223

第五章 融资中的其他法律文件 …… 224
第一节 牵头银行文件 …… 224
一、聘用函 …… 224
(一)委托授权 …… 224
(二)条件 …… 225
(三)无重大不利变化 …… 225
(四)收费、成本和支出 …… 226
(五)银团组建 …… 226
(六)利益冲突豁免 …… 226
(七)市场肃清 …… 227
(八)终止 …… 227
(九)其他条款 …… 227
二、费用函 …… 227
(一)概述 …… 227
(二)费用的类型 …… 228
(三)重点谈判条款 …… 229
(四)其他条款 …… 230
三、承诺函 …… 230
(一)承诺函简介 …… 230
(二)承诺函的主要条款 …… 231
第二节 债权人间协议 …… 235
一、概述 …… 235

二、主要条款 …… 235
(一)主要定义 …… 235
(二)承诺 …… 236
(三)允许的付款 …… 236
(四)资不抵债时的债务从属 …… 237
(五)对修改文件的限制 …… 237
(六)担保代理条款 …… 238
第三节 先决条件相关文件 …… 238
一、先决条件清单 …… 238
二、先决条件确认函 …… 242
三、先决条件豁免函 …… 242
第四节 法律意见书 …… 243
一、法律意见书概述 …… 243
二、法律意见书的结构和内容 …… 243
(一)背景 …… 243
(二)定义 …… 244
(三)审阅文件 …… 244
(四)调查询问 …… 244
(五)假设 …… 245
(六)法律意见 …… 246
(七)保留意见 …… 246
(八)其他 …… 247
三、出具法律意见书注意事项 …… 247
(一)利益冲突 …… 247
(二)法律意见书的责任 …… 247
(三)时间安排和相关的问题 …… 247
(四)其他考虑事项 …… 248
第五节 贷款转让文件 …… 248
一、贷款的让与 …… 249

(一)通知或同意 …… 249
(二)法定让与和衡平让与 …… 249
二、贷款更新 …… 250
(一)贷款更新的优势 …… 250
(二)借款人同意 …… 250
三、贷款转让需要关注的问题 …… 251
(一)对价 …… 251
(二)贷款协议是否存在保证或担保 …… 251
(三)部分转让 …… 252
(四)税务 …… 252
(五)陈述和保证 …… 253

第六章 国际银团贷款 …… 254
第一节 银团贷款介绍 …… 254
一、银团贷款的概念和起源 …… 254
二、银团贷款基本原则 …… 255
(一)共同放贷 …… 255
(二)独立义务 …… 255
(三)银团民主 …… 255
第二节 银团贷款成员及其职责 …… 256
一、主办行 …… 257
(一)主办行的职责 …… 257
(二)安排费 …… 257
(三)主办行的责任限制 …… 257
(四)主办行承销贷款的方式 …… 258
二、代理行 …… 258
(一)代理行的任命 …… 258
(二)代理行的职责 …… 259
(三)代理行的权利 …… 260

（四）代理行的更换 …… 260
（五）对代理行的保护 …… 261
三、参贷行 …… 262
四、融资方 …… 262
五、其他方 …… 263
第三节　主办行和代理行的责任限制 …… 263
一、无信赖义务 …… 263
二、文本制作责任 …… 264
三、信贷评审 …… 264
第四节　贷款人及各贷款人之间的关系 …… 265
一、贷款人自身事务处理 …… 265
二、贷款人之间的款项分配 …… 266
（一）给某融资方的付款 …… 266
（二）款项再分配 …… 266
（三）收款融资方的权利 …… 266
（四）分配款项的返还 …… 267
（五）除外情况 …… 267
三、违约贷款人 …… 267

第七章　国际债券发行 …… 269
第一节　债券基础 …… 269
一、债券术语 …… 269
二、债券分类 …… 270
（一）按发行主体分 …… 270
（二）按利息分类 …… 271
（三）按特征分类 …… 271
（四）其他债务证券 …… 271
三、债券形式 …… 272
（一）无记名债券和记名债券 …… 272

（二）全球票据和确定票据 …… 273
第二节 债券发行中的当事人 …… 274
一、概览 …… 274
（一）主要当事人 …… 274
（二）专业中介 …… 275
（三）其他当事人 …… 275
二、发行人 …… 276
三、承销商 …… 276
（一）主承销商 …… 276
（二）联席承销商 …… 276
四、支付代理 …… 277
五、财政代理或受托人 …… 277
（一）财政代理 …… 277
（二）受托人 …… 277
（三）财政代理与受托人的比较 …… 277
六、债券持有人 …… 278
七、清算系统和共同托管人 …… 278
（一）清算系统 …… 278
（二）共同托管人 …… 279
八、律师 …… 279
（一）承销商国际律师 …… 279
（二）发行人国际律师 …… 279
（三）当地律师 …… 280
九、审计师 …… 280
十、其他当事方 …… 280
（一）印刷商 …… 280
（二）担保人 …… 280
（三）信用评级机构 …… 281
（四）上市代理 …… 281

(五)登记和转让代理 …… 281
(六)计算代理 …… 281
(七)送达代理 …… 282
第三节　债券发行文件 …… 282
一、概览 …… 282
(一)主要发行文件 …… 282
(二)发行前的文件 …… 283
(三)其他文件 …… 283
二、主要发行文件 …… 283
(一)发债说明书 …… 283
(二)认购协议 …… 284
(三)财政代理协议和承诺契据 …… 285
(四)信托契据和付款代理协议 …… 286
(五)债券格式和债券条款 …… 287
(六)承销商间协议 …… 288
三、发行前文件 …… 289
(一)费用函 …… 289
(二)聘用函 …… 289
(三)债券初步条款 …… 289
(四)邀请函 …… 289
四、其他文件 …… 290
(一)法律意见书 …… 290
(二)审计师同意函 …… 290
(三)发行人公司文件 …… 290
(四)上市交易文件 …… 291
(五)送达代理聘用函 …… 291
(六)签署和交割备忘录 …… 291
第四节　债券发行流程 …… 291
一、概览 …… 291

二、启动前阶段 …… 292
三、启动阶段 …… 293
四、发行阶段 …… 294
(一)签署前 …… 295
(二)签署 …… 295
(三)交割前 …… 296
(四)交割日 …… 296
五、发行后阶段 …… 296
第五节 债券发行尽职调查 …… 297
一、概览 …… 297
二、尽职调查类型 …… 297
(一)法律尽职调查 …… 298
(二)商业尽职调查 …… 298
三、尽职调查的组织与实施 …… 299
(一)尽职调查实施人员 …… 299
(二)信息来源 …… 299
(三)尽职调查清单 …… 299
(四)尽职调查会议 …… 300
(五)尽职调查资料库 …… 300
(六)尽职调查报告 …… 300
(七)终局调查 …… 301
四、尽职调查需要审阅的文件 …… 301
(一)公司档案 …… 301
(二)财务资料 …… 302
(三)公司融资的相关资料 …… 302
(四)有关董事、管理层和员工方面的资料 …… 303
(五)有关合伙、合资和其他公司交易的资料 …… 303
(六)有关业务经营和市场销售的资料 …… 304
(七)有关诉讼情况的资料 …… 305

（八）其他文件和信息 …… 305
第六节　信用评级 …… 306
一、概览 …… 306
二、评级分类 …… 306
（一）长期评级 …… 306
（二）评级展望 …… 306
三、信用评级的优点与缺点 …… 306
（一）信用评级的优点 …… 306
（二）信用评级的缺点 …… 307
四、国际资本市场协会披露要求 …… 307

第八章　融资担保和增信 …… 310
第一节　普通法下的担保 …… 310
一、押记 …… 310
（一）固定押记 …… 311
（二）浮动押记 …… 311
二、抵押 …… 312
（一）法定抵押 …… 313
（二）衡平抵押 …… 313
三、质押 …… 313
四、留置 …… 314
五、让与担保 …… 314
（一）法定让与担保 …… 314
（二）衡平让与担保 …… 315
六、债权文书 …… 315
第二节　大陆法下的担保 …… 315
一、概述 …… 315
（一）物的担保 …… 315
（二）债权担保 …… 316

二、抵押 …… 316
(一)抵押物的范围 …… 316
(二)抵押权登记 …… 317
(三)同一财产上多个抵押权 …… 317
三、质押 …… 317
(一)质物的范围 …… 317
(二)质权的设立 …… 318
(三)抵押与质押的区别 …… 318
四、留置 …… 319
第三节 保证 …… 319
一、保证概述 …… 319
(一)集团内保证和第三方保证 …… 320
(二)一般保证和连带责任保证 …… 320
(三)单一保证和共同保证 …… 321
(四)从属保证和独立保证 …… 321
(五)保证和赔偿 …… 322
二、保证协议的主要条款 …… 322
(一)不可撤销且无条件的义务 …… 323
(二)连带和按份责任 …… 323
(三)持续性保证 …… 323
(四)暂计账户 …… 323
(五)同意主合同变更 …… 324
(六)保证人弃权向借款人追偿 …… 324
(七)陈述和保证 …… 325
(八)承诺 …… 325
三、银行保证——保函与备用证 …… 325
(一)银行保函 …… 325
(二)备用证 …… 327
(三)备用证与保函的比较 …… 327

(四)保函和备用证的独立性 …… 328
四、主权担保 …… 329
(一)主权担保的范围 …… 329
(二)主权担保的流程 …… 329
(三)主权担保的限制 …… 330
第四节 类担保增信 …… 330
一、安慰函 …… 330
(一)主要内容 …… 331
(二)法律约束力 …… 332
二、股东支持文件 …… 332
(一)发起人支持协议 …… 332
(二)出资承诺和次级贷款 …… 332
(三)完工保证 …… 332
(四)其他承诺 …… 333
三、债务从属协议 …… 333
(一)主要内容 …… 333
(二)法律效力 …… 334
四、其他增信文件 …… 335
第五节 担保注意事项 …… 335
一、设置担保的考虑因素 …… 335
(一)合同问题 …… 335
(二)被担保债务 …… 336
(三)可撤销的交易 …… 336
(四)结构上的从属 …… 337
(五)公司利益 …… 337
二、担保的完善 …… 338
(一)担保完善的重要性 …… 338
(二)完善担保注意事项 …… 338
(三)转移占有 …… 339

（四）登记 …… 339
（五）所有权转移 …… 339
（六）书面签署 …… 339
（七）通知 …… 340
三、跨境担保的外汇管制 …… 340
四、担保文件谈判要点 …… 340
（一）主要定义 …… 341
（二）重大性 …… 341
（三）合理性 …… 341
（四）例外排除 …… 341
（五）贷款人同意 …… 342
（六）救济权行使条件 …… 342
第六节 信用保险 …… 342
一、信用保险机构 …… 342
（一）多边投资担保机构 …… 342
（二）出口信贷机构 …… 343
（三）商业保险公司 …… 343
二、商业风险和政治风险 …… 344
（一）商业风险 …… 344
（二）政治风险 …… 344
（三）综合性信用风险 …… 345
三、融资交易中的保险条款 …… 345
（一）投保主体 …… 345
（二）投保范围 …… 345
（三）免赔额 …… 346
（四）“可获得”的保险 …… 346
（五）保费支付承诺 …… 346
（六）保险经纪人 …… 346
四、贷款人注意事项 …… 347

（一）贷款人的利益 …… 347
（二）当地强制保险与再保险 …… 347

第九章　特定类型的融资 …… 348
第一节　项目融资 …… 348
一、项目融资概述 …… 348
二、典型项目融资结构 …… 349
三、项目融资的参与方 …… 350
（一）发起人和项目公司 …… 350
（二）特许方 …… 350
（三）承购方 …… 351
（四）建筑商 …… 351
（五）运营商 …… 351
（六）供应商 …… 351
（七）融资方 …… 351
四、项目文件 …… 352
（一）特许协议 …… 352
（二）建筑合同 …… 352
（三）销售协议 …… 353
（四）供应协议 …… 353
（五）运维协议 …… 353
（六）其他文件 …… 353
第二节　并购融资 …… 354
一、并购方式 …… 354
（一）资产并购 …… 354
（二）股权并购 …… 355
（三）选择并购方式 …… 355
二、并购融资注意事项 …… 355
（一）并购协议的签署 …… 355

(二)并购方的现有债务 …… 356
(三)目标公司可以提供的担保 …… 356
三、融资承诺函 …… 357
四、对赌机制 …… 357
第三节 资产融资 …… 358
一、资产融资概述 …… 358
二、资产融资的主要特征 …… 359
(一)适用于特定类型的融资需求方 …… 359
(二)融资基于资产的价值 …… 359
(三)交易结构受税务因素影响巨大 …… 359
三、典型交易结构 …… 359
(一)担保贷款 …… 359
(二)租赁 …… 360
(三)担保贷款与租赁相结合 …… 361
四、资产融资的关注事项 …… 362
(一)资产的使用和维护 …… 362
(二)到期返回条件 …… 363
(三)保险 …… 363
(四)担保 …… 364
第四节 贸易融资 …… 365
一、信用证 …… 365
(一)信用证当事方 …… 365
(二)信用证业务流程 …… 367
(三)独立性原则和欺诈例外 …… 368
二、应收账款融资 …… 370
(一)应收账款转让 …… 370
(二)保理 …… 371
(三)应收账款融资的风险及防范 …… 372
三、福费廷 …… 373
(一)基本结构 …… 373

（二）无追索权贴现协议 …… 374
四、仓储融资 …… 375
（一）担保方式 …… 375
（二）仓储管理人 …… 376

第十章　特定行业的融资 …… 378
第一节　电力行业 …… 378
一、电力行业概述 …… 378
二、购电合同 …… 379
（一）电费的构成 …… 379
（二）购电方的信用风险 …… 380
三、可再生能源 …… 380
（一）水电站 …… 380
（二）风力发电 …… 385
（三）太阳能 …… 387
（四）地热发电 …… 389
（五）生物质发电 …… 389
四、核电项目的特别因素 …… 390
（一）核电许可 …… 390
（二）核事故 …… 391
五、英国电力市场改革——CFD 制度简介 …… 392
（一）CFD 运作机制 …… 392
（二）LCCC …… 392
（三）英国国家电网公司 …… 393
（四）CFD 运行流程 …… 393
（五）兜底购电方（OLR）制度 …… 394
第二节　交通运输行业 …… 394
一、概述 …… 394
二、交通运输项目的融资模式 …… 395
（一）融资模式简介 …… 395

(二)不同国家高速铁路融资模式比较 …… 395
(三)公私合营——融资模式的未来趋势 …… 397
三、交通运输项目融资的特点 …… 398
(一)融资金额大 …… 398
(二)投资周期长、回报率不高 …… 399
(三)融资成本偏好低 …… 399
四、交通运输项目融资注意事项 …… 399
(一)妥善评估项目的持续性收益 …… 399
(二)了解项目东道国国情 …… 400
第三节 油气行业 …… 401
一、行业概况 …… 401
二、油气开发许可 …… 402
(一)特许协议 …… 403
(二)产量分成合同 …… 403
(三)服务合同 …… 403
三、液化天然气项目特点 …… 404
四、油气项目融资特点 …… 405
(一)合资经营 …… 405
(二)销售协议 …… 405
(三)债务融资比例高 …… 405
(四)完工担保 …… 406
(五)发起人提供高级贷款 …… 406
第四节 采矿行业 …… 407
一、矿产法律和监管 …… 407
(一)矿产许可 …… 408
(二)特许费 …… 408
(三)矿权担保 …… 408
二、矿产的储量 …… 409
(一)储量 …… 410
(二)资源量 …… 410

三、矿产价格波动 …… 411
四、环境保护 …… 412
五、政治和其他风险 …… 412
（一）政治风险 …… 412
（二）劳工问题 …… 413
（三）进出口限制 …… 413
第五节　房地产行业 …… 413
一、房地产融资的特点 …… 414
（一）依赖土地和房屋价值 …… 414
（二）资金需求量大 …… 414
（三）受宏观调控影响大 …… 414
二、房地产融资的当事方 …… 415
（一）发起人 …… 415
（二）项目公司 …… 415
（三）物业运营管理公司 …… 415
（四）工程承包商 …… 415
（五）其他 …… 415
三、商业地产抵押贷款 …… 416
（一）房地产抵押 …… 416
（二）租金收益权质押 …… 417
（三）账户质押 …… 418
（四）账户监管 …… 419
（五）保单权益转让 …… 419
四、房地产项目尽职调查 …… 420
（一）土地和建筑物权属 …… 420
（二）房地产开发、建设、完工手续 …… 420
（三）房地产经营相关文件 …… 421

Chapter 1

第一章

融资基本要素

第一节　资金来源

在国际金融市场,提供债务性融资的主要是各类金融机构,包括全球或区域性多边金融机构、政策性银行,众多商业性银行,以及一些专业从事国际投资和融资的专项投资基金等。在经济全球化的背景下,越来越多的金融机构参与到跨国交易中,跨国投融资、跨国贷款、跨国证券发行和跨国并购体系已经是司空见惯。在这些国际交易中,金融机构提供资金,或者同时扮演顾问角色,为交易的顺利交割提供了重要支持。以下简要介绍参与国际融资交易的主要国际、区域和中国的金融机构。

一、多边金融机构

世界银行和国际货币基金组织作为传统的两大多边金融机构,与关贸总协定(世界贸易组织前身)共同构成布雷顿森林体系的三大支柱。世界银行与国际货币基金组织作为世界经济秩序的两个重要组成部分,主要由发达国家主导,为"二战"后世界经济发展做出了重要贡献。随着中国等发展中国家经济的崛起,世界经济格局发生了变革。由中国倡导发起的亚投行作为一个新的多边金融机构,弥补了传统多边金融机构在满足发展中国家需求方面的不足[①]。金砖国家开发银行等新兴经济体的出现对原有的全球经济秩序进行了必要修正，也极大地推动了现有的国际经济秩序改革。

（一）世界银行

世界银行集团（也称世界银行，简称世行）总部位于华盛顿，共有189个成员，员工来自170多个国家，在130多个地方设有办事处。世界银行集团是一个独特的全球性合作伙伴，其共有两大使命，即消除极端贫困和促进共享繁荣。[②]

世界银行集团共有五个机构，分别是国际复兴开发银行（IBRD）、国际开发协会（IDA）、国际金融公司（IFC）、多边投资担保机构（MIGA）和国际投资争端解决中心（ICSID）。

（1）IBRD是世界最大的开发银行，创建于1944年，成立的初衷是帮助“二战”后的欧洲重建。主要向中等收入国家和资信良好的低收入国家提供贷款、担保、风险管理产品和咨询服务。中等收入国家是世行的重要合作伙伴，占IBRD业务量的60%以上。

（2）IDA对IBRD做了重要补充。IDA和IBRD共享相同的工作人员和总部，并以相同的严格标准评估项目。IDA是世界77个最贫穷国家（其中39个为非洲国家）最大的援助来源之一，是这些国家基本社会服务捐助基金的最大来源。IDA以优惠条件提供资金，贷款的利息为零或非常低，偿还期为25年至40年，其中包括5年至10年的宽限期。IDA还向处于债务危机风险的国家提供赠款。除了优惠贷款和赠款外，IDA通过重债穷国倡议（HIPC）和多边债务减免倡议（MDRI）减免了大量债务。

（3）IFC通过投资融资，在国际金融市场筹集资金，为企业和政府提供咨询服务来帮助发展中国家实现可持续增长。

（4）MIGA通过向投资者和贷款人提供政治风险担保以促进发展中国家的外国直接投资，从而帮助发展中国家发展经济，减少贫困及改善人们的生活。

---

① 李琰：《中国智慧推动全球经济治理改革》，载《人民日报》2016年6月17日，第23版。

② 参见世界银行官方网站：http://www.shihang.org/zh/who-we-are，最后访问日期：2018年2月24日。

(5) ICSID 为国际投资争端的调解和仲裁提供便利。人们通常说的世界银行主要是指 IBRD 和 IDA。自 1944 年成立以来,世界银行通过传统贷款、无息信贷和赠款已为 173 个国家、超过 1.2 万个发展项目提供资金。世行贷款的对象为会员国官方、国营及私营企业。贷款类别多为项目贷款,用于工业、农业、能源、运输、教育等诸多领域。

(二) 国际货币基金组织

国际货币基金组织(IMF)是于 1944 年 7 月在美国新罕布什尔州的布雷顿森林联合国会议上设想建立的。该会议的 44 个国家试图建立一个经济合作框架,避免再次出现加剧 20 世纪 30 年代经济大萧条的竞争性货币贬值。其主要目的是确保国际货币体系的稳定性,使各国(及其公民)相互交易所依赖的汇率制度和国际支付体系保持稳定。[①] 目前,IMF 共有 189 个成员,总部位于美国华盛顿,共有 24 位执行董事(分别代表一个国家或一组国家)、2700 名工作人员(来自 148 个国家)。

国际货币基金组织的核心责任是向遭遇实际、预期或潜在的国际收支问题的成员国提供贷款。这项财政援助促使各国能够重建国际储备、稳定货币、继续支付进口,恢复强劲经济增长所需要的条件,同时采取政策纠正潜在问题。与开发性金融机构不一样的是,IMF 并不为具体项目提供贷款。当成员国有实际或可能的国际收支需求时,其可以请求 IMF 提供财政援助。IMF 的资金给成员国提供了缓冲机会,帮助其采取必要的调整和改革措施。

IMF 贷款的大部分资金主要来源于其成员国的份额认缴。多边和双边借款作为第二和第三资金来源,为份额资源提供临时补充。在全球经济危机期间,这些临时资金在 IMF 为其成员国提供特殊的财政支持方面发挥了关键作用。低收入国家的优惠贷款和债务减免来自单独的以捐款方式设立的信托基金。

(三) 亚洲开发银行

亚洲开发银行(简称亚行或 ADB)成立于 1966 年。其总部位于菲律宾首

---

① 参见国际货币基金组织官方网站:http://www.imf.org/zh/About/Factsheets/IMF-at-a-Glance,最后访问日期:2018 年 2 月 24 日。

都马尼拉,有 29 个驻地代表处,在东京、法兰克福和华盛顿特区设有三个办事处。亚行成立时只有 31 个成员体,目前成员体已经发展到 67 个,其中有 48 个来自亚太地区,19 个来自其他地区①。我国于 1986 年加入亚行。

亚行旨在使亚太地区摆脱贫困,帮助发展中成员国减少贫困,提高人民的生活水平。亚行与成员国政府、独立专家和其他金融机构合作,致力于为发展中成员国提供具有经济发展影响力的项目。作为多边发展金融机构,亚行为其成员国政府(也是其股东)提供贷款、技术援助和赠款。此外,亚行通过股权投资和贷款向发展中成员国的私营企业提供直接援助。亚行通过以下方式最大限度地发挥其援助的发展影响力:促进政策对话,提供咨询服务,以及通过开展官方商业和出口信贷来源的联合融资业务调动财政资源。

亚行的业务旨在支持包容性经济增长,环境可持续发展和区域一体化。亚行 80% 贷款用于其具有比较优势的核心业务领域:基础设施(水、能源、交通、城市发展、信息通信技术),环境、区域合作与一体化,金融部门发展和教育。亚行在其他领域也有一定的业务,包括健康、农业和自然资源和公共部门管理。② 在过去的 50 年里,亚行在亚太地区转型中发挥了重要作用。

(四)亚洲基础设施投资银行

亚洲基础设施投资银行(简称亚投行或 AIIB),由中国倡议设立并于 2014 年 10 月在北京成立,2016 年 1 月正式开业,目前有超过 80 个成员③。亚投行坚持的核心原则是"开放、透明、独立和负责",经营模式是"精益、清洁和绿色"。亚投行共有六大核心领域:农村基础设施与农业发展、能源与电力、环境保护、交通和电信、供水和卫生以及城市发展和物流。其作为新时代下的区域多边金融机构,旨在为亚洲地区基础设施建设提供融资支持,推动区域互联互通,促进区域经济的发展④,同时对促进全球金融秩序的平衡具有重要意义。

2008 年爆发了全球性的金融危机,此后全球经济增速减缓,劳动生产率下

---

① 参见亚行网站:https://www.adb.org/zh/about/members,最后访问日期:2018 年 2 月 24 日。

② 参见亚行官方网站:https://www.adb.org/about/our-work,最后访问日期:2018 年 2 月 24 日。

③ 参见亚投行官方网站:https://www.aiib.org/en/about-aiib/index.html,最后访问日期:2018 年 2 月 24 日。

④ 廖中新:《亚投行运营模式及其发展前景》,载《财经科学》2016 年第 3 期。

降，总需求不足，在客观上要求中国在实现自身发展的同时对全球经济做出贡献。另外“一带一路”倡议提出“以经济走廊为依托，以交通基础设施为突破，以建设融资平台为抓手，以人文交流为纽带，加强‘一带一路’务实合作，深化亚洲国家互联互通伙伴关系”，将基础设施投资和相应的融资平台建设摆在突出的地位，这为亚投行的成立提供了重要契机①。亚投行在补充原有的国际融资体系、促进亚洲经济一体化发展、推动全球经济的再平衡等方面发挥着举足轻重的作用。

（五）金砖国家开发银行

2014 年 7 月 15 日，金砖五国（巴西、俄罗斯、印度、中国和南非）第六次峰会宣布成立金砖国家开发银行（新开发银行）。该行初始核定资本为 1000 亿美元，启动资本为 500 亿美元，由五国均摊。其首任行长来自印度，首任理事会主席来自俄罗斯，首任董事会主席来自巴西，首个区域办公室设在南非约翰内斯堡，总部位于中国上海，2016 年起开始运营。其旨在为金砖国家和其他发展中国家的基础设施建设和可持续发展提供资源支持②。新开发银行的定位为政府牵头兴建的政策性银行，但将以商业模式运行以保持财务持续性，新开发银行的成立将有利于中国企业“走出去”，同时也旨在带动各国之间的经贸往来，从而惠及更多普通民众。

以发展中国家为主导和世界性是新开发银行的两大核心特征。一是现有的国际金融机构多以发达国家为主导，如世界银行、亚洲开发银行、美洲开发银行等，而新开发银行则以发展中国家为主导。二是新开发银行具有世界性，这区别于除世行以外的区域性金融机构，如美洲开发银行、亚洲开发银行等。五个创始国分别分布在四大洲且并不局限于金砖五国，待以后条件成熟，将会吸收更多的发展中国家进入该机构，因而称其为“新开发银行”而非金砖银行。③

① 王达：《亚投行的中国考量与世界意义》，载《东北亚论坛》2015 年第 3 期。

② 参见新开发银行官方网站：http://www.ndb.int/about-us/essence/history/，最后访问日期：2018 年 2 月 24 日。

③ 潘庆中等：《“新开发银行”新在何处——金砖国家开发银行成立的背景、意义与挑战》，载《国际经济评论》2015 年第 2 期。

二、政策性金融机构

政策性金融机构是指那些由政府或政府机构发起、担保、出资创立、参股的,贯彻和配合国家的社会经济发展政策的金融机构。政策性银行主要产生于一国政府提升经济发展水平和安排社会经济发展战略或产业结构调整的政策要求,是政府进行资源配置的一种不可或缺的工具。其不以利润最大化为经营目的,从事政策性融资活动,具有公共性和金融性两大特征。

政策性金融机构的公共性,意味着它以国家力量作为支撑,与国家的政治力量相结合,由国家或政府主导,代表国家意志,享有国家信用,[①]实现国家的社会经济发展目的,服务于社会公共利益。

政策性金融机构虽然具有公共性,但其仍然需要有效的发展战略,以维持自身的可持续发展。因此,政策性金融机构有选择地服务于具有特殊战略地位的产业和领域,特别是那些商业银行不愿涉足的但具有发展前景的产业和领域,如农业、基础设施领域,使这些产业和领域得到融资性支持。并且,有些不适宜商业性银行介入的国家机密领域,如军工行业,则需要政策性金融机构来提供融资帮助。

(一)政策性金融机构的类型

按业务领域和服务对象划分,政策性金融机构可以分为以下四类:

1. 经济开发型

经济开发型的政策性银行,是服务于政策所鼓励进行经济开发的、关系国家基本建设的领域,为这些领域提供长期的低息投资或贷款的银行。除了中国的国家开发银行,还有世界各国的开发银行,例如日本开发银行、德国复兴信贷银行、加拿大联邦实业开发银行、印度工业开发银行、巴基斯坦工业开发银行等。这些银行配合国家经济发展宏观计划或产业调整战略,其贷款和投资多以基础设施、基础产业、支柱产业的大中型基本建设项目和重点企业为对象。

2. 农业型

农业型的政策性金融机构是指专门为农业提供中长期低息贷款,以贯彻和

---

① 白钦先、张坤:《论政策性金融的本质特征——公共性》,载《中央财经大学学报》2015 年第 9 期。

配合国家农业扶持和保护政策的政策性金融机构。典型的农业型的政策性金融机构包括:德国农业抵押银行、印度国家农业及农村开发银行、巴基斯坦农业开发银行、中国农业发展银行,等等。这些银行多以推进农业现代化进程、贯彻和配合国家振兴农业计划和农业保护政策为目的而设立,贷款和投资多用于支持农业生产经营者的资金需要、改善农业结构、兴建农业基础设施、支持农产品价格、稳定和提高农民收入等。

3. 进出口型

进出口政策性金融机构,又称为出口信贷机构(export credit agencies),是一国为促进进出口贸易,促进国际收支平衡,尤其是支持和推动出口的政策性金融机构。典型的进出口政策性金融机构包括:美国进出口银行、法国对外贸易银行、德国出口信贷银行、日本进出口银行、印度进出口银行、非洲进出口银行、拉丁美洲出口银行、中国进出口银行,等等。其宗旨都是为贯彻和配合政府的进出口政策,支持和推动本国出口。这些机构在经营过程中,以国家财力为后盾,由政府提供必要的营运资金和补贴,承担经营风险。

经济合作与发展组织发布了《官方支持的出口信贷准则》(Arrangement on Officially Supported Export Credits,下称准则),就协调和统一出口信贷机构向出口商提供的融资支持标准达成一致。该准则于 1978 年 4 月首次签订,之后进行定期的修正和更新(最新修正日期是 2016 年 2 月 1 日)。准则定位为“君子协定”,旨在为出口信贷机构提供资金支持建立公平的竞争环境,倡导一个国家的出口不是赢在其拥有最有利的资金援助条件而在于其能以最低的价格提供最好的商品和服务。如一家出口信贷机构希望依据准则中关于项目融资的要求提供资金援助或其实际提供的援助已越出了准则的基本规定,则该出口信贷机构在做出援助承诺之前必须通知准则的所有缔约方,按照准则规定,缔约方在特定情况下可匹配其他缔约方提供的支持。

4. 住房型

住房型政策性金融机构是指专门扶持住房消费,尤其是扶持低收入者进行住房消费,支持房地产开发,以贯彻和配合政府的住房发展政策和房地产市场调控政策的政策性金融机构。典型的住房型政策性金融机构包括:美国联邦住房贷款银行、法国房地产信贷银行、挪威国家住房银行、德国住房储蓄银行、泰国政府住房银行、韩国住房银行,等等。这些银行支持住房消费和房地产开发资金的流动,以达到刺激房地产业发展,改善低收入者住房消费水平,贯彻实施国家住房政策的目的。

(二)中国的政策性金融机构

我国三大政策性银行为国家开发银行、中国进出口银行与中国农业发展银行。政策性银行由国务院直接设立,业务上受中国银行保险监督管理委员会的指导和监督。

1. 国家开发银行

国家开发银行(国开行)成立于1994年3月,总部设在北京,在国内几乎所有省会城市和计划单列市都设有分行或代表处。在成立初期,中国国家开发银行主要服务于国民经济发展的能源、交通等需要国家优先、重点扶持的领域,为西部开发和振兴东北老工业建设提供了资金支持。

自成立以来,国开行的业务迅速发展,截至2017年上半年,国开行的资产规模突破15万亿元。目前,国开行是全球最大的开发性金融机构,中国最大的对外投融资合作银行、中长期信贷银行和债券银行。旗下拥有国开金融、国开证券、国银租赁和中非发展基金等子公司。①

国开行自成立以来一直参照适用商业银行监管制度和相关规范性文件,没有专门针对开发性金融监管的规定。2017年11月,中国银监会②发布《国家开发银行监督管理办法》,自2018年1月1日开始实施。《国家开发银行监督管理办法》突出国开行的开发性金融特色。开发性金融的职能定位要求:国开行发挥服务国家战略、依托信用支持、市场运作、保本微利的开发性金融作用;坚守开发性金融定位,以开发性业务为主,辅以商业性业务;发挥中长期投融资作用,加大对经济社会重点领域和薄弱环节的支持力度③。

---

① 参见国开行官方网站:http://www.cdb.com.cn/gykh/khjj/,最后访问日期:2018年2月24日。

② 2018年3月《深化党和国家机构改革方案》将中国银行业监督管理委员会和中国保险监督管理委员会的职责整合,组建中国银行保险监督管理委员会。本书中凡2018年3月前发布的文件,仍按原单位名称。——编者注

③ 参见《〈国家开发银行监督管理办法〉答记者问》,载中国银监会网站:http://www.cbrc.gov.cn/chinese/home/docView/44629962F8C34E959647559003B7BB4D.html,最后访问日期:2018年2月24日。

2. 中国进出口银行

中国进出口银行成立于1994年5月,总部设在北京,在国内多个城市设有分行,在个别国家设有代表处。中国进出口银行致力于扩大机电产品和高新技术产品出口以及支持对外承包工程和境外投资项目,全力支持我国出口业务的发展。中国进出口银行主要作用在于支持与促进国家的进出口贸易、从事国家对外经济援助相关的业务和国外对华援助贷款的转贷业务。

2017年11月,中国银监会发布《中国进出口银行监督管理办法》,自2018年1月1日开始实施。《中国进出口银行监督管理办法》对中国进出口银行的定位是:依托国家信用,紧紧围绕国家战略,充分发挥政策性金融机构在支持国民经济发展方面的重要作用,重点支持外经贸发展、对外开放、国际合作、"走出去"等领域。

3. 中国农业发展银行

中国农业发展银行(农发行)成立于1994年11月,总部设在北京,在全国各省、自治区、直辖市广泛设立分支机构。农发行主要承担国家政策性农村金融服务,支持粮棉油收购、国家扶贫攻坚、农业开发,促进农村经济稳定,使农业得到进一步发展。

中国农业发展银行的建立,主要是为构筑完善合理的农村金融体系奠定基础。当前,我国正着力建立多层次、多元结构的农村金融组织,以满足新农村建设不同领域的金融需求。与此同时,中国农业发展银行要在农村金融中发挥骨干和支柱作用,弥补其他商业性金融不愿或不能涉足的农业领域的缺口,更好地解决农村金融需求普遍得不到满足与资金加速外流形成的尖锐矛盾①。

2017年11月,中国银监会发布《中国农业发展银行监督管理办法》,自2018年1月1日开始实施。《中国农业发展银行监督管理办法》对农发行的定位为:依托国家信用,服务经济社会发展的重点领域和薄弱环节。主要服务维护国家粮食安全、脱贫攻坚、实施乡村振兴战略、促进农业农村现代化、改善农村基础设施建设等领域,在农村金融体系中发挥主体和骨干作用。农发行应当坚守政策性金融定位,根据依法确定的服务领域和经营范围开展政策性业务和

① 吴佩邦:《中国农业发展银行改革与发展研究》,载《当代经济》2012年第11期。

自营性业务。

4. 中国出口信用保险公司

中国进出口银行在成立时还承担与进出口及对外投资相关的信用担保与保险业务。2001 年年底,这一业务单独剥离,成立了中国出口信用保险公司(简称“中国信保”)。中国信保的经营宗旨是:“通过为对外贸易和对外投资合作提供保险等服务,促进对外经济贸易发展,重点支持货物、技术和服务等出口,特别是高科技、附加值大的机电产品等资本性货物出口,促进经济增长、就业与国际收支平衡”。

(三)国外常见的政策性金融机构

目前,经济合作与发展组织的 30 个成员和其他很多国家都设立了出口信贷机构,通过直接提供贷款的方式或提供保证或保险的方式向本国出口商参与的海外项目提供资金援助,旨在鼓励其他国家的公司购买出口信贷机构所属国的商品和服务。以下简要介绍了美国和日本的出口信贷机构。

1. 美国进出口银行

美国进出口银行成立于 1934 年,成立之初名为华盛顿进出口银行。1945 年,根据《1945 年美国进出口银行法》成为独立经营机构。1968 年,华盛顿进出口银行正式更名为美国进出口银行。其主要职责是作为商业性融资主体的补充,促进美国商品及服务的出口,增加就业。

美国进出口银行的资金来源主要是政府拨款或其向财政部的借款以及发行债券。向财政部借款一般没有固定的还款期限,但需要支付利息。美国进出口银行每财年末对其贷款损失进行重新评估,若评估的损失高于上年,可以向联邦政府申请拨款,若评估的损失低于上年,则需要退还财政拨款的差额。应退还的财政拨款无须一次性偿还,在偿还之前,可由美国进出口银行使用。美国进出口银行发行的债券,由美国政府提供担保。

美国进出口银行提供的服务主要包括担保业务、贷款业务和保险业务。担保业务主要包括中期和中长期贷款担保、融资租赁担保、流动资金担保、补充系列融资担保计划等。目前,担保业务是美国进出口银行最大的业务,占其业务的一多半。贷款业务是其份额第二的业务,主要包括直接贷款、全球信贷快递等。第三大类业务保险,主要包括出口信贷保险、信用证保险等。

美国进出口银行的定价策略也体现了政策性银行的公共性及商业性特点。美国进出口银行为本国出口商提供的服务,必须使其与竞争对手相比具有竞争力;同时,在保证竞争力的前提下,产品的定价不得损害美国进出口银行持续支持出口的能力。美国进出口银行可以收取贷款使用费、担保费用及风险溢价。

美国进出口银行重点支持的产业为石油和天然气产业、可再生能源行业和飞机等行业,并着重对小企业进行支持。美国进出口银行目前大部分的交易能惠及小企业出口商。其成立专门的部门处理小企业的事务,专门设立小企业部和小企业委员会,加大对小企业的资金支持力度。为有效满足小企业的融资需求,设立专门针对小企业的融资计划,每一财年支持小企业出口的融资占其总贷款、担保和保险的份额必须满足一定的比重。

2. 日本国际协力银行

日本国际协力银行是日本的政策性银行,成立于 1999 年。1999 年 10 月 1 日,日本输出入银行和日本海外协力基金两大日本政府海外援助机构正式合并,成立了日本国际协力银行。日本国际协力银行是日本官方出口信贷机构和日本官方发展援助的主要执行机构。

2008 年 10 月,日本政府将日本官方发展援助执行业务从日本国际协力银行业务中剥离出来,使其独立从事国际金融等业务。2011 年的《株式会社国际协力银行法》规定国际协力银行的职责为:促进日本在国外重要资源的开发和获取、维持并提高日本产业的国际竞争力、促进以防止全球变暖等保持环境为目的的海外事业的开展、应对国际金融秩序的混乱。前三方面的业务主要是为了直接服务于日本企业开拓海外市场,第四方面的业务则着眼于稳定发展中国家的经济金融体系,为日本经济创造良好的外部环境或减轻外部因素对于日本经济的不利冲击。①

日本政府为日本国际协力银行提供了极为充足的资本金和稳固的业务融资渠道。除了政府拨付资本外,该行的资金还来源于政府借款、发行债券。此外,该行还可享受免税优惠。大量充足的资本和长期有保证的低成本资金来

---

① 洪波等:《日本国际协力银行的改革发展及其启示》,载《金融与经济》2012 年第 2 期。

源,加上免税优惠,确保了其低成本运营,不但为本国企业提供优惠利率贷款,而且规避了世界贸易组织有关限制。

日本国际协力银行及其前身适应了战后各个历史阶段日本国民经济发展和国内外政策的需要,配合政府的经济发展战略,充分体现了“政府的银行”的特色,集出口信贷和开发援助为一体,又集支持进口和海外投资为一身。在成立之初,主要是通过财政资金为船舶、车辆、成套设备等出口项目提供长期信贷。后来,日本的经济重点逐步由单纯出口导向转向海外投资,日本政府综合采用出口信贷与对外发展援助相协调的方式,为日本培植海外市场。尤其在亚洲金融危机期间,日本政府与国际货币基金组织相配合,通过国际协力银行大量增加向泰国、马来西亚等受金融风暴冲击较大的东南亚国家提供不附加条件贷款,以稳定亚太国家的金融体系和经济状况,从而减轻了对日本经济造成的冲击。

三、商业银行

商业银行是国际融资市场的主要力量,其基于市场化的商业原则进行运营,为国际商业交易提供全方位的金融服务。传统的商业银行主要从事吸收存款和发放贷款业务。随着经济的发展,客户的需求越来越多元化,同时银行之间的竞争也越来越激烈,一些银行开始提供证券、保险等综合性金融服务,成为全能银行(universal banking)。全能银行的概念最初源于德国,是德国银行业的分类概念。全能银行是金融混业经营下的产物,在全球金融危机中也呈现了巨大的风险,因此一些国家(如美国)开始限制全能银行,要求商业银行业务与证券、保险等业务分离经营。

以下简要介绍中国和国外市场规模较大或比较活跃的一些商业银行。

(一)国内商业银行

从统计和监管的角度,中国的商业银行分为大型国有商业银行、股份制商业银行、城市商业银行、民营银行、农村商业银行和外资银行。

大型国有银行是指中国工商银行、中国农业银行、中国银行、中国建设银行和中国交通银行。从资产负债规模来看,大型国有银行是中国银行业的支柱,占比超过 1/3,其中又以工、农、中、建这四大国有银行为主。目前,四大国有银行均在海外设立了众多分支机构,为中国企业参与“一带一路”提供多种融资服务。

股份制商业银行是指全国范围经营的股份制银行,包括中信银行、中国光大银行、华夏银行、平安银行、招商银行、上海浦东发展银行、兴业银行、中国民生银行、恒丰银行、浙商银行、渤海银行等。股份制商业银行是中国银行业的重要力量。在“一带一路”倡议下,股份制商业银行也积极介入中国企业的海外投资并购项目,提供资金支持。

城市商业银行、农村商业银行主要在所在区域经营,其数量众多,规模相对比较小。民营银行、外资银行的规模也相对比较小。

(二)国外商业银行

国际上有很多商业银行参与国际融资,以下仅列举几个国际商业银行作为示例。

美国银行(Bank of America)是美国最大的商业银行之一,也是美国历史最悠久的银行之一,其历史可以追溯到 1784 年的马萨诸塞银行。美国银行的商业银行业务主要集中在美国本土。2008 年金融危机发生后,美国银行收购美林证券(Merrill Lynch),收购后美林证券变更为美国银行美林,提供债券、IPO 和并购交易等投行服务。美国银行美林在全球 100 多个国家和地区有分支机构。

花旗银行(Citibank,N. A.)于 1812 年在美国纽约成立,成立时名为“纽约城市银行”(City Bank of New York)。花旗银行是美国最大的银行之一,也是国际大银行之一,在全球近 150 个国家及地区设有分支机构。

汇丰公司(HSBC)全称为香港上海汇丰银行,是一家总部位于英国伦敦的跨国银行,在全球 70 个国家和地区设有 4000 个机构。汇丰银行的业务分为四大类,即零售银行及财富管理、工商金融、环球银行及资本市场以及环球私人银行。汇丰银行在中国设立的机构为汇丰银行(中国)有限公司。

渣打集团有限公司(Standard Chartered PLC,以下简称渣打银行)是一家总部位于英国伦敦的跨国银行集团,在全球 68 个国家有超过 1100 个机构。渣打银行在中国设立的机构为渣打银行(中国)有限公司。其提供的融资方式包含银团贷款、杠杆融资、项目融资和出口信贷融资等。

德意志银行1870年成立,总部位于德国法兰克福。德意志银行是一家私人拥有的股份公司,是德国最大的银行和世界上最主要的金融机构之一,在全球拥有庞大的分支和附属机构网络,为个人、企业、政府和公共部门提供全方位金融服务。

法国兴业银行(简称法兴银行)是法国最大的商业银行集团之一,总部设在巴黎。法兴银行于1981年进入中国,在中国设立的机构为法国兴业银行(中国)有限公司。迄今为止,法兴银行已经在北京、上海、广州、武汉、天津和杭州设有分行。

四、专项投资基金

专项投资基金的投资方式大多为股权投资。股权投资的优势在于其杠杆效应,虽然股权投资直接投入的资金可能不能全部满足项目的资金需求,但其可以成倍地撬动其他金融机构的信贷融资进入项目,解决资本金不足的问题。同时,基金在投资国选择投资项目时,通常需要考虑东道国的发展需求,但同时还需与中国的发展战略保持一致,以实现互利双赢的目的。下文所介绍的中国的专项投资基金,主要在各发展中国家进行投资,而发展中国家通常对于基础设施建设和产业调整升级等具有较大需求,所以,这些基金通常需利用自身的优势产能和先进装备、技术产业等,合理设计投资结构,做到风险与收益的平衡,追求尽可能大的利益回报,并规划好合理的退出方案。

(一)丝路基金

2014年11月8日,中国、孟加拉国、柬埔寨、老挝、蒙古国、缅甸、巴基斯坦、塔吉克斯坦等国元首在北京举行“加强互联互通伙伴关系”东道主伙伴对话会,习近平主席在会上宣布,中国将成立丝路基金,“为亚洲国家参与互联互通合作提供投融资支持”。2014年12月29日,丝路基金有限责任公司(以下简称丝路基金)在北京设立。发起方为:梧桐树投资平台有限责任公司(外汇储备投资平台)、赛里斯投资有限责任公司(中国投资有限责任公司投资)、国家开发银行和中国进出口银行。丝路基金的总体资金规模为400亿美元,其中首期资本金为100亿美元,各发起方分别出资65亿美元、15亿美元、15亿美元和5亿美元。

丝路基金的投资方式以股权投资为主,同时运用、债权、基金、贷款等多种投融资工具,大力开拓目标市场和业务领域。股权投资为公司主要投资方式,包括"绿地和棕地等项目股权出资、企业并购和资产收购股权出资、IPO和PRE-IPO投资、优先股投资等"①。一般而言,股权投资以私募股权投资较为常见,通常的投资期限为7年至10年,然而对于一般发展中国家的基础设施建设需求而言,此等期限并不能够满足其全部的建设需求。丝路基金主要侧重的是中长期项目,基于当前"一带一路"沿线发展中国家基础设施建设的中长期需求,其以股权投资为主,与一定的债权、贷款方式配合,投资长达15年或者更长的中长期项目。

值得一提的是,丝路基金同时也以设立子基金的方式开展自主投资,2015年,基于丝路基金与哈萨克斯坦中出口投资署《关于设立中哈产能合作专项基金的框架协议》,丝路基金单独出资20亿美元设立了其成立以来的首个专项基金——中哈产能合作专项基金,重点支持中哈产能合作及相关领域的项目投资。

丝路基金将投资重心放在"一带一路"框架内的经贸合作和双边多边互联互通提供投融资支持,十分注重与投资所在国的地区发展战略和规划相衔接。当前,丝路基金的主要投资项目主要布局在"一带一路"沿线国家的以下四大领域②:

(1)基础设施:促进基础设施建设的互联互通,注重其建设规划和技术标准体系的对接。

(2)资源开发:坚持绿色可持续发展原则,大力推进传统能源资源勘探的合作发展,推进清洁、可再生能源的多层次开发。

---

① 参见丝路基金官方网站:http://www.silkroadfund.com.cn/cnweb/19906/19918/index.html,最后访问日期:2018年2月24日。

② 参见丝路基金官方网站:http://www.silkroadfund.com.cn/cnweb/19906/19922/index.html,最后访问日期:2018年2月24日。

(3)产能合作:利用中国的优势产能地位,推动装备、技术、标准和服务“走出去”,满足国外需求,促进当地经济发展。

(4)金融合作:完善投融资合作框架,创新金融合作模式,加强同国际金融机构合作。

作为一个中长期开发投资基金,丝路基金坚持绿色可持续发展的原则,“截至2017年3月,丝路基金已经签约了15个项目,承诺投资的金额已经累计达到60亿美元”①,在东南亚、南亚、中亚、西亚、北非及欧洲等地均有投资覆盖。2017年5月14日,习近平主席在“一带一路”国际合作高峰论坛上宣布,中国将向丝路基金新增资金1000亿元人民币,以加大对“一带一路”建设资金的支持。“一带一路”沿线国家仍然具有十分庞大的资金需求量,丝路基金在前期的项目经验上,可利用更加充足的资金发挥其杠杆作用,促进中国与国外的贸易合作,分享经济成果,实现双赢。

(二)中非发展基金

中非发展基金有限公司(简称“中非发展基金”)的设立,旨在支持和鼓励中国企业对非进行投资。2007年5月28日,中非发展基金由国家开发银行(通过国开金融有限责任公司)、外汇储备(通过梧桐树投资平台有限责任公司)共同出资设立,首期资金规模为50亿美元。2015年12月,习近平主席在中非合作论坛约翰内斯堡峰会上宣布,为中非发展基金增资50亿美元,基金总规模提升为100亿美元。从其成立以来,中非发展基金积极服务于中非经济贸易合作,开展对非投资,推动了中非产能合作和对接。

中非发展基金作为股权投资基金,主要通过股权投资、准股权投资和基金投资的方式,对非洲各国进行直接投资,并引导和支持更多的中国企业到非洲进行开发建设。其中,股权投资直接以普通股投资的方式投资企业或项目,同时还以优先股、可转换债、混合资本工具等方式开展准股权投资。同时,中非发展基金还为各个国家和地区的相关政府、机构及企业提供管理、咨询等服务,帮助中国企业熟悉非洲的基本情况和各国国情与投资环境,并撮合投资项目机会。不同于丝路基金,中非发展基金对单个项目的持有期限原则上不超过10

① 金琦:《“一带一路”的投融资机会与丝路基金的选择》,载《当代金融家》2017年第5期。

年，具体的持有期限和退出机制通过各方协商确定。

作为中国第一只着力于对非投资的股权基金，中非发展基金坚持政府指导、企业主体、市场运作、合作共赢的原则，其积极引导中国的企业、机构等在非洲进行投资，扶持当地中小企业的发展，通过开展重大项目的建设，加快非洲工业、农业的现代化进程，以破解非洲“基础设施滞后、人才不足、资金短缺三大发展瓶颈”[①]。不同于对非直接开展经济援助，中非发展基金的投资意向不以国别分类，而是根据项目投资机会，采取自主经营、自负盈亏的方式进行管理与运维，重点支持以下行业：

（1）农业、制造业：立足于支持“大农业”，改善非洲基本民生，同时将中国先进工业技术引入非洲，促进工业化发展。

（2）基础设施和基础产业：如电力及其他能源设施、交通、电信和城市给排水等。

（3）资源开发：包括油气和固体矿产等资源合作。

（4）工业（经贸）园区：鼓励中国企业在非洲合作建设各类工业园区，并协助招商引资，提高非洲国家的加工出口能力。

（三）中非产能合作基金

2015 年 12 月 4 日，习近平主席在中非合作论坛约翰内斯堡峰会宣布，中国将积极推进中非产能对接和产能合作，首期出资 100 亿美元成立中非产能合作基金。这是继中非发展基金后，中国又一只专门针对非洲而设立的投资基金，对于加强中国与非洲各国的金融合作与共同发展具有重要意义。2016 年 1 月 7 日，中非产能合作基金有限责任公司（简称“中非产能合作基金”）在北京正式设立，首期资本金为 100 亿美元，由外汇储备（通过梧桐树投资平台有限责任公司）、中国进出口银行共同出资。

中非产能合作基金一方面为非洲发展建设的资金缺口引进中国资本，另一方面将中国的优势产能带到非洲，完善非洲的工业体系建设。与大部分的投资基金类似，中非产能合作基金也是坚持市场化、专业化和国际化的原则，以股权投资

---

① 参见中非发展基金官方网站：http://www.cadfund.com/NewsInfo.aspx? NId=10，最后访问日期：2018 年 2 月 24 日。

为主，同时运用准股权投资、贷款和基金投资等多种市场化方式开展投融资，以此服务非洲高速铁路网、高速公路网、区域航空网和工业化的“三网一化”建设。

（四）其他基金

1. 中国－阿联酋共同投资基金

2015 年 12 月 14 日，中国与阿联酋签署了备忘录，约定设立中国－阿联酋共同投资基金（以下简称中阿基金）。之后，国家开发银行（通过国开金融有限责任公司）、外汇管理局和阿联酋穆巴达拉发展公司共同出资设立中阿基金，资金总规模 100 亿美元，中方和阿方各自出资 50%。基金按照市场化、商业化原则运作，主要在中国、阿联酋及其他高投资潜力第三方国家的传统与清洁能源、高端制造业、基础设施建设和其他高增长行业进行投资。设立中阿基金对于进一步深化中国与海湾国家的经济合作、促进国际产能和可再生能源领域的合作具有重要意义。

2. 中葡合作发展基金

中葡合作发展基金（以下简称中葡基金）于 2013 年 6 月成立，基金总规模为 10 亿美元，首期到位资金 1.25 亿美元分别由国家开发银行（通过国开金融有限责任公司）和澳门特别行政区下属的工商业发展基金按照 60% 和 40% 的比例出资。中葡基金总部位于中国澳门。

中葡基金主要以股权投资的方式投资中国（包括澳门特别行政区）、安哥拉、巴西、佛得角、几内亚比绍、莫桑比克、葡萄牙和东帝汶八个葡语成员国家或地区，以促进中国与葡语国家的投资合作，引导中国企业向葡语国家直接投资，促进其经济发展。与上述其他基金一样，中葡基金将遵循市场化原则，在投资国（地区）范围内自主选择投资项目，以追求稳定的投资回报为原则，独立决策并承担相应投资风险。

3. 中国－东盟投资合作基金

中国－东盟投资合作基金（以下简称中国－东盟基金）是一家离岸美元股权投资基金，基金的设立经中国国务院批准、国家发改委核准，资金募集的目标总规模为 100 亿美元，其中一期规模为 10 亿美元。2010 年，中国进出口银行作为主发行人与中国投资有限公司、中国银行、国际金融公司、中国交通建设集团等多家国内外多家投资机构共同出资成立。

中国－东盟基金采取股权投资为主的投资形式，同时包括准股权及其他多元化的投资形式。投资领域主要集中在基础设施、常规能源和可再生能源、自然资源开发和东盟地区其他战略性行业上，主要包括："交通运输、电力、电信基础设施、公益设施、公用事业、可再生能源、管道及储运、矿产及采矿、石油和天然气、林木"①。

第二节　影响融资的主要因素

一、借款人资信

（一）借款人的性质

借款人的企业性质是信贷评估时需要考虑的诸多要素之一。借款人的性质包括借款人的组织形式，如股份公司、有限责任公司或其他类型的公司，也包括借款人的设立目的，如为项目而设立的特殊目的公司，或者是长期持续经营的实体营业公司。这些方面对信贷评审以及后续的融资交易流程都会有一定的影响。

有的项目可能采取非公司的合伙制（Unincorporated Joint Venture），即存在若干合伙人而非同一公司。这样的项目不存在独立的项目公司，银行贷款往往发放给各个合伙人，由其使用、偿还，此时各方需要关注单个合伙人违约后的补救等问题。

有的项目设立特殊目的公司作为借款人，从银行借款再转借给项目使用，项目还款给特殊目的公司由后者偿还银行，此种情况下，银行也关注特殊目的公司的账户安排、收入现金流向、抵押安排。银行会特别关注此类公司抵押的范围，确定抵押物包括项目资产和特殊目的公司的全部资产、账户、权利、合同

---

① 参见中国东盟基金官方网站：http://www.china-asean-fund.com/sc/investment.php? slider1 = 2，最后访问日期：2018 年 2 月 24 日。

权益等。同时还会要求每一层公司的股权都设置质押，并且限制发起人间接转让项目权益。

对于特定项目进行的融资，不论项目公司采取什么形式，公司股东之间的协议都是银行审阅的重点之一，股东协议不应包括不利于项目经营与管理的内容，股东间的安排也不应影响银行贷款的优先偿还。

（二）财务指标

融资文件会包含大量的承诺条款，反映了贷款人在贷款过程中对借款人所做的预测。这些财务指标也是贷款人同意向借款人提供贷款的一个重要考虑因素。财务指标需要根据特定借款人的具体情况而决定。通常，财务指标包括杠杆率、流动性、盈利指标三类，具体包括资产负债率、资本负债率、流动比率、利息覆盖率、偿债覆盖率、最低有形资产、税息折摊前利润等。

1. 资产负债率

资产负债率（debt asset ratio）又称负债比率，是借款人的负债总额与资产总额的比率。它表示借款人资产总额中，债权人提供资金所占的比重，反应借款人资产对债权人权益的保障程度。其计算公式为：

$$资产负债率 = (负债总额 \div 资产总额) \times 100\%$$

负债总额（total liabilities）是指过去的交易、事项形成的现时义务，履行该义务预期会导致经济利益流出企业，包括流动负债和长期负债。其中，长期负债是指偿还期在一年以上，或超过一年的一个经营周期的负债。

资产总额（total assets）指借款人拥有或控制的全部资产，包括流动资产、长期投资、固定资产、无形及递延资产、其他长期资产等。

资产负债率本身并无好坏，但对借款人和贷款人有不同的意义。对于贷款人而言，资本负债率越高，偿还债务的能力越差，贷款债权的安全性就越低。所以贷款人往往希望借款人保持较低的资产负债率，如果负债率高，贷款人会提高贷款利率或其他收费，以与其贷款风险对应。对于借款人，尤其是借款人的股东而言，往往希望通过杠杆效应，扩大负债，提高资本收益。只要借款人的总资产收益率高于负债成本，举债越多，投资收益越大。

资产负债率是分析借款人长期偿债能力的一个重要指标。资产负债率的大小是反映借款人财务状况稳定性和安全性的高低。一般情况下，资产负债率应控制在一定的标准内，理论上理想的标准是40%～60%。但是，这并不是一个统一的标准。不同的行业、不同的企业规模，以及不同的发展时期，资产负债率会有所不同。资本密集型的行业，例如金融、房地产，资产负债率普遍较高。新设的公司，处于发展起步阶段，资金需求较大，资本负债率也会比较高。任何情况下，贷款人都会要求借款人的资产负债率小于1。如果资产负债率超过1，借款人资不抵债，破产清算的风险很高。

资产负债率属于杠杆率（leverage ratio）指标，是贷款人最常用的信贷分析工具。借款人的资产负债率的高低会影响其信用评级，从而影响贷款利率。

2. 资本负债率

资本负债率（debt capital ratio）是借款人的债务和其资本的比率，是衡量公司财务杠杆使用情况和偿债能力的指标。资本负债率的计算公式如下：

资本负债率＝[负债÷（股东权益＋负债）]×100%

资本负债率不是会计准则中要求计算和披露的比率，所以贷款协议中需要对负债进行定义，明确财务报表中的哪些事项属于负债的范围。常见的负债（debt）的定义是指由借贷（borrowing）而形成的所有负债，借贷包括贷款、债券等各类财务负债（financial indebtedness）。

公司的发展资金来源于债权人融资和股东提供资金。资本负债率可以直观地表示借款人的财务结构，反映债权人所提供的资金占全部资金的比重，以及借款人资本对债权人权益的保障程度。资本负债率越高，说明公司更多的是依靠贷款或公司债的方式来募集资金，同时也反映公司进一步使用财务杠杆来举债的空间不大；资本负债率越低（50%以下），表明借款人的偿债能力越强。但是，究竟资本负债率为多少是合理和健康的，需要考虑借款人所处的行业，结合公司具体的市场地位和业务发展阶段来分析。如果借款人的资本负债率和同行业的其他公司相比要高，则表明借款人的财务实力较差，有较大的还款付息压力，发生违约的风险较高。

和资产负债率一样，资本负债率对股东和债权人有不同的意义。作为债权人的贷款人往往希望借款人保持较低的资本负债率，而股东往往希望通过杠杆效应，扩大负债，提高资本收益。对于借款人而言，从财务管理的角度看，在申请贷款决策时，应当全面考虑，充分估计预期的利润和增加的风险，决定一个合适的资本负债率。

3. 流动比率

流动比率（liquidity ratio）是流动资产与流动负债的比率，表示借款人每单位流动负债有多少流动资产作为偿还的保证，反映了借款人的流动资产偿还流动负债的能力。流动比率计算公式如下：

$$流动比率 = (流动资产 \div 流动负债) \times 100\%$$

流动资产（current assets）是指公司可以在一年或者超过一年的一个营业周期内变现或者运用的资产。流动资产的内容包括货币资金、短期投资、应收票据、应收账款和存货等。

流动负债（current liabilities）是指将在1年（含1年）或者超过1年的一个营业周期内由公司偿还的债务。流动负债包括短期借款、应付票据、应付账款、预收账款、应付工资、应付福利费、应付股利、应交税金、其他暂收应付款项、预提费用和一年内到期的长期借款等。

流动比率是短期偿债能力分析的一个重要指标。如果流动比率过低，借款人可能面临到期难以清偿债务的困难。一般情况下，流动比率越高，借款人短期偿债能力越强，因为该比率越高，不仅反映借款人拥有较多的营运资金抵偿短期债务，而且表明借款人可以变现的资产数额较大，贷款人的债权越有保障，风险越小。但是，过高的流动比率并不一定是好现象，并不能说明借款人有足够的现金用来偿还贷款，因为这些流动资金可能是不能盈利的闲置的流动资产。

一般而言，流动比率维持在2是比较合理的。但很多中国公司都很难达到这一要求。贷款人可以认可的下限一般是1.25，如果低于这个下限则偿债风险比较大。但是，流动比率没有一个统一的评价标准。不同行业性质的公司，流动比率的实际标准也不同。所以，在分析流动比率时，应将借款人所处行业的平均流动比率，借款人历史的流动比率进行比较，才能得出合理的比率要求。

4. 利息覆盖率

利息覆盖率（interest coverage ratio）又称为利息保障倍数，是税息前利润和利息费用的比率，是衡量借款偿付负债利息能力的指标。其计算公式为：

$$利息覆盖率 = (税息前利润 \div 利息费用) \times 100\%$$

税息前利润是指未扣除利息费用的税前利润。

利息费用(interest expense)是指当期发生的全部应付利息,包括流动负债的利息费用,长期负债中进入损益的利息费用以及进入固定资产原价中的资本化利息。

利息覆盖率越高,说明借款人支付利息费用的能力越强。相反,利息覆盖率越低,说明借款人难以保证用经营所得来及时足额地支付负债利息。

合理地确定借款人的利息覆盖率,需将该指标与同行业平均水平进行比较。根据稳健原则,应比较借款人近几年的指标,以指标最低年份的数据作为参照物。但是,一般情况下,利息覆盖率不能低于 1。等于 1 风险也比较大,因为税息前利润受经营风险的影响是不稳定的,而利息的支出则是固定的。

(1)财务费用覆盖率

有时候贷款人会将利息覆盖率公式中的利息费用范围扩大,包括相关债务项下的应付费用,例如贷款安排费、提前还款费、信用证开立费、利率对冲(interest rate swap)费等,这时候往往使用财务费用(finance charge)替代利息费用,利息覆盖率也相应修改为财务费用覆盖率。

(2)现金流利息覆盖率

有时候贷款人会在利息覆盖率公式中将利息费用范围缩小,限制在以现金支付的利息,排除其他以现金等价物支付的利息。之所以缩小范围,因为这一比率主要考查借款人使用现金流进行支付利息的能力。

5. 偿债覆盖率

偿债覆盖率(Debt Service Coverage Ratio,DSCR)是指借款偿还期内可用于还本付息的资金与当期应还本付息金额的比率。偿债覆盖率的计算公式如下:

$$DSCR = [(EBITDA - T)/PD] \times 100\%$$

其中,*EBITDA* 是指税息折摊前利润,具体说明见下文;*T* 代表企业所得税;*PD* 代表当期应还本付息的金额,包括当期应还贷款本金额及计入成本费用的利息。

偿债覆盖率是衡量借款人偿债能力的常用指标。偿债覆盖率越高，说明借款人偿债能力强，有充分的资金偿还到期债务，贷款人的贷款债权越安全。反之，偿债覆盖率低，说明借款人的偿债能力差。如果偿债覆盖率低于1，则借款人将不能按时偿还到期债务，将发生债务违约。偿债覆盖率等于1时，贷款人的债权也会不安全，因为其利润是不稳定的，而应付本息是确定的。

偿债覆盖率的一个优点是考虑了借款人应付本金，所以能更好地衡量借款人的偿债能力，避免发生债务违约。但是，偿债覆盖率考虑的应付本金是基于已经发生的贷款安排。如果贷款发生展期、借新还旧或者其他再融资，那么这个指标就不是很准确。所以，在贷款协议的财务承诺中更多的是使用利息覆盖率。

6. 最低有形净资产

有形净资产(tangible net worth)是实物形态的资产，如现金、厂房和机器设备等，也包括金融资产如证券等资产。当公司要进行资产清理的时候，有形的净资产是最直观的可以直接变卖成现金的账面资产。

有形净资产 = 净资产 - 无形资产

净资产是资产负债表中的所有者权益，它由两大部分组成：一部分是公司设立之初投入的资本，包括溢价部分，另一部分是公司经营之中创造的资产。

无形资产(intangible asset)指没有实物形态的可辨认的非货币性资产，例如商誉、专利权和其他一些知识产权等，但不包括土地使用权。

有形净资产是贷款人进行信贷审批时考查的一个重要指标。最低有形净资产代表了当借款人一旦发生清算时可以直接变现的账面资产。一旦这个指标低于特定的金额，则贷款人的债权可能会不安全。因此，在财务承诺中设置这个财务指标，可以对借款人的资产状况作出预警，有利于贷款人尽早采取措施，保障贷款债权安全。

7. 税息折摊前利润

税息折摊前利润(Earnings Before Interest, Taxes, Depreciation and Amortization, EBITDA)，即未考虑利息、税项、折旧及摊销前的利润。

计算EBITDA的一个简单方法就是将净利润和所得税、固定资产折旧、无形资产和长期待摊费用的摊销、偿付利息所支付的现金相加。

EBITDA 是一种利润衡量指标,在国际市场上被广泛使用,用以计算公司经营业绩。目前我国的会计准则和上市公司财报披露指引没有规定上市公司必须披露 EBITDA 值,但根据公司财务报表中的数据和信息,投资者和分析员可以计算出公司的 EBITDA 值。目前,国内很多银行已经开始使用 EBITDA 作为对客户信用等级评定的一个基本指标。

EBITDA 没有资产负债率、流动比率这些指标那么常用。在财务承诺中直接设置最低 EBITDA 值也比较少见。但 EBITDA 的定义在财务承诺中经常出现,因为在计算其他财务比率时经常需要用到 EBITDA。

二、借款人股东

借款人股东的资信也是融资交易的一个重要考虑因素,尤其是项目融资中,借款人的股东(项目融资中的发起人)的经验和资信对项目融资的成功至关重要。银行等金融机构为项目提供融资首先要了解的是项目发起人的情况,高度关注项目背后的发起人的资信实力和行业经验。如果发起人实力弱,则会影响完工担保的力度。如果发起人提供其他形式的支持或担保人,也要考察担保人的资信。有的银行对发起人和担保人有评级要求,有的要求最低资产额等,有的要求发起人作为贷款人提供发起人贷款,有的要求实力强的发起人在实力弱的发起人违约时,承担一定限度的连带责任,具体安排取决于项目情况和各方地位与要求。

(一)股权变更限制

融资文件中通常包括所有权变更条款,有时签订单独的转让限制协议,要求发起人、特别是有实力的发起人维持最低股权比例。复杂项目中,如果上游产品提供商或下游设施提供商是关联方,银行往往要求上下游的股权比例和项目公司的结构基本维持一致,即各发起人在上中下游各个企业里的股权比例基本一致。如果不能维持约定最低比例,银行可能要求强制提前还款或者构成违约。

(二)政府股东的注意事项

如果借款人的股东有政府或者政府控制的实体,可能会增加借款人的信

用,但是会产生一些限制。这方面的限制包括:

第一,承担债务或提供担保的能力。

第二,创设担保权益的能力。

第三,争议解决程序。基于政府的地位,在其管辖范围内对项目发起人提起诉讼或申请仲裁可能不如在更为中立的法庭上进行诉讼有效。

因此,政府股东需要特别考虑。

(三)股东数量

如果借款人是多个股东共同设立的合资企业,那么需要考虑股东之间的安排,可能存在一些特殊的问题,包括:

第一,借款人的公司决策如何做出?

第二,是否有股东协议或其他合资文件?这些协议的条款是否应该保密?

第三,如何在项目发起人之间分配责任:连带责任还是按份责任?股东通常不接受连带责任,除非是关联公司。

(四)跨境项目中的当地股东

在某些国家和地区,当地法律可能要求必须有本地合作伙伴(政府所有或私营)参与作为项目公司的股东。这种参与方式引发了一些问题,包括:

第一,本地合作伙伴需要持有项目公司股份的百分比。

第二,这种参与方式的政治后果。

第三,可能涉及的专利技术的保密性问题。

在某些情况下,即使本地合作伙伴不是必要条件,但在对抗政治风险方面也可能会有所帮助。

(五)股东的义务

在项目融资中,需要考虑股东是否对项目承担一定的义务,例如:

第一,贷款人是否有对项目发起人的追索权?

第二,为防止施工成本超支,股东是否需要提供完工担保?

第三,股东或其关联公司是否是承包商或运维方?

股东参与项目的程度越高,其承担的责任就越大,对贷款人来说就会相应降低风险。当然,如果股东参与程度高,贷款人还需要审查利益冲突问题,例如,作为承包商的股东是否会违反可能更有利于承包商而对项目不利的义务,从而转移利益导致对贷款人不利?

（六）对股东收益的限制

贷款人不希望在出现违约或首次偿还贷款之前借款人向股东分配股息或类似款项。贷款人希望项目公司在施工阶段结束之前赚取的收入用于支付项目公司的费用(而不是支付股息)。这样可以减少借款人的融资需求,从而使整体负债率保持在最低水平。贷款人还希望看到借款人赚取的任何盈余现金用于提前还贷,而不是向发起人支付股息。这些都需要考虑。

三、贷款用途——项目的类型和性质

（一）项目类型

新项目和改扩建项目可能出现不同的问题。如果是改扩建项目,可能存在之前提供融资的债权人。新贷款人的权利与旧贷款人的权利之间需要有相关的衔接手续。

（二）项目所在行业

项目行业是否受监管?如果是,借款人或其股东可能需要获得特别许可或聘请特别顾问。例如,医疗项目或者电力项目需要有合规律师参与。合规律师有权就是否有任何应考虑的特定先决条件提出建议。

（三）项目所用技术

项目是否涉及未经测试的或全新的技术?如果是未经测试的全新技术,可能不会获得预计的成功或者可能无法产生预测的现金流以偿付贷款人。这类项目获得融资的难度相对比较大。

（四）项目许可

项目许可是否已经获得,或者能否按照预期获得,是贷款人提供融资的一个重要考虑。

政府许可根据项目的不同而有所不同。如果是建设项目,可能涉及土地、环境影响评估等方面的许可。如果是收购项目,可能涉及反垄断审查。对于中国企业的境外投资项目，还涉及发改委的境外投资备案、商务部门的备案，以及外汇登记等手续。

（五）项目用地

建设项目涉及用地。项目公司或股东对项目建设所在地的土地是否拥有必要的权利，是一个基础问题。如果在项目建造所在地，项目公司或项目发起人无法拥有资产或任何道路的所有权或其他权利，则其必须取得必要的许可、地役权、租约或通行权。该等权利的对价必须纳入项目的进度表和成本中。

（六）环境风险

环境责任是一个越来越受关注的领域，因此贷款人逐渐采取更为谨慎的方式来应对环境风险。这一点在项目融资中尤为重要。贷款人可能会适当地采用特殊政策，要求将对环境风险进行评估作为其信贷审批程序的一部分。

四、还款来源

（一）产品销售收入

如借款人的还款资金来源于产品销售收入，则需要考察销售渠道，包括购买方、购买协议、购买价格等。销售协议中关于产品价款及议价机制、购买量、购买期限、付款机制和违约等相关条款都需要重点审查，防止因项目产品的销售安排造成还款风险。

若借款人已有确定的下游客户并签署照付不议的承购协议，则贷款人面临的市场风险较小。贷款人还需要考察：

第一，销售协议的有效性，即确认下游客户承担无条件、不可撤销的付款义务。

第二，销售协议的期限是否超过贷款期限。

第三，下游客户是否具备履行付款义务的能力。

第四，项目成本和定价机制是否存在相关限制。

（二）收购项目产生的现金流

如还款来源为收购资产产生的现金流，同时该收购资产由借款人子公司进行管理,则需要注意在收购合同下的权益及子公司现金流是否已控制。

此外,如果借款人子公司的收益必须通过分红的方式支付给借款人,贷款人将特别关注并审核子公司的分红政策,并要求在其公司章程中予以明确,以保障贷款还款来源的稳定。

（三）借款人自由现金流

借款人自由现金流通常指因借款人经营而产生的税后可自由支配的净利润。以自由现金还款的融资项目,贷款人将特别关注以下问题:

第一,借款人对其经营业务的经营权和收益权。

第二,借款人对收入是否享有处分权。

第三,借款人自身的营利能力与借款人的还款安排是否匹配。

第四,是否存在一些直接影响自由现金流的情形,例如第三方担保权益。

五、担保

（一）担保主体合法性

担保主体合法性包括:担保人是否按照担保人注册地法律合法成立,是否具有从事其经营业务的资格,是否已取得必要的许可或执照,等等。

（二）担保完善程序

担保完善程序包括相关的登记、审批要求。担保人需要按照其所在地法律法规履行必要的审批、登记或备案手续（根据不同国家的法律及政策要求确定）。

（三）担保财产

担保人提供什么财产作为担保,需要确保不违反所在地的法律。除了提供担保的限制外,还要考虑是否有任何法规限制贷款人执行贷款或执行担保的能力。某些地区（如沙特阿拉伯和墨西哥）限制或禁止外国企业持有或经营不动产或国家重要资产,如矿山或石油项目。这些限制或禁止限制了贷款人行使抵押权利。因此,在交易过程中应尽早与当地律师商议这些问题。

在项目融资中,项目公司自己拥有的资源不多,因此其提供担保的标的主要为一些合同权益,包括:项目协议;任何销售协议;分包合同;保险合同。

合同权益能否设置担保,需要提前考虑,咨询当地律师的意见。

(四)类担保支持

除了担保外,贷款人还将寻求其他形式的额外支持,例如:

第一,直接协议。

第二,发起人支持。例如,贷款人与发起人之间可能会有协议,要求发起人在特定的情况下向项目公司注资。

第三,债务从属协议。

这些类似担保的措施需要提前与相关当事方进行沟通,并寻求当地律师的意见。

六、融资项目所在地

(一)东道国政治风险

1. 国有化

国有化或政治动乱是必须考虑的政治风险。在过去几年中,某些政府不时将某些项目国有化。例如,2007 年委内瑞拉石油行业国有化,2006 年玻利维亚石油和天然气行业国有化。这些行为对外国投资者的投资价值造成重大损害,例如,2007 年俄罗斯强迫性股票销售造成库页岛石油和天然气项目显著性贬值。

2. 国际制裁

2012 年以来,俄罗斯等国由于国际政治因素受到国际制裁,对该等国家的项目带来重大影响。欧美制裁直接影响美元和欧元作为币种的贷款的结算,导致银行无法提供此类币种的贷款。因此,制裁风险也成为主要政治风险之一。

(二)东道国法律体系

项目所在地法律体系是否独立和可靠,是否是成熟的、易于理解和执行的法律?这些也是需要考虑的风险点。一般而言,国际贷款人更倾向项目文件适用纽约州法或英国法。然而,这并不一定可行,例如,与不动产有关的合同通常适用不动产所在地的法律。此外,如果地方司法机构不够权威或独立,则应通过在另一地区的诉讼或仲裁来解决纠纷。在借款人是国有公司的情况下,这可能会是一个问题。

东道国的税法体系、财税制度的稳定性、东道国与银行所在国的双边税收协定,都是贷款人在评审项目时考虑的法律内容。在发展中国家的项目有时需要政府给出一些单方承诺或者政府企业作为项目公司的重大合同相对方签订协议(如作为购电协议的买方、土地租赁合同的出租方、提供保证及担保),此时更加需要重视东道国及其附属机构的资信。

(三)政治和法律的稳定性

贷款人不希望遭遇到因受法律变更的不利影响而导致项目公司无法偿付的风险。所以,项目协议通常会规定政府和项目公司分担法律变更的风险。例如,政府通常会承担被称为"歧视性法律变更"的风险。政府承担歧视性法律变更风险的依据是,政府能够最好地管理此类风险。但是,如果是准政府机构(如地方当局或独立监管机构)或非政府机构,那么这一理由可能就站不住脚,因为这些机构对法律制定程序的影响力有限。

如果出现歧视性法律变更风险,贷款人希望政府来赔偿项目公司的损失。其他类型的法律变更风险将被分担或根据项目协议分配给项目公司。

(四)民众接受度

某些项目(例如,风力发电站和核电站)经常遇到"邻避效应"(not in my backyard)的阻力。一个反对项目开展的社区可以通过给项目参与方施加政治压力、举行示威游行和抗议或以其他方式制造公关舆论来拖延或破坏项目的建设。尽早确认是否有社区或当地团体反对该项目显得尤为重要。

(五)税务问题

交易涉及不同的税。某些项目符合税收抵免或扣除的条件,可以改善项目的经济条件。此外,在跨境交易中,通常要求借款人为其向贷款人支付利息预提所得税。借款人需要支付这些税款,所以贷款人要求必须包税(或向贷款人支付其将收到的不适用预提税的款项)。预提税率可能会相当高,在没有税务条款或其他相关例外的情况下,根据贷款的规模和适用的利率,借款人的包税义务会相当显著。

（六）外汇

1. 外汇管制

某些外汇管制的国家可能对借款人以外币支付、开立离岸账户、海外转账或是持有外币有限制。某些国家限制将硬通货币（例如美元）流入国外，必须从国家中央银行、财政部或其他相关机构获得特别许可才能进行交易。在这种情况下，需要获得必要的外汇许可和登记。

2. 货币贬值

东道国货币的贬值风险也需要提前考虑。在许多国际项目融资交易中，贷款以美元或欧元计价，但项目以当地货币计算产生的收益。如果当地货币贬值，该项目必须产生更多的收益以偿还贷款。但是，这几乎是不现实的，因为通常该项目的全部产能已经被出售，因此没有剩余产能可以出售以产生额外的收入；而且，承销协议签署后很难提高销售价格。

货币贬值不仅仅是理论上的，例如，2002 年的阿根廷和 1997 年的许多亚洲国家都发生了货币巨幅贬值的情况。货币贬值对项目融资交易可能会比其他贷款交易产生更大的影响，因为该项目通常是偿还贷款的唯一收入来源。如果这些收入不足，贷款人几乎别无选择，只能重组贷款或宣告违约。

七、其他因素

（一）本国成分

中国的银行随着国内企业也走出国门，越来越多参与国际项目融资。国内银行参与海外项目通常需要项目有所谓“中国成分”。“中国成分”可以体现为中国企业作为股东持有项目权益，作为购买商签署承购协议，作为工程承包合同方等。

各国的出口信贷机构贷款通常也需要与本国成分挂钩，如要求本国企业持有项目股权、本国企业购买项目产品、采购本国的商品和服务如工程承包、设备出口等。如果项目中的特定本国成分要求（如本国企业最低股权比例要求）不能满足，需要项目方进行补救，无法及时补救或只能做到部分补救的情况则根据补救情况要求全额或按比例强制提前偿还相关出口信贷机构提供的贷款。

对商业银行而言，也需要了解并分析出现此类出口信贷机构事由对项目整体资金缺口以及还款能力的影响。

（二）银行合规要求

银行审阅条款清单及融资法律协议之时，需要确保其条款符合本行内部要求以及适用的政府监管部门要求。

第三节　融资风险识别和管理

一、国际融资风险的识别

（一）国际项目的问题和难点

国际项目通常跨越多个国家和地区，受诸多国家和地区法律规制，涉及的问题远比国内交易复杂，在交易流程各个阶段和方面也存在各类特有问题与风险。

1. 交易流程复杂

国际交易遵循相关国家和地区通行的商业和法律规则，从谈判、尽职调查到签约、取得相关审批，到最后成交，各方面都较国内交易更为复杂。

2. 风险和障碍多

交易的跨国特征意味着交易的完成需要取得多个国家政府部门的批准及相关第三方的许可。如果未能识别任一方面的重大风险，或未能取得任一重要审批或同意，交易都可能以失败告终。

3. 不熟悉国际交易惯例

国际项目中，由于交易方各自的背景、交易经验和传统往往大相径庭，为节省交易时间，交易方会遵循国际交易惯例。

交易惯例对交易方的沟通，尽职调查文件的提供，交易文件的起草、谈判、签署和成交等都有规范。中国企业与欧美交易对手相比海外并购经验有限，往往不熟悉惯例，对交易效率和成果影响很大。

4. 法律文件艰深

国际交易中的法律文件的结构、术语、谈判要点都与国内文件有差异，体现了目标公司所在国的法律制度和传统，也受到欧美惯例的影响。

(二)影响风险的主要因素

任何一个项目的风险都不是固定的。每个项目的风险各有其特点。一个项目的特定风险取决于诸多因素，包括：

1. 项目性质

境外投资涉及各种各样的项目，例如石油和天然气管道、机场、收费公路和发电厂。这些项目中有些需要政府的批准或许可，项目的损失将会给项目所有者(项目公司)带来严重不利后果。如果是并购已经建成的项目，那么就不存在项目建设的风险，但是并购完成后的整合运营风险仍需要关注。

此外，一些特定项目受到严格的监管，而这也会极大地影响项目的成本和进度。

2. 项目所在国家

项目如果位于基础设施不完善、法律法规不清楚、政治环境不稳定或多变的发展中国家，其风险比地处工业发达国家大得多。

3. 项目参与方

如果项目参与方中有政府性质或政府所有的实体，各方可能也需要应对政治问题或政治因素，而完全的私人交易则没有这些问题。

(三)政治风险

政治风险，也称作国家风险，是指因东道国政府或其行政部门的作为或不作为造成投资者遭受损失的可能性，在表现形式上包括征收与国有化风险、货币汇兑风险、政府违约风险及战争内乱风险等。政治风险是位于发展中国家的项目面临的一个主要风险，包括战争、资产国有化、私有财产征用(expropriation)、外汇管制或其他类型的货币转换限制。与建设风险或运营风险不同，政治风险通常很难转移给项目一方承担。

根据中国出口信用保险公司发布的2016年《全球投资风险分析报告》，近年来，政治风险，尤其是政府违约和非传统安全风险(除传统施工、生产安全之外的所有安全风险）成为当前中国企业海外投资的主要风险，严重制约着中国企业全球战略布局的实现。①

（四）货币风险

对于建设项目，如果项目销售协议（例如，电力购买协议或石油买卖协议）中的货币与贷款货币不同，项目参与者必须同样考虑货币贬值或货币不可兑换性。货币不可兑换性，是指无法将当地货币转换为外币或者将外币转移或发往国外。

并购已建成的项目时，由于标的资产的交易价格通常以外币计价，从签约到成交之间可能出现汇率变化。如果中国企业收购融资以人民币为币种，伴随着人民币与外汇等货币之间的汇率变动，将可能导致交易成本增加。

（五）合规风险

特定项目将依赖于建设或运行项目的政府批准和许可的持续可用性。无法获得或失去此类批准可能会为项目和项目债务偿还带来重大不利影响。此外，当项目涉及支付许可费用（例如，基于对东道国油田的开采和销售的费用），高使用费支付或过高的税收可能会对用以偿还债务的收益产生严重影响。

并购交易也可能涉及政府审批，需要预先评估交易能否获得所需政府审批。跨国并购交易中，最常见的政府审批是反垄断法（竞争法）审批以及国家安全审批。

（六）项目建设运营风险

1. 建设风险

确保项目适当并及时的建设是项目投资需要考虑的重要问题。具体而言，建设风险包括：

（1）可行性

在项目开始前，相关技术专家（例如，在发电厂项目中的电力行业专家）需要对项目进行可行性研究或其他类型的研究以分析项目的可行性。各方会分

---

① 雷敏：《中国信保报告称政治风险制约中国企业全球布局》，载新华网：http://www.xinhuanet.com/fortune/2016-09/13/c_1119560067.htm，最后访问日期：2018 年 2 月 24 日。

析项目的设计和规格，以确定其是否可以产生偿还项目债务所需要的收益。若存在运行能力不足的问题，则会重新评估项目的回报率。

（2）预算

各方在一开始就需要对开发和建设项目的资金数额达成一致意见。如果需要额外的资金，则需确认是否可以向目标公司追加额外资金。如果项目采用外部融资的方式进行，建设延误会延误贷款偿还并增加目标公司的利息支付，这将反过来增加总体项目成本。

（3）建设延误、成本超支

应对项目建设风险的典型做法是与承包商签订交钥匙（turnkey）工程合同，在这份合同中，承包商同意在特定的日期内根据既定规格建设项目，以获得约定的合同价款。项目方通过支付较高的价款，由承包商承担项目迟延等风险。承包商通过为建设和履行缺陷与延误支付违约金和赔偿金来承担责任。

承包商根据建设合同支付违约金、罚金和赔偿金的义务通常通过履约保函（performance bonds）或信用证（letters of credit）获得支持。承包商的义务是否由履约保函或信用证支持以及其形式取决于商业安排、提供支持的机构以及项目所在国。在美国，担保（或保险）公司出具履约保函。然而，在美国之外，通常由银行提供信用证或银行保函（受制于所在司法管辖区的银行监管制度）。

2. 运营风险

运营风险事关项目建成后能否带来预想的收益水平。为了确保项目产生足够（及预期）的收益以偿付债务、支付项目公司的开支，并为项目发起人带来回报，需要考虑以下运营问题：

（1）选择一家有资信的项目运营商

运营商负责项目的运营和维护。运营商提供项目所需的保证项目运营可行性的所有服务，以获得一定费用。为了保证运营商为项目的成功进行活动，运营商通常是项目发起人或其附属机构。

（2）购买保险

项目通常会有意外损失（由火灾或暴风雨而带来的损失）和财产损失方面的保险。通过购买保险规避这些风险，在一些特定情况下，目标公司也可以购买营业中断险（business interruption insurance）。

(3)签订固定的供应协议

在需要特定商品或原料以供项目运行时(如燃煤电厂中的煤炭),项目公司经常签订一份长期的供应协议,保证项目公司根据既定价格获得关键的供应。

3. 销售风险

为保证项目运营后产生足够收益,需确保项目产品有稳定的市场需求。根据项目种类,可以是为电力项目产生的电量所签订的电力购买协议,或者为使用管道项目公司的油管传输石油而签订的运输协议。如果可以,各方协商出一份照付不议(take or pay)的项目承购合同(例如,一份电力购买协议,一份产品买卖协议)。在一份照付不议的合同中,购买方即使不购买或使用全部既定数量,也必须支付合同价款。

如果不能签订照付不议的包销合同,就存在项目产生的收益或许不能足以偿还项目债务的风险。

(七)并购交易风险

并购交易中的风险千差万别,有的与目标公司相关,例如目标公司股权或资产上存在的权益负担或瑕疵、目标公司有历史违规情况、目标公司重大合同出现违约等,此类风险往往影响目标公司的价值和交易价格。

有的风险来自其他方的授权和同意,如并购交易需要获得反垄断机构及其他政府的审批、目标公司股东对交易的批准,乃至目标公司及交易方签署的协议项下的第三方对交易的批准。

有的风险可能是来源于交易方的主观商业目的和决定,如一方终止谈判或在签约后放弃交易,卖方接受其他买方的要约,等等。有的则是客观的因素,如第三方针对交易或目标公司提起的诉讼、政府不颁发完成交易所需的审批等。

二、政治和货币风险的管理

(一)政治风险的管理

减轻政治风险的典型方法包括:

1. 政府支持

政府支持包括保证、安慰函、稳定协议等方面。

东道国政府保证，是指其在特许经营协议项下作出承诺，保证不损害投资者利益。具体而言，政府承诺包括履约保证、税收优惠、货币汇出保证等，或者政府对融资项目直接提供保证担保。虽然政府保证可以覆盖绝大部分政治风险，但在实践中，获得政府保证并非易事。

安慰函是从东道国政府那里获取安慰函（comfort letter）的形式，以表明政府对项目的支持。然而，这种安慰函的作用有限，因为它们并未包含政府对项目的任何义务或承诺。此外，当政府发生政变或其他改变时，新政府可能不愿遵循安慰函中的条款。

项目方还可以和政府签署一个稳定条款协议（stablization agreement），这些条款处理如何应对与政府实体签订投资协议后发生的法律变化，以及这些变化对投资协议下项目公司或项目发起人的权利和义务的修改。通常来讲，稳定条款保证政府不会实施给项目收益性带来不利影响的法律。

2. 政治风险保险

应对政治风险最常见和有效的方式是政治风险保险。这种保险在项目被政治性暴力破坏或损坏时对贷款人进行偿还，在因为货币限制而无法向国外转移资金时，保险人向被保险人提供离岸货币。

然而，政治风险保险不会覆盖对项目不利的所有政治风险，通常会受制于特定限制。例如：

（1）不覆盖合法政府行为：政治风险保险通常覆盖政府对项目的整体没收或导致私有财产在一段时间内转移至公共实体的政府行为［也被称作蚕食式征用（creeping expropriation）］。然而，政治风险保险通常不覆盖给项目可行性带来不利影响的合法的政府行为，例如税收增加或为政府许可而支付更高的许可费用。

（2）不覆盖营业中断：政府风险保险通常不覆盖由项目关闭所带来的收益损失，即使这是由政治性暴力带来的。然而这类保险会覆盖由项目损害带来的直接损失。

（3）不覆盖非政府性行为：特定的政治风险保险不覆盖学生或劳资纠纷等非政府行为。

（4）不覆盖货币贬值：大多数保险人不保护投资者免于遭受当地货币的贬值风险。投资者通常通过货币互换交易或签订对冲协议以管理这项风险。

(5)不覆盖投资收益:政治风险保险通常偿还被保险人预算外的开支,例如项目公司增加的资金数额。通常不包括投资者的收益或利润损失。

(6)有限覆盖违约:当政府是协议一方时,政府违反协议下的义务会给项目带来重要影响。有些保险人仅在投资者启动司法或仲裁程序以对抗政府实体,获得最终判决或仲裁裁决,同时政府实体在判决或仲裁裁决中规定的日期到来时拒绝付款或未付款时,才会为此类政府行为带来的损失提供保险。

投资者可以从官方或私人保险公司中获得政治风险保险。除了各国政府的出口信贷机构外,官方性质的投资保险机构也包括海外私人投资公司(Overseas Private Investment Corporation)和多边投资担保机构(Multilateral Investment Guarantee Agency)。投资者同样可以从私人保险公司如伦敦劳合社主权风险公司中获得政治风险保险。如果所参与项目中存在政治风险,应该审查保险政策覆盖范围的例外和限制。获得政治风险保险的成本是典型的项目成本,需要在项目财务状况预测、融资安排中予以考虑。

3. 双边投资保护协定

在分析东道国的政治风险等级时,查明投资方的注册国是否与东道国订立双边投资保护协定(BIT)是很重要的。该类投资保护协定通常会遵循相关国际上常见的范本,包含下列条款:

(1)缔约国不得歧视其他国家的公民在其国境内进行的投资,所有缔约国都应履行与该类投资相关的义务。

(2)缔约国给予其他国家公民的投资或回报待遇不得低于给予本国国民的待遇(所谓的"国民待遇")。

(3)如国家进入紧急状态、叛乱、暴动或暴乱,缔约国给予其他国家公民的损害赔偿待遇不得低于给予本国国民的待遇。

(4)除为了公共利益外缔约国不得将其他国家在其国境内进行的投资收归国有,如为了公共利益收归过国有应给予非歧视且充分及时的补偿。

(5)缔约国应保证其他国家国民在其国境内的投资和回报能自由转让。

投资保护协定还包括国际仲裁条款,即东道国政府和其他国家国民因协定规定的东道国义务引发的任何争端提请仲裁。国家通常会选择将争端提交国际投资争端解决中心(International Center for Settlement of Investment Disputes,

ICSID)。申请执行ICSID仲裁裁决比依据《纽约公约》申请执行普通仲裁裁决更容易。因为根据《解决国家与他国国民间投资争端公约》要求,ICSID的缔约国必须像执行本国法院作出的终审判决一样执行ICSID仲裁裁决的金钱给付义务。

(二)汇率风险的管理

除了由东道国政府提供货币兑换和汇出境外的保证之外,各方可以采用两种主要方法来减轻此项风险:

1. 货币互换

通过货币互换,事先设定一方会接受的一类货币数额,交换另一种特定数额的货币,可以免受货币贬值的风险。

2. 离岸储备账户

当一个项目中存在货币风险时,典型做法是将一部分贷款收益存入项目所在地管辖权之外的储备账户,若项目公司因为任何原因没有偿还贷款,可以从该账户偿还。然而,离岸储备账户作用有限,因为其通常只包含足够偿还一笔或两笔利息和本金的金额。如果货币限制长期存在,受制于任何可能存在的政治风险政策,在此期间内无法获得清偿的风险仍然存在。

(三)合规风险的管理

建设项目的合规风险可以通过下述方法减轻:

1. 项目公司出具的关于建设和运营项目所必需的审批和许可以及这些审批和许可的可执行性的法律意见。

2. 东道国在适当情况下,同意财税稳定条款。

3. 项目公司作出关于特定批准的有效性和可执行性的特定陈述与保证。

4. 将批准和许可(以及它们的持续有效性和可执行性)作为初始提取项目贷款以及任何后续贷款提取的先决条件。

在并购交易中,收购文件通常规定各方分别获得已方完成交易所需的政府审批为交割的先决条件。中国企业作为买方时,常需要获得国内政府部门审批。实践中,外国卖方常以此类审批为中国买方特有的审批为由,要求在中国企业承担不能获得中国政府审批的风险,如在特定期限内无法取得审批,则买方应向卖方支付一定金额的终止费。

三、项目融资风险管理

(一)融资前的筹备阶段

发起人在启动项目融资前首先要对项目进行风险评估,发起人和项目公司会聘请律师协助分析和评估项目风险,并对风险分配作出判断,在此基础上设计项目的法律、商业和融资结构,并与项目所需的供应商、建筑商、承购商等协商各类项目文件。在与融资方就项目融资展开正式磋商前,发起人和项目公司一般需要进行下列工作:

第一,通过招投标、权益转让等形式取得项目特许经营权或开发权。

第二,商定项目的发起人、股东之间的协议。

第三,选择项目采取的工程技术。

第四,进行项目工程的前期评估,与工程总包商就工程合同进行沟通。

第五,与其他项目参与方,如产品采购商、原料供应商、运输商及其他服务提供商以及土地提供方就相关项目文件进行沟通。

第六,申请相关政府审批(立项、环保、建设、规划、土地等)。

第七,建立财务模型,评估项目的经济可行性。

第八,了解融资市场的情况,与潜在融资方前期接触,了解后者的兴趣和融资条件。

(二)项目融资阶段

融资启动后,发起人和项目公司向有兴趣的融资方提供项目有关资料,包括项目公司在财务顾问和律师协助下设计的项目商业、法律和融资结构,介绍项目各方面情况的信息备忘录(information memorandum)及可行性研究报告。

项目公司或融资方的律师会准备一份包括项目融资的核心条款的条款清单(term sheet)初稿。条款清单虽无法律效力,但各方在商定条款清单后会将条款清单内容体现在融资法律文件中,节省融资文件谈判时间。

项目公司会将尽职调查资料和项目财务模型提供给融资方及其顾问,融资方及其顾问会审阅并对项目本身提出尽职调查问题,对条款清单初稿提出意见。融资方的律师出具法律尽职调查报告,分析项目和融资结构、东道国法律环境、项目文件中的问题等。根据项目的性质,融资方的财务、市场、环保、技术、保险顾问等也会分别针对财务模型的可行性、项目的产品市场、环保、技术可行性、保险的充足性等方面出具报告。

融资方在审阅项目资料及各顾问报告的基础上完成项目评审。一般而言,融资方评估项目以项目建成后的偿债能力为核心,兼顾项目技术可行性、财务可行性和还款来源可靠性等全面评估项目各类风险,并提出对项目的商业、法律和融资结构的意见。项目评审时,融资方要求发起人具有足够的经济能力、履约能力、融资能力和项目融资经验,项目签订的建设、供货、采购、运维等项目文件中的参与相对方应具备相应的资格和履约能力,根据项目风险性质和各方控制风险的能力合理分担项目风险。

融资过程中,发起人和项目公司会与项目文件的相对方继续协商直至签署各项目文件。融资方律师一般牵头负责在商定的条款清单基础上准备融资文件,各方就融资文件达成一致并获得内部审批后签署融资文件。

在融资文件项下的放款先决条件满足或者豁免之后,项目公司可根据贷款协议提款,项目融资达到融资关闭(financial close)。项目融资的放款先决条件要求复杂,各方的律师需要准备和审阅各类交割所需文件。

项目公司根据贷款协议成功提款后项目进入建设期,在建设期可能出现各种问题,如项目超支、完工迟延、项目公司违反融资文件下的财务及法律要求、重大项目文件变更等,双方可能需要通过律师修改相关交易文件。在项目完工时,双方律师及相关顾问会参与到完工测试过程,认定项目完工的发生。项目完工后进入运营期,律师一般会就项目运营中的合法与交易文件的履行继续为项目公司和融资方提供服务。

四、并购融资风险管理

并购交易中的风险可以按照三个阶段划分,签约前风险、签约后到成交前风险和成交后风险,以下简单介绍交易各个阶段常见风险及应对的法律措施。

(一)签约前风险及防范

从初步磋商阶段到约束性法律文件签署之前,交易方的利益存在冲突。买方通常希望有权独家与卖方就交易展开谈判,在对尽职调查结果不满或商业条件未达成一致时可以自由终止谈判,放弃交易。卖方则希望促成签约从而锁定交易,也希望避免和买方进行排他的双边谈判,从而在有更好的交易机会时可以随时终止协商,与其他买方达成更优条款。

谈判中,买方或卖方都希望谈判不被第三方(如小股东、政府、利益相关方等)干扰,在成交后目标公司的各类风险在最大程度上由对方承担。由此可见,在签约前双方面对的风险首先是交易的确定性,其次对影响成交的各类风险的识别。

1. 保密信息

对于卖方而言,保密信息泄露的危害巨大,因此卖方希望尽量少披露信息,而买方希望多获得信息。因此协议方通常会签订保密协议,规定协议方及其雇员、顾问等就从对方获得的保密信息有保密义务。

2. 独家谈判

如前所述,谈判过程中,买卖双方都付出时间、精力和成本,买方不希望卖方利用己方抬高交易价格,最后与其他买方成交,因此买方希望获得独家谈判的权利。实践中,通过签署排他协议,买方可以获得在一定期限内与卖方独家谈判的权利。卖方未必愿意签订排他协议,即便签署也希望限定排他期限。排他协议有时作为单独协议签署,有时作为《保密协议》或《意向书》的一部分。

对于买方而言,签订排他协议可以在一定期限内与卖方进行独家磋商。如果有第三方主动向卖方发出竞价邀约,买方可以利用排他协议的约定要求卖方告知新邀约的情况,另外可能不得不提高价款,否则排他期间过后,卖方可能会与新的买方达成交易。

3. 尽职调查和协议方责任

在前期的尽职调查过程中,买方可识别影响目标公司价值的各类风险和责任,如违法、产品质量、税务、环保问题等。如果发现的问题非常严重,可能影响买方是否进行交易的决定。如果问题的严重性不至放弃交易,买方可以在交易价格的磋商、价格调整机制中体现对问题的处理。

收购协议的具体条款也可分配风险和责任,如约定成交后对特定问题带来损失的赔偿。对于重大问题,也可能要求卖方予以妥善补救是成交的先决条件，如果不能在特定日期之前内补救，买方可以拒绝完成交易。

4. 第三方权益

并购交易也常涉及第三方权益。目标公司的小股东可能对交易的公允性和对小股东利益的保护有质疑。对于为目标公司提供贷款的金融机构而言，导致目标公司所有权变更的并购交易自然是其关注的事件，该等金融机构往往有知情权、要求贷款提前偿还的权利甚至对并购交易的同意权。

目标公司作为合同方的重大商业合同，如场地租赁、原材料供应合同、产品销售合同、知识产权许可合同等，可能规定目标公司被收购情况下，合同相对方有权解除合同或有对目标公司股权的优先购买权。有的国家，重大并购交易也需要和工会磋商，确保员工的合理安置。

上述第三方权益都可能严重影响交易进程甚至导致交易的失败。交易谈判中，买方一般会要求卖方告知买方交易会涉及哪些第三方权益，或者在尽职调查和合同撰写磋商中自行发现，以便评估风险。

5. 未来风险管理

签约之前，协议方仍未签署确定性文件锁定交易，买方可以随时终止交易磋商，因此在此阶段准确识别、分配和评估各个阶段的风险尤为重要。

识别与评估签约后风险以及成交后的风险，可能影响买方的交易决定、影响价格等商业条款，并直接决定收购协议和附属协议的框架与内容。

（二）签约至成交前的风险及防范

签约后至成交前的阶段，协议方一方面希望推进交易的完成，另一方面也需要保留退出权。这一阶段的主要的问题和风险包括：

1. 政府审批

签约后，各方会分别或共同努力取得成交所需的反垄断、国家安全、行业主管部门（如金融、通讯等）等政府审批。

根据收购协议下承诺条款的惯常规定，协议方应积极、努力获得所有必要政府审批。未能获得政府审批也给了协议方退出的权力，政府审批的取得一般作为交割的先决条件，如果不能在约定期限内取得审批，协议方有权不完成交易并终止交易。

2. 第三方同意

并购交易的完成往往导致目标公司的所有权变更,而在资产收购模式下,卖方往往需要将商业合同转让给买方。

收购协议通常约定卖方应积极取得贷款人、重大商业协议(如销售、采购、知识产权协议)相对方等相关第三方对交易的同意。

3. 内部审批

签约后,协议各方也应各自完成其内部程序,如获得股东会审批。董事会审批通常在签约时已经取得。根据目标公司以及卖方的公司纲领性文件的规定,有时候股东会的审批会具有不确定性。

收购协议通常约定协议方尤其是卖方有义务努力获得全部内部审批,包括努力获得股东会审批。有时候(特别是上市公司收购的情况下),会把内部审批(尤其是股东会审批)的获得作为交割的先决条件之一。

4. 协议方违约

如果协议方不履行收购协议下义务,不积极促成交割的先决条件,受到损害的协议方可以依据协议条款要求对方履约,在对方拒不履约的情况下,可以根据协议的终止条款终止交易,也可以依据适用法律和协议有关争端解决的约定,要求强制履行。

如果对协议方的资信和履约能力有所保留,可以要求对方的关联方提供履约保证或者提供一笔款项作为履约保证金。

5. 股票价格波动风险

中国上市公司如果作为买方,其股票价格不仅取决于交易完成后上市公司整体的发展战略和经营业绩及上市公司对目标资产的整合效果,还受宏观经济周期、融资环境等众多因素的影响,同时也会因国际、国内政治经济形势及投资者心理因素的变化而产生波动。

6. 其他

为了成交后顺利整合目标公司,买方常要求签订《劳动合同》《过渡期服务协议》《知识产权许可协议》或《知识产权转让协议》《不竞争不招徕协议》等附属协议,就成交之后目标公司核心员工的留任,买方从卖方及其关联公司获得特定服务,买方继续使用或购买卖方的知识产权,限制卖方在特定领域与目标公司开展竞争性的业务，以及买卖双方彼此不得招徕对方的员工和客户等方面达成安排。

该等协议的格式和内容通常在收购协议等主要交易文件签署之时基本定稿，并将该等协议的妥善签署作为交割的先决条件。

（三）成交后风险及防范

1. 整合风险

成交后，买方开始对收购企业或资产的业务进行整合，业务整合涉及运营、财务、法律等多方面，主要是商业事项，也以法律文件为基础。

整合风险往往在交易前期难以完全预见，而在成交后逐步显现，因整合不顺利导致买方的商业目标无法实现的例子很多。

2. 目标公司的问题和责任

实践中，目标公司在成交前的税务、环保、劳工等领域的问题和责任都可能在成交后给目标公司带来损失，从而导致买方巨额损失。

因此，通常在并购协议中明确规定上述责任即便在成交后也由卖方承担，如果成交后目标公司由于成交前的问题和责任承受损失，若约定属于卖方承担的责任和风险，买方可以根据收购协议向卖方寻求赔偿。对于重大违约及争议，可以诉讼或仲裁解决。

3. 交易方成交后的商业安排

交易方在成交后，买方往往需要卖方在技术、供应、销售、共享设施等持续提供一定服务，同时买方也希望目标公司的人员、运营有一个过渡期。交易方可以通过签署的附属法律文件如《劳动合同》《过渡期服务协议》《知识产权许可协议》或《知识产权转让协议》《不竞争不招徕协议》等履行成交后一定的过渡期的商业安排。

Chapter 2
第二章

贷款基础概念

第一节　贷款分类

贷款人向借款人提供的贷款，根据不同的标准可以进行多种分类。常见的分类标准包括：贷款方式、贷款期限、贷款用途是否有担保等。根据借款人的需要，一项贷款可能包含上述不同标准中的多个特征，例如贷款人可以提供有担保的定期银团贷款，或者双边的无担保的非承诺性的循环贷款。

一、按贷款方式分

贷款可以由一个贷款人提供，也可以由多个贷款人提供。根据贷款人的数量，贷款模式分为双边贷款（bilateral loan）、银团贷款（syndicated loan）和融资参与（participation 或 sub-participation）。

（一）双边贷款

由一个贷款人向一个借款人提供的贷款称为双边贷款。由于贷款中只涉及两个当事人，即一个贷款人和一个借款人，所以被称为双边贷款。通常，金额小的贷款都是双边贷款。如果贷款金额很大，一家银行可能无法承受全部信贷风险，往往会考虑组成银团的方式以降低其风险。

1. 双边贷款的优势

双边贷款对借贷双方都有优势,主要体现在以下方面:

首先,由于涉及的当事方较少,双边贷款具有一定的私密性。这也使借款人和贷款人可以协商更灵活的贷款条款。

其次,双边贷款的法律文本相对比较简单,费用成本也会比银团贷款低。在国际融资中,获得双边贷款的借款人往往是银行的长期客户,双方已经建立良好的银行业务关系。因此,贷款人向第三方转让贷款的可能性比较小,这对借款人而言也是一个优点。

2. 双边贷款的缺点

对于借款人而言,通过双边贷款获得的贷款金额通常比较低。如果借款人希望通过双边贷款申请大额贷款,但一家银行可能无法承受信用风险,或者会提出更高的利率以与该风险相对称。

(二)银团贷款

银团贷款是指多家银行组成银团,按照一定的比例以相同的贷款条件向借款人提供贷款。所有参与银团贷款的贷款人往往被统一定义为融资方(financing parties)。各融资方之间并不相互承担连带责任;每一融资方都是在独立的基础上提供融资的;如果某一融资方没能按约定提供融资,其他融资方没有义务弥补那一部分融资额。通过银团贷款,可以将借款人的信用风险分散到各个融资方,因而可以向借款人提供金额更高的贷款。

1. 银团贷款的优势

和双边贷款相比,银团贷款通常具有以下优势:

第一,金额大。银团贷款可以为借款人提供双边贷款无力提供的贷款金额。

第二,利率低。银团贷款的利率一般比双边贷款的利率要低,因为银团贷款中多家银行向一个借款人提供贷款,借款人的信用风险由各家银行分担,每一家银行所面临的信用风险敞口相对较低,所以利率会基于风险降低而下降。但是,借款人需要注意,银团贷款的其他费用会比双边贷款高。

第三,监管要求。对于银行而言,银团贷款可以使其参与到由于监管原因其单独不能介入的项目。例如,中国银监会要求银行向单一借款人提供授信不得超过其总资产的 10%,欧盟的大额风险敞口指引(council directive 92/121/EEC)也有类似限制。如果借款人申请的贷款金额大到超过这一限制比例,那银行就不能通过双边贷款向该借款人提供贷款。

第四,币种多。银团贷款比双边贷款更容易获得多币种的贷款。

2. 银团贷款的缺点

对借款人而言,银团贷款可能有以下缺点:

第一,银团贷款的文件比双边贷款的文件更复杂。例如,银团贷款协议中需要处理各银行之间的关系。

第二,借款人需要支付的费用较高。例如,牵头行的安排费、代理行的代理费、律师费等。

第三,银团贷款需要遵守很多市场惯例。由于银团贷款通常都是比较公开的,银行往往不愿意偏离既有的市场惯例。在银团贷款的发展过程中,行业协会发挥了重要的作用,例如美国银团贷款和交易协会(LSTA)、伦敦信贷市场协会(LMA)、亚太信贷市场协会(APLMA)。这些行业协会制定了很多标准文件和信贷市场惯例。

第四,银团贷款中借款人信息的保密性比双边贷款要更难维持,因为借款人需要向很多银行提供信息。

(三)融资参与

在国际融资中,银行参与大额贷款项目的另一个方式就是融资参与。融资参与并非严格意义上的法律概念,而是融资实务中约定俗成的用法,是指贷款人将其在某一贷款协议下的风险全部或部分转让给另一金融机构。双方就此签署一份协议,称为融资参与协议(participation agreement 或 sub-participation agreement)。出让的贷款人称为主贷款人(principal lender)或出让行(grantor);受让的金融机构被称为参与行(participant 或 sub-participant)。借款人与主贷款人之间的借贷关系保持不变,参与行与借款人之间没有直接的法律关系。

对于主贷款人而言,通过融资参与可以降低主贷款人所面临的信用风险。

在贷款协议限制贷款人转让贷款的情况下，主贷款人仍然可以通过融资参与的方式降低其面临的风险。

融资参与有两种方式：出资参与（funded participation）和非出资参与（un-funded participation）。非出资参与又称为风险参与（risk participation）。

1. 出资参与

出资参与是参与行通过向主贷款人提供资金的方式参与到主贷款人向借款人提供的融资中。出资参与的一个前提要求是，贷款协议项下主贷款人已经向借款人发放贷款并且没有未提用的承贷额。

出资行向主贷款人提供资金后，主贷款人将相应地向参与行支付一笔参与费。当主贷款人从借款人处收到贷款本金和利息后，主贷款人将相应比例的本金和利息支付给参与行。如果主贷款人没有从借款人处收到本金和利息或者没有足额收到本金和利息，主贷款人没有义务向参与行补偿参与行本应收到的本金和利息。与参与金额相应的信贷风险将从主贷款人的资产负债表中剔除。

在出资参与交易中，参与行的权益保障相对是比较脆弱的，主要表现在以下几个方面：

（1）参与行与借款人之间没有直接的法律关系，参与行是主贷款人的债权人，而不是借款人的债权人；参与行能否收到利息和本金取决于主贷款人是否能从借款人处收到利息和本金。

（2）参与行面临双重信用风险，即借款人的信用风险和主贷款人的信用风险；借款人和主贷款人中任何一人因任何原因未能按时支付本金和利息，都将导致参与行面临损失。

（3）除非参与行与主贷款人之间有特别约定，否则，参与行不能从主贷款人持有的担保权益中受益；该担保权益由主贷款人持有，参与行不能行使。

很多出资参与协议中都包含转让选择权条款，例如伦敦信贷市场协会（LMA）制定的融资参与协议标准格式中，就有这样的条款。根据该条款，参与行可以选择要求主贷款人将其在贷款协议项下的权利义务转让给参与行，从而使参与行成为贷款协议项下的贷款人，对借款人直接享有债权。

转让选择权条款对参与行有一定的帮助，尤其是在主贷款人出现信用问题时。但是，转让选择权能否行使，还要取决于原贷款协议以及适用的法律法规对贷款转让是否有限制。如果原贷款协议或适用的法律法规不允许主贷款人转让贷款,转让选择权将无法行使。

2. 风险参与

风险参与交易中,参与行就主贷款人向借款人提供的信贷金额中的部分或全部提供担保,参与行并不事先向主贷款人提供资金,而是当借款人发生违约导致主贷款人不能按时收到贷款本金和利息时,参与行按照其参与的比例向主贷款人支付相应金额的本金和利息。主贷款人需要向参与行支付参与费,但不需要将其从借款人处收到的本金和利息相应地支付给参与行。

风险参与和银行担保非常类似。它能降低主贷款人所面临的信用风险,但不能将相应的信贷风险从其资产负债表中剔除。

与出资参与一样,参与行与借款人之间没有直接的法律关系。但是,当借款人发生违约没有按时向主贷款人支付贷款本金和利息时,参与行将向主贷款人支付相应的参与金额,此时,参与行获得主贷款人在贷款协议项下的相应权利,参与行将替代主贷款人成为借款人的债权人,有权直接对借款人行使相应的权利。

在英美法中,参与行取得主贷款人权利的方式是基于代位求偿(subrogation)原则获得的。所谓代位求偿,是指一个债权人取得另一债权人的地位,从而获得该另一债权人所享有的权利。代位求偿原则常被用于防止不当得利的衡平救济。最常见的例子是保险业务中,保险人向被保险人支付了保险金后,取代被保险人向第三方追偿。代位求偿原则也允许代他人清偿债务的人获得为该等债务所设立的担保权益,即代他人清偿债务的人将取得享有担保权益的债权人的地位,从而享有该等担保权益。

在中国法中,代位求偿原则目前仅出现在保险领域,其他合同关系中尚未有代位求偿的规定。因此,如果风险参与交易适用中国法,参与行将不能根据代位求偿原则自动获得主贷款人的权利,融资参与协议需要按照合同法关于权利转让的规定明确约定相应的权利转让事宜。

二、其他分类

贷款类型还可以根据其他标准进行分类。这些分类标准包括贷款期限、是否有担保、贷款人义务的性质、还款结构等。

(一)贷款期限

在国际贷款中,根据贷款期限的不同,贷款往往可以分为定期贷款(term loan)、循环贷款(revolving loan)和过桥贷款(bridging facility)。国外的银行还有账户透支(overdraft)、摆动贷款(swing-line)等类型的短期授信或贷款。国内银行一般分为短期贷款和中长期贷款,其中期限为1年以下(含1年)的贷款属于短期贷款,期限在1年以上(不含1年)至3年以下(含3年)的贷款属于中期贷款,3年期以上的贷款成为长期贷款。

(二)是否有担保

根据是否提供担保,贷款分为担保贷款和无担保贷款(也称为信用贷款)。

(三)贷款人的义务性质

按照贷款人义务性质的不同,贷款可以分为承诺性贷款(committed loan)和非承诺性贷款(uncommitted loan)。

1. 承诺性贷款

承诺性贷款,是指只要借款人满足贷款协议约定的先决条件,贷款人就有义务发放贷款。承诺性贷款会占用银行资本金,银行一旦签署承诺性贷款协议就需要拨备相应的资本金。因此,对于承诺性贷款,银行一般会向借款人收取承诺费。

2. 非承诺性贷款

非承诺性贷款,则取决于贷款人的情况,贷款人可以随时拒绝提供贷款,无论借款人是否符合贷款协议约定的先决条件。非承诺性贷款的成本会比承诺性贷款要低,这正是其对企业的吸引力所在。

承诺性贷款和非承诺性贷款在国际市场上非常常见,国际银行往往都用这样的区分标准对贷款进行分类。国内银行目前还不严格区分承诺性贷款和非承诺性贷款。

(四)还款方式

根据还款方式的不同,贷款还可以分为分期还款贷款、到期一次性还款贷款、见索即付贷款。

1. 分期还款

分期还款，是指贷款分成等额或者不等额的多份进行偿还，可以是等额本金、等额本息。分期还款常见于大型项目融资、住房抵押贷款等。

2. 到期一次性还款

到期一次性还款，是指贷款期间内借款人不需要偿还本金，只需要按约定支付利息。到期一次性还款通常见于短期的流动资金贷款。

3. 见索即付贷款(on-demand)

见索即付贷款，是指在贷款期限内贷款人可以随时要求借款人还款。见索即付贷款通常成本比较低，适合于企业日常流动资金贷款。国内商业银行一般不提供见索即付贷款。但在国际市场上，包括国内的外资银行，见索即付贷款非常常见。

第二节 主要融资文件

一、条款清单

国际融资的文件谈判通常从条款清单(term sheet)展开。与此同时，银行进行全方位的尽职调查(due diligence)。银行在其顾问协助下就尽职调查和条款清单两方面向借款人提出问题，并获得答复，推动条款清单的谈判和尽职调查的深入。

条款清单一般包含借款项目基本情况说明、融资法律文件(finance documents)的核心条款等内容。复杂项目的条款清单可能长达数百页，虽无法律效力，但各方一旦就内容达成一致，就将条款清单直接转化成一套融资法律文件，可节约各方谈判时间。根据融资法律文件适用的法律，条款清单的框架有区别，但基本内容一致。

条款清单通常包括以下方面的内容：

1. 项目(project)介绍

项目描述、地理位置、上下游安排、基础设施等。

2. 借款人(borrower)、发起人(sponsor)、项目公司的股东、其他关联方的情况

3. 股权、贷款比例,融资计划

4. 主要融资法律文件

5. 项目文件

6. 银团及贷款的结构、币种、利息

7. 融资法律文件的其他主要内容

二、贷款协议

融资法律文件最主要的文件是贷款协议。很多国际项目中,贷款协议往往采用共同条款协议(common terms agreement)和单项贷款协议的模式,贷款协议往往也是银团模式。

(一)共同条款协议

复杂项目融资,出口信贷机构及商业银行的贷款利率及其他条件往往不同。通常结构是所有银行都适用一份共同条款协议作为主贷款协议,出口信贷机构及商业银行分别和借款人签署贷款协议(loan facility agreement)作为从贷款协议,共同构成一套贷款文件。

(二)单项贷款协议

复杂的国际项目中,每家出口信贷机构及商业银行团(作为一个整体)分别和借款人签订贷款协议,这和共同条款协议共同构成各自贷款的条款和条件。出口信贷机构和商业银行个别的条件和要求体现在贷款协议中。各银行需明确各自的特殊要求。

(三)债权人间协议

融资方如有多个成员,就有必要单独签署一份债权人间协议(intercreditor agreement)来规定融资方成员之间的权利和义务。债权人间协议通常会规定融资方成员之间的决议程序、代理行的任命和职责、成员间的权利义务以及从借款人及保证人等获得的款项如何分配等内容。有关债权人间协议的进一步介绍,参见本书第五章第二节(债权人间协议)。

三、担保文件

担保文件规定项目担保物的范围、担保权益的执行，以及各方的权利和义务。复杂的跨境项目中担保文件数量很多，针对境内外不同担保物签订担保文件，包括动产、不动产、账户、存货、重大项目合同权益等各类资产和权益。担保文件一般适用担保物所在地（如东道国）法律，并需要满足担保物所在地登记备案等的要求。

有关担保文件的详细介绍，参见本书第八章（融资担保和增信）。

第三节　国际贷款协议文本

一、行业标准文本

在行业协会成立之前，银行和律师事务所各有其本身的标准格式，因而产生大量洽商工作并耗费时间。行业协会成立后推出的行业标准文本极大地提高了交易效率，同时降低了交易成本。

（一）亚太信贷市场协会

亚太信贷市场协会（Asia Pacific Loan Market Association，APLMA）1998年在香港成立。这是一个泛亚太地区的非营利性组织，其宗旨是为了促进亚洲太平洋地区的信贷市场的发展以及市场的流动性。会员包括银行、其他金融机构、对冲基金、律师事务所、评级机构以及其他参与银团贷款市场的专业机构。

亚太信贷市场协会每年会在亚太地区不同城市举办大量的研讨会、讲座、培训课程和社交活动，推广行业标准。

亚太信贷市场协会成立后推出了一系列的贷款交易示范文本，包括贷款意向性函（term sheet）、聘用函（mandate letter）、保密协议等，特别是以下几份贷款协议：

1. 港币定期和循环贷款协议（适用香港法）（HKD HK Law Term &

Revolving Facilities Agreement)；

2. 多币种定期和循环贷款协议(适用英国法)[APLMA Multicurrency Term & Revolving Facilities Agreement(English Law)]；

3. 单币种定期贷款协议(多个借款人、多个保证人,适用英国法)(APLMA Multiple Borrower Multiple Guarantor Single Currency Term Facility Agreement)；

4. 单币种定期贷款协议(单一借款人,适用英国法)(APLMA Single Borrower Single Currency Term Facility Agreement)；

5. 单币种定期贷款协议(单一借款人、单一保证人,适用英国法)(APLMA Single Borrower, Single Guarantor, Single Currency-Term Facility Agreement-English Law)。

亚太信贷市场协会还与英国伦敦信贷市场协会和美国银团贷款交易协会密切合作。亚太信贷市场协会的标准贷款协议在很大程度上借鉴了伦敦信贷市场协会的标准文件。

(二)伦敦信贷市场协会

为了促进银团贷款二级市场的买卖,制定相关的标准文件,1996 年伦敦设立了信贷市场协会(Loan Market Association)。信贷市场协会为此制作了大量的标准协议,包括:

1. 多币种定期贷款协议(Multicurrency Revolving Facility Agreement)；

2. 多币种循环贷款协议(Multicurrency Revolving Facility Agreement)；

3. 多币种定期和循环贷款协议(Multicurrency Term & Revolving Facilities Agreement)；

4. 单币种定期贷款协议(Single Currency Term Facility Agreement)；

5. 单币种循环贷款协议(Single Currency Revolving Facility Agreement)；

6. 单币种定期和循环贷款协议(Single Currency Term & Revolving Facilities Agreement)；

7. 风险参与主协议(Master Risk Participation Agreement)。

值得一提的是,伦敦信贷市场协会在国际信贷市场中具有很大的影响力。在国际贷款交易中,英国法是主要的管辖法律,所以大部分贷款协议都基于伦敦信贷市场协会的标准文本起草。

(三)美国银团贷款交易协会

美国银团贷款交易协会(The Loan Syndications & Trading Association)成立于1995年,目的是促进信贷市场公平、有序、高效发展,平衡市场各参与方的利益。

美国银团贷款交易协会侧重信贷份额在二级市场的交易。其制定的大量标准合同也是关于二级市场交易,包括相关衍生交易。

(四)中国银行业协会

中国银行业协会于2006年成立了银团贷款与交易专业委员会(简称“银团委员会”)。银团委员会积极承担银团贷款市场参与者和政府监管部门的联系纽带任务,致力于推进我国银团贷款一级市场发展以及推动银团贷款二级市场建设。银团委员会制定了银团贷款示范文本和标准化操作指引,已经发布的标准文件包括:

1. 双币种固定资产贷款合同示范文本;
2. 双币种流动资金贷款合同示范文本;
3. 银团贷款转让交易示范文本。

上述贷款合同示范文本是由银行业协会银团委员会邀请律师起草的。在起草这些文本的过程中,基于中国的法律和市场实际情况,借鉴了国际市场的惯例和标准,特别是参考了亚太信贷市场协会的标准文本。

二、贷款协议的结构

贷款协议的条款可以有很多不同的分类方法。根据作者的经验,本书将贷款协议的条款归纳为三类:财务条款、管理条款和格式条款。

(一)财务条款

财务条款是有关贷款规模、贷款类型、贷款利率、还款期等方面的商业内容。财务条款是贷款协议中最基本的内容。这部分内容主要取决于贷款人和借款人之间的商业约定。通常在开始起草贷款协议之前,贷款人和借款人已经就财务条款达成一致。所以,在贷款协议的起草过程中很少会就财务条款进行协商或者谈判。

复杂交易中,财务条款主要在单项贷款协议中规定。财务条款包括以下具体条款:

1. 信贷安排

信贷安排条款主要约定贷款的规模和类型,具体内容包括币种、金额、定期贷款额度或者循环贷款额度等。

2. 贷款提取

贷款提取条款主要约定贷款的流程安排,包括什么时候可以发提款申请书,提款的时间、金额、次数等内容。

3. 还款、提前还款和额度取消

还款条款约定还款计划,例如是到期一次性还款还是分期还款。提前还款条款约定借款人是否可以提前还款,如果可以,需要满足哪些条件或者遵守哪些流程。额度取消条款规定授信额度在什么情况下可以取消,包括借款人主动取消和强制取消等情况。

4. 利息和费用

利息和费用条款约定了借款人使用贷款的成本。利息条款会规定利率,利息计算和支付方式等内容。费用条款会规定除了利息之外的其他费用,例如前端费、承诺费等,还包括贷款交易所发生的其他费用,例如律师费、担保登记费等。

(二)管理条款

管理条款是关于贷款人对贷款进行监督和管理的条款。管理条款中既包含商业内容,也包含法律事项,也是贷款协议的谈判重点。贷款协议中的管理条款主要包括以下四条:

1. 先决条件

先决条件条款规定借款人在申请提款前需要满足的条件。先决条件是为了保护银行的利益。在先决条件得到满足之前,银行没有义务向借款人放款。

2. 陈述和声明

借款人对特定的法律和事实所作的声明。陈述条款的主要目的是为了保障贷款交易的合法有效。

3. 承诺

借款人承诺必须完成或者不得实施某些事项。承诺条款的一个重要目的是保障信贷安全。贷款人同意发放贷款乃基于当时存在的一些情况，贷款人会希望确保有关情况不会发生改变。因此，借款人需要作出保护贷款人的承诺和反面承诺，例如，消极担保、控制权不会变动、业务不会改变，以及遵守法律的承诺等。

4. 违约事件

违约事件条款为贷款人提供合同上的救济，在发生约定的违约事件后，贷款人有权取消未发放的贷款，要求已经发放的贷款加速到期并要求立即偿还，并执行担保。常见的违约事件可以分为三类：

(1)实际违约，款项到期而未付；

(2)可能影响还款的预期违约，如违反陈述和声明、承诺；

(3)提出预警的预期违约，例如，借款人发生资不抵债，发生重大不利变化。

(三)格式条款

除了财务条款和管理条款外，贷款协议中的其他条款都可以归纳为格式条款。格式条款是任何一个完整的合同所必备的条款，一般都有固定的格式，而且一般不允许修改。格式条款包括以下几类：

1. 定义和解释

定义和解释条款约定贷款协议中必要术语的含义，以及贷款协议的解释规则。贷款交易中常用的术语一般都是固定的，根据具体交易情况可能会新增一些特定的术语。

2. 法律保护条款

法律保护条款主要是指那些为了保护贷款人的利益而规定的特别条款，包括市场扰乱、税项补偿、成本增加等保护贷款人利润的条款。这些条款都是基于市场惯例而设计的，一般贷款人不允许修改。

3. 转让条款

转让条款规定贷款协议项下权利义务的转让。

4. 适用法律和争议解决条款

适用法律和争议解决,也是合同的必备条款。

5. 通知条款

通知条款约定了贷款协议项下相关事项的通知要求,包括联系人、联系方式,通知视为送达的时间等内容。

6. 保密条款

保密条款约定贷款协议相关的信息披露和保密要求。

第四节　重要术语

国际贷款中对常用术语进行定义,可以使贷款协议上下文行文更方便、更简洁顺畅。定义的术语主要是特别重要的术语,以及贷款协议中频繁出现的术语,通常在整个贷款协议中出现 3 次或 3 次以上。从性质上来分,术语可以分为财务术语、法律术语和管理术语。以下对一些重要术语作简要介绍。

一、财务术语

财务术语,是指那些有关贷款的提取、偿还、成本的术语。根据其常用情况,本书分为基本财务术语和其他财务术语。其中,基本财务术语中的基础利率,由于有很多不同的术语,所以单独讨论。

(一)基本财务术语

基本财务术语,是指那些不同类型的贷款交易中通常都会使用的财务术语。这些术语包括:提款期、授信、授信额度、最终还款日、利息期、利差、贷款、提款日、提款申请书。以下逐一说明。

1. 提款期

提款期(available period)是借款人可以申请提取贷款的一段时间。常见的定义内容如下:

> **"提款期"**指自本贷款协议签署日(含)起至[日期](含)。
>
> "Availability Period" means the period from the date of this Facility Agreement to [date](both inclusive).

提款期的定义主要出现在贷款的取用条款中。如果一份贷款协议中有多个不同的授信额度,其各自有不同的提款期,那么有必要根据不同的贷款额度分别定义其提款期。

提款期通常从贷款协议签署之日开始计算。因为贷款协议签署日是确定的,比较容易计算提款期。有时候,贷款人或者借款人可能会提出要求提款期从首次提款日开始计算,因为从贷款协议签署日到首次提款日之间有一段时间,借款人希望有一个相对比较容易控制并且较长的提款期。这样的安排也没有问题,尽管并不常见。

对于承诺性贷款,提款期一般都比较短,例如一个月或者三个月,但是项目融资的提款期一般会比较长,和建设期一致。从银行财务的角度,一旦银行承诺一笔贷款,即使贷款尚未发放,银行仍然需要计提相应的准备金。所以承诺性贷款是占用银行资本金的,有一定的成本。过长的提款期可能会给借款人造成额外的成本。

某些特定类型的贷款,例如并购贷款,提款期需要能够满足并购交易中的付款时间安排。

对于可循环的流动资金贷款,提款期一般比较长,理论上可以截至最终还款日的前一日,即在最终还款日的前一日,借款人仍然有权申请提款,当然借款人需要在最终还款日清偿所有贷款。通常情况下,提款期在最终还款日前一个月截止。

值得注意的是,并不是提款期内的任何时候借款人都能申请提款,申请需要满足贷款协议中约定的其他条件,包括先决条件已经满足等。

2. 授信

授信(facility)就是贷款协议中约定的贷款人向借款人提供的授信安排。一般的定义内容如下:

> **“授信”**指本贷款协议第[•]条(授信)所述的授信安排。
>
> “Facility” means the facility made available under this Agreement as described in clause [•](The Facility).

如果贷款协议中有多个授信额度,则有必要分别定义。常见的包括定期贷款授信(term facility)、循环贷款授信(revolving facility)等。

3. 授信额度

授信额度(facility amount)也称为信贷额度(credit line)或贷款额度,是贷款人同意向借款人提供的最高授信金额。在承诺性贷款中,授信额度也称为承贷额或承诺额(commitment)。一般的定义内容如下:

> **“授信额度”**就一项授信而言,指在未根据本贷款协议取消、转让或减少的情况下,[币种/金额]元整([•])。
>
> “Facility Amount” means with respect to any Facility, [currency/amount] to the extent not cancelled, reduced or transferred by it under this Facility Agreement.

授信额度主要出现在贷款协议的信贷安排一章中。如果一份贷款协议中有多个不同的授信额度,则有必要进行分别定义。

在一些比较复杂的贷款协议中,由于上下文的需要可能会定义“可用承贷额”(available commitment),或“可用授信”(available facility),以说明借款人可以提用的金额不得超过这一金额。

4. 最终还款日

最终还款日(final repayment date)也称为最终到期日(final maturity date)。常见的定义如下:

> **“最终还款日”**指[本贷款协议签署之日/首个提款日]之后满[•][月/日]之日。
>
> “Final Repayment Date” means the date falling [•] [Months / days] after [the date of this Agreement / the first Utilisation Date].

在定义最终还款日时参考贷款协议签署日的情况十分普遍，因为贷款协议签署日在贷款协议签署时就能确定，贷款人就能够确切知道其借出的资金什么时候返还。如果使用首个提款日，则最终还款日将根据先决条件的满足时间和借款人申请首次提款的时间而不同。对于借款人而言，两种不同的定义方式会使得其实际使用资金的时间有所不同。在贷款协议签署之日就发放贷款对贷款人而言是有困难的，而借款人一般也不可能在贷款协议签署当日就能满足所有先决条件，所以从贷款协议签署到贷款发放之间一般都会有一段时间。也就是说，如果最终还款日从贷款协议签署之日起算，借款人实际使用贷款的时间会相对较短。例如，一年期的贷款，如果从本贷款协议签署之日开始计算，则其实际使用贷款资金的时间一般都不到一年。

最终还款日主要在贷款的偿还条款中使用。

5. 利息期

利息期（interest period）是用于结算利息的一个期限。常见的利息期定义如下：

> “**利息期**”就任何一项贷款而言，指按照第[•]条（利息期）的规定确定的每段期间；就任何一项未付款额而言，指按照第[•]条（违约利息）的规定确定的每段期间。
>
> “Interest Period” means, in relation to a Loan, each period determined in accordance with Clause [•] (Interest Periods) and, in relation to an Unpaid Sum, each period determined in accordance with Clause [•] (Default interest).

利息期的定义主要出现在贷款协议中有关利息的条款中。具体时间往往在相关条款中规定，一般为一个月、三个月或者六个月。

6. 利差

贷款利率通常以基础利率和利差（margin）两部分构成。利差采用年化的百分比来表示。利差基本上反映了贷款人通过这笔贷款所获得的收益率。利差的大小说明了贷款的风险高低，利差越大说明这笔贷款的风险越高。实务中，利差还常常用“基点”（basic point, bp）来表示，一百个基点为一个百分比（1%）。

利差主要在贷款利息条款中使用。

7. 贷款

贷款(loan)就是借款人在贷款协议项下提取的贷款本金。“贷款”一词也可以用来表示贷款余额,即已经提取但没有偿还的贷款本金。常见的定义内容如下:

> **“贷款”**指授信项下已发放或将发放的一笔贷款或该笔贷款当时尚未偿还的本金。
>
> “Loan” means a loan made or to be made under the Facility or the principal amount outstanding for the time being of that loan.

和贷款密切相关的两个概念是“放款”(advance)和“额度提用”(utilization)。这三个词可以替换使用,都表示一笔贷款。但严格来讲,这三个词各有区别,而且可以同时出现在同一份贷款协议中。“放款”更多地在循环贷款额度中使用,每一笔放款都是独立的,不会合并。“贷款”主要用于定期贷款额度中,几笔不同的贷款可以合并成一笔贷款。“额度提用”不仅限于贷款,还包括其他授信额度使用,比较典型的是银行保函额度、信用证额度,因为这类授信项下银行并不发放贷款。如果一份贷款协议中既有定期贷款额度,又有循环贷款额度,还有银行保函或者信用证额度,则有必要同时使用这三个概念,以示区别。

8. 提款日

提款日(utilization date,drawdown date)也称为放款日,额度提用日。

> **“提款日”**指发放相关贷款的日期。
>
> “Utilisation Date” means the date of a Utilisation, being the date on which the relevant Loan is to be made.

如果授信额度中包括银行保函或者信用证,则这个定义需要相应修改,使之包括银行保函或者信用证开立之日。

9. 提款申请书

提款申请书(utilization request,drawdown request)是借款人向贷款人提交

的使用授信额度的申请。贷款协议中一般会约定提款申请书的格式。常见的定义内容如下：

> 提款申请书指与附件[•](提款申请书)所示格式实质相同的通知。
>
> Utilisation Request means a notice substantially in the form set out in Schedule [•](Utilisation Request).

提款申请书的定义一般在贷款的取用一章中使用。

(二)基础利率

基础利率是金融市场上具有普遍参照作用的利率,其他利率水平或金融资产价格均可根据这一基准利率水平来确定。在利率市场化条件下,基础利率是衡量融资成本,计算投资收益,以及管理层对宏观经济调控的一个重要参考。基础利率主要以同业拆借利率为主。国际上广泛应用的基础利率是英国的伦敦银行间同业拆借利率(London Interbank Offered Rate,LIBOR)。

1. LIBOR

LIBOR 是金融市场上最重要的利率之一,是银行在伦敦同业拆借市场获得无担保资金的平均利率,包括很多不同的币种和期限。

就任何贷款或未付款项而言,LIBOR 指截至定息日伦敦时间上午 11 点时,根据期限等同该贷款或未付款项利息期的美元存款利率报出的:(a)适用屏幕利率;或(b)如果在该笔贷款或未付款项的利息期不能获得屏幕利率,则为参照银行向伦敦银行间市场主要银行报出利率的算术平均值(进至小数点后第 4 位)。如果任何该等适用的屏幕利率或算术平均值低于零,则 LIBOR 将被视为零。

2. 屏幕利率

屏幕利率(screen rate)指在路透社适当页面上显示的泛美交易所基准利率管理公司发布的相关期限[美元/欧元]结算利率。如果商定的页面被替换或者服务停止,则使用贷款人与借款人协商后可能指定的显示适当利率的该等其他页面或服务。

在 2013 年之前,LIBOR 一直由英国银行家协会(BBA)监管。2012 年 6

月,LIBOR 发生操控丑闻成为市场关注的焦点,一家国际银行的 LIBOR 报价受到调查,并且向英国和美国的监管机关支付了高达 4.53 亿美元的罚款。在发生丑闻后,英国修订了《金融服务法》,英国银行家协会将不再负责管理 LIBOR,而由泛美交易所基准利率管理公司(ICE Benchmark Administration Limited)进行管理。

(三)其他财务术语

除了上述基本财务术语和基础利率外,根据具体贷款交易的情况,可能需要在贷款协议中定义一些其他财务术语。这些术语包括:息差损失、财务负债、增加的成本、付息日、定息日、参照银行、还款日和未付款项等。

1. 息差损失

息差损失(break cost),也称为提前还款费,是借款人因为提前还款而导致借款人的利息损失。在利率完全自由化的市场中,息差损失的计算方式如下:

(1)贷款人收到提前偿还的贷款本金或未付款项日至该贷款或未付款项的现时利息期的最后一日之间贷款人本应可收到的利息;减去(2)贷款人如将收到的提前偿还金额存放在[银行间]市场一家主要银行,自收到或收回该等款项的下一个营业日起至现时利息期的最后一日应可获得的存款利息。

根据上述计算方式,如果借款人在利息期的最后一日,即付息日进行提前还款,是不会产生息差损失的。在成熟市场,银行的贷款资金一般是从市场以一个利息期为单位拆入的,如果借款人在利息期最后一日偿还了贷款本金,那么银行就不需要再从市场上拆入资金,因此就不会产生费用。

在国内市场上,银行的贷款资金主要来源于企业和个人的存款,所以不会存在息差损失的问题。但是,实践中银行也可以使用上述公式来计算提前还款费。

随着利率市场化改革的深入,境内的银行需要考虑在未来的贷款协议中加入这一概念。

2. 财务负债

财务负债(financial indebtedness)是贷款协议中不容易理解的一个概念。概括而言,财务负债是基于借贷或者其他金融工具获得融资而形成的负债。通常的定义内容如下:

“财务负债”是指有关下列项目的任何债项：

（a）借款；

（b）根据任何承兑信贷安排，通过承兑方式筹得的款项；

（c）通过任何票据购买安排或通过发行债券、票据、公司债券、债权股或任何类似的票据而筹集的资金；

（d）由被通用会计准则视为融资或资本租赁的租赁或租购合同产生的任何负债；

（e）已出售或贴现的应收款项（以无追索权方式出售的应收款项除外）；

（f）根据具有贷款商业效力的任何其他交易（包括任何远期销售或购买协议）而筹得的任何款项；

（g）为避免利率或价格波动的影响或从中获利而进行的任何衍生交易（在计算衍生交易的价值时仅应计算其市场价值）；

（h）有关保证、赔偿保证、债券、备用或跟单信用证或银行或财务机构出具的任何其他文件的反赔偿保证责任；及

有关上文（a）至（h）段任何项目的任何保证或赔偿保证的责任。

“Financial Indebtedness” means any indebtedness for or in respect of:

(a) moneys borrowed;

(b) any amount raised by acceptance under any acceptance credit facility;

(c) any amount raised pursuant to any note purchase facility or the issue of bonds, notes, debentures, loan stock or any similar instrument;

(d) the amount of any liability in respect of any lease or hire purchase contract which would, in accordance with GAAP, be treated as a finance or capital lease;

(e) receivables sold or discounted (other than any receivables to the extent they are sold on a non-recourse basis);

(f) any amount raised under any other transaction (including any forward sale or purchase agreement) having the commercial effect of a borrowing;

(g) any derivative transaction entered into in connection with protection against or benefit from fluctuation in any rate or price (and, when calculating the value of any derivative transaction, only the marked to market value shall be taken into account);

(h) any counter-indemnity obligation in respect of a guarantee, indemnity, bond, standby or documentary letter of credit or any other instrument issued by a bank or financial institution; and

the amount of any liability in respect of any guarantee or indemnity for any of the items referred to in paragraphs (a) to (h) above.

财务负债在贷款协议的陈述条款和承诺条款中经常出现,主要用于限制借款人举借新债导致资产负债情况恶化。所以,对于贷款人而言,这个定义非常重要。一般而言,这定义不允许修订。针对借款人具体情况的任何变更反映在经营性条款中而不是定义中。如果贷款人对借款人没有负债方面的限制,则贷款协议中无须加入财务负债的定义。

3. 增加的成本

增加的成本(increased cost)是贷款人在签署贷款协议时没有预料到,而在贷款协议签署后由于法律法规变化或其他原因导致资金成本增加或利润减少。

“增加的成本”指贷款人因签署任何融资文件,在融资文件项下提供资金或履行融资文件项下义务而使贷款人或任何其关联公司产生或遭受的:

(a)额外的或增加的成本;

(b)授信项下或贷款人(或其关联公司)的整体资金的回报率减少;或

(c)任何融资文件项下的到期应收款项的减少。

“Increased Cost” means:

(a) an additional or increased cost;

(b) a reduction in the rate of return from a Facility or on the Lender's (or its Affiliate's) overall capital; or

> (c) a reduction of an amount due and payable under any Finance Document.
>
> which is incurred or suffered by the Lender or any of its Affiliates but only to the extent attributable to the Lender having entered into any Finance Document or funding or performing its obligations under any Finance Document.

贷款协议中一般会有专门的成本增加条款，要求借款人补偿贷款人增加的成本。具体参见本书第三章（贷款协议的主要条款）第三节（利息、费用和其他支付义务）。

4. 付息日

付息日（interest payment date）的概念与利息期密切相关。付息日一般是利息期的最后一天，所以，如果贷款协议定义了利息期，一般可以不用另行定义付息日。

国内很多银行的操作是把每个季度最后一个月的21日设为付息日。那么，付息日的定义就是每年3月21日、6月21日、9月21日和12月21日。除了付息日外，很多银行还使用结息日的概念，并将其设定为每个季度最后一个月的20日。

随着银行信息操作系统的发展，付息日不再限于每季度末月21日，而可以基于提款日而相应设置。

5. 定息日

定息日（quotation day）是确定基础利率的日期。常见的定义内容如下：

> **"定息日"**指就与确定利率相关的任何期间而言，指该期间首日前[两（2）]个营业日。
>
> "Quotation Day" means, in relation to any period for which an interest rate is to be determined, [two (2)] Business Days before the first day of that period.

在采用市场化利率作为基础利率的情况下，定息日的概念是必要的。定息日通常是银行从市场上锁定贷款资金成本的日期,市场标准一般为提款日(或利息期首日)之前的两个营业日。

定息日的概念目前在国内银行中并不常用。目前银行贷款资金的主要来源是存款,而存款利率还没有完全市场化,所以银行的资金成本相对固定。随着利率市场化改革的深入,存款利率管制的取消,银行需要更多地考虑贷款资金成本以及其与贷款利率的匹配,那时贷款协议中就有必要引入定息日的概念。

6. 参照银行

参照银行(reference bank)是在基础利率不能获得的情况下,借款人和贷款人协商同意以参照银行的利率报价作为基础利率。常见的定义内容如下:

> **"参照银行"**指[•]、[•]和[•]位于[•]的机构或贷款人与借款人协商后任命的该等其他银行。
>
> "Reference Banks" means the [•] offices of [•], [•] and [•] or such other banks as may be appointed by the Lender in consultation with the Borrower.

参照银行通常有三家银行供选择,其中一家通常是贷款人。但借款人有时会反对这么做,要求参照银行都是中立的第三方银行。

参照银行仅在基础利率不能获得的情况下使用。

7. 还款日

还款日(repayment date)只在分期还款的贷款中使用。在到期一次性全额还款的贷款中,一般使用最终还款日这个定义就可以,无须另外定义还款日。还款日的定义内容如下:

> **"还款日"**指第[•]条(还款)所列的每个日期。
>
> "Repayment Date" means each date set out in clause [•] (Repayment).

分期还款的情况下,通常贷款协议中会列出还款计划,并注明相应的还款日。

8. 未付款项

未付款项(unpaid sum)概括了贷款协议和其他融资文件项下所有到期应付而未付的款项,包括本金、利息、费用、其他成本和支出。常见的定义内容如下:

> **“未付款项”**指依据融资文件,借款人到期应付但未付的任何款项。
>
> “Unpaid Sum” means any sum due and payable but unpaid by the Borrower under the Finance Documents.

定义未付款项是为了便于在贷款协议中规定这些款项的应付时间、利息计算等。

二、法律术语

基于特定的法律规定,或者基于合同的约定会产生特定法律后果的术语,本书将其称为法律术语。根据其在贷款协议中的常见情况,下文将这些法律术语分为基本法律术语和其他法律术语这两部分分别进行讨论。

(一)基本法律术语

基本法律术语指那些在不同类型的贷款交易中通常都会使用的法律术语。这些术语包括:授权、违约、违约事件、重大不利影响、当事方、子公司和担保权益。以下逐一说明。

1. 授权

授权(authorization)是指贷款协议以及贷款协议项下的交易所涉及的各类授权。比较完整的定义如下:

> “授权”指授权、同意、审批、决议、许可、登记、备案、公证等内容;或就任何在提交、存档、登记或通知后的特定期限内如政府机关作出任何干预或行动则会被法律全面或部分禁止或限制的事项而言,指该特定期限届满而没有被提出任何干预或行动。

> "Authorization" means (a) an authorization, consent, approval, resolution, licence, exemption, filing, notarization, lodgement or registration; or (b) in relation to anything which will be fully or partly prohibited or restricted by law if a Governmental Agency intervenes or acts in any way within a specified period after lodgement, filing, registration or notification, the expiry of that period without intervention or action.

授权这一定义主要用于陈述条款和承诺条款，尤其是在授权承诺条款、作为证据的可接受性的承诺条款中。这个定义的内容非常宽泛，包括公司内部需要完成的，政府机关所要求的各类手续，目的是把贷款交易中可能涉及的各类授权手续都囊括其中。

定义中的后半部分针对那些只要政府机关不反对即视为批准的事项。在中国目前还没有这类授权，但在境外比较常见，例如美国的反垄断审批，在并购交易当事人提交申请后，只要约定的期限届满政府没有提出反对，即视为同意。这样的审批程序有利于提高政府行政效率。随着政府行政体制改革的深入，中国将来也会采纳这样的审批程序。

2. 违约

违约(default)就是违反贷款协议的约定，常见的定义内容如下：

> **"违约"**指违约事件或者随着宽限期的届满、通知的发出或融资文件项下任何决定的做出(或任何以上条件的综合)可能成为违约事件的任何事件或情形。
>
> "Default" means an Event of Default or any event which would (with the expiry of a grace period, the giving of notice, the making of any determination under the Finance Documents or any combination of any of the foregoing) be an Event of Default.

违约主要在违约事件条款中出现。贷款协议中经常约定一个宽限期(grace period)，当出现违约后，借款人应当在宽限期内补救，如果违约在宽限期内没有被补救则将构成一项违约事件。

值得注意的是，在国内的银行实务中宽限期有时是指借款人只偿付利息而不用偿还本金的贷款期间。

3. 违约事件

违约事件(event of default)是贷款协议中的一系列情况，一旦发生后即赋予贷款人主张贷款到期，并要求借款人立即偿还的权利。常见的定义内容如下：

> **"违约事件"**指本贷款协议第[•]条(违约事件)列明的任何事件或情形。
>
> "Event of Default" means any event specified in Clause [•] (*Events of Default*).

本书第三章(贷款协议的主要条款)第六节(违约事件)将详细介绍违约事件的具体内容。

4. 重大不利影响

重大不利影响(material adverse effect)的定义是为了便于确定哪些情况构成重大不利影响。常见的定义内容如下：

> **"重大不利影响"**指对下列任一方面产生的重大不利影响：
>
> (a)借款人的整体业务、营运、财产、(财务或其他)状况或前景；
>
> (b)债务人在融资文件项下履行责任的能力；或
>
> (c)本协议的有效性或可执行性或任何融资方依据融资文件拥有的权利或补偿权。
>
> "Material Adverse Effect" means a material adverse effect on:
>
> (a) the business, operations, property, condition (financial or otherwise) or prospects of the Borrower;
>
> (b) the ability of the Borrower to perform its obligations under the Finance Documents; or
>
> (c) the validity or enforceability of any Finance Document or the rights or remedies of the Lender under the Finance Documents.

重大不利影响在陈述条款、承诺条款以及违约事件条款中经常使用,是一个非常重要的定义。

5. 当事方

当事方(party)就是贷款协议的签署一方。这一定义的目的是避免贷款协议中提到当事方时出现歧义。

6. 子公司

子公司(subsidiary)在我国《公司法》上没有明确规定,但是在法律实践中,基于集团合并财务报表的标准,有一个统一的界定。以下是市场常见的定义内容:

> **"子公司"**,就一家公司而言,指:
>
> (a)被该公司直接或间接控制的其他公司;
>
> (b)被该公司直接或间接实际拥有其超过一半已发行股本的其他公司;或
>
> (c)是该公司子公司的子公司。
>
> 就上述目的而言,如一家公司能直接领导另一家公司的事务及/或控制其董事会或相应职能机构的组成,后者应视为被前者控制。
>
> "Subsidiary"means,in relation to any company or corporation,a company or corporation:
>
> (a)which is controlled,directly or indirectly,by the first mentioned company or corporation;
>
> (b)more than half the issued equity share capital of which is beneficially owned,directly or indirectly,by the first mentioned company or corporation; or
>
> (c) which is a Subsidiary of another Subsidiary of the first mentioned company or corporation.
>
> For this purpose,a company or corporation shall be treated as being controlled by another if that other company or corporation is able to direct its affairs and/or to control the composition of its board of directors or equivalent body.

子公司的定义非常宽泛,而且上述定义是市场标准表述,一般不允许修改。子公司的定义在贷款协议中非常重要,尤其是贷款协议中定义了"借款集团"的概念的时候。除了借款集团的定义中使用子公司外,子公司的定义还经常出现在陈述条款、承诺条款和违约事件条款中。

子公司的定义中同时对"控制"一词作了界定。这一界定相对比较简单。有关控制的详细定义,请见第三章(贷款协议的主要条款)第二节(还款、提前还款和额度取消)中的控股权变更条款。

7. 担保权益

担保权益(security interest),有时也直接称为担保(security)。担保权益的定义内容一般如下:

> **"担保"**指抵押、押记、质押、留置或为任何人义务的履行而设置的其他担保权益或具有类似效力的其他协议或安排。
>
> "Security" means a mortgage, charge, pledge, lien or other security interest securing any obligation of any person or any other agreement or arrangement having a similar effect.

担保权益的定义非常广泛,不仅限于中国法律规定的担保类型,而是试图包括所有具有优先清偿效力的权利。这样的定义是有必要的,因为如果借款人或其子公司成员位于境外,或者有境外资产,则有可能基于外国法律提供担保。

(二)其他法律术语

除了基本法律术语外,根据贷款交易的具体需要,贷款协议中还经常使用一些其他法律术语。这些术语包括:关联公司、权力机关、控股公司、母公司、相关司法区域、担保文件。以下逐一说明。

1. 关联公司

关联公司(affiliate)包括母公司、子公司和姐妹公司。常见的定义内容如下:

> **"关联公司"**,就任何人士而言,指该人士的子公司或控股公司或该控股公司的任何其他子公司。
>
> "Affiliate" means, in relation to any person, a Subsidiary of that person or a Holding Company of that person or any other Subsidiary of that Holding Company.

关联公司的定义主要用于有关贷款人的一些条款中，例如信息披露。其目的主要是便于贷款人在其集团内部分享管理贷款信息。

2. 权力机关

权力机关（authority）主要包括行政机关、司法机关。权力机关的定义主要出现在税费、陈述条款和承诺条款中，常见的定义内容如下：

> **"权力机关"**指任何政府机关、准政府机构、行政管理机构、监管或监督机关、法院或仲裁庭。
>
> "Authority" means any government, quasi-government, administrative, regulatory or supervisory body or authority, court or tribunal.

3. 控股公司

控股公司（holding company）的常见定义如下：

> **"控股公司"**就一家公司而言，指该公司乃其子公司的任何其他公司。
>
> "Holding Company" means, in relation to a company or corporation, any other company or corporation in respect of which it is a Subsidiary.

控股公司的定义主要出现在关联公司的定义中，在陈述条款和承诺条款中也可能出现。

4. 母公司

母公司（parent）是最终实际控制借款人的公司。常见的定义内如下：

> **"母公司"**指借款人的最终控制人的公司名称。
>
> "Parent" means insert name of ultimate parent company of the Borrower.

母公司的定义主要用于其他定义中，目的是将借款人的母公司纳入贷款协议中的条款规定中。如果借款人之上没有母公司，或者贷款人向借款人提供贷款时没有考虑其母公司的情况，则本定义可以删除。

5. 相关司法区域

相关司法区域（relevant jurisdiction）是借款人登记注册和开展业务所涉及的司法区域。常见的定义内容如下：

> **“相关司法区域”**指:借款人登记或设立所在地和借款人开展业务活动地。
>
> “Relevant Jurisdiction” means: (a) the Borrower’s jurisdiction of incorporation or establishment; and (b) any jurisdiction where the Borrower conducts its business.

本定义涵盖借款人成立的司法区域及其大部分资产所在的司法区域。相关司法区域的定义主要出现在陈述条款和承诺条款中,目的是要求借款人遵守相关司法区域的法律规定。

6. 担保文件

担保文件(security document)是贷款交易所涉及的担保文件,常见定义内容如下:

> **“担保文件”**指格式和内容令贷款人满意的[•],以及担保借款人在融资文件项下的义务的其他文件。
>
> “**Security Document**” means [•], and any other document evidencing or creating security over any asset to secure any obligation of the Borrower under the Finance Documents, each in a form and substance satisfactory to the Lender.

担保文件的定义主要用于融资文件的定义,以及陈述条款和承诺条款。

三、管理术语

除了财务术语和法律术语外,贷款协议中还需要定义一些其他术语,以便于贷款人对贷款协议及贷款交易进行管理,本书将其称为管理术语。根据其常见程度,本书进一步将其分为基本管理术语和其他管理术语。

(一)基本管理术语

基本管理术语是各类不同的贷款协议中一般都会定义的术语。这些术语包括营业日、融资文件、月、初始财务报表、税费等。以下逐一说明。

1. 营业日

营业日(business day)有时也直接定义为“银行工作日”(banking day)。常见的定义内容如下:

> **“营业日”**指:位于[•]的银行对公营业的日子(不包括周六和周日)。
>
> “Business Day” means a day(other than a Saturday or Sunday) on which banks are open for general business in [•].

定义营业日的目的是确定定息日、付款日期等时间。如果是纯国内交易,则地点选银行所在地即可,一般填写北京。如果贷款币种是美元或者欧元,即涉及定息日或者支付日的时候,则需要考虑纽约和伦敦。例如,美元贷款中,美元支付一般都必须通过美联储或摩根大通系统结算,如果纽约不是营业日,则支付可能无法完成。

2. 融资文件

融资文件(finance document)包括与贷款交易有关的所有文件。常见的定义内容如下:

> **“融资文件”**指本贷款协议,[任何担保文件],本贷款协议中指定为该等文件的任何文件,以及贷款人和借款人不时指定为该等文件的任何其他文件。
>
> “Finance Document” means this Facility Agreement, [any Security Document], any document identified as such in the Facility Letter and any other document designated as such by the Bank and the Borrower from time to time.

融资文件是一个非常重要的定义,贯穿于整个贷款协议。这个定义把贷款协议和其他贷款文件联系在一起。对贷款人而言,其可以合并约定在各个贷款文件项下的权利。

3. 月

月(month)是公历月,其常见的定义内容如下:

“一个月”是指一个时段，该时段从一个日历月的第一天开始到下一个日历月的对应日结束。如果在下个月没有对应日，那么该时段将在那个日历月的最后一个营业日结束。 A“**month**” is to a period starting on one day in a calendar month and ending on the numerically corresponding day in the next calendar month. If there is no numerically corresponding day in the following month, that period will end on the last Banking Day in that calendar month.

贷款协议中约定时间的条款中经常会用到月。由于每个月的时间有所不同，所以有必要对其进行定义，以避免发生纠纷。上述定义是约定俗成的概念。

4. 初始财务报表

初始财务报表(original financial statement)是借款人需要在首次提款日之前提交给贷款人的财务报表。常见的定义内容如下：

初始财务报表指财务年度终止于[•]的经审计的[借款人/母公司][合并]财务报表。 Original Financial Statements means the audited [consolidated] Financial Statements of the [Borrower / Group] for the financial year ended [•].

定义中需要填入的时间为借款人最新财务报表的截止时间。如果借款人没有任何子公司，删除“合并”和“母公司”。

5. 税费

税费(tax)贷款协议所涉及的各种税款和具有税的性质的费用。常见的定义内容如下：

“税费”指任何税项、征款、税负、关税或其他类似性质的收费或扣缴(包括因不缴或迟缴上述税项而应付的罚金或利息)。 “Tax” means any tax, levy, impost, duty or other charge or withholding of a similar nature (including any penalty or interest payable in connection with any failure to pay or any delay in paying any of the same).

税费的定义主要出现在税费条款和涉及税务的陈述条款中。上述定义一般不允许修改。

(二)其他管理术语

除了基本管理术语外,贷款协议中有时还会引入一些其他管理术语定义。这些术语包括合规证书、主办分行。以下逐一说明。

1. 合规证书

合规证书(compliance certificate)是借款人向贷款人提交的确认其没有违反财务承诺的证明。其常见的定义内容如下:

> "合规证书"指依据第[•]条(合规证书)出具并经借款人[两名董事]签署的证明书,其格式应与附件[•](合规证书格式)所示格式大致相同。
>
> "Compliance Certificate" means a certificate delivered pursuant to Clause [•] (Compliance Certificate) and signed by two directors of the Company substantially in the form set out in Schedule [•] (Form of Compliance Certificate).

在贷款协议中规定了财务承诺的情况下,一般都要求借款人定期提供合规证书。如果贷款协议中没有规定财务承诺,则没有必要定义合规证书。

2. 主办分行

主办分行(lending office, facility office)是贷款人负责发放并管理贷款的分行。常见的定义如下:

> "主办分行"指第[•]条(地址)中贷款人名下的办事处,或贷款人通过其维持本贷款协议项下授信的该等其他办事处。
>
> "Lending Office" means the office set out under the Lender's name in clause [•] (Addresses) or such other office through which the Lender maintains the Facility under this Facility Agreement.

银行都会设立很多分行,而且具体贷款业务一般都通过分行来办理。有的银行直接通过分行的名义对外签署贷款合同,这在法律上也是可以的。有的银行则要求对外签署贷款合同必须以总行的名义,这种情况下就需要定义主办分行。

Chapter 3 第三章

贷款协议的主要条款

第一节　信贷安排与使用

一、授信额度

贷款金额是贷款的最基本要素之一，无论是几行字的借条，还是长达几十页甚至上百页的贷款协议，贷款金额条款均是贷款协议的必备条款之一。在银行贷款交易中，银行根据借款人的融资需求，结合借款人的财务状况、融资项目以及担保等情况，为借款人核定一个贷款的最高限额，通常称为“授信额度”(facility amount)。借款人可以在约定的授信额度内提取和使用贷款。

贷款协议必须明确授信额度的币种和金额。

(一)单一货币

单一币种的授信额度约定比较简单，只要约定一种货币和一个金额即可，例如，贷款人同意根据本协议的条款向借款人提供不超过100万元人民币的流动资金贷款。在该贷款交易中，授信额度为人民币100万元。

通常情况下，考虑到不同币种间的汇率变化可能导致实际提款与授信额度的不匹配，贷款协议中设定的授信额度币种与借款人实际提款的币种保持一致，这样就不会因为汇率变动而带来授信额度的不确定性。

（二）多种货币

在特定的融资项目中，借款人可能会有多币种的融资需求。在该情况下，银行可能会采取两种方式设定授信额度：

1. 银行在贷款协议中就不同币种的贷款分别设定授信额度。例如，贷款人同意根据本协议的条款向借款人提供金额不超过人民币 100 万元的流动资金贷款，以及金额不超过美元 50 万元的固定资产贷款。在该交易中，借款人仅能以人民币提取流动资金贷款，且金额不能超过 100 万元人民币的流动资金贷款额度。同时，其只能以美元提取固定资产贷款，并且金额不能超过 50 万美元。在该授信安排项下，尽管借款人可以用多个币种提款，但由于各提款与相应的授信额度一一对应，借贷双方权利义务明确，不存在任何货币汇兑造成的不确定性。

2. 银行以一个基准币种设定授信额度，借款人可以在该单一授信额度下以银行允许的多个币种提取贷款，但是各币种贷款换算成基准币种后，其总额不得超过授信额度金额。对于这种“一对多”的授信方式，就存在一个如何进行货币换算的问题，即银行用何种汇率计算相关贷款所代表的基准币种金额。此外，贷款协议还要解决由此引发的，因汇率变动而导致实际贷款金额超过授信额度金额的问题。通常情况下，银行会坚持相关的货币换算按照市场汇率进行。借款人提取贷款时，银行按照市场汇率将可用的授信额度换算成借款币种，从而衡量借款人申请的贷款是否超出了授信额度。此外，借款人提款之后，如果由于汇率变动导致借款人实际提取的贷款金额超过了约定的授信额度，银行可以要求借款人立即偿还超出部分的贷款。

既然这种“一对多”安排存在汇率换算等诸多麻烦，为什么双方还要做出这种安排呢？这可以从借贷双方的不同角度来分析。

（1）从借款人的角度来说，这种“一对多”的安排提供了币种选择的灵活性，可以满足其不同的货币需求。但是，如果授信额度与实际贷款之间的币种换算按照市场汇率进行，不利的汇率变化可能导致其实际用款额度降低，增加其融资的不确定性。

（2）银行需要控制信用风险。当银行在考虑给予借款人授信额度时，如果其主要依赖于某种资产或保证人的担保，而该资产或保证人的担保能力只能以某一种货币进行评估，那么对银行来说，以该币种设定授信额度是最安全的。极端情况下，即使是单一币种的借款，也有可能出现授信额度为另一币种的情况。举例而言，如果借款人向银行申请美元贷款，而银行给予授信主要依赖的是借款人母公司提供的美元保证担保。在该情况下，如果银行以人民币来设定授信额度，那么就会面临人民币升值所带来的担保不足的问题。而如果银行以美元来设定授信额度，那么无论人民币与美元币值如何变化，都不会导致担保不足。

当然，银行也可以通过超额担保的安排来为汇率变化预留出空间，或者在相应的贷款协议和担保文件中明确规定银行在担保不足时要求增加担保的权利。但是，一方面，银行在要求追加担保时需要借款人或担保人的配合，可能无法顺利获得相应的担保。另一方面，如果银行授信依赖的并非担保，而是借款人自身拥有的资产，并且该资产的币种与借款币种不一致，也就无法通过前述安排解决。

（三）不同货币之间的换算

对于提款币种与授信额度币种的货币换算，银行往往会在两个时间点考虑该问题：

1. 申请放款时。银行在收到借款人的提款申请后，需要考虑借款人的剩余授信额度是否足以支持新申请的贷款，因此有必要将已经发放的贷款和新申请的贷款（如与授信额度的币种不一致）兑换为授信额度金额，从而确定是否有足够的授信额度发放贷款，通常银行以审批提款申请时的即期汇率来进行货币换算。

2. 对于已发放的贷款，银行通常会定期对贷款进行评估（通常在每一还款日），以评估当日的即期汇率来进行相应的货币换算，确保贷款风险在其风险承受范围之内。

对于上面所述两个时间点的货币换算，借贷双方一般不存在争议。但是，对于在第二种情况下，如果经换算后发现已发放贷款金额超过了授信额度，如何对该情况进行处理双方往往会出现争议。从银行的角度来说,其不希望承担由汇率变动所导致的风险,因此往往要求在贷款协议中保留在该情况下要求提前还款或增加担保的权利。而对借款人来说,提前还款或增加担保会对其正常运营造成非常大的影响和负担,因此拒绝银行保留相应的权利。在实务中,双方可能采取以下两种解决方式:

(1)对于货币汇率浮动约定一定的容忍范围。简言之,即在贷款协议中约定允许实际提款的总额在换算成授信额度币种后,在一定范围内超过授信额度(如5%)。而一旦超过相应的浮动范围,银行可以要求借款人提前偿还超过部分或提供相应的担保。

(2)借贷双方可以在核定授信额度时即把将来可能的汇率变动因素考虑在内,相应地提高授信额度金额。这样,即使汇率发生了一定的波动,约定的授信额度也能够将相关的影响吸收掉。这样一来,银行就可以做出妥协,不再要求保留提前还款或增加担保的权利。

当然,在银行比较强势的情况下,可能会简单地在贷款协议中直接约定,其在上述情况下具有要求借款人提前还款或增加担保的权利。但是,这样的约定在现行的中国法律项下可能存在不确定性。在贷款协议中,借款人不受影响地使用贷款是其最基本的合同权利,在借款人没有发生违约的情况下,直接赋予银行要求提前还款的权利,有违《合同法》的公平原则,反而可能会被借款人以“显示公平”为由予以否定。

二、贷款用途

贷款协议中必须约定贷款用途,即借款人如何使用贷款资金。这是贷款协议中最先出现的银行对借款人资金使用施加影响的条款。贷款用途必须是合法的。

(一)贷款用途条款的作用

贷款用途条款的主要目的是保护银行的利益,银行通过在贷款协议中规定明确的贷款用途,以及监督贷款使用的相关条款,确保贷款资金用于贷款人所了解并同意的项目或交易,从而有效地控制贷款风险。如果违反约定用途,将构成贷款协议项下的违约事件，则银行有权要求借款人返还贷款资金。

在某些国家的破产制度中，如果贷款协议明确规定了贷款用途，贷款人可以受到更多的保护。其主要原因是，如果贷款用途在贷款协议中有明确规定，一旦出现借款人破产而该贷款相关的目的无法实现的情况，已经发放但未使用的贷款资金会被视为由借款人为银行之利益信托持有，而不会成为借款人资产的一部分，从而贷款人可以行使取回权，而不必与其他债权人共同分配该资金。例如，根据英国判例法，如果借款人发生破产，未使用的贷款资金将视为由借款人为银行信托持有，不计入借款人的资产①。当然，目前该项制度并未被我国的破产法采纳，但在跨境贷款交易中，如果借款人所在的国家采用了该等制度，那么对于国内的贷款人来说会是一个很大的保障。

此外，如果贷款用途非法，则贷款协议将是可撤销的合同，贷款人可以随时撤销合同，要求借款人归还贷款资金。英国的判例法就明确认可了这一点②。

贷款用途条款是为了赋予银行权利，而不是义务。所以，贷款协议中往往增加一款，约定贷款人没有义务监管借款人的资金使用。

对于借款人而言，应当尽量避免贷款用途约定过于狭窄，而应当有一定的弹性，从而避免造成违约。

（二）贷款用途的常见约定

借款人融资目的千差万别，因此贷款用途也五花八门，贷款协议需要根据贷款项目的具体情况来规定。不过，一般而言，贷款的用途主要可以分为以下几类：流动资金贷款、项目贷款和固定资产贷款。当然，这一分类主要针对企业而言，而非针对个人贷款。个人贷款从本质上而言其实也可归于以上几种类型。例如：个人消费贷款从本质上而言也是一种流动资金的需求；而个人的购房、购车贷款则属于固定资产贷款。

不同的贷款用途往往决定了相关贷款的其他要素特点。举例来说，流动资金贷款主要用于企业的日常性开支，因此具有期限短、还款付息安排与其生产周期相适应、采用循环授信额度等特点。而项目贷款的贷款期限往往与其项目

---

① *Barclays Bank Ltd*[1979] AC 567.

② *Foster v. Driscoll*[1929] 1 KB 470; *Reggazoni v. KC Sethia(1994)Ltd* [*1958*] AC *301*.

建设周期一致,还款安排与其项目的运营周期紧密联系,采用非循环授信额度。固定资产贷款与项目贷款同样采用非循环授信额度,其贷款期限一般与固定资产的投资期限相对应,而还款则可能与其投资回报或者其运营情况保持一致。因此,一旦我们了解了贷款的用途,基本可以得出该贷款项目的基本要素和整体安排情况。

三、授信使用条件

授信的使用条件,在贷款协议中称为先决条件(Conditions Precedent,CP)。先决条件条款规定贷款人发放贷款之前必须满足的各项条件。与贷款协议的生效条件不同,先决条件并不影响协议的生效。贷款协议在协议各当事方签署后即生效(当然,如果法律规定或者贷款协议本身约定了相应的生效条件,如审批、登记等,则应当在满足相关条件后生效),各当事方的权利义务在协议生效后立即开始行使和履行,相应的责任也立即产生。而贷款发放的先决条件则是在贷款协议生效后,借款人在贷款人处获得实际贷款资金必须满足的条件。如果这些条件无法满足,贷款人没有义务发放贷款,双方则根据贷款协议的规定进行处理。

设置贷款发放的先决条件,目的是贷款人在发放贷款资金前,确保各项法律上、事实上以及交易层面的事项已经实现或确定。只有在放款条件得到满足后,贷款人才有义务在提款期内发放贷款。

(一)初始先决条件

初始先决条件(initial conditions precedent)条款列出签署协议后,借款人申请首次贷款资金前需要满足的各项先决条件。如上所述,先决条件的满足通常以提交先决条件文件的方式体现。初始先决条件一般作为贷款协议的一个附件列明。一般而言,初始先决条件文件可能包括以下几类:

1. 融资文件

融资文件是指与贷款交易相关的全部文件,包括借款人签署的贷款协议以及借款人或其他担保人签署的相关担保文件和其他协议(在银团贷款中,还包括各债权人间协议)。当然,在借款人准备先决文件时,正常情况下贷款协议都已经签署，而且贷款人自身作为协议的当事方，应当毫无疑问已经签署该协议。因此，对于这一类文件，贷款人往往更加关注担保文件的签署（包括完成相应的登记手续），这关乎贷款人发放的贷款能否得到有效的安全保障。

2. 公司组织文件

公司组织文件是指公司章程、合营合同、合伙协议等规定机构借款人的组织架构的文件。这类文件应包含借款人签署贷款协议所需的全部章程性文件，说明借款人与借贷相关的授权、地位和能力。这些文件使贷款人能够确保交易的合法、有效、对借款人有法律约束力并且可以强制执行，同时保证借款人是一家合法有效存续的法律实体。

贷款人律师将核查借款人的章程性文件，以确定其在公司的经营范围等条款项下有权借款，并且融资文件的规定不与章程性文件的任何规定冲突。

借款人的民事行为能力一般需要根据其成立地的法律进行核验。贷款人需要确保借款人签署、履行贷款协议不会违反：

（1）借款人章程的任何规定。

（2）借款人成立地的法律。

（3）借款人需要遵守的任何外汇管制方面的法规。

（4）借款人签署的其他协议。

这些事项通常会在律师出具的法律意见书中确认。

3. 授权文件

授权文件是指借款人、担保人和其他债务人为融资文件项下的交易完成公司内部授权的文件，主要包括董事会或者股东会决议。在国际信贷市场上，商业银行还会要求借款人出具董事证明以及授权签字人的签字样本。

（1）董事会决议/股东决议

除了证明借款人具有签署和履行贷款协议的能力的文件外，贷款人还要求借款人提供证据，证明其签署贷款协议已经符合借款人的内部授权程序，从而保证其签署的文件的效力。

因此，贷款人仍希望借款人提供董事会决议供其审查，以确定代表借款人签署贷款协议的人有权利这么做。借款人律师应当确保借款人的董事会决议

符合下列要求(同时,贷款人的律师亦应当对下面几项加以审查核实):

①批准借款人签署融资文件的会议是否已经合法召开并形成决议(例如,是否符合董事会的召开程序和通知程序、会议是否符合最低出席人数标准等),尤其是在有利益冲突关系的董事与会时,在投票时该董事是否被排除在外,没有行使投票权。

②所有决议是否已经合法通过(批准决议的董事人数是否符合章程的要求,监事和独立董事是否正常履行了其监督职能等)。董事会会议记录应当能够反映出董事的利益冲突关系已经充分披露。

贷款人可能还会同时要求借款人的律师就借款人是否已经满足借款的内部授权出具法律意见。

在少数情况下,借款人股东可能对借款人的借款权限进行限制,要求任何借款均须经股东批准。在该情况下,贷款人就需要根据公司章程对借款人的股东决议进行相应审查。

在国内贷款交易中,有些企业是全民所有制企业或者是事业单位性质,可能没有股东会或者董事会。这时候,贷款人的律师就需要审查其章程性文件,认定其内部有权决定进行借款的机构,并出具相应的授权文件,常见的文件包括执行董事决议,总经理办公会决议等。

(2)签字样本

借款人会授权特定的人士(如董事、总经理等)代表其签署协议,以及代表借款人发出通知和采取必要的行动。该授权通常是不可撤销的。而且即使撤销,也不应影响贷款协议的效力。贷款人还要求获得董事会决议中授权的各签字人的签字样本,从而能够在签署文件时核实相关签字是否是由借款人的授权人士真实做出的。一般情况下,借款人的董事会决议会附上相关授权签字人的签字样本。

尽管根据表见代理的相关法律规定,特定个人(如法定代表人)代表公司签署的文件对公司具有约束力。但是贷款人还是倾向于不冒任何风险,尽量取得更多的证据证明相关签字人士具有实际的授权。

在极少数情况下,借款人也可能要求贷款人提供签字授权的证明。不过,这往往是由于借款人此前很少与该贷款人有商业往来的缘故。

（3）董事证明

由于借款人的公司章程可能对其借款权限做出限制，而只有借款人最了解其自身的全部借款（不仅仅是贷款人的借款），因此要求确认其未违反公司章程任何借贷方面的限制是合理的。当然，贷款人也可以通过审查借款人的章程性文件对此加以核实，但如果相关限制并不是直截了当可以判断的（例如：借款总额不得超过注册资本两倍的要求），贷款人由于不了解借款人的总体借贷规模，可能无法知道该限制是否被突破。在这种情况下，借款人自己对此加以说明并出具董事证明是有必要的。

此外，借款人还可能受其他协议的约束，而这些协议可能对借款人的借贷行为作出限制，例如，其他贷款人在与借款人签署贷款协议时，可能要求借款人不得发生新的借款。贷款人对于该等协议并不了解。这也是贷款人要求取得此类证明的另一个原因。

借款人还需要确认，其所提供的与其自身相关的先决文件在协议签署日之前应保持正确、完整、有效。这是因为，贷款人自身无法知道借款人的董事会和公司章程是否完整、正确、有效。举例来说，如果借款人提供的任何文件在签署协议前被撤销或修改（如限制借款人的借贷能力或者撤换董事），那么贷款的相关条款就可能与该新文件相冲突，从而影响协议的效力。

基于上述原因，国际信贷市场上，商业银行会要求借款人的任何一位董事签署董事证明，确认上述各项事宜。在国内贷款交易中，此类董事证明尚不常见。但是作为一项良好的市场惯例，这一董事证明值得国内商业银行借鉴。

4. 财务报表

借款人必须提供其最近经审计的财务报表，作为贷款人尽职调查的重要材料。当然，财务报表往往在贷款人进行信贷审批的阶段就已经提供，从而使贷款人能够确定是否给予授信。在贷款协议签署时，贷款人应当早已收到相关材料。但是，为了协议的完整性，需要将这一文件列入先决条件文件。另外，如果评审开始到贷款发放之间时间间隔较长，这一条款有助于贷款人获得借款人最新的财务报表，确定贷款人发放贷款前借款人的财务状况是否发生不利变化。

如果有担保人，则担保人的财务报表也需要同时提供。

5. 费用支付证明

一般情况下,借款人必须自贷款协议签署之日起即向贷款人支付承贷费(或称为承诺费,commitment fee)。承贷费按照授信额度金额按一定比例计收,并在贷款协议签署日与贷款发放日之间的期间内收取。如果是分次提款,承贷费则按照未发放的授信额度金额计收(已经发放的贷款无须支付承贷费,而直接支付利息)。承贷费用于补偿贷款人因预备资金准备借款人随时提款所发生的资金时间成本,以及为满足贷款风险相应的资本充足率要求所发生的成本。当贷款全额提取后,或者尽管贷款没有提完,在规定的提款期结束后,承贷费不再收取。这是因为,贷款人在贷款全部提完或者提款期结束后,其没有义务再进行放款,因此也无须准备资金应对提款。所以,贷款人也没有理由再向借款人收取承贷费。

借款人还可能需要承担贷款人因贷款协议的谈判、起草、修改和签署所发生的全部法律费用,包括印花税、登记费以及其他税费。当然,在借款人谈判地位比较强势的情况下,这些费用也有可能由贷款人自己承担。

6. 法律意见书

贷款人的法律顾问出具的法律意见书主要用于确认借款人根据其章程有权利签署贷款协议,并且已经采取了必要步骤来授权其这么做。同时,该法律意见书还应确认与贷款相关的所有文件都是合法、有效、具有约束力和可以强制执行的。当律师出具可强制执行的法律意见时,他们可能会在法律意见中加入大量的保留意见,提醒法院可能拒绝赋予相关协议强制执行力的情况。有时候,法律意见书还会特别提醒某些潜在的风险,帮助贷款人早日对此进行评估和管理。

如果借款人是一家外国公司,贷款人的律师可能需要委托借款人当地的律师就相关文件的合法性、强制执行力、优先权等出具意见,并明确贷款协议在借款人的成立地法院是否能够得到强制执行。

7. 其他文件

(1)政府批准/备案

尽管目前中国法律对于贷款和担保的政府审批和备案要求越来越少,但由于中国的资本项目外汇管制仍未完全放开,涉及跨境融资和担保仍有相当的限制。此外,在跨境交易的情况下,其他所涉国家的法律也可能有相关的政府批准要求。这需要贷款人律师根据融资交易的具体安排来判断是否需要相关的政府批准/备案。从借款人的角度来说,借款人应当尽早了解相应的政府批准/备案要求,并根据自身和交易情况判断是否符合政府批准/备案的条件。符合要求的,应当尽早与政府部门沟通并启动相关申请程序。

(2)指定诉讼文书代收人

如果借款人为外国机构,贷款协议通常要求借款人在本地指定一名诉讼文书代收人,代表借款人收取诉讼文书。指定诉讼文书代收人的目的是避免需要将诉讼文书递送至境外,以及可能由此引发的司法管辖冲突等问题。域内的任何人士均可以作为诉讼文书代收人,例如借款人的律师,借款人在当地的附属机构,或者甚至是专门从事该行业的营利性机构。诉讼代收人的唯一职责就是将其收到的任何文件转交借款人。

(3)解除原有担保证明

即使借款人有足够的资产保障贷款的偿还,但如果这些资产已经作为担保品为其他债权人设定了担保,这些资产就可能会被其他债权人扣押或拿走,用于清偿其所担保的债务。在发放贷款前,贷款人可能希望借款人向其保证,除已经披露给贷款人(并且被贷款人认可)的担保外,其资产之上不存在任何其他未到期的担保利益。

(4)KYC 文件

贷款人还可能根据反洗钱的相关规则要求借款人提供相关身份信息,以便其根据监管机构的要求对客户进行“了解你的客户”(Know Your Customer,KYC)的尽职调查。当然,与财务报表一样,该等信息往往在信贷审批阶段之前皆已经提供,远远早于贷款协议的签署。

(5)其他授权

除上述文件外,贷款人可能要求其他授权或意见的副本。例如,确认贷款协议不会受外汇管制规则的约束;或者所选择的管辖法律和争议解决方式能够在借款人的所在司法辖区得到认可。借款人通常会坚持这些条件必须非常具体,否则其没有把握一定能够满足相关先决条件。

(二)进一步先决条件

在允许多次提款的贷款交易中,贷款人除满足初始先决条件外,在每一次提款时均要求借款人满足进一步的先决条件,以确定其是否必须继续放贷。进一步先决条件通常分为两个部分:

(1)借款人做出的特定陈述与保证在放款之日仍保持真实有效;

(2)不存在违约。

第一个先决条件用于确保贷款人在继续向借款人放款之前,所有相关的法律事项均状况良好。因此,相关部分的陈述与保证("重复的陈述与保证")在贷款人发放贷款之前必须保持真实。

第二个先决条件的原因显而易见。如果借款人马上就要发生贷款违约,贷款人不可能愿意发放贷款。"违约"这一定义既包括违约事件,也包括那些根据融资文件的规定,经发出通知或者仅仅因时间的流逝(或者两者皆有,但受限于可能适用的宽限期)即会变成"违约事件"的行为或事件,通常称为"潜在的违约事件"。将这些潜在违约事件包括在内是为了使贷款人无须在发生支付违约或者财务承诺违约后才能采取行动,从而及时避免损失扩大。举例而言,如果公司在一个重要诉讼中败诉,贷款人可能不希望再发放贷款,因为发放的贷款资金很可能会被用于败诉后的赔偿。

需要注意的是,在贷款展期(借新还旧)的情况下,这些条件往往无法适用。一方面,借款人在谈判中可以辩称并没有新增贷款资金发放。另一方面,由于没有实际的资金发放,贷款人也无法通过先决条件对此加以控制。

四、授信的提用

授信提用条款规定了借款人提取贷款或使用其他授信额度的流程。

(一)提款申请书

借款人在向银行申请使用贷款前必须向银行提交提款申请书(utilization request),在承诺性的定期贷款中也被称为提款通知书(drawdown notice)。

1. 提交时间

贷款人一般要求借款人在实际用款日前的特定的时间提交提款申请书。

提前的具体时间取决于银行内部的规定。之所以要求提前，是因为贷款人需要时间准备贷款资金。如果贷款资金源于银行间市场拆借，则一般银行需要提前几天（通常为两个营业日）在银行间市场锁定资金。

以下是常见的提款申请书提交条款：

> 借款人可在向贷款人提交填妥的提款申请后提取任何贷款。提款申请须在不迟于任何拟定提款日前[二(2)]个营业日上午[10点]提交。
>
> A Borrower may utilise a Facility by delivery to the Lender of a duly completed Utilisation Request not later than [10:00] a.m. [two (2)] Business Days before the proposed Utilisation Date.

2. 申请书的填写要求

贷款协议一般会约定提款申请书的格式要求，并作为贷款协议的附件。借款人必须按照贷款协议约定的要求填写提款申请书，否则将会被认定为未有效填写和提交。

贷款协议规定的提款申请书填写要求一般如下：

> 每一提款申请书一经提交不可撤销。除非符合下列各项，否则不视作已妥善填写：
>
> (a)拟定提款日是提款期内的一个营业日；
>
> (b)提款的货币和数额符合第[•]条(币种及金额)的规定；和
>
> (c)任何贷款拟定的首个利息期符合第[•]条(利息期)的规定。
>
> Each such Utilisation Request is irrevocable but will not be regarded as having been duly completed unless:
>
> (a) the proposed Utilisation Date is a Business Day within the Availability Period;
>
> (b) the currency and amount of the Utilisation comply with clause [•] (Currency and amount); and
>
> (c) the proposed first Interest Period for any Loan complies with clause [•] (Interest Periods).

除了上述营业日、币种、金额以及利息期的约定外，有些贷款协议还会根据不同情况提出其他要求。例如，如果有多个不同类型的授信，则借款人需要在提款申请书中指明其拟提用的是哪个授信项下的贷款。

3. 其他要求

每份提款申请书只可提出取用一笔贷款的要求。如果借款人需要取用多笔贷款，则需要填写多份提款申请书。

提款申请书会规定，提款申请书一经提交即不可撤销。因为，一旦贷款人收到借款人有效签署的提款申请书，贷款人就会准备相应的贷款资金，这时就会产生相应的成本，所以贷款人不希望借款人取消提款申请书。

（二）币种及金额

贷款协议中通常会有条款对借款人每次提款的金额设置一个最低门槛。常见的条款内容如下：

> 提款申请书的货币须为[人民币/美元]。拟提取的贷款数额最低必须为[币种/金额]或其整数倍；并且不得超过可用授信额度。
>
> The currency specified in the Utilisation Request must be [US Dollar/Renminbi]. The amount of the proposed Loan must be a minimum amount of [US $/RMB] and an integral multiple of [US $/RMB]; or if less, the maximum undrawn amount available under the Total Commitment.

贷款人不希望借款人每次提起非常小的金额，从而增加贷款人的放款工作量。通过设置上述条款，贷款人对借款人每次提款金额做出限制，从而降低贷款发放的成本。

第二节 还款、提前还款和额度取消

一、还款

还款条款是贷款协议中的必备条款之一。贷款协议中的还款是指贷款正常的情况下,借款人按照贷款协议约定的还款进度安排进行还款。根据贷款是定期贷款还是循环贷款,贷款的偿还方式有所不同。

(一)定期贷款的还款

定期贷款的还款方式一般可以分为以下几种模式:

1. 到期一次性还款

到期一次性还款英文称为子弹还款("bullet"payment)。在这种还款模式下,借款人在贷款期间只需要支付利息,无须偿还贷款本金。到期一次性还款往往适用于期限相对较短的贷款,一般是期限在一年以下的贷款。

2. 分期还款

分期还款是指在贷款期间内按照一定的时间间隔,并按照约定金额或者比例偿还贷款本金。分期还款常见于中长期贷款,特别是项目建设贷款。

间隔时间比较常见的是三个月或者半年。每一次还款的日期也称为一个"还款日"(repayment date)。贷款协议中可以将还款日表述为某年某月某日,也可以表述为提款日后满几个月后之日。后一种情况下,具体还款日需要在提款日确定后方能确定。

每一还款日偿还的本金金额可以是固定的金额,也可以表述为贷款的一定比例。每次还款的金额可以是相同的,也可以是不同的,具体根据借款人现金流情况由借款人和贷款人协商。

国内的贷款中常常将分期还款分为等额本金和等额本息。等额本金是指每一还款日偿还的贷款本金相同,而等额本息则是指每一还款日借款人偿还的本金和支付的利息金额之和相同。在等额本息还款方式中,借款人前期偿还的本金金额比后期偿还的本金金额要少,因此借款人承担的利息总额相对等额本金还款方式下承担的利息总额要高。在国际信贷交易中,等额本息的还款方式很少见。

(二)循环贷款的还款

循环贷款中,每一笔贷款需要在每一利息期的最后一天偿还,并在同一天发放一笔相同的贷款,这样该笔贷款得以不断循环,并在最后到期日偿还。

在国际信贷实务中,循环贷款只是在账目上进行循环,利息期最后一日并不会有实际的资金的流动,即没有借款人先还款然后贷款人重新放款的动作。尽管实务操作如此,但国际信贷市场上的贷款协议中都不会明确说明借款人无须在利息期最后一日还款。因此,对借款人而言存在一定的风险,因为借款人必须在利息期最后一日还款,但贷款人可能由于破产或者其他原因不重新发放一笔新的贷款。前述风险已经在雷曼破产事件中出现过。因此,伦敦信贷市场协会建议在贷款协议中针对循环贷款增加一个“无现金支付”的循环条款,明确借款人可以不用在利息期最后一日进行现金支付以偿还贷款。

二、自愿提前还款

(一)一般条款

自愿提前还款,也称为主动提前还款,是指借款人可以在向贷款人发出通知后提前偿还贷款,不需贷款人另行同意。在允许提前还款的贷款协议中,常见的自愿提前还款条款内容如下:

> 借款人如向贷款人发出不少于[•]营业日(或贷款人同意的较短期间)的事先通知,可[在适用的利息期最后一日]提前偿还任何贷款的全部或任何部分(但如提前偿还部分贷款,则至少[•]的数额)。
>
> The Borrower may, by giving the Lender not less than [•] Business Days'(or such shorter period as the Lender may agree) prior notice, prepay [on the last day of an Interest Period applicable thereto] the whole or any part of a Loan(but if in part, being an amount that reduces the amount of the Loan by a minimum amount of [•]).

(二)自愿提前还款的限制

在有的贷款交易中,贷款人可能不会允许借款人主动提前还款。当然大部分情况下,贷款人会允许借款人提前还款,但在贷款协议中会对提前还款做出一些限制或者约定一些条件。常见的限制规定包括:

1. 提前通知

借款人主动进行提前还款时,需要提前通知贷款人,以便贷款人做出相应安排。提前通知的时间可以由借款人和贷款人协商。贷款人需要确认提前通知的时间是否充分。一般而言,提前 5 个工作日是必要的,有的银行可能会要求更长的时间,如 30 天。

2. 最低还款金额

根据贷款人的资金来源,有的贷款人会要求借款人提前还款时必须全额还款。如果允许借款人部分提前还款,则会要求一个最低的还款金额或者是其整数倍。之所以这样规定,是为了便于贷款人进行管理,避免借款人小额多次还款,增加工作量,从而增加贷款人的管理成本。

3. 提前还款时间

很多时候,银行会要求借款人在利息期的最后一日提前还款。如果提前还款不在该日进行,那么借款人需要向银行支付息差损失,具体见下文。

在定期贷款中,贷款人会要求提前还款必须在提款期过了之后才能进行。以下是比较常见的提前还款时间限制条款。

> 贷款仅可在提款期结束(或如属较早,适用的可用授信额度减至零之日)之后始可提前偿还。
>
> A Loan may only be prepaid after the last day of the Availability Period (or, if earlier, the day on which the applicable Available Facility is zero).

在某些情况下,为了避免借款人提取贷款后短时间内还款,给贷款人资金安排造成不便,贷款人可能会对借款人提前还款设置一个更长的时间,要求借款人必须在一段时间后才能进行提前还款,例如首次提款日后满 1 年。

(三)提前还款费

提前还款费又称为息差损失(break cost,或者 break funding cost)。在国际信贷市场上,一般银行的贷款资金都是从市场上筹集的,都有固定的期限,通常与利息期一致。如果不是利息期最后一日提前还款,可能会导致贷款人资金不能完全匹配而出现一些损失。息差损失的具体计算方式见第二章(贷款基础概念)第四节(重要术语)中"息差损失"的定义。如果提前还款日期是利息期最后一日,则不存在息差损失。

在国内的贷款交易中,由于贷款资金主要源于存款,很少从市场上募集,因此国内的商业银行很少按照息差损失来计算提前还款费,而是另行约定一个金额或者比例作为提前还款费。而且,国内贷款的提前还款费不会因为提前还款日是否在利息期最后一日而不同。

(四)部分提前还款的顺序

如果贷款由借款人分多次提款,并且提前还款时部分还款,那就存在提前还款先还哪一部分贷款的问题,是先还后到期的本金,还是先到期的本金。贷款人往往希望按照倒序方式提前还款,即先还后到期的部分,这样可以缩短贷款期限,提前收回贷款本金。从借款人的角度,倒叙还款方式可以节约利息成本。当然,有的借款人可能希望按照顺序还款,以便更好地利用贷款资金。

实务中,定期贷款的提前还款往往采用倒序方式进行,以下是常见的条款内容。

> 依据本第[•]条作出的任何提前还款均须按照[倒序]方式进行。
>
> Any prepayment under this Clause [•] shall be made [in inverse] chronological order.

对于循环贷款,则一般很少采用倒序方式进行提前还款。

三、强制提前还款

正常情况下,贷款人都希望借款人在贷款到期时按时偿还贷款。但是,在一些特殊情况下,当出现一些可能威胁到贷款安全的情形时,贷款人会强制要求借款人提前还款。强制提前还款的情形主要包括非法、借款人控制权变更等情况。

(一)非法

非法条款(illegality)是指由于法律发生变化,限制银行向借款人提供贷款,此时银行有权要求借款人立即还款,从而避免银行违反法律。常见的非法条款内容如下:

> 如在任何时间贷款人履行本协议拟定的任何责任或为任何贷款提供资金或维持任何贷款在任何适用司法管辖区的法律下属于非法或将成为非法,贷款人在知悉该情况后须尽快通知借款人,通知发出时承贷额会被立即撤销;并且,借款人须在贷款的利息期的最后一日或(如属较早者)该贷款人在发给借款人的通知上列明的日期(不早于法律允许任何适用宽限期的最后一日)提前偿还该贷款。
>
> If, at any time, it is or will becomes unlawful in any applicable jurisdiction for the Lender to perform any of its obligations as contemplated by this Agreement or to fund or maintain any Loan, the Lender shall promptly notify the Borrower upon becoming aware of that event; upon such notice, the Commitment will be immediately cancelled; and the Borrower shall repay the Lender on the last day of the Interest Period for each Loan or, if earlier, the date specified by the Lender in the notice delivered to the Borrower (being no earlier than the last day of any applicable grace period permitted by law).

非法条款是一个类似于不可抗力的条款。这一点在英国法项下非常必要,因为根据英国法,违法并不是违反合同的抗辩理由,除非违反的是英国法或者合同履行地的法。

非法条款会对借款人造成很大的不便,借款人需要注意。特别要注意以下几点:

(1)法律必须是适用的有效的法律;

(2)贷款人需要提供相应的避免损失扩大的措施,例如,通过变更贷款的分行,或者转让给其他银行;

(3)因非法导致借款人提前还款的,不得要求借款人支付提前还款费或罚息。

(二)借款人控股权变更

控制权变更条款要求借款人在其控股股东发生变更时,必须提前偿还所有贷款。常见的条款内容如下:

> 如果借款人不再由［母公司］的控股，所有授信额度将被视为立即取消，融资文件项下的所有未偿还款项将会即时到期应付。
>
> If the Borrower ceases to be controlled by [the Parent], the Facilities will be deemed immediately cancelled, and all outstanding amounts under the Finance Document will become immediately due and payable.

为了界定控股权的变更，贷款协议需要明确定义控股权。控股权也称为控制(control)，常见的定义内容如下：

> “控制”指：拥有以下权力（不论是通过股权所有权、代理投票权、合同、代理权或其他方式进行）：
>
> (a)拥有该公司或该实体的有表决权股本或等同所有权权利的百分之五十(50%)以上；或者
>
> (b)任命或解聘所有或大多数公司董事或同等级别职员；或者
>
> (c)对于公司运营及财务政策给予方向性指导且全部或多数董事及同等级别职员有实质性义务服从该等指导；或者
>
> (d)持有该等公司百分之五十(50%)以上的已发行股本（不包括无权参与指定数额以上的利润或资本分配的已发行股本）。
>
> "**Control**" and "**Controlled**" means the power (whether by way of ownership of shares, proxy, contract, agency or otherwise) to:
>
> (a) cast, or control the casting of, more than 50% of the maximum number of votes that might be cast at a general meeting of the company; or
>
> (b) appoint or remove all, or the majority, of the directors or other equivalent officers of the company; or
>
> (c) give directions with respect to the operating and financial policies of the company with which the directors or other equivalent officers of the company are obliged to comply; or

> (d) the holding beneficially of more than 50% of the issued share capital of the company (excluding any part of that issued share capital that carries no right to participate beyond a specified amount in a distribution of either profits or capital).

上述控股的定义是法律意义上的标准化内容,在实务中很少会就控制的定义进行谈判或要求修改。

(三)其他情形

在一些特定类型的融资交易中,贷款人根据项目具体情况可能会要求加入其他强制提前还款条款。例如,在项目融资或杠杆融资中,比较常见的强制提前还款还包括:借款人出售资产、发生保险索赔所获得的款项,必须用于偿还贷款,无论贷款是否到期。因为这些款项的获得是因为借款人发生了一些损失,而这些损失将会对借款人的偿债能力造成不利影响,所以贷款人为了贷款安全的考虑,会要求借款人将所获得的款项用于提前还款。

四、额度取消

额度取消是指借款人在全部使用授信额度之前取消全部或者部分授信额度。常见的额度取消条款内容如下:

> 借款人如向贷款人发出不少于[10]个营业日(或贷款人同意的较短期间)事先通知,可取消任何可用授信额度的全部或任何部分(最低数额为[币种/金额]或者[币种/金额]的整数倍)。依据本第[•]条所作出的取消将按比例减低贷款人在该授信下的承贷额。
>
> The Borrower may, if it gives the Lender not less than [ten (10)] Business Days' (or such shorter period as the Lender may agree) prior notice, cancel the whole or any part (being a minimum amount of [currency/amount] and integral multiple of [currency/amount]) of the unutilized amount of the Total Commitment. Any cancellation under this Clause [•] shall accordingly reduce the Total Commitment under the Facility.

额度取消条款仅适用于提款期内，因为提款期结束后所有授信额度将自动降为零。额度取消条款的作用是降低可用承诺额度，从而减少借款人需要支付的承诺费。

在银团贷款中，授信额度的取消将根据各贷款人的承贷比例相应减少每一贷款人的承诺额。一些有经验的借款人可能会要求增加一个条款，规定借款人有权单独取消违约贷款人的承诺额。

五、提前还款和额度取消的限制

在允许借款人进行提前还款或者额度取消的同时，贷款人会对提前还款和额度取消作一些限制。在国际信贷市场上，这些限制是行业惯例，借款人和贷款人很少就这些限制条款进行谈判或者修改。

常见的限制主要包括以下几个方面。

（一）通知的不可撤销性

如果借款人向贷款人发出提前还款或者额度取消的通知，该等通知一经发出即不可撤销。这样规定的目的是便于贷款人进行贷款管理，因为贷款人收到借款人的通知后便会进行相关的准备，如果借款人后续撤销其通知，将会影响贷款人的内部操作。贷款协议中关于这一条款的常见内容如下：

> 任何一方根据本第[•]条提出的任何撤销或提前还款通知一经提交不可撤回，而除非本协议另有指示，否则亦须订明有关撤销或提前还款的日期及款额。
>
> Any notice of cancellation or prepayment given by any Party under this Clause [•] shall be irrevocable and, unless a contrary indication appears in this Agreement, shall specify the date or dates upon which the relevant cancellation or prepayment is to be made and the amount of that cancellation or prepayment.

（二）同时支付利息

借款人提前还款时，需要同时支付提前偿还本金部分所累积发生的利息，否则会造成很大的不便，影响该部分利息的计算。贷款协议中常见的条款内容如下：

> 根据本协议提前还款时，亦须同时支付提前还款额所孳生的利息及任何提前还款费，无须支付任何溢价或罚款。
>
> Any prepayment under this Agreement shall be made together with accrued interest on the amount prepaid and, subject to any Break Costs, without premium or penalty.

（三）不得再借已经提前偿还的贷款

对于定期贷款，如果借款人已经提前偿还，则不能重新再借其已经偿还的部分。贷款协议中常见的条款内容如下：

> 借款人不得借用授信额度中已提前偿还的任何部分款额。
>
> The Borrower may not reborrow any part of the Facility which is repaid or prepaid.

这一限制不适用于循环贷款。

（四）不得在非约定时间提前还款或者取消额度

为了便于贷款人的管理，贷款人会要求借款人必须在贷款协议约定的时间进行提前还款或者取消额。贷款协议中常见的条款内容如下：

> 借款人不得在本协议明文规定以外的时间及方式偿还或提前偿还全部或任何部分贷款或取消承贷额的全部或任何部分。
>
> The Borrower shall not repay or prepay all or any part of the Loan or cancel all or any part of the Total Commitment except at the times and in the manner expressly provided for in this Agreement.

（五）取消额度不得恢复

额度取消是永久性的，一旦取消将不能恢复。贷款协议中常见的条款内容如下：

根据本协议已撤销的总承贷额的任何部分，其后不得恢复。

No amount of the Total Commitment cancelled under this Agreement may be subsequently reinstated.

第三节 利息、费用和其他支付义务

一、利息

（一）利息的计算

利息是资金的价格，是借款人使用贷款支付的对价。利息一般按照一定的利率，根据借款人具体使用贷款的期限按日计收。本质而言，利息由两部分组成：（1）银行取得贷款资金的成本，即融资成本；（2）银行贷款业务的利润，即利差。

根据利率确定方式的不同，可以分为固定利率和浮动利率，前者常见于优惠贷款或政策性贷款，而后者则多为商业贷款。大多数商业贷款采用的都是浮动利率。所谓浮动利率，是指在贷款期限内利率会根据银行的融资成本不断变动。浮动利率通常基于特定的市场基准利率（如 LIBOR）确定，并在该市场基准利率基础上加上固定的利差（margin）。

常见的贷款利率条款内容如下：

每项贷款每一利息期的利率为下列适用利率总和的年利率：（1）息差；及（2）[LIBOR]。

The rate of interest on each Loan for each Interest Period is the percentage rate per annum which is the aggregate of the applicable: Margin; and [LIBOR].

1. 利差

利差（margin 或者 spread）是银行的贷款利润，通常以基点（bp）表示。一个基点即万分之一,50 个基点为 0.5 个百分点。银行通过在其融资成本上加一定的基点来实现其贷款的收益。贷款的利差应该在贷款协议中明确规定,这是商业贷款协议中最重要的商业条款,尽管其可能低调地隐藏在贷款协议的定义条款中(常见的是利差的定义)。

2. 银行间市场基础利率

当借款人要求借款时,贷款人提供的资金通常来源于存款人的存款或者从同业市场拆入的资金。尽管存款的利率比较容易确定,但银行几乎不可能把存款利率视为其资金成本,因为银行获得存款有许多其他的支出(如营业场所的投入、存款准备金、存款保险等),而且存款取决于存款人的意愿,无法与贷款来匹配。因此,银行实务中更多地参考相关同业市场的资金价格来确定其融资成本,即银行将考虑从相关市场(如伦敦银行间市场)上的其他银行借入一笔相应的款项所需支付的利息(即使其实际上使用的是客户存款资金来发放这笔贷款),因为银行间市场拆借利率基本上反映了银行的资金成本(cost of fund)。

银行间拆借利率一般采用报价制度,以拆借利率为基础,由参与银行每天对各个期限的拆借品种进行报价,对报价进行加权平均处理后进行公布。在国际贷款中,最为常见的是以 LIBOR 来计息。该利率是伦敦银行间市场中的银行愿意将相关币种的款项拆借给其他银行的利率。LIBOR 由一家获认可的利率提供商在一个显示屏(常见的是路透社)上公布的利率,其能够反映各指定银行的利率(见"显示屏利率"定义),包括各个币种和期限。

除了 LIBOR 外,世界其他主要金融市场也推出了各自的基准利率,例如 HIBOR(香港银行间拆放利率),SIBOR(新加坡银行间拆放利率),SHIBOR(上海银行间拆放利率)等。其运行机制与 LIBOR 类似,是由该市场的主要流动性提供者(做市商银行)就一定期限一定币种通过公开渠道报出的资金价格。

3. 银行实际资金成本

银行间市场基础利率是一个平均利率。每个银行从银行间市场拆入资金的实际成本会高于或者低于银行间市场利率。因此,在一些双边贷款中,一些银行可能要求使用其实际资金成本。在这种情况下，贷款协议中往往会对利率采用一个相对模糊的定义，即银行的资金成本(cost of fund)。

这虽然使银行保留了报价的灵活性，使其能够报出最贴近市场水平的利率(这同样有利于借款人)，但却牺牲了合同的确定性。为此，银行往往要求客户在相应的提款通知书中明确确认该笔提款的报价，以避免日后双方就利率发生纠纷。

4. 利率的浮动

浮动利率并不意味着在计算贷款利息时，银行每时每刻均采用市场的利率来计算利息，而是以某一时点的市场利率为基础，确定未来一段期限(一般与贷款的利息期保持一致)的利率。以 LIBOR 为例，银行通常采用利息期开始前两个工作日伦敦时间上午 11 时的屏显利率作为相关利息期的基准利率。因此，浮动利率并不是每日浮动，而是以每一个利息期为一阶段浮动的。

(二)利率的通知

一旦利率根据贷款协议的约定确定以后，贷款人有必要将确定后的利率通知借款人。在银团贷款交易中，由于贷款代理行负责确认贷款利率，因此，贷款代理行有必要将确定的利率通知所有贷款人。贷款协议中常见的利率通知条款如下：

代理行须尽快将按本协议厘定的利率通知贷款人和借款人。 The Agent shall promptly notify the Lenders and the relevant Borrower of the determination of a rate of interest under this Agreement.

国内贷款交易中，由于使用人民银行的基准利率，人民银行调整基准利率后会向社会公布，因此，贷款协议中很少有上述利率通知条款。

(三)违约利率

违约利率是对到期应付而未付的款项适用的利率，也称为罚息利率。国际信贷市场上常见的违约利率条款如下：

> 如债务人未能按时支付其在融资文件项下任何到期应付款项，则该欠付款项应自到期日起至实际还款日为止（无论判决前或判决后）按日累计违约利息，违约利率为以下二者之和：（1）如果该欠付款项在该未付期间视为一笔以其计价货币表示的贷款，按贷款人合理选择的期限的利息期所应当适用的利率；（2）[2%]。债务人必须立即支付一经贷款人要求后根据本条款累计发生的利息。
>
> If an Obligor fails to pay any amount payable by it under a Finance Document on its due date, interest shall accrue on the Unpaid Sum from the due date up to the date of actual payment (both before and after judgment) at a rate which is [2] per cent higher than the rate which would have been payable if the Unpaid Sum had, during the period of non-payment, constituted a Loan in the currency of the Unpaid Sum for successive Interest Periods, each of a duration selected by the Lender (acting reasonably). Any interest accruing under this Clause [•] shall be immediately payable by the Obligor on demand by the Lender.

上述条款内容表述比较复杂，实质上是指未付款项本应使用的利率上加一个百分比，例如2%。在国际信贷市场上，上浮2%是比较常见而且合理的。

在英国法下，违约利息是协议双方预先对违约后一方损失的预估，因此应当是补偿性，而不是惩罚性的。因此，违约利率不能设定得很高。如果违约利率设定过高，可能被法院认定为是惩罚性的，从而被判决无效。

在中国法中，人民币贷款的违约利率需要遵守人民银行的规定，即逾期违约利率为贷款利率的1.3~1.5倍，挪用违约利率为贷款利率的1.5~2倍。人民银行对外币贷款违约利率没有强制性规定。贷款人可以和借款人双方自由协商，但通常也不能过高。

二、利息期

利息期是借款人向银行支付利息的固定间隔期限。例如，利息期为1个月，那么借款人将每月向银行支付一次利息。一般情况下，银行会给借款人相当的灵活性选择利息期,以使其更好地计划贷款资金的使用和偿付。利息一般在利息期的最后一日支付。

(一)利息期的选择

在国际信贷市场中,利息期通常按照一个确定的期间计算。贷款协议常见的利息期条款如下:

> (a)每笔贷款的利息期从该笔贷款的提款日起计算,如果是已经提取的贷款,从前一利息期结束之日起计算。
>
> (b)每个利息期应当为[1/2/3/6]个月。
>
> (c)每笔贷款的每个利息期不得超过还款日。如有任何一个利息期超过还款日,利息期将受调整,从而使该利息期终止于该还款日。
>
> (a)Each Interest Period for a Loan will start on its Utilisation Date or, in the case of a Loan that has already been made, on the expiry of its preceding Interest Period.
>
> (b)Each Interest Period must be of [one, two, three or six] month's duration.
>
> (c)No Interest Period shall extend beyond the Final Maturity Date. If an Interest Period would otherwise extend beyond the Final Maturity Date, it will be shortened so that it ends on the Final Maturity.

通常情况下借款人可选择1个月、2个月、3个月或6个月作为利息期。银行商业贷款实务中几乎没有6个月以上的利息期。为了便于银行操作,银行一般情况下也不会将利息期设定为短于1个月的期限。利息期贯穿于整个贷款期限,在定期还款的情况下,利息期的设定通常会与还款期保持一致,从而使还本付息的日子落在同一天,便于双方计算。

在国际信贷市场上,利息期通常由借款人在提款通知中做出选择。如果一笔贷款为已经提取,借款人也可通过利息期选择通知书选择该贷款的利息期。

国内的商业银行为了方便管理,往往要求借款人于固定的付息日付息。例如,在按季付息的情况下,要求借款人于每年的3月21日、6月21日、9月21日和12月21日付息。由于提款不一定发生在某个付息日,而其终止于离提款日最近的付息日，因此首个利息期可能较一般的利息期短。例如，如果提款发生在2月1日，其最近一个付息日是3月21日，则该笔贷款的第一个利息只有不到2个月时间。

(二)利息期变更

利息期变更是指在必要的情况下，贷款人可以调整利息期的长短。常见的利息期变更条款内容如下：

> 在厘定贷款的利率前，贷款人可缩短任何贷款的利息期，以确保有足够数量其利息期在还款日期当日结束的贷款(其总额相等或大于分期还款额)，以便借款人使分期还款额在该日期到期应付。
>
> Prior to determining the interest rate for a Loan, the Lender may shorten an Interest Period if necessary to ensure that there are sufficient Loans which have an Interest Period ending on a Repayment Date for the Borrower to make the Repayment Instalment due on the relevant date.

(三)非营业日

利息期的最后一日是付息日。如果付息日不是营业日，那么借款人可能无法正常付息。因此，贷款协议会对付息日落在非营业日的特殊情况做出约定，这些约定通常称为营业日法则(business day convention)。营业日法则的市场惯例如下：

> 倘若利息期原应在一个并非营业日的日期结束，则该利息期应顺延至该月份内随后的一个营业日(如有)结束，或在该日之前的一个营业日结束(如该月份内其后再无营业日)。
>
> If an Interest Period would otherwise end on a day which is not a Business Day, that Interest Period will instead end on the next Business Day in that calendar month (if there is one) or the preceding Business Day (if there is not).

(四)利息期末贷款的合并和分拆

在国际信贷市场上的贷款协议中往往有贷款合并和分拆的条款。合并条款允许多笔贷款如果利息期结束之日相同则可以在该利息期结束之日进行合并变成一笔贷款,这有利于贷款人管理贷款。分拆条款允许借款人在利息期最后一日将一笔贷款分拆为多笔贷款,这将方便借款人根据自身现金流和实际情况安排资金。

常见的贷款合并和分拆条款内容如下:

> (a)倘若多笔贷款的利息期于同一日期结束,则除非借款人在下一利息期的利息期选择通知书另有指定,该等贷款可于利息期的最后一日予以合并,视作单一笔贷款。
>
> (b)在符合贷款协议第[•]条(贷款的最高数量)及第[•]条(货币及数额)的前提下,倘若借款人在利息期选择通知书内提出要求,将一笔贷款分拆为两笔或以上的贷款,该笔贷款将于其利息期的最后一日,按照利息期选择通知书列明的数额予以分拆,其总额等于该等贷款在分拆前的数额。
>
> (a) Subject to paragraph (b) below, if two or more Interest Periods of different Loans end on the same date; those Loans will, unless that Borrower specifies to the contrary in the Selection Notice for the next Interest Period, be consolidated into, and treated as, a single Loan on the last day of the Interest Period.
>
> (b) Subject to Clause [•] (Maximum number of Loans) and Clause [•] (Currency and amount), if a Borrower requests in a Selection Notice that a Loan be divided into two or more Loans, that Loan will, on the last day of its Interest Period, be so divided into the amounts specified in that Selection Notice, being an aggregate amount equal to the amount of the Loan immediately before its division.

三、利息计算的变更

(一)没有利率报价

在正常的市场条件下,贷款利率随着经济发展的状况在正常范围内合理波动,借贷双方均能正常进行贷款交易。然而,当出现重大经济危机或其他危机事件时,银行间市场可能受到干扰,从而无法提供反应市场价格的基准利率数据,甚至无法提供相关基准利率。市场干扰条款即是为这种极端情况准备的后备方案。

（二）市场干扰事件

市场干扰条款提供在贷款协议约定的基础利率无法获得时,各方可以获得替代基础利率的计算方法。市场干扰条款中还可以具体约定双方的磋商机制。

市场干扰事件条款是国际信贷交易中很常见的内容。但是,在我国的贷款交易中很少有这样的约定,因为我国的利率尚未完全市场化,银行尚未意识到市场干扰事件可能对贷款交易产生的不利影响。

贷款协议会对市场干扰事件进行定义。常见的市场干扰事件范围包括以下几项:

(1)有关利息期的报价日中午前后并无适用的屏幕利率或屏幕利率为零或负数,而且并无任何参照银行或仅有一家参照银行向代理行提供参考利率以便贷款人就该有关利息期确定基础利率。

(2)有关利息期的报价日营业时间结束前,贷款人在银行同业市场获得相应存款的成本超过银行间市场公布的基础利率。

(3)贷款人无法在银行间市场获得与借款人申请的贷款相匹配的资金。

（三）参照银行报价

在发生市场干扰事件后,通常使用几个参照银行的利率取其平均值。参照银行的范围由银行和借款人约定。参照银行一般是市场上的主要银行。借款人也可以提出要求,选择那些与其关系比较好的,并且在市场不好的时候不会随便报高价的银行。

（四）备选参照行市场干扰事件

市场干扰事件条款在美国“9·11”恐怖袭击事件发生后得到了各方重视,但其后又广受诟病,主要是备选方案过于简单或主观(直接以贷款人成本来替代,也没有考虑备选报价行可能无法报出正常利率的情况)。因此伦敦信贷市场协会对其模范文本中的市场干扰条款进行了以下调整:

(1)如果发生了市场干扰事件,利率将根据“备选参照行”(alternative

reference banks)的报价确定；

(2)只有在“备选参照行市场干扰事件”(类似市场干扰事件的事件，但其同时影响到了备选报价行)发生时，才使用贷款人的实际成本。

由于借款人支付贷款人实际成本需要满足两组条件，该建议可以减少发生该情况的风险。备选参照行的报价在借款人被要求支付贷款人实际融资成本前采用，实际构成了借款人的一个安全防护网。

此外，伦敦信贷市场协会增加了“备选参照行市场干扰事件”的定义，具体规定如下：

“备选参照行市场干扰事件”是指：

(a)在贷款的相关利息期的报价日之后第一个营业日伦敦营业时间结束前，没有或只有[一家]备选报价行向代理行提供了利率，用于确定贷款相关利息期的备选报价行利率；或者

(b)在贷款的相关利息期的报价日之后第一个营业日伦敦营业时间结束前，代理行自贷款人(其贷款份额超过贷款金额的百分之[·])收到通知，其从合理选择的渠道可以获得的相关贷款份额融资成本超过了备选报价行利率。

“Alternative Market Disruption Event” means:

(a) before close of business in London on the date falling one Business Day after the Quotation Day for the relevant Interest Period of the Loan, none or only [one] of the Alternative Reference Banks [supplies] [supply] a rate to the Agent to determine the Alternative Reference Bank Rate for the relevant Interest Period of the Loan; or

(b) before close of business in London (on the date falling [·] Business Days after the Quotation Day for the relevant Interest Period of the Loan), the Agent receives notifications from a Lender or Lenders (whose participations in that Loan exceed [·] per cent of that Loan) that the cost to it of funding its participation in that Loan from whatever source it may reasonably select would be in excess of the Alternative Reference Bank Rate.

就本质而言，备选报价行市场干扰事件设置了两个条件，而在借款人必须向贷款人支付其实际融资成本（而非显示屏利率）作为利息之前必须满足这两个条件。如果一项市场干扰事件发生，利率将根据备选报价行的报价确定，而如果备选报价行也发生了市场干扰事件（备选参考行市场干扰事件），才最后适用贷款人的实际资金成本。

（五）磋商机制

正如上文所述，参照银行机制存在一定的不足。因此，一些贷款协议中会加入磋商机制条款，约定在发生市场干扰事件后，借款人和贷款人就贷款利率的磋商制度。常见的磋商条款内容如下：

（a）如发生市场干扰事件而借款人提出要求，贷款人与借款人应进行磋商（磋商期应不超过30日），以便就厘定利率的替代基准达成协议。

（b）经贷款人及借款人事先同意，按上文（1）段协商同意的任何替代基准对协议各方均具有约束力。

（c）为免疑义，三十日磋商期结束时如仍未就任何替代基准达成协议，则利率依然继续根据本协议的条款予以厘定。

(a) If a Market Disruption Event occurs and the Borrower so requires, the Lender and the Borrower shall enter into negotiations (for a period of not more than thirty days) with a view to agreeing a substitute basis for determining the rate of interest.

(b) Any alternative basis agreed pursuant to paragraph (a) above shall, with the prior consent of the Lender and the Borrower, be binding on all Parties.

(c) For the avoidance of doubt, in the event that no substitute basis is agreed at the end of the thirty day period, the rate of interest shall continue to be determined in accordance with the terms of this Agreement.

上述为借贷双方提供了一个重新协商的机会，但是，磋商必须按照合理的方式进行，并且，如果长时间磋商不成，还应考虑一个解决方案。上述条款约定在磋商不成的情况下，按照参照银行确定的利率进行。在某些贷款交易中，贷款协议会约定，在协商不成的情况下，借款人可以选择提前还款，或者按照贷款人合理确定的贷款资金成本来确定贷款利率。

四、贷款收费

除贷款利息外，银行往往会收取其他费用。这些费用构成商业银行的中间收入。在金融市场相对发达的国家，商业银行的营业收入中非利息的中间收入和利息收入一样占有重要的比重。非利息收入也在很大程度上反映了一家银行的创新能力和管理能力。我国的商业银行的主要收入来源于利息收入，反映在贷款交易中，我国的商业银行的非利息收费也很少。

在双边贷款中，由于不需要复杂的贷款管理，因此也没有复杂的费用条款。最多的是为额度空置而支付的承贷费。费用条款更多地出现在银团贷款协议中，以规定银团贷款安排中复杂的各项收费安排。费用条款列出各项应当支付给代理行的费用，这些费用由代理行代表各家贷款人收取。

（一）承诺费

在承诺性授信额度协议中，贷款人通常会向借款人收取承诺费，又称为“承贷费”（commitment fee），对其空闲的授信额度收取一定费用作为融资成本的补偿（见下文所列示范条款）。承诺费一般是在承诺期间就未使用的授信额度按照一定的费率按日计收，直至授信额度的提款期结束之日为止。承诺费一般在提款期结束之日支付，如果提款期较长，也可以按一定期间按月或按季分次支付。

贷款人将就授信额度项下未提取的款项收取承贷费，因为在将来提款条件满足的情况下，贷款人有合同上的义务就这些款项提供资金，需要准备相应的资金以备借款人提款，如果借款人不提款，银行由于无法收到利息而产生资金空置的成本。承贷费征收的目的就是为了补偿这种成本。

贷款协议中常见的承诺费条款如下：

> (a)借款人须向贷款人支付承贷费,就贷款人在授信额度下的可用承贷额在提款期内按照每年[%]计算。
>
> (b)累计的承贷费应于有关提款期内结束的每三个月一期的相连期间的最后一日及在提款期的最后一日支付;如承贷额全数取消,则应就贷款人在取消生效时的承贷额支付承贷费。
>
> (a) The Borrower shall pay to the Lender a fee computed at the rate of [ ] per cent. per annum on the Lender's Available Commitment under the Facility for the Availability Period.
>
> (b) The accrued commitment fee is payable on the last day of each successive period of three Months which ends during the relevant Availability Period, on the last day of the Availability Period and, if cancelled in full, on the cancelled amount of the Lender's Commitment at the time the cancellation is effective.

(二)安排费

安排费是针对贷款人安排贷款所应支付的费用,主要是在银团贷款中支付给安排行的。支付给安排行的费用是高度保密的,通常在单独的收费函中规定。而该收费函绝不会出现在分发给银团成员的交易文件中。

贷款协议中对安排费的支付约定非常简单,常见条款如下:

> 借款人须向安排行支付安排费,支付的数额和时间按费用函协商同意的条款执行。
>
> The Borrower shall pay to the Arranger an arrangement fee in the amount and at the times agreed in a Fee Letter.

(三)代理费

代理费是银团贷款中担任代理行的银行收费的管理费,包括贷款代理费、担保代理费等。代理行的费用既可以在收费函中规定,也可以在债权人间协议(intercreditor agreement)中规定。

(四)提前还款费

提前还款费也称为息差损失(break cost),是指借款人在约定的还款日期之前提前还款给贷款人造成的损失。息差损失的具体计算方式见本书第二章(贷款基础概念)第四节(重要术语)。

提前还款费条款常见内容如下:

> 借款人须在贷款人发出要求起[3]个营业日内向贷款人支付因借款人在有关贷款或未付款额的利息期最后一日以外的日期支付贷款或未付款额的全部或部分而产生的提前还款费。
>
> The Borrower shall, within [three] Business Days of demand by the Lender, pay to the Lender its Break Costs attributable to all or any part of a Loan or Unpaid Sum being paid by that Borrower on a day other than the last day of an Interest Period for that Loan or Unpaid Sum.

从上述条款可以看出,提前还款费只在还款日不在利息期最后一日的情况下发生,如果借款人在利息期的最后一日提前偿还贷款,则不存在提前还款费。之所以这样规定,是因为根据市场管理,银行发放的贷款资金都是从市场上获得的与利息期对应的短期资金,如果在利息最后一日偿还贷款,则不会对贷款人造成损失。

五、其他付款义务

(一)税款补偿

税款补偿包括针对预提税的包税条款,税款补偿、印花税、增值税等方面。

1. 包税条款

包税(tax gross-up)条款是为了保证贷款人在其期望的时间收到借款人欠付他们的全额款项。这些规定主要与向贷款协议项下支付的利息征收的预提税相关。

在预提税制度下,银行不得不就其从借款人处收到的利息支付税款,而且法律要求借款人将税款直接从利息付款中预提出来,直接支付给税务机关。该流程又被称为“源泉扣缴”或者“代扣代缴”，其目的是更高效地征缴税款。作为所得税的一部分，银行无论如何都需要缴纳该预提税，只不过原本的缴纳时间是在银行缴纳所得税时，现在提前到了利息支付时。预提的结果是，银行只能收到利息款项减去税款后的余额。

银行也许能够在其缴付所得税后通过退税的形式获得差额补偿，但仍损失了一部分现金流，而且退税并不一定能够覆盖预提的税款全额。为解决该问题，银行要求借款人在付息时支付一个包税金额。简言之，如果法律要求扣税，那么借款人有义务提高付款金额，从而使银行收到的金额与未进行扣税时的金额相同。这么做的理由是，预提税会使银行收到的利息减少，从而使其无法支付从银行间市场拆入资金所需支付的利息。而且，除非银行能够就预提的税款获得全额退税，否则预提税不仅意味着现金流的丧失，而且也是银行的直接利润损失。

包税条款常见的内容如下：

> 借款人按融资文件向任何贷款人支付的所有款项必须已扣除且不包括任何税项扣减，除非借款人必须作出税项扣减，在此情况下，借款人须将应付的款项（就须进行上述税项扣减的部分）增加，致使贷款人收到已减除任何扣减或扣缴后的款项相等于如并无或不须进行该税项扣减时应可收到的款项。
>
> All payments to be made by the Borrower to the Lender under the Finance Documents shall be made free and clear of and without any Tax Deduction unless the Borrower is required to make a Tax Deduction, in which case the sum payable by the Borrower (in respect of which such Tax Deduction is required to be made) shall be increased to the extent necessary to ensure that the Lender receives a sum net of any deduction or withholding equal to the sum which it would have received had no such Tax Deduction been made or required to be made.

在适用包税的情况下，其效果实际上比逐笔支付预提的税款更为不利。这是因为利息金额本身由于包税而被认为增加了（因包税增加的付款被认为是利息的一部分),从而预提税款的金额也增加了。

包税条款与贷款的可转让性紧密相关。不断增长的贷款二级市场意味着借款人对他们的贷款人控制远远弱于过去。预提税不仅与借款人的身份有关,也同样受贷款人身份的影响。因此,“适格贷款人”这一定义应运而生,用于识别那些税务义务较为“正常”的贷款人,尤其是那些借款人无需进行税务预提或扣缴的贷款人。对于那些不是“适格贷款人”的情况,包税条款将不再适用。

2. 税务补偿条款

税务补偿(tax indemnity)条款是指借款人需要补偿贷款人因任何原因而就融资文件遭受的税务责任。常见的税务补偿条款内容如下:

> 如果贷款人认定须就任何融资文件支付任何税款,借款人应当尽快向贷款人做出补偿,除非根据贷款人注册地法律,或者从税务角度被认定为贷款人是其居民的所在地法律,或者贷款人主办分行所在地法律,该等税款是对贷款人的净收益所征收的。
>
> The Borrower must indemnify the Lender against any Tax liability that the Lender determines will be or has been suffered by the Lender in respect of the Finance Documents, except for where the Tax liability is on the net income of the Lender imposed by the law of the jurisdiction under which the Lender is incorporated or treated as resident for Tax purposes, or the law of the jurisdiction in which the Lender's lending office is located.

增加税务补偿条款的原因是,银行在放贷时采取一个“成本转嫁”的方式,即任何可能吞噬其利差的税款(除了对该利差本身征的税,既贷款人的所得税)都应当由借款人承担。

借款人可能会辩称其只承担法律变化的风险,而贷款人应当能够识别其当前所面临的税务风险。当然,在实践中借款人很少能在该问题上取胜(取决于双方的谈判实力)。

(二)成本增加

成本增加(increased costs)条款的基本内容是:在贷款协议有效期内,由于法律和监管规定的变化，导致银行提供资金的成本增加，则借款人需要就此补偿银行。常见的条款内容如下：

> 由于任何法律或法规（或其解释、实施或应用）的颁布或变更；或遵守任何在本协议日期后始行制订的任何法律或法规，导致贷款人成本增加，经贷款人要求后，借款人必须就增加的成本向贷款人做出补偿。
>
> The Borrower must on demand by the Lender, pay the amount of any Increased Costs incurred by the Lender as a result of: the introduction of or any change in(or in the interpretation, administration or application of) any law or regulation; or compliance with any law or regulation made after the date of this Agreement.

和税务补偿条款一样，成本增加条款也是一种“成本转嫁”方式，银行将任何可能影响其利润的成本转嫁给借款人，以确保其利润。

（三）其他补偿

1. 货币补偿

货币补偿条款要求借款人对贷款人遭受的货币兑换损失做出赔偿。常见的条款内容如下：

> 如借款人根据融资文件应偿还的任何款项（“有关款项”）或根据就有关款项所颁布的命令、判决或裁决而应付还的款项须为以下目的由应付该笔有关款项的一种货币（“第一货币”）兑换至另一种货币（“第二货币”）：
>
> （a）针对借款人提出或提交申索或证明；或
>
> （b）申请或执行任何诉讼或仲裁程序的命令、判决或裁决；
>
> 作为借款人的独立责任，借款人须在要求发出起3个营业日内就任何由于兑换的原因，包括由于（A）该有关款项从第一货币兑换为第二货币的兑换率与（B）该人士在收到该有关款项时适用的兑换率之间的任何差异而导致的任何费用、损失或责任，向贷款人作出赔偿。

If any sum due from the Borrower under the Finance Documents (a "Sum"), or any order, judgment or award given or made in relation to a Sum, has to be converted from the currency (the "First Currency") in which that Sum is payable into another currency (the "Second Currency") for the purpose of:

(a) making or filing a claim or proof against the Borrower; or

(b) obtaining or enforcing an order, judgment or award in relation to any litigation or arbitration proceedings.

the Borrower shall as an independent obligation, within three Business Days of demand, indemnify the Lender against any cost, loss or liability arising out of or as a result of the conversion including any discrepancy between (A) the rate of exchange used to convert that Sum from the First Currency into the Second Currency and (B) the rate or rates of exchange available to that person at the time of its receipt of that Sum.

贷款通常应按照其发放的币种偿还本金和支付利息。在政府货币管制的情况下,借款人可能无法获得足够用于偿还贷款的相关货币,而需要以另一种货币支付。更有可能发生的情况是,在借款人发生违约的情况下,贷款人通过执行担保或扣押借款人的资产来偿还贷款,但是担保品和资产变现后的货币可能与贷款的币种不一致。此外,部分司法辖区的法院也可能在判决时要求或允许借款人以另一种货币(通常是该法院所在国家的法定货币)偿付。这样一来,如果贷款人无法在第一时间将该收到的币种转换为贷款货币,可能面临汇率变化所带来的损失。因此,贷款人往往要求在贷款协议中增加货币补偿条款,明确借款人仅在以贷款币种支付本金和利息后方可解除债务,并应补偿贷款人因汇率变化所导致的贷款人损失。

2. 其他补偿

其他补偿条款规定借款人对于贷款人及其各自相关方(包括其各自的员工、董事、高官、关联方、代理人、顾问和代表)因贷款交易而发生的环境责任、诉讼风险提供补偿的责任。补偿范围既包括被补偿方抗辩法律诉讼所发生的费用,也包括诉讼失败后所需承担的责任。一般而言,借款人应当补偿被补偿方的全部责任，除非后者具有重大过失、故意不当行为或者恶意违反贷款协议等情形。

贷款人在贷款违约事件发生后，因取得借款人财产可能招致环境责任，因此在补偿义务中通常会具体列明环境责任。

一些贷款协议没有将被补偿方违反贷款协议列为补偿义务的例外情形（而是将例外情形仅限于重大过失和故意不当行为）。如果将其包括在内，那么应当明确该违约是“恶意”违约。这是因为，如果贷款人相信发生了违约或一些提款先决条件没有满足而拒绝放款，借款人可能起诉贷款人违约。为避免在这种情况下借款人逃避补偿义务，通常使用“恶意”违约作为除外情况，这样借款人就依然需要就诉讼费用补偿贷款人，除非贷款人不予放款的决定是“恶意”作出的。

补偿义务的例外情形：

（1）法律费用。补偿条款通常包括与开支补偿条款同样的法律费用限额（如有）。

（2）贷款人之间的争议。在银团贷款中，借款人可以考虑将任何贷款人之间或者贷款管理人与贷款人之间的纠纷排除出补偿义务，如果借款人（或任何其他贷款交易方）未被卷入该诉讼。借款人可以主张其没有义务支付贷款人内斗所产生的法律费用。不过，这种例外是非常罕见的，贷款人可能只会对最有价值的借款人考虑同意该例外。

（四）成本和支出

除明确的费用条款外，贷款协议中通常还包含费用补偿条款，规定借款人对于贷款人因贷款所发生的各项开支，以及因贷款而发生的环境索赔或诉讼请求而对其造成的各项损失和责任的补偿范围。尽管原则上借款人有义务就所有的开支和费用做出补偿，并且对于贷款人与借款人达成贷款交易、管理贷款以及执行贷款或担保项下的相关权利时所发生的全部费用和责任做出补偿，但是也存在一些公认的例外情形和谈判空间。

借款人通常被要求概括性地承担并补偿贷款人所有的交易成本。而借款人则通常坚持对相关的条款加上“合理”或“合理发生”等定语，以对其责任范围加以限制。

1. 成本和费用的补偿

费用补偿条款规定了实际开支的补偿,包括贷款人、其附属机构以及贷款人就交易所发生的法律费用。大多数情况下,借款人有义务支付贷款管理行因达成贷款交易、管理贷款以及执行贷款文件所发生的全部费用。举例而言,可能包括下列事项发生的费用:

(1)对借款人和担保人进行尽职调查。

(2)组织银团。

(3)贷款文件的准备和签署。

(4)管理贷款文件项下的弃权、同意或修订事宜。

(5)执行担保。

补偿的对象包括贷款人的关联公司,因为贷款人的关联机构很有可能担任安排行、担保代理行等角色。如果贷款的担保代理行并非贷款人的附属机构,那么该担保代理行应当在费用补偿条款中予以明确规定,以便其开支和责任能够受到该费用补偿条款的保障。

如果要求借款人补偿法律费用,那么这些法律费用必须明确在协议中规定。这一原则在很多区域的法律都适用,包括中国法律、纽约州法律。因此,费用补偿条款对贷款人而言是十分必要的。

借款人可能反对就贷款人在贷款协调或重组中发生的费用提供补偿,并主张执行费用的补偿应当限于起诉借款人违反贷款协议时发生的费用。而在实务中,即使相关的表述没有规定,贷款人仍可以在需要进行任何贷款协调和重组时,将其费用获得补偿作为其同意就该等协调或重组进行所需的贷款协议修订的条件。

2. 常见的成本和费用

贷款协议中最常见的,约定需要由借款人向贷款人补偿的成本和费用主要有以下几项:

(1)交易开支

常见的交易开支补偿条款如下:

借款人须在要求发出起[3]个营业日内向贷款人支付其就磋商、拟订、印制、签署及合并下列文件而合理地招致的所有费用及开支(包括法律费用):

(a)本协议及本协议中提及的任何其他文件;及

(b)在本协议日期后签署的任何其他融资文件。

The Borrower shall, within [three] Business Days of demand, pay the Lender the amount of all costs and expenses (including legal fees) reasonably incurred by any of them in connection with the negotiation, preparation, printing, execution and syndication of:

(a) this Agreement and any other documents referred to in this Agreement; and

(b) any other Finance Documents executed after the date of this Agreement.

(2)修订费用

常见的修订费用补偿条款如下:

如(a)债务人要求作出修订、豁免或同意或(b)依据第[•]条(货币的变更)须作出修订,借款人须在发出要求起[3]个营业日内,向贷款人偿付贷款人在回应、评估、磋商或遵守有关要求或规定而合理地招致的所有费用及开支(包括法律费用)。

If (a) an Obligor requests an amendment, waiver or consent or (b) an amendment is required pursuant to Clause [•] (Change of currency), the Borrower shall, within [three] Business Days of demand, reimburse the Agent for the amount of all costs and expenses (including legal fees) reasonably incurred by the Lender in responding to, evaluating, negotiating or complying with that request or requirement.

(3)执行费用

常见的执行费用补偿条款如下:

借款人须在要求发出起[3]个营业日内向贷款人支付其就执行任何融资文件或保留任何融资文件项下任何权利而合理地招致的所有费用及开支(包括法律费用)。

The Borrower shall, within [three] Business Days of demand, pay to the Lender the amount of all costs and expenses (including legal fees) incurred by it in connection with the enforcement of, or the preservation of any rights under, any Finance Document.

第四节 陈述和保证

一、陈述条款概述

(一)什么是陈述条款

陈述条款更多地被称为陈述和保证(representations and warranties),是借款人就其自身及其他相关当事人和交易本身相关的法律和事实所作的描述。贷款人正是基于这些描述而同意向借款人提供贷款。

陈述和保证,更准确地说,应该是陈述和声明。陈述和声明这两个术语最初源于普通法。在普通法中,陈述(representation)是指一方为了使另一方与其达成合约而做出的一项说明。虚假陈述(misrepresentation)将是解除合同的一个理由。如果合同一方不作虚假陈述,另一方将不会与其签署合同,那么另一方可以基于对方虚假陈述而要求解除合同。声明(warranty)则是指一项合同条款;如果一方违反合同条款,另一方有权要求其作出赔偿,赔偿范围包括达成合约过程中发生的费用。在贷款协议中,陈述和声明条款则没有太大的区别,因为协议中会明确约定违反陈述和声明的救济方式。

虽然中国的合同法中并没有陈述和声明的概念,也没有规定虚假陈述是合同解除的理由,但是合同法认可合同当事方的意思自治。因此,如果合同当事人在合同中作出类似普通法中的陈述和声明的约定,并约定相应的救济方式,也是能够得到法律认可的。所以,尽管没有对应的概念,中国的贷款协议还是在很大程度上借鉴了普通法的贷款协议中的陈述和声明的内容。为了方便,本书中陈述和声明两个词会交替使用,而陈述和声明条款则统一简称为陈述条款。

陈述可以分为两大类,即法律陈述和商业陈述。下文从这个方面对各个陈述条款进行说明。

(二)基本目的

陈述条款的一个核心作用是用于尽职调查。因为陈述条款涉及借款人及其他当事方的法律、业务或者事实情况,其他当事方主要包括其他债务人,例如提供保证担保的人,以及借款集团其他成员,包括借款人的子公司。如果借款人或相关当事方在这些方面有任何问题,那么在谈判协商这些条款时就会被发现。贷款人也可以针对陈述条款的内容,要求借款人披露相关的信息。

更重要的一点是,陈述条款都是与先决条件和违约事件条款挂钩的。如果陈述内容不真实,贷款人就可以一方面拒绝继续向借款人发放贷款,另一方面根据违约事件条款寻求救济。

值得一提的是,法律方面的陈述条款非常重要,仅仅依赖借款人在贷款协议中的陈述是不够的,贷款人还应当通过其律师对这些内容进行确认,一般应当要求其律师出具正式的法律意见书。

二、法律陈述

法律陈述主要针对借款人的法律地位、交易文件的合法有效性等内容。很多法律陈述条款是贷款协议中的必备条款,而且贷款人一般不接受修改。以下对各个法律陈述条款逐一说明。

(一)基本法律陈述条款

基本法律陈述条款包括主体资格,签署权限,法律约束力,无冲突,适用法律和争议解决的选择,备案登记及相关税费等内容。这些陈述条款是非常基础的,在各类贷款协议中都会出现。

1. 主体资格

主体资格(status)是针对借款人的依法设立并有效存续情况。常见的条款内容如下：

> 借款人是根据其设立的司法辖区的法律合法成立并有效存续的公司。借款人及其各子公司享有完全的权力拥有自己的财产和资产并在其业务范围内开展其业务。
>
> It is a corporation, duly incorporated and validly existing under the law of its jurisdiction of incorporation. It and each of its Subsidiaries has the power to own its assets and carry on its business as it is being conducted.

合法的主体资格是签署贷款协议的一个基本前提。除了依法设立有效存续外，这个条款中还要求确认借款人及其子公司合法拥有资产和开展业务，这部分内容的主要目的是确认将来如果发生诉讼和仲裁，则可以强制执行其资产。

在跨境贷款交易中，如果有借款人（或者其他债务人）是美国、开曼群岛或者英属维京群岛等地，则可能需要在这个条款中增加"信誉良好"（in good standing）的声明。信誉良好证明可以在这些国家地区的政府部门获得，主要是证明相关当事人已经依法提交备案登记资料，并依法纳税。

对于借款人的主体资格，贷款人仅靠借款人的陈述是不够的，还应通过独立第三方，即法律顾问进行调查，并由律师出具法律意见书确认。

2. 签署权限

签署权限（power and authority）条款要求借款人陈述其依法有权签署贷款协议和其他文件。常见的条款内容如下：

> 借款人有权签订并履行或行使融资文件项下的义务或权利，并且已经采取所有必要措施获得授权以签署、履行、交付融资文件及进行融资文件项下的交易。
>
> It has the power to enter into and perform, and has taken all necessary action to authorise the entry into, performance and delivery of the Finance Documents and the transactions contemplated by the Finance Documents.

签署权限的声明主要是为了避免借款人可能以签字人无权代理为理由不

承认贷款协议和其他融资文件。签署权限一般需要根据公司的章程或者股东会/董事会议事规则等其他公司章程性文件来确定。向银行申请融资或者提供担保是属于公司重大事项，常见的是需要由公司股东会或者董事会的决议批准。借款人（以及其他债务人，如有的话）必须按照其各自章程或者其他章程性文件的要求履行相应的授权程序。如果借款人或其他债务人没有获得必要的授权，而且贷款人知道这一缺陷而仍然继续签署和履行合同，则贷款人的权益就会得不到保障。因此，审查借款人和其他债务人的授权情况是非常必要的。贷款人一般都要求其法律顾问通过法律意见书确认这一点。

3. 法律约束力

法律约束力（binding obligations）条款的常见内容如下：

> 融资文件中约定的义务对借款人合法、有效、具有约束力，并且可以被执行。
>
> The obligations expressed to be assumed by it in each Finance Document are legal, valid, binding and enforceable obligations.

合法是指合同符合法律规定，不违反任何强制法律的适用规定；有效是指合同的达成满足法律规定的生效条件；有约束力是指一旦违反会产生相应的法律后果；可执行是指可以请求法律对合同条款进行强制执行。合法有效的债务不一定有约束力，例如合同中约定第三方的义务对该第三方就没有约束力。合法、有效、有约束力的义务可能不一定能得到执行，例如由于主权豁免而不能执行。所以，贷款人需要借款人同时声明融资文件合法、有效、有约束力以及可执行。这个条款的主要目的是确保有关融资文件的争议可以向法院起诉或仲裁机构仲裁，并可以得到法院或仲裁机构的支持和执行。

有经验的借款人往往会要求对那些法定保留意见进行排除，例如，合同的执行可能受到破产法的限制，可以向法院提起诉讼的诉讼时效限制，等等。这些事项是纯粹的法律问题，因此借款人和贷款人都有必要寻求律师的意见。贷款人通常都有必要找自己的法律顾问出具法律意见，该等法律意见书中都会详细列出法定保留意见。

这个条款中提到的融资文件项下的义务也可以包括担保权益，所以这个条款也可以把担保权益的合法性、有效性、有约束力和可执行包括在内。

4. 无冲突

无冲突(no conflict)是指贷款协议和其他融资文件项下的义务不会和借款人的其他义务,包括法律和协议上约定的义务相冲突。

> 融资文件的签署及其项下的交易不违反:
>
> (a)任何有关的法律、法规或者任何有关的行政、司法指令;或者
>
> (b)借款人或子公司的组织性文件;或者
>
> (c)任何约束借款人或其子公司或其资产的协议或者文书。
>
> The entry into and performance of the Finance Documents by it and the transactions contemplated by the Finance Documents do not and will not conflict with:
>
> (a) any law or regulation or any official or judicial order applicable to it; or
>
> (b) its or any of its Subsidiaries' constitutional documents; or
>
> (c) any agreement or instrument binding upon it or any of its Subsidiaries or any of its or any of its Subsidiaries' assets.

这个声明的目的是确保融资文件的顺利履行,避免借款人或其他第三方提出抗辩。这个条款一般很少会被修改。

除了贷款协议中的陈述外,贷款人往往也会要求外部律师出具法律意见书确认这一点。通常外部律师只能确认第(a)项和第(b)项,因为不违反法律比较容易判断,不违反公司组织型文件也可以通过审阅公司的章程等组织性文件得以确认。对于第(c)项,一般外部律师比较难以确认。如果律师被要求就此出具意见,那么其就这一点的法律意见只能适用其所审阅的文件。

5. 适用法律和争议解决的选择

贷款协议中会要求借款人声明融资文件所选择适用的法律和争议解决方式可以得到承认和执行的。这个条款(choice of law and jurisdiction)的常见内容如下:

> 以[中国]法律作为融资文件的管辖法律,在借款人注册地可以获得承认和执行。在[中国]就融资文件获得的任何判决,在借款人注册地可以获得承认和执行。
>
> The choice of [PRC] law as the governing law of the Finance Documents will be recognized and enforced in its jurisdiction of incorporation. Any judgment obtained in [China] in relation to a Finance Document will be recognized and enforced in its jurisdiction of incorporation.

如果争议解决方式是仲裁而不是法院诉讼,那么这个声明条款内容需要相应修改。

这个条款并非必不可少的条款。有经验的借款人会提出这是一个法律声明,不适合由其作出,而应当由律师来确认,例如通常在法律意见书进行确认。如果是纯粹的国内交易,没有境外因素,那么这个条款可有可无。对于跨境交易,如果贷款人坚持不同意删除这个声明条款,那么借款人可以考虑要求排除那些法律意见书中的保留意见,例如选择适用中国法律可能受到债务人所在司法区域的公序良俗的制约。

6. 备案登记及相关税费

备案登记及相关税费是要求借款人说明融资交易文件需要那些备案登记手续及其税费情况。常见的条款内容如下:

> 除以下事项外,根据借款人成立所在地司法管辖区的法律,融资文件无须在该司法管辖区的任何法院或机关进行存档、记录或登记,亦无须就任何有关该融资文件或该融资文件拟进行的交易支付任何印花、登记或类似税项。
>
> (a)本贷款协议需要按贷款金额0.05%支付印花税;
>
> (b)融资文件所设立的担保权益需要向法律规定的登记机关进行登记。

Under the law of its jurisdiction of incorporation it is not necessary that the Finance Documents be filed, recorded or enrolled with any court or other authority in that jurisdiction or that any stamp, registration or similar tax be paid on or in relation to the Finance Documents or the transactions contemplated by the Finance Documents, except that

(a) this Agreement is subject to a stamp duty at the rate of 0.05% over the Facility Amount;

(b) the Security Interest created under the Finance Documents shall be registered at the relevant Authority according to the applicable law.

这个条款主要用于尽职调查目的,贷款人希望通过这个条款了解整个融资交易中涉及哪些备案或登记手续以及相关的税费。尽管贷款人会通过其法律顾问确认这些手续和税费,但由借款人做这方面的陈述还是必要的。本条款和税费补偿条款相挂钩,贷款人一般会要求所有的税费由借款人承担,如果必须由贷款人支付,则借款人需要向贷款人进行补偿。

借款人必须了解融资交易涉及的备案登记要求和相关的税费,并在这个条款中明确列明。如果没有列明相关的备案登记和税费要求,则属于不实陈述,将构成一项违约事件。

7. 授权签署

授权签署(authorized signatures)条款要求借款人声明代其签署文件的人都已经获得相应的授权。常见的条款内容如下:

指明为其授权签署人的人士已获授权代表借款人签署贷款取用通知书(仅就借款人而言)及其他通知。

Any person specified as its authorised signatory is authorised to sign Utilisation Requests (in the case of Borrowers only) and other notices on its behalf.

授权签字人的签字权限是一个比较重要的法律问题。如果签字人没有获得相应的授权,则债务人有权主张该签字人签署的文件无效。虽然贷款人可能可以拿表见代理作为抗辩,但是,直接在贷款协议中要求借款人做出此陈述对贷款人会有帮助。

除了陈述条款外,贷款协议还会在格式条款中增加一个条款,规定贷款人有权依赖声称有权代表借款人的人的指令,从而在一定程度上增加对贷款人的保护。当然,贷款人还是有必要审查授权签字人的授权文件。贷款人的外部律师一般会负责起草或审查这类授权文件。

在国内交易中,交易习惯中更看重印章,包括公章、合同章和财务章等。在合同中明确约定以盖章生效的情况下,授权签字人的权限问题就显得不是非常重要。

(二)常见法律陈述条款

除了基本法律陈述条款外,贷款协议中还经常出现一些其他法律陈述条款。这些条款包括:作为证据的可接受性,批准和授权,担保权益的优先顺位,无税费扣减,无主权豁免等。

1. 作为证据的可接受性

证据方面的陈述条款(admissibility in evidence)是要求借款人声明融资文件在借款人所在司法区域可以作为证据得到认可。一个文件能否作为证据是一个法律问题,所以借款人会提出其不适合做出这样的声明。所以这个条款一般会被修改为以下表述,这样借款人和贷款人都能接受:

> 使融资文件成为借款人所在司法辖区内可采信的证据的授权已经取得或生效,并具有完全的法律效力和执行力。
>
> All Authorizations required or desirable to make the Finance Documents admissible in evidence in jurisdiction of incorporation have been obtained or effected and are in full force and effect.

中国目前没有证据法,民商事案件的证据规则适用《最高人民法院关于民事诉讼证据的若干规定》。根据这个规定,一项文件作为证据被采纳并不需要一些特别授权程序。对于国内交易,如果没有境外债务人,那么这个条款对于债务人很难适用,因此可以删除。

2. 授权

授权(authorization)方面的声明条款常见内容如下:

> 使借款人能够合法地签署融资文件,并作为融资文件的一方当事人合法地行使其权利、履行其义务的授权已经获得并且保持充分有效。
>
> All Authorizations required or desirable to enable it to lawfully enter into, exercise its rights and comply with its obligations in the Finance Documents to which it is a party have been obtained or effected and are in full force and effect.

这个条款的目的是要借款人确保其应当获得的批准和授权已经获得,这与承诺条款中的授权承诺略有不同。授权承诺包括已经获得的授权和将来需要取得的授权,并且承诺将来都会保持充分有效。可见,授权承诺条款的范围要大于授权声明条款。因此,在承诺条款中已经有授权承诺的情况下,批准和授权声明条款也不是必不可少的了,删除也没有关系。

3. 担保权益的优先顺位

在担保融资中,贷款人会要求借款人在贷款协议中声明所设担保的优先顺位。常见的条款内容如下:

> 融资文件创设的担保权益,在完成法律规定的登记要求后,享有设立该担保权益的融资文件所约定的优先顺位,不存在在先的或者同等顺位的其他担保。
>
> Any Security Interest created under the Finance Documents is, subject to completion of all registrations required by law, has or will have the priority which it is expressed to have in the Finance Documents and it is not subject to any prior ranking or pari passu ranking.

如果担保财产上设有在先的担保,那么该条款需要相应修改,以反映事实情况。在大陆法系国家,尽管担保的优先顺序并不取决于当事人在协议中的约定或者声明,而应当由法律规定,但是贷款人仍然希望借款人在贷款协议中做出此类声明。如果借款人的声明是不正确的,那么贷款人可以行使贷款协议中约定的权利。

贷款人往往也要求其律师在法律意见书中确认担保权益的优先顺位。需要注意的是，由于担保权益优先顺位是比较复杂的，一般律师只能确认那些按照登记时间确认优先顺位的担保，例如房地产抵押。

在无担保融资中，担保权益的优先顺位的声明条款可以从贷款协议中删除。

4. 无税费扣减

无税费扣减（no deduction of tax）条款要求借款人声明其根据融资文件向贷款人支付的任何款项无须做任何税费扣减。常见的条款内容如下：

> 根据借款人成立地或住所地或在本协议订明的地址的适用法律，借款人概无需要为征税目的从其根据融资文件支付的款项中作任何扣减。
>
> It is not required under the law applicable where it is incorporated or resident or at its address specified in this Agreement to make any deduction for or on account of Tax from any payment it may make under any Finance Document.

贷款人希望通过这个条款确认其将来从借款人处收到的任何款项不需要进行税费扣减。这个条款在跨境交易中比较常见，尤其是某些借款人或其他债务人所在的司法区域与贷款人不同，而且贷款人对该司法区域的税法不太熟悉的情况。

借款人有义务了解借款人和其他债务人所在司法区域的税务扣减要求。根据税费补偿条款的要求，如果相关司法区域的税法要求债务人向贷款人支付的款项需要进行税费扣减，则该等扣减的税费需要有债务人向贷款人进行补偿。在可行的情况下，借款人可以要求贷款人变更其发放贷款的分行，以便规避这一税费扣减，从而降低融资成本。

在境内融资交易中，如果没有涉外因素，则根据目前的税法，借款人不存在税费扣减的情况，所以这个条款可以删除。

5. 无主权豁免

常见的无主权豁免（no immunity）条款内容如下：

借款人签署其作为一方的融资文件、行使和履行融资文件项下的权利和义务的行为，是为了实现其私人和商业目的，属于私人和商业行为；债务人不得在与融资文件相关的诉讼、执行、财产扣押和其他任何有管辖权的法律程序中主张司法豁免。

The entry into each Finance Document (to which it is a party), and the exercise by it of its rights and performance of its obligations under each such Finance Document will constitute, private and commercial acts performed for private and commercial purposes; and it will not be entitled to claim immunity from suit, execution, attachment or other legal process in any proceedings taken in its jurisdiction of incorporation in relation to any Finance Document.

主权豁免是指国家的行为及其财产不受他国管辖。在国际法律实践中，主权豁免分为绝对豁免和相对豁免。绝对豁免是指国家的一切行为和财产在外国均享有豁免。相对豁免主张将国家行为分为商业行为和非商业行为，前者不享有豁免，而后者享有豁免。主权豁免可以通过条约、合同或声明，事先或事后（请注意，有的国家和地区的法院不认可事后放弃）以明白的语言表达就某种行为或事项上豁免的放弃。无论借款人所在国家是主张绝对豁免或者相对豁免，如果借款人通过协议明确放弃其可能享有的主权豁免，法院一般就不会支持借款人在诉讼中提起的主权豁免。

因此，在跨境交易中，银行非常强调协议中的放弃主权豁免条款，特别是借款人是政府机关或者具有政府背景的机构（如政府支持的事业单位或者国有企业）等情况下。此时，协议中不但包括上述无主权豁免的法律陈述，也常包括明确放弃主权豁免的条款，如下：

借款人不可撤销地且无条件地同意，如果任何一方在任何地方进行任何司法程序（无论是寻求强制令、强制履约、损害赔偿还是其他案由），其或其代表或以其资产为由均不可基于此司法程序、其被扣押的财产（无论是为了执行救济，诉前保全还是其他原因）或判决的执行主张豁免权（不论何时存在，也不论是以主权或其他为理由），即不可撤销地并无条件地放弃任

何此类豁免权。借款人不可撤销且无条件地同意,其资产已经并应基于其在融资文件项下的义务受到此司法程序、扣押和执行的约束。 The Borrower irrevocably and unconditionally agrees that, should any party take any proceedings anywhere (whether for an injunction, specific performance, damages or otherwise), no immunity (to the extent that it may at any time exist, whether on the grounds of sovereignty or otherwise) from those proceedings, from attachment (whether in aid of execution, before judgment or otherwise) of its assets or from execution of judgment shall be claimed by it or on behalf of it or with respect to its assets, any such immunity being irrevocably and unconditionally waived. The Borrower irrevocably and unconditionally agrees that it and its assets are, and shall be, subject to such proceedings, attachment or execution in respect of its obligations under the Finance Documents.

6. 合法的所有权

合法所有权(legal ownership)陈述条款要求借款人声明其对其提供担保的财产依法享有所有权。常见的条款内容如下:

借款人是那些设置担保权益的财产的唯一合法的所有权人。 It is the sole legal and beneficial owner of the respective assets over which it purports to grant Security Interest.

如果贷款基于重大财产的担保,那么就有必要加入这一陈述条款。在并购融资中,如果并购完成后的资产或股权需要设置担保,贷款人有必要要求借款人陈述这些资产或股权在并购完成后将成为债务人合法拥有的财产,上述陈述条款就需要相应的调整。

在普通法中,所有权可以分为法定所有权(legal ownership)和受益所有权(beneficiary ownership)。所谓受益所有权,是指受益所有权持有人并不是法律登记的所有权人,但对财产享有全部受益权。因此,如果有基于普通法提供的担保,那么上述陈述条款中有必要写明法定和受益所有权。中国法律没有前述概念，因此没有必要作此区分。

三、商业陈述

商业陈述是有关借款人的特定事实状况的声明。以下逐一分析贷款协议中出现的各种商业陈述条款。

（一）基本商业陈述条款

基本商业陈述条款包括无违约，无误导信息，无诉讼程序，依法纳税，没有违法，财务报表等。这些条款在各类不同融资交易的贷款协议中一般都会出现，而且贷款人一般不会同意删除这些基本商业陈述条款。

1. 无违约

常见的无违约（no default）陈述条款内容如下：

> 任何融资文件的签署或者进行任何融资文件项下的任何交易不会存在或者导致任何违约。并且不存在会构成对借款人及其财产具有约束力的其他协议或文件项下的违约的任何未完结的事件。
>
> No Default is continuing or will result from the entry into of, or the performance of any transaction contemplated by, any Finance Document. No other event is outstanding which constitutes a default under any document which is binding on it or to which its assets are subject.

第一句中的违约不仅限于违约事件，而包括违反贷款协议和其他融资文件的其他条款。而第二句中的违约则是一个非常宽泛的概念，包括对任何对债务人有约束力的文件的违反。

如果借款人已经发生过违约，那么其信用风险会相对比较大，所以贷款人总是不希望向已经发生过违约的借款人发放贷款。这个条款还可以和贷款用途条款一起，用来确保贷款资金用于约定的目的，防止被挪用。这个条款也和交叉违约条款有一定的关联，但是交叉违约条款中所指的违约通常都要求达到相关文件中约定的违约或者违约事件，比这个条款中所指的违约范围要窄。所以，尽管有交叉违约条款，贷款人仍然要求借款人在陈述条款中声明不存在违约。

从借款人的角度来看,违约可以分为严重和不严重,借款人总是希望排除那些不严重的违约。因此,借款人可以要求在这个条款中的“违约”修改为“重大违约”,或者加入“但是不会给贷款人的权益造成重大不利影响的除外”。

2. 无误导信息

无误导信息(no misleading information)陈述条款要求借款人声明其向贷款人提供的所有信息都是真实准确的,不存在误导。常见的条款内容如下:

> 借款人提供的所有资料在提供的日期在所有重要方面均为真实、完整和准确并且没有误导成分。
>
> All information supplied by it is true, complete and accurate in all material respects as at the date it was given and is not misleading in any respect.

这个条款中的真实、准确和完整三个形容词是互相补充的一个整体。真实准确的资料如果不完整,仍然可能造成误导。因此,贷款人一般不会同意删除其中任何一个词语。

贷款人依赖借款人提供的资料进行信贷评审,因此资料的真实、准确和完整性对贷款人而言非常重要。除陈述条款外,承诺条款和违约事件条款中都会提到信息的准确性。陈述条款要求借款人保证已经提供的信息是真实、准确和完整的,承诺条款要求借款人承诺将来提供真实、准确和完整的信息,二者相互补充。如果信息不真实或者存在误导,则根据违约事件条款将构成一项违约事件。

3. 无诉讼程序

无诉讼程序(no proceedings pending or threatened)陈述条款要求借款人声明其不存在任何未完结的或者潜在的诉讼程序。常见的条款内容如下:

> 借款人没有现时发生或(尽其所知)可能发生,如败诉合理地预期可能对其业务、运营、资产或财务状况或者旅行融资文件项下的义务会产生重大不利影响的任何诉讼、仲裁或行政程序。

> No litigation, arbitration or administrative proceedings are current or, to its knowledge, pending or threatened which, if adversely determined, is likely to have a material adverse effect on its business, operations, assets, financial condition or prospects or its ability to perform its obligations under the Finance Documents.

这个条款是一个典型的用于尽职调查目的的条款。贷款人可以通过这个条款了解借款人是否发生了诉讼或仲裁案件。如果借款人或其他债务人有诉讼或仲裁,那么借款人应当及时告知贷款人,并在该条款中做出相应的修改。典型的修改方式是,加入"除借款人在本协议签署日之前已经书面告知贷款人的诉讼、仲裁或行政程序外"。

4. 依法纳税

纳税(taxation)陈述条款要求借款人声明其已经按照法律规定依法纳税。常见的条款内容如下:

> 借款人已经在所有重大方面遵守了对其适用的相关司法辖区内的税法,并且没有被提起可能带来重大不利影响的税务处罚。
>
> It has complied in all material respects with all Tax laws in all jurisdictions in which it is subject to Tax and no claims are being asserted against it with respect to Tax which are likely to have a Material Adverse Effect.

依法纳税是每一个企业的义务。不依法纳税会导致税务处罚,可能出现较为严重的后果,对贷款偿还产生影响。因此,贷款人会比较关注债务人的纳税情况。除了陈述条款中对过去纳税情况的声明外,承诺条款中也会要求借款人承诺将来依法纳税。

5. 没有违法

没有违法(no breach of laws)陈述条款要求借款人声明其没有发生重大违法行为,有时候会把没有劳务纠纷也纳入其中。常见的条款内容如下:

> 借款人没有发生任何已经或可能导致重大不利影响的违反法律法规的行为。借款人当前没有发生任何可能导致重大不利影响的劳务纠纷,或者(通过尽职慎重的查询后)尽其所知,借款人没有任何潜在的可能导致重大不利影响的劳务纠纷。
>
> It has not breached any law or regulation which breach has or is reasonably likely to have a Material Adverse Effect. No labour disputes are current or, to the best of its knowledge and belief (having made due and careful enquiry), threatened against it which have or are reasonably likely to have a Material Adverse Effect.

贷款人一般都希望借款人没有违法记录,因为有违法记录的借款人信用度不会很高,而发生贷款违约的风险会比较高。没有违法的声明会对借款人有一定的约束,因为如果该声明不真实,则会构成一项违约事件。

贷款人有时候会比较关心借款人的劳务纠纷,因为发生重大劳务纠纷可能会影响到借款人的正常经营,从而影响其债务偿还能力。

遵守法律是一个比较重要的事项,所以除了在陈述条款中声明过去没有违法记录外,承诺条款中也会要求借款人承诺将来遵守法律法规。

6. 财务报表

财务报表(financial statements)陈述条款要求借款人声明其提交的财务报表是按照会计准则准备的,并真实地反映了其财务和经营状况。常见的条款内容如下:

> 提交给贷款人的所有初始财务报表已经根据相关的会计准则准备;并且真实和公正地反映了截至报告之日的财务状况和经营情况。
>
> Its Financial Statements most recently delivered to the Lender have been prepared in accordance with the relevant GAAP and gives a true and fair view of its financial condition and operations as at the date to which they were drawn up.

财务信息是评估借款人信用状况的核心资料。因此,财务报表的可信度是贷款人非常关注的。在贷款实践中,银行一般会要求借款人的财务报表由银行认可的审计师审计。财务报表陈述条款正是基于贷款人的这一关注而制定的条款,贷款人一般不允许删除或修改这一条款。该陈述条款只针对在贷款协议签署日之前已经向贷款人提交的初始财务报表,对于贷款协议签署后需要有借款人后续提供的财务报表,贷款人会通过承诺条款对财务报表的制作提出要求。

对于借款人来说,财务报表陈述条款是合理的要求。如果初始财务报表包括经审计的和未经审计的财务报表,则可能需要根据财务术语相应调整这个条款中的表述。

(二)常见商业陈述条款

除了基本商业陈述条款外,很多贷款协议中还经常出现一些其他的商业陈述条款。这些条款包括无破产程序、无其他担保、无其他财务负债、无重大不利变化等。

1. 无破产程序

无破产程序条款要求借款人声明其没有资不抵债或进入任何破产程序。常见的条款内容如下:

> 借款人没有采取任何公司行动、法律程序或者其他措施或者发生任何债权人程序,并且据其所知,没有类似程序即将发生。
>
> No corporate action, legal proceeding or other procedure or step or creditors' process has been taken or, to its knowledge, threatened in relation to it.

破产程序条款中一般会包括资不抵债、破产清算或债权人程序,包括借款人主动提出的破产申请,债权人对债务人提起的破产申请,重整程序,清算程序,债权人申请查封或扣押债务人的资产,等等。破产程序是比较严重的事件,一般都会债务人造成重大不利影响。所以这个条款中贷款人不会同意再增加“重大不利影响”的限制。

发生破产程序往往也会构成一项违约事件。因此,如果违约事件条款中已经包含了破产程序,那么陈述条款中也可以不用规定无破产程序的声明。

2. 无其他担保

无其他担保条款要求借款人声明，除融资文件允许的担保权益外，借款人没有对外提供其他担保。常见的条款内容如下：

> 除了本贷款协议允许的担保权益外，借款人的任何资产和收益上没有设置任何其他担保权益：
>
> No Security exists over all or any of its assets or interests other than as permitted by this Agreement.

贷款人可以通过这个条款了解借款人的对外担保情况。虽然对外担保会在借款人的资产负债表中有所体现，但是要求借款人做这方面的声明还是有必要的，因为如果该声明不真实会构成一项违约事件，贷款人可以采取相应的救济措施。

3. 无其他财务负债

无其他财务负债条款要求借款人声明，除了融资文件允许的财务负债外，其没有其他财务负债。常见的条款内容如下：

> 除本贷款协议中允许的财务负债外，借款人没有任何其他财务负债。
>
> It does not have any Financial Indebtedness outstanding other than as permitted by this Agreement.

财务负债的范围在定义条款中说明，主要是指贷款债务，但不仅限于此。有关财务负债的定义，详见第二章(贷款基础概念)第四节(重要术语)。

贷款人在信贷评审时都会关注借款人财务负债情况。无其他财务负债陈述条款有助于贷款人更清楚地了解债务人的负债情况。虽然债务人的资产负债表中会注明其所有负债情况，但是要求借款人做这方面的声明还是有必要的，因为如果该声明不真实会构成一项违约事件，贷款人可以采取相应的救济措施。

4. 无重大不利变化

无重大不利变化(no material adverse change)要求借款人声明自某个特定日期以来其业务经营和财务状况没有发生重大不利变化。特定日期一般是借款人提供的最新财务报表的财务期间截止日。常见的条款内容如下：

> 自[日期]以来，借款人的业务和财务状况没有发生重大不利变化。
>
> There is no material adverse change to its business and financial condition since [date].

信息承诺条款中会要求借款人提供年度或者半年度财务报表，以便贷款人了解借款人的财务状况。但是，从上一财务报表的财务期间截止日到贷款协议的签署日、提款日或者借款人提供下一财务报表之日这段期间，债务人的财务或经营状况可能发生变化，而贷款人可能没有办法了解。因此，贷款人会要求借款人声明没有发生重大不利变化。如果贷款人事后发现债务人在这段期间已经发生了重大不利变化，则可以推定借款人的陈述不真实，从而构成一项违约事件。

重大不利变化往往也是一项违约事件。这种情况下，如果贷款期间借款人发生重大不利变化，贷款人可以基于违约事件条款行使相关救济。因此，如果违约事件条款中已经明确规定重大不利变化为一项违约事件，陈述条款中也可以不用约定重大不利变化条款。但是，如果借款人在违约事件条款中坚决反对加入重大不利变化条款，则贷款人可以考虑在陈述条款加入没有重大不利变化的声明，并将该陈述列为一个重复陈述。

无重大不利变化也经常作为后续每次提款的一个条件之一。

（三）其他商业陈述条款

除了基本商业陈述条款和常见商业陈述条款外，贷款人根据具体的交易情况或者基于其他考虑，可能还会要求其他陈述条款。这类条款无法穷尽，以下仅举例说明。

1. 集团股权架构

在某些贷款交易中，贷款人会要求借款人提供集团股权架构图（group structure chart）和相应的说明，例如，每一公司的名称、注册地址、持股比例等；同时要求借款人声明这一集团股权架构图及相关信息是真实、准确和完整的。

这一要求在并购融资交易中非常普遍。贷款人希望了解并购完成前以及并购完成后的股权架构，所以会要求借款人提供这方面的信息。

2. 股份或股权

在有股权担保的融资交易中，贷款人需要特别关注那些设置担保的股权或股份，关注的内容包括：这些股份或股权对应的资本金是否已经实缴，公司章程性文件中是否有对股份或股权处置有限制，公司是否会增发从而稀释担保人持有的股权比例，等等。这些事项会对股权担保的效力和可执行性造成影响，因此，有必要在陈述条款中要求借款人做出相应的声明。

3. 环境保护

对于那些可能产生污染的石油、化工等行业的借款人，贷款人需要考虑要求借款人对其遵守环境保护法的情况做出陈述，声明其没有违反环境保护法律要求，不存在环保侵权责任等。

4. 知识产权

对于那些公司业务和资产主要依赖其专利技术的借款人，贷款人需要考虑要求借款人做出知识产权方面的陈述，声明其依法享有知识产权，遵守知识产权方面的法律，不侵犯他人的知识产权等。

5. 并购交易文件

在并购融资中，贷款人需要关注并购交易文件，包括股东协议、股权买卖协议等。贷款人可以考虑要求借款人做出相关的陈述，例如，要求借款人声明所有的并购条款都已经包含在并购文件中，不存在没有向贷款人提供的其他文件等。

四、重复陈述

重复陈述是指贷款协议中约定的陈述和声明内容由借款人在贷款协议签署后的特定时间重复作出。贷款人通常要求的陈述条款内容如下：

> 本条款中的各项陈述和声明在[特定日期]/[本贷款协议项下任何款项未清偿前的任何时候]将由借款人根据当时存在的事实和情况持续重复作出。
>
> Each of the representations and warranties in this Clause are deemed to be repeated(having regard to the circumstances existing at the time of repetition) at [dates]/[all times so long as any sums are owing under this Facility Agreement].

正如上文所述,陈述是借款人就其自身及其他相关当事人和交易本身相关的法律和事实所作的描述,是一个静态的描述。陈述只能在一个时间点基于当时的情况作出,所以如果没有特别说明,贷款协议中的陈述内容仅基于贷款协议签署时的情形在当时有效,借款人无法预知未来的情况。但是,贷款协议会持续一段时间,贷款人希望在这段时间内,尤其是其中某些重要时间点,借款人所陈述的内容仍然保持是正确的。因此,贷款人有必要要求借款人重复进行陈述。因为陈述是静态描述,是基于特定的时间和特定的情形做出的。因此,重复陈述也需要根据重复作出当时的事实和情况而进行。

第五节　承诺

一、承诺条款概述

承诺(undertakings 或者 covenants)是借款人做出的有关其业务和其他事项的保证,包括承诺做某些事,以及承诺不做某些事。在贷款协议中,贷款人通过承诺条款对借款人的业务施加影响,以确保借款人的财务状况、业务和资产维持在特定的范围内,从而防止贷款人对借款人的信贷风险扩大。承诺条款直接与违约条款挂钩,借款人如果违反承诺条款,将构成违约事件。承诺条款也与先决条件条款间接联系,因为违反承诺会构成违约事件,而发生违约事件后银行就没有义务继续放款。

承诺条款既可以分为积极承诺和消极承诺两部分,也可以分成一般承诺、信息承诺和财务承诺三部分。不论分类如何,条款的内容不会有太大的差别。当然,根据具体贷款交易和借款人类型的不同,承诺条款的内容会有比较大的区别。

以下从一般承诺、信息承诺和财务承诺三个方面分析贷款协议中常见的承诺条款内容。

二、一般承诺

一般承诺要求借款人保持其在陈述和声明条款中所述的法律地位以及资

信状况。这是贷款人同意向借款人提供贷款的基础,贷款人希望通过一系列的承诺条款来约束借款人,使其业务和资信状况不会变差,尽快发现可能存在的财务或其他问题,保障借款人的还款能力。违反一般承诺会构成一项违约事件。

一般承诺可以分为积极承诺和消极承诺两类。积极承诺要求借款人必须主动采取某些行动,例如,保证取得某些资质或批文,保证遵守法律法规,保证对其资产投保,等等。消极承诺就是禁止借款人采取某些行动,例如,不得在借款人的资产上为其他人设定担保,不得处置重大资产等。

有的承诺条款几乎在各种贷款协议中都会出现,例如授权、遵守法律等。有些承诺条款很常见,但可以根据借款人和贷款人的协商情况进行修改或删除,例如消极担保、不得合并、不得变更业务等内容。还有一些承诺条款需要根据具体贷款交易的情况来确定。以下对这些不同的承诺条款逐一说明。

(一)必备条款

1. 授权

如果借款人需要获得相关的授权(authorization)才能履行贷款协议项下的义务,或者保持贷款协议的合法、有效和可执行性,那么贷款人会要求借款人保证其获得并维持这些授权。授权条款就是要求借款人确保这些授权已经依法取得并保持有效。常见的授权条款如下:

> 借款人必须获得、维持和遵守任何法律法规规定的授权,以使其可以履行或者行使其作为一方的任何融资文件项下的义务或权利。
>
> The Borrower must obtain, maintain and comply with any authorization required by any law or regulation to enable it to perform its obligations under, or for the validity or enforceability of, any Finance Document to which it is a party.

授权包括各类授权、同意、审批、决议、许可、登记、备案、公证等内容,这些一般需要在贷款协议的定义条款中进行定义。如果定义条款中没有定义授权,则有必要在该条款中罗列各种可能需要的授权、审批、决议、许可、登记、备案、公证等具体事项。

由于授权的定义非常广泛，借款人可以要求对该条款进行一些限制或者排除，例如增加“如果未能获得某类授权不会造成重大不利影响的除外”。

2. 遵守法律

遵守法律条款（compliance with law）是一个非常宽泛的条款，主要内容是要求借款人承诺依法经营，遵守法律法规的规定。如果常见的条款内容如下：

> 借款人必须在所有方面遵守对其适用的所有法律法规。
>
> The Borrower must comply in all respects with all laws to which it is subject.

如果借款人不遵守法律，该等违法行为可能会导致借款人无法履行贷款协议规定的义务，所以贷款协议中通常都包含这一条款，作为保障贷款债权安全的一个工具。

3. 同等顺位

同等顺位（pari passu）条款针对借款人对贷款人的债务和借款人对其他债务人的债务之间的顺位关系，要求借款人确保这二者之间至少是平等的。常见的同等顺位条款如下：

> 借款人承诺其在其作为一方的融资文件项下的义务和责任，至少与其一切无担保、非从属的债权人的债权在优先性和支付方面处于同等顺位，但根据对公司普遍适用的法律强制性规定优先受偿的债权除外。
>
> The Borrower undertakes that its obligations and liabilities under each Finance Document will at all times rank (except in respect of statutory preferential debts) at least pari passu with all its present and future unsecured indebtedness.

这个条款中借款人对其他债权人的债务限于那些无担保、非从属的债务，并且排除了法定优先受偿的债券等。如果没有这个条款，那么借款人有可能与其他无担保的债权人约定优先清偿其债务，尽管这样的约定在中国法律上不一定能得到支持，但是也可能对贷款人造成影响。而且，如果涉及跨境交易，有债务人位于其他司法区域，当地法律可能认可当事人自行约定无担保债权的清偿顺序。因此，贷款协议中加入这一同等顺位条款是有意义的。

同等顺位条款总是与消极担保条款同时使用，保障贷款人的债权得到优先清偿。

(二) 常见条款

1. 消极担保

消极担保(negative pledge)条款限制借款人及其子公司在其资产上为第三方设定担保。常见的消极担保条款如下：

借款人不得对其任何资产设立或允许存在任何担保权益。 The Borrower will not create or permit to subsist any Security Interest over any of its assets.

在无担保贷款中，该条款尤为重要，因为一旦借款人为第三人设立了担保，无担保的银行贷款就会排在担保债权之后。在担保贷款中，这一条款也有助于避免因第二顺位担保而产生的优先顺序问题。但是，该条款只是合同约定。一旦借款人违反规定为第三人设立了担保，则该担保不会因为消极担保条款的限制而无效。贷款人只能通过违约对借款人主张权利，但不能有效对抗担保权人。

除限制担保外，消极担保条款还会限制一些类似于担保的安排(quasi-security)。类担保安排是指那些为筹集融资债务或为资产并购融资而进行的交易，包括售后回租、完全追索权的应收账款购买、物权保留、账户担保及其他优先清偿权安排。类担保安排虽然不是担保，但是从实际效果上具有和担保类似的作用。常见的条款如下：

借款人不得以筹集融资债务或资产收购融资为目的达成以下安排或交易： (i)以有关资产将由或可由其租赁或购回的条款出售、转让或以其他方式处置其任何资产；

(ii)以有追索权条款出售、转让或以其他方式处置其任何应收账项;

(iii)订立或允许存在任何物权保留安排;

(iv)订立或允许存在任何安排使得任何银行账户或其他账户内的款项或收益被使用、抵销或受另一组账户制约;或

(v)订立或允许存在任何其他具有类似作用的优先清偿权安排。

The Borrower will not:

(i) sell, transfer or otherwise dispose of any of its assets on terms by which they are or may be leased to or re-acquired by it or any Group member;

(ii) sell, transfer or otherwise dispose of any of its receivables on recourse terms;

(iii) enter into or permit to subsist any title retention arrangement;

(iv) enter into any arrangement under which money or the benefit of a bank or other account may be applied, set-off or made subject to a combination of accounts; or

(v) enter into any preferential arrangement having a similar effect.

in circumstances where the arrangement or transaction is entered into primarily as a method of raising Financial Indebtedness or of financing the acquisition of an asset.

2. 资产处置限制

常见的限制资产处置条款(no disposal)条款如下:

借款人不得订立任何交易或任何一系列交易(不管是否相关或是否自愿或不自愿)以出售、租赁、出让或以其他方式处置其任何资产,除非是正常经营过程中进行的。

The Borrower shall not enter into a single transaction or a series of transactions (whether related or not) and whether voluntary or involuntary to sell, lease, transfer or otherwise dispose of any asset except where made in the ordinary course of trading.

贷款人之所以想限制借款人处置其资产,因为借款人的资产情况是信贷评审时考虑的一个重要因素。通过限制借款人处置资产,可以确保贷款期间借款人的资产稳定。当然,绝对限制也是不可行的,需要有一些例外,如日常经营贸易过程中处置产品和存货的行为等。这些合理的例外贷款人一般都会同意。

3. 不得合并

不得合并条款(no merger)是贷款协议中的常见条款之一。这一条款通常要求借款人不得与其他公司合并、分拆、兼并与重组。很多时候,贷款人希望将此限制也适用于借款人所在集团的其他成员。常见的不得合并条款如下:

> 借款人不得进行任何合并、分拆、兼并或公司重组。
>
> The Borrower shall not enter into any amalgamation, demerger, merger or corporate reconstruction.

贷款人给借款人提供授信是以借款人的特定身份、信用状况为基础的。如果借款人发生兼并、分拆与重组等情况,尤其是那些与借款人的经营业务相差很大的公司,或者那些信用状况比借款人差的公司,借款人的主体资格将发生变化,信用状况也会发生改变,从而影响到信贷风险评估。合并重组还可能会影响到整个交易中的税费结构,例如跨境合并后可能导致预提税。因此,贷款协议往往限制借款人兼并、分拆与重组。一旦借款人发生兼并、分拆与重组等情况,则将构成一项违约事件,借款人需要根据贷款协议提前偿还贷款。

不得合并条款也是贷款人的一个尽职调查工具。如果借款人近期内有兼并、分拆与重组的计划,则借款人需要告知贷款人,贷款人将根据情况调整和修改授信结构。

4. 不得变更业务

不得变更业务(no change of business)条款要求借款人不得在签署贷款协议后对其或其集团的业务作出重大调整。常见的条款内容如下:

> 借款人须促使其业务的一般性质不会发生致使其与本协议日期时从事的业务有所不同的任何重大转变。

The Borrower shall procure that no substantial change is made to the general nature of the business of the Borrower from that carried on at the date of this Agreement.

贷款人之所以要求这一点，是因为其在信贷评审时就考虑了借款人的行业、业务性质、成长性等方面，并基于其业务测算了贷款资金需求，并且希望其贷款风险限定在借款人所从事的业务领域。不得变更业务条款要求借款人必须继续坚持其核心主业，避免进入其不熟悉的新的业务领域，从而引起不确定的风险。

5. 不得举债

不得举债（permitted financial indebtedness）条款主要是限制借款人大量举借新的债务。大量举债会影响借款人的财务负债情况，从而影响到还款能力。有的银行可能会要求借款人不得举借任何新的债务，当然这取决于信贷评审时银行对借款人资产负债情况的考虑。通过这样的限制，借款人如果需要举借任何新的债务必须事先获得贷款人的同意。比较常见并容易被借款人和贷款人双方接受的条款内容如下：

借款人确保其所有的财务债务总金额不得超过[币种/金额]（或其等值的其他币种）。 The Borrower must ensure that its aggregate Financial Indebtedness, does not exceed [currency/amount] (or its equivalent in any other currency).

6. 不得对外放贷和保证

不得对外放贷和保证（no loans or guarantees）条款的常见内容如下：

借款人不得向任何人提供财务负债或提供保证担保，融资文件中约定的或者正常贸易过程中发生的除外。 The Borrower shall not be a creditor in respect of any Financial Indebtedness, nor incur or allow to remain outstanding any guarantee in respect of any obligation of any person, except for those allowed in the Financial Documents or incurred in ordinary business.

这个条款的主要目的是限制借款人对他人的风险敞口,同时防止借款将资产转移。对外放贷或提供保证并不是一个企业的常规业务。但是,根据业务性质借款人有可能会有对第三人的债权,或者需要对第三人提供保证担保。如果有这种情况,则借款人需要列明具体情形并将其作为例外排除。

7. 配合检查

配合检查(access)条款要求借款人配合贷款人进行现场检查,提供相关方便。常见的条款内容如下:

> 在贷款人合理通知后,借款人应当允许贷款人及其会计师或其他专业顾问和承包商在合理的时间(A)进入借款人的场地检查其资产、账簿、会计资料;并(B)安排高管人员进行讨论。有关风险和费用由借款人承担。
>
> The Borrower shall permit the Lender, its accountants or other professional advisers and contractors of the free access at all reasonable times and on reasonable notice at the risk and cost of the Borrower (A) to its premises, assets, books, accounts and records; and (B) to meet for discussions with senior management.

贷款人对借款人进行现场检查一般是例行的,例如一年一次,或者是在发现借款人可能有违约的嫌疑后。贷款人的检查要求必须是合理的。

8. 公平交易

公平交易条款(arms-length basis)要求借款人承诺在公平市场基础上进行交易。常见的条款内容如下:

> 借款人不得与任何人进行以非公平条件和非市场价值基础的交易。
>
> The Borrower shall not enter into any transaction with any person except on arm's length terms and for full market value.

这个条款的主要目的是防止借款人将其资产转移给关联公司(尤其是那些不是担保人或其他债务人的关联公司)或者其他第三方。对于借款人而言,如果集团内部成员之间,或者借款人和那些私募股权投资人之间有一些特别安排,则应考虑在该条款中作为例外排除。

9. 纳税

纳税条款（taxation）要求借款人承诺按时交纳税款。常见的条款如下：

> 借款人应当在规定的不会产生罚金的期限内支付其或其资产所应支付的所有赋税。
>
> The Borrower shall pay and discharge all Taxes imposed upon it or its assets within the time period allowed without incurring penalties.

不按时纳税可能遭受税务处罚，影响借款人的经营，甚至影响其还款能力，因此贷款人需要对此关注。

10. 保险

常见的保险条款（insurance）如下：

> 借款人应该就其业务和资产购买并维持那些与其业务类似的公司通常所应购买的保险。
>
> The Borrower shall maintain insurances on and in relation to its business and assets against those risks and to the extent as is usual for companies carrying on the same or substantially similar business.

保险条款的主要目的是规避意外风险，保持资产的价值。保险条款在贷款协议中并不是必不可少的条款。但是，如果借款人或其借款集团拥有重大价值的资产，则贷款人需要考虑借款人承诺购买并维持保险。

（三）其他条款

根据具体贷款交易的情况，贷款协议中还会有一些其他的一般承诺条款，例如：

1. 后续条件（conditions subsequent）：要求借款人承诺在约定的时间内满足一些贷款项目所需要的一些条件，例如项目融资中，建设项目需要获得的土地使用权证、环境评估报告、项目施工许可证等。

2. 环境保护：要求借款人承诺严格遵守环境保护法律。对于那些可能产生污染的石油、化工等行业的借款人，这个条款会比较重要。

3. 知识产权：要求借款人承诺遵守知识产权方面的法律，不侵犯他人的知识产权。对于那些公司业务和资产主要依赖其专利技术的借款人,贷款人需要考虑加入这个条款。

4. 分红限制:要求借款人承诺在贷款偿还之前不得向股东进行分红。这个条款在并购融资或杠杆融资中比较常见。

三、信息承诺

信息承诺条款要求借款人定期向贷款人提供相关信息,例如,财务报表、KYC 文件、借款人向股东发送的资料、违约事件通知等,具体的信息内容根据借款人的不同而有所区别。信息承诺使贷款人可以及时了解借款人的内部经营情况,从而掌握借款人的财务状况,确保贷款人对借款人的信贷风险可控。

(一)财务报表

财务报表是检测借款人财务状况的核心资料,所以贷款人都会要求借款人提供。通常,贷款人希望借款人尽快提供其财务报表,但是准备财务报表一般都需要时间。因此,贷款人会给予借款人足够的时间提供财务报表,一般半年度报表要在半年度结束后 90 天内提供,年度财务报表在财务年度结束后 120~180天内提供。

有些情况下,贷款人也会要求借款人提供季度财务报表。这尤其适用于那些并购融资交易或者杠杆率比较高的借款人。

有的贷款协议会对借款人提供财务报表提出要求,例如:

(1)要求借款人提交的每份财务报表均采用一般会计准则编制。

(2)借款人提交的每份财务报表均须由有关公司的一名董事证明该报表公平地反映其在该财务报表编制日期的财务状况。

(二)违约通知

贷款人很难主动掌握借款人的违约情况,尤其是借款人在其他贷款协议项下的违约情况。因此,贷款人希望借款人主动通知贷款人发生任何违约,甚至潜在的违约。常见的违约通知条款如下:

(a)借款人知悉任何违约的发生,应尽快将有关违约(以及补救该等违约的措施)通知贷款人。

(b)贷款人如提出要求,借款人须尽快向贷款人提交由其两名董事或高级主管人员代表该债务人签署的证明书,证实并无违约仍然持续(或倘若违约依然持续,则说明违约的情况和正在采取的补救措施)。

(a)The Borrower shall notify the Lender of any Default(and the steps, if any, being taken to remedy it) promptly upon becoming aware of its occurrence.

(b)Promptly upon a request by the Lender, the Borrower shall supply to the Lender a certificate signed by two of its directors or senior officers on its behalf certifying that no Default is continuing(or if a Default is continuing, specifying the Default and the steps, if any, being taken to remedy it).

借款人需要注意的是,如果其不按照违约通知条款向贷款人作出通知,根据违约事件条款将会构成一项违约事件。

(三)财务合规证书

合规证书(compliance certificate)是借款人签署的证明文件,确认其财务状况没有突破贷款协议中约定的财务指标。如果贷款协议中设定了财务指标,贷款人往往会要求借款人在提供财务报表的同时签署并提供一份合规证书。贷款协议中常见的合规证书条款如下:

借款人须连同按照第[•]条(财务报表)提交的每份财务报表,一并向贷款人提交一份合规证书,注明有关计算(应合理详尽)在有关财务报表编制的日期符合第[•]条(财务承诺)的规定。

The Borrower shall supply to the Lender, with each set of financial statements delivered pursuant to Clause [•] (Financial statements), a Compliance Certificate setting out (in reasonable detail) computations as to compliance with Clause [•] (Financial covenants) as at the date as at which those financial statements were drawn up.

合规证书的格式通常会事先约定好作为贷款协议的附件之一。合规证书是贷款人作为衡量借款人财务指标的一个支持，并且需要说明计算财务指标所需要的财务数据。合规证书需要借款人的董事、财务负责人或授权签字人签署。

（四）其他信息

其他信息条款要求借款人向贷款人提供其他各类信息，例如借款人股东或债权人发出的文件。常见的条款如下：

借款人须按以下方式向贷款人提供各项资料：

（a）借款人一般向其股东（或任何类别股东）或其债权人发送的所有文件，应同时送交贷款人；

（b）在知悉时尽快提供有关任何对其已提出、威胁提出或待决而假若作出不利裁决可能产生重大不利影响的诉讼、仲裁或行政程序的详情；

（c）尽快按贷款人的合理要求提供有关其财务状况、业务和经营状况的进一步资料；及

（d）如果借款人授权签字人如有任何变更，借款人应尽快向贷款人发出经借款人的董事签署的通知，连同任何新授权签字人的签字样本。

The Borrower shall supply to the Lender：

（a）all documents dispatched by the Borrower to its shareholders（or any class of them）or its creditors generally at the same time as they are dispatched；

（b）promptly upon becoming aware of them，the details of any litigation，arbitration or administrative proceedings which are current，threatened or pending against it，and which might，if adversely determined，have a Material Adverse Effect；

（c）promptly，such further information regarding its financial condition，business and operations as the Lender may reasonably request；and

（d）promptly，notice of any change in its authorised signatories by a director accompanied by specimen signatures of any new authorised signatories.

通常，公司向其股东发出的文件并不是有关公司日常经营的文件，而是针

对公司的重大事项。贷款人往往希望了解这些重大事项。有的借款人可能会提出其提交给股东的文件比较多而且繁杂,作出这样的承诺可能会对其造成不便。借款人可以和贷款人协商对提交给股东的资料进行限定。

这个条款对贷款人有很大的帮助,尤其是当借款人发生财务困难的时候,贷款人很大程度上将依赖这一条款要求借款人提供相关资料,以便深入了解借款人的情况。

(五)KYC 文件

KYC 是了解你的客户(know your customer)的英文简写。KYC 文件主要是客户身份识别文件,金融机构贷款人基于反洗钱法律的要求而需要审查客户的文件。

贷款人在签署贷款协议之前就需要完成对客户身份进行识别。这一条款的目的是保障贷款人持续履行其反洗钱审查义务。根据《金融机构客户身份识别和客户身份资料及交易记录保存管理办法》,金融机构在出现以下情况时重新识别客户:

(1)客户要求变更姓名或者名称、身份证件或者身份证明文件种类、身份证件号码、注册资本、经营范围、法定代表人或者负责人的。

(2)客户行为或者交易情况出现异常的。

(3)客户姓名或者名称与国务院有关部门、机构和司法机关依法要求金融机构协查或者关注的犯罪嫌疑人、洗钱和恐怖融资分子的姓名或者名称相同的。

(4)客户有洗钱、恐怖融资活动嫌疑的。

(5)金融机构获得的客户信息与先前已经掌握的相关信息存在不一致或者相互矛盾的。

(6)先前获得的客户身份资料的真实性、有效性、完整性存在疑点的。

(7)金融机构认为应重新识别客户身份的其他情形。

因此,KYC 文件条款一般规定,当出现以下情况贷款人需要重新进行 KYC 审查时,借款人必须应贷款人的合理要求提供相关文件资料:

(1)法律、法规或监管规定发生变化时。

(2)借款人或其股东的身份发生变化,或者有新的公司作为借款人加入贷款协议时。

(3)贷款人打算转让其提供的贷款时,因为新贷款人需要进行 KYC 审查。

四、财务承诺

财务承诺是指借款人对其财务状况作出承诺,通常通过不同的财务指标来考评,财务指标往往选择那些比率,例如资产负债率、流动性比例等;也可以选择一些绝对数值,例如最低净资产金额。选择哪些财务指标,具体数字是多少,取决于借款人的具体情况。

财务承诺条款的目的是对借款人的财务状况进行监测。在审批贷款申请时,贷款人需要对借款人的财务状况进行分析,并对其未来的财务数据进行预测,只有在借款人未来的净收入足以偿还贷款时,贷款人才会同意向借款人提供贷款。通过财务承诺条款,进行定期财务测试,可以衡量借款人是否满足财务预测,了解借款人的经营情况,从而对借款人的信用问题提出预警,尽早发现问题,确保贷款债权安全。

对于贷款人而言,财务指标的缺点是,它是一个事后的测试,可能发现问题的时候已经晚了;其优点是,它作为一个判断标准是确定的。

对于借款人而言,需要注意财务指标是合理并可以实现的,避免承诺一些苛刻的财务指标,给其经营造成不便,触发违约事件。

(一)适用范围

大多数情况下,财务承诺都是基于合并财务报表的。合并报表包括以下几种情况:

1. 借款人及其子公司。

2. 母公司及其所有子公司,包括借款人。

有些时候,借款人希望将特定的子公司从集团中排除,使其不受贷款协议约定的限制。这个时候,贷款协议中可以定义非受限子公司(unrestricted subsidiaries)。非受限子公司的收入、资产和负债将从财务承诺中排除。贷款人在决定提供授信额度时,如果不在乎某些子公司的财务状况,那么这些子公司可以被定义为非受限子公司。一般只有在借款人本身的信用状况非常良好的情况下,贷款人才会同意非受限子公司。

如果借款人是单一公司,或者贷款人只看重借款人本身的信用而不在乎其所在集团其他成员的财务状况,那么,财务承诺也可以只针对借款人自己的非合并的财务报表。

(二)财务指标

财务指标需要根据特定借款人的具体情况而决定。通常,财务指标都针对借款人的偿债能力,并从以下三个方面进行规定:杠杆率、流动性、盈利指标。贷款协议中常见的财务指标请见第一章(融资基本要素)第二节(影响融资的主要因素)。

(三)财务指标测试

财务指标的测试往往需要基于借款人的资产负债表和利润表进行。由于这些财务报表都是按季度、半年度和年度进行准备的,所以财务指标都是每季度、每半年或者每年进行测试一次。常见的财务指标测试条款如下:

> 第[•]条(*财务指标*)条款中所述的各项财务指标根据相关期间内的财务报表和需要借款人按照第[•]条(*合规证书*)提供的合规证书进行测试。
>
> The financial covenants set out in Clause [•] (*Financial condition*) shall be tested by reference to the financial statements and Compliance Certificates delivered pursuant to Clause [•] (*Compliance Certificate*) in respect of the Relevant Period.

相关期间(relevant period)可以定义为每个财务季度、每半年或者每个财务年度。有时候,相关期间也会被定义为12个月,以每个财务季度截止之日往前的12个月。这样的话,财务指标是每季度测试一次,但每次要求的时间跨度都为12个月。

尽管财务指标每个相关期间内才测试一次,但是,很多财务指标需要在贷款期间内的任何时候都必须是一直满足的状态,例如杠杆率和流动性指标。

第六节 违约事件

一、违约事件概述

违约事件是贷款协议中的重要条款。这一条款列举各种可能发生的情况作为违约事件，一旦发生违约事件，将赋予贷款人相关权利，包括取消贷款承诺，宣布已经发放的贷款立即到期，要求借款人立即偿还贷款等。

贷款人主要是通过贷款协议中约定的违约事件条款重新审查其发放和维持贷款的义务，在借款人出现问题后实施必要的措施，例如进行贷款重组等，保障贷款人的债权。在绝大多数情况下，贷款人并不会在一出现违约事件约定的情形时立即宣布违约事件，而是选择和借款人重新协商贷款条款。违约事件条款赋予贷款人在这一后续协商中的谈判筹码。

有的借款人可能对于违约事件这个名称难以接受，认为违约事件中约定的某些事件，尤其是那些不是由于借款人的故意或过失造成的，例如交易不合法、重大不利变化等，被视为其违约不合理。事实上，违约和违约事件是两个不同的概念，见下文说明。违约事件其实也可以理解为协议终止事件，或者贷款到期事件，但是，信贷市场中约定俗成的用法还是违约事件。

违约事件和违约是两个不同的概念。正如前面所述，违约事件是贷款协议中的一系列情况，一旦发生后即赋予贷款人主张贷款到期，并要求借款人立即偿还的权利。违约则是违反贷款协议的约定，违约的后果并不会必然导致贷款人有权主张贷款到期应付。贷款协议中经常约定一个宽限期，当出现违约后，借款人应当在宽限期内补救，如果违约在宽限期内没有被补救则将构成一项违约事件。

贷款协议中常见的违约定义如下：

> **“违约”**指违约事件或第[•]条（违约事件）所述（在宽限期届满、发出有关通知并按任何融资文件作出决定后或前述各项任何组合的情况发生后）构成违约事件的事件或情况。

> "Default" means an Event of Default or any event or circumstance specified in clause [•](Event of Default) which would(with the expiry of a grace period, the giving of notice, the making of any determination under the Finance Documents or any combination of any of the foregoing) be an Event of Default.

从定义可见，违约的范围比违约事件的范围要广，违约并不一定构成违约事件。举个简单的例子更好地区分违约和违约事件。例如，贷款协议约定借款人应当在3月15日付利息，并规定如果借款人没有在约定的付息日支付利息，且在付息日后3日内仍未支付，将构成违约事件。如果借款人在3月16日支付利息，则借款人已经违约，但是尚未构成违约事件。违约的后果是，借款人需要根据贷款协议约定的违约利率支付逾期期间的罚息，但是在未构成违约事件的情况下，贷款人并不能主张贷款提前到期并要求借款人立即偿还贷款。

二、典型的违约事件

典型的违约事件是那些贷款人特别关注的，一般在各种不同的贷款协议中都会出现的违约事件。

(一)不付款

不付款是指融资文件项下的款项到期应付而未付。支付义务是贷款交易中借款人的核心义务，出现不付款的情况即违反了核心义务，是贷款协议中最为重要的违约事件。不付款是借款人出现财务困难的征兆，对贷款人的债权安全具有关键意义，因此，贷款人往往不允许就不付款条款进行协商和修改。

贷款协议中常见的不付款违约事件表述如下：

> 借款人在到期日没有根据融资文件在规定的地点以规定的应付货币支付任何应付的款项。
>
> The Borrower does not pay on the due date any amount payable pursuant to a Finance Document at the place at and in the currency in which it is expressed to be payable.

从这一条款的表述来看，不付款不仅限于贷款协议项下的本金和利息，还包括融资文件项下的其他付款义务，例如根据费用函应当支付给贷款人的承诺费、安排费等。

（二）违反其他义务

除不付款之外，债务人违反融资文件的其他义务也构成一项违约事件。常见的违反其他义务的违约事件条款规定如下：

> 借款人没有遵守融资文件项下任何规定［第［•］条（不付款）除外］。
>
> The Borrower does not comply with any provision of the Finance Documents［other than those referred to in Clause［•］(Non-payment)］.

很多时候，贷款协议会将违反其他义务的违约事件分为两项违约事件，即违反承诺和违反其他义务。前者涵盖财务承诺、信息承诺、一般承诺等承诺条款；后者涵盖承诺之外的其他各项义务。

违反承诺条款之外的其他义务是一个兜底条款。违反承诺条款之外的其他义务，一般不会是特别严重的情形。

（三）不实陈述

不实陈述是指借款人所做的任何陈述或声明是不正确的，或具有误导性。常见的不实陈述条款如下：

> 借款人在融资文件或根据任何融资文件或就任何融资文件由其或代表其提交的任何其他文件中作出或被视为作出的陈述或声明在作出时或被视为作出时在任何重大方面是不正确的或具有误导或被证实为不正确或具有误导。
>
> Any representation or statement made or deemed to be made by the Borrower in the Finance Documents or any other document delivered by or on behalf of it under or in connection with any Finance Document is or proves to have been incorrect or misleading in any material respect when made or deemed to be made.

如果贷款协议中所列的陈述或声明事项（例如财务和经营状况）是不真实的，贷款人可能根本就不会同意向借款人提供贷款。因此，不实陈述应当被认定为一项违约事件。

不实陈述一旦发现，是不可以补救的，因为陈述的事实都是过去已经发生的，不能改变。因此，不实陈述违约事件中不会有宽限期。

不实陈述条款中所针对的陈述和声明是指所有的陈述和声明，而不会对其进行限定，例如限定在某些陈述和声明或者在前面加“重大的”。因为在“不正确的或具有误导”之前已经有了一个“重大方面”的限定。此外，陈述和声明条款中本身就会对事项的重大性进行限定，例如没有诉讼的声明中往往表述为没有一定金额以上的或者重大的诉讼程序。如果不实陈述条款中对陈述和声明的范围进一步限定，将会出现多重“重大”标准，从而导致不实陈述条款失去实际作用。

从不实陈述违约事件条款来看，陈述和声明条款是很重要的，借款人必须确保其所做的陈述和声明是真实、准确和完整的。

（四）资不抵债、破产或债权人程序

这类违约事件在贷款协议中通常通过三个条款来约定，即资不抵债、破产程序和债权人程序。

1. 资不抵债

所谓资不抵债，是指一个企业的资产不足以清偿其全部债务。贷款协议中常见的资不抵债条款如下：

> （a）借款人无力或被假设或视为无力或承认无力偿还任何到期债务，中断偿还其任何债务或基于实际或预期财务困难的原因与其一名或以上债权人为重组其债务而展开磋商。
>
> （b）借款人资产的价值低于其负债（考虑或有负债）。
>
> （c）借款人的任何负债被宣告延期偿付。

> (a) The Borrower is or is presumed or deemed to be unable or admits inability to pay its debts as they fall due, suspends making payments on any of its debts or, by reason of actual or anticipated financial difficulties, commences negotiations with one or more of its creditors with a view to rescheduling any of its indebtedness.
>
> (b) The value of the assets of the Borrower is less than its liabilities (taking into account contingent and prospective liabilities).
>
> (c) A moratorium is declared in respect of any indebtedness of the Borrower.

这一违约事件针对资不抵债这一事实本身,而不需要启动任何破产程序。贷款人一般都不会给资不抵债的公司提供借款,因此,如果借款人取得贷款后发生资不抵债是比较严重的事件,影响到贷款人的债权安全。

延期偿付(moratorium)是源自普通法中的一个概念,是指法律允许债务人在特定情况下(例如发生财务困难的时候)申请延期履约。中国法律中没有完全对应的概念。但是在中国的很多贷款协议中也使用这一表述,尤其是外资银行使用的贷款协议中,银行希望这一条款在一定程度上可以保护其利益。鉴于中国法律没有与普通法中延期付款对应的概念,上述资不抵债条中可以删除(c)项。

2. 破产程序

破产程序违约事件是一个比较宽泛的条款,并以进入相关司法程序为标志。贷款协议中常见的破产程序违约事件条款如下:

> 就任何下列情况采取任何公司行动、法律程序或其他程序或措施:
>
> (a)借款人暂停还款、延期偿付任何债务、清盘、解散、接管、临时监管或重组(通过自愿安排、协议安排或其他方式),并非借款人在有偿债能力情况下进行的清盘或重组除外;
>
> (b)与借款人的债权人订立任何债务重组、转让或其他安排;

(c)就借款人或其任何资产委任清盘人、接管人、破产管理人、破产接管人、强制管理人、临时监督人或其他类似人员;或

(d)借款人的任何资产上设置的任何担保被强制执行,或在任何司法管辖区提出任何类似程序或措施。

Any corporate action, legal proceedings or other procedure or step is taken in relation to:

(a) the suspension of payments, a moratorium of any indebtedness, winding-up, dissolution, administration, provisional supervision or reorganization (by way of voluntary arrangement, scheme of arrangement or otherwise) of the Borrower other than a solvent liquidation or reorganization;

(b) a composition, assignment or arrangement with any creditor of the Borrower;

(c) the appointment of a liquidator, receiver, administrator, administrative receiver, compulsory manager, provisional supervisor or other similar officer in respect of the Borrower or any of its assets; or

(d) enforcement of any Security over any assets of the Borrower, or any analogous procedure or step is taken in any jurisdiction.

根据《破产法》,破产是指企业不能清偿到期债务,并且资产不足以清偿全部债务或者明显缺乏清偿能力。这一概念与世界上一些重要国家的破产法中规定的破产界定基本相同。上述条款列举了基于破产而引起的相关司法程序,包括但不限于《破产法》中规定的破产、清算和重整三种破产程序,还包括一些普通法国家中的类似程序和概念,例如指定接管人。之所以这么规定,是因为借款人可能在很多不同的国家或司法区域有子公司。

需要注意的,一旦法院宣布借款人破产,贷款人并不能完全按照贷款协议的约定直接要求借款人清偿贷款,而需要根据法律规定的破产程序的规定进行操作。

3. 债权人程序

债权人程序是指由债权人向法院提起的扣押、查封、冻结债务人资产的程

序。常见的债权人程序条款如下：

影响借款人任何总值达[币种/金额]的资产被征用、查封、冻结、扣押、执行等，而且该等程序在[•]日内仍未解除。 Any expropriation, attachment, sequestration, distress or execution affects any asset or assets ofthe Borrower having an aggregate value of [•] and is not discharged within [•] days.

这个条款中列举了各种债权人程序。查封(attachment)是指在判决做出之前，将债务人的财产处于法院的控制之下。扣押(distress)是指剥夺债务人占有的财产以清偿债权。执行(execution)是指债务人的财产，通常是不动产，被拍卖或变卖。冻结(sequestration)是指冻结债务人的财产，作为待决诉讼事后判决执行的保障。征用(expropriation)是指债务人的财产被政府征用。

(五)不合法

不合法条款是指任何融资文件下的债务不合法。贷款协议中常见的不合法条款如下：

借款人履行融资文件项下的义务属于或成为不合法。 It is or becomes unlawful for the Borrower to perform any of its obligations under the Finance Documents.

在贷款协议非法无效的情况下，借款人需要偿还贷款，这一道理是非常明显的。但是对于很多初次接触到这一条款的借款人来说，往往不太好理解。他们往往认为，如果融资文件不合法或者无效，为什么贷款人还要同意进行贷款交易呢？而且，还有一个理由是，不合法或者无效都不是由于借款人原因造成的，将其纳入违约事件，对借款人来说不公平。这里需要说明两点：

第一，贷款人在进行贷款交易时一般会聘请律师，并且要求律师在贷款文件签收后出具法律意见书，确保贷款交易和贷款文件合法有效。但是，法律和监管规定是可能发生变化的。后续的法律或监管规定的变化可能导致某个融资文件非法或者无效，这种变化也是贷款人所不能控制的。

第二，正如前文所述，违约事件和违约是两个不同的概念。违约事件的后果是取消尚未提用的贷款额度并要求已经发放的贷款立即到期应付。因此,就这个角度而言,不合法违约事件条款也是合理的。

(六)预期不履约

预期不履约是指借款人采取一些行动,被认为其将不会履行融资文件的约定。常见的预期不履约条款如下:

(a)借款人或其他相关当事方撤销或拒绝履行融资文件,或者打算撤销或拒绝履行融资文件,或者有证据显示其有意撤销或拒绝履行融资文件。

(b)借款人基于任何原因主张融资文件的条款无效。

(a) The Borrower or any other relevant party rescinds or purports to rescind or repudiates or purports to repudiate a Finance Document or evidences an intention to rescind or repudiate a Finance Document.

(b) Any Finance Document is alleged by the Borrower to be ineffective in accordance with its terms for any reason.

上述条款中约定的行为表明,借款人很可能不会按照贷款协议的规定履行其义务。因此,贷款人需要将这类情况作为违约事件,以保障其贷款债权。

(七)交叉违约

交叉违约(cross-default)是指一方在一份合同("合同一")项下的违约将自动导致该方在另一份合同("合同二")项下的违约。贷款协议中常见的交叉违约条款如下:

(a)借款人的任何财务负债在到期日或于原来适用的宽限期内未付。

(b)借款人的任何财务负债由于任何违约情况(不管如何描述)在其指定的到期日前被宣布或按其他方式成为到期应付。

(c)借款人的债权人由于任何违约情况(不管如何描述)取消或暂停就借款集团任何成员的任何财务负债所给予的承贷款额。

(d)借款人的债权人由于任何违约情况(不管如何描述)而成为有权在指定期日前宣布其任何财务负债到期应付。

(a) Any Financial Indebtedness of the Borrower is not paid when due nor within any originally applicable grace period.

(b) Any Financial Indebtedness of the Borrower is declared to be or otherwise becomes due and payable prior to its specified maturity as a result of an event of default (however described).

(c) Any commitment for any Financial Indebtedness of the Borrower is cancelled or suspended by a creditor of the Borrower as a result of an event of default (however described).

(d) Any creditor of the Borrower becomes entitled to declare any Financial Indebtedness of the Borrower due and payable prior to its specified maturity as a result of an event of default (however described).

从上述定义来看,交叉违约针对以下四种情况:

第一,财务负债到期应付而未付;

第二,财务负债加速到期;

第三,有关财务负债的贷款承诺被取消或暂停;

第四,其他债权人有权宣布财务负债加速到期而由于某些原因没有宣布。

承诺条款中都会包括要求借款人将任何其他交易中的违约或违约事件通知贷款人的内容。这一点对于交叉违约条款的作用很重要。因为,如果借款人不将其他违约情况告知贷款人,贷款人就不知道借款人在其他财务负债下发生了违约,因此就无法使用交叉违约条款。

交叉违约的范围一般仅限于财务负债方面的违约,而不是任何义务的范围。财务负债是指由于借贷或者其他融资而产生的负债。有的时候,如果贷款人的谈判地位很强的话,可能把财务负债的概念替换为债务。债务的范围比财务负债要广,所以更容易引发交叉违约。

交叉违约条款具有多米诺效应。其目的是使尚未发生违约的合同二中的债权人与已经发生违约的合同一中的债权人在和借款人进行协商时处于同等地位。否则,当借款人发生财务困难时,合同一中的债权人可能全部处置了借款人的资产而实现债权，而合同二中的债权人当其可以宣布借款人还款的时候借款人已经没有任何资产可以进行偿债。

(八)重大不利变化

重大不利变化条款是贷款协议中常见的标准条款，是指借款人的财务、业务经营状况发生了重大不利变化，对贷款偿还产生不利影响。常见的重大不利变化条款如下：

> 任一事件或者一系列事件，经贷款人的判断，已经或者很有可能对借款人的财务状况、业绩、运营、业务或者前景造成重大不利影响。
>
> Any event or series of events occurs which, in the Lender's opinion, has or is reasonably likely to have a material adverse effect on the financial condition, results or operations or business or prospects of the Borrower.

通过重大不利条款，贷款人可以在借款人出现重大不利变化时宣布违约事件，从而收回贷款。重大不利条款可以起到兜底条款的作用，保护贷款人的利益。

三、其他违约事件

除典型违约事件外，贷款协议中还经常包括一些其他违约事件。

(一)控股权变更

有些时候，贷款人会要求在贷款协议的违约事件中加入控股权变更条款，如果借款人的控股股东发生变更就构成违约事件。常见的控股权变更违约事件条款如下：

> 借款人不再是母公司全资控股的子公司。
>
> The Borrower ceases to be a wholly-owned Subsidiary of the Parent.

借款人的股权资本结构是其资信情况的一个重要部分。控股权的变更会影响贷款人对借款人信用的评估。控股权的比例可以由借款人和贷款人协商确定。

（二）管理层变更

如果借款人是一个民营企业，其管理层由一个或几个核心人员构成，那么管理层的作用对借款人的资信状况具有关键作用，也是贷款人评估贷款时的一个非常重要的考虑因素。这种情况下，贷款人往往会要求在贷款协议中加入管理层变更条款，即如果借款人的管理层发生变化，将构成一项违约事件。常见的管理层变更条款如下：

> 任何高级管理人员不再受雇于借款人，或者不再为借款人的业务、经营和办公情况花费时间和精力，并且贷款人书面认可的接替者没有在之后［180］天内有效地接受雇用邀约。这一违约事件也同样适用于接任高级管理人员的接替者。
>
> Any member of Senior Management ceases to be employed by the Borrower or to devote the time and attention to the business, trade and offices of the Borrower and a replacement person approved in writing by the Lender has not given a legally binding acceptance to an offer of employment within ［180］ days of that cessation. This Event of Default shall also apply to any replacement person as if references in this clause to Senior Management were references to that replacement person.

管理层变更条款在并购融资、管理层收购融资交易中非常常见。

（三）不履行生效判决

常见的不履行生效判决条款如下：

> 借款人未能按照有管辖权的法院做出的生效判决履行支付义务。
>
> The Borrower fails to comply with or pay any sum due under any final judgment or any final order made or given by a court of competent jurisdiction.

不履行生效判决违约事件条款在贷款协议中也经常出现。如果债权人拿到生效的判决而借款人仍不履行的话，根据中国法律，债权人可以申请法院进行强制执行，在英国法下，债权人会对借款人的资产享有优先权。一旦出现这种情况，借款人将不能完全自由地处置其资产、履行对贷款人的义务。因此将对贷款人的债权安全造成不利影响。

（四）停止营业

常见的停止营业条款如下：

> 借款人暂停或终止（或被威胁暂停或终止）其主要业务，但是基于贷款人同意的处置而引起的除外。
>
> The Borrower suspends or ceases to carry on (or threatens to suspend or cease to carry on) all or a material part of its business except as a result of a Disposal which is permitted by the Lender.

借款人的经营业务收入往往是其偿还贷款的主要来源。如果其暂停或终止营业会影响贷款偿还，从而影响到贷款人的债权安全。因此，贷款人会要求将停止营业作为一项违约事件。

（五）诉讼程序

诉讼程序包括法院诉讼、仲裁、行政程序和其他争议程序。常见的诉讼程序条款如下：

> 发生了有关融资文件或者借款集团任何成员或其资产的任何诉讼，仲裁，行政、政府或监管或其他方面的调查、法律程序或纠纷，并且产生或者被合理认为可能产生重大不利影响。
>
> Any litigation, arbitration, administrative, governmental, regulatory or other investigations, proceedings or disputes are commenced or threatened in relation to the Finance Documents or against any member of the Group or its assets, which has or is reasonably likely to have a Material Adverse Effect.

诉讼程序往往花费大量时间和金钱，可能对借款人的偿债能力产生影响。因此，贷款人往往希望将诉讼程序作为违约事件。

（六）其他违约事件

在一些跨境的贷款交易中，还会有一些其他违约事件，例如：

1. 国有化/征收。借款人的财产被借款人所在地政府征收。

2. 外汇限制。如果借款人所在地使用的货币与贷款货币不一致,那么借款人需要将其使用货币兑换为贷款货币进行还款。如果借款人所在国修改法律法规限制该等货币兑换,将会影响到借款人偿还贷款。

3. 政府取消批准或退出国际条约。某些贷款交易需要取决于政府审批,或者政府作为国际条约的签约方,如果政府取消审批或者退出国际条约,将会影响贷款债权。这种情况下,贷款人往往会要求将政府取消批准或退出国际条约作为一项违约事件。

四、违约救济

违约救济条款是指发生违约事件后,贷款人享有的权利和可以采取的措施。常见的违约救济条款如下:

在任何违约事件发生后且仍然持续的任何时间,贷款人可以在向借款人发出通知后采取以下任何一项或多项措施:

(a)取消承贷额,立即生效;

(b)宣告融资文件项下的全部或任何部分贷款、累计利息及所有其他累计或尚未偿还的款项立即到期应付,立即生效;

(c)宣告全部或任何部分贷款在要求时应付,立即生效;和/或

(d)行使融资文件约定的其他权利、救济、权力或裁量权。

On and at any time after the occurrence of an Event of Default which is continuing the Lender may by notice to the Borrower:

(a) cancel the Commitments whereupon they shall immediately be cancelled;

(b) declare that all or part of the Loans, together with accrued interest, and all other amounts accrued or outstanding under the Finance Documents be immediately due and payable, at which time they shall become immediately due and payable;

(c) declare that all or part of the Loans be payable on demand, whereupon they shall immediately become payable on demand by the Lender; and/or

(d) exercise any or all of its rights, remedies, powers or discretions under the Finance Documents.

根据上述违约救济条款,在发生违约事件后,贷款人享有的权利可以分为以下几类:

(一)宣布贷款加速到期

加速到期是一项非常重要的救济权。所谓加速到期(acceleration)是指所有已经提用的贷款立即到期应付。加速到期的作用是,可以让贷款人有权要求借款人立即偿还贷款,因为如果贷款尚未到期的话,贷款人很难要求借款人立即偿还贷款。

(二)宣布贷款见索应付

见索应付(on-demand)是指只要贷款人向借款人发出付款要求,借款人就应当立即支付。发生违约事件后,贷款人并不一定会要求借款人立即偿还贷款。所以,宣布有权要求借款人随时支付贷款本金和利息的权利,对贷款人是很重要的。

(三)取消承贷额

发生违约事件后,贷款人有权取消所有未提用的承贷额。在承贷额变为零后,贷款人没有义务再向借款人提供贷款,借款人也不能再申请提取任何新的贷款。

(四)行使融资文件约定的其他权利

违约事件发生后,贷款人有权开始行使融资文件中约定的其他各项权利。这些权利包括以下几类:

1. 执行担保

担保文件是重要的融资文件之一。担保文件中都会规定,发生贷款协议项下的违约事件是触发担保执行的事件之一。因此,一旦违约事件发生,贷款人就有权开始执行担保。当然,实践中贷款人往往不会立即开始实际执行担保。

2. 要求借款人支付罚息

违约事件发生后，所有欠付款项都将按照罚息利率开始计算利息。罚息利率一般都比贷款利率要高，以补偿贷款人处置违约时的成本和损失。

3. 行使抵销权

抵销是银行的一项非常实用的救济，即银行可以从借款人在其处开立的任何账户中扣款，以抵销借款人欠付银行的贷款。

英国法中，银行享有法定抵销权，所以即使融资文件中没有约定抵销权，银行也有权在发生违约时行使抵销权。

中国法律并没有赋予银行有法定抵销权。但是，根据《合同法》规定，双方互负到期金钱债务可以抵销，其他债务也可以协商约定抵销。因此，在融资文件中约定银行的抵销权可以得到中国法律的认可，对贷款人是非常有利的。

第七节 其他条款

一、贷款转让条款

（一）借款人转让

贷款协议一般都会禁止借款人转让其在贷款协议项下的权利和义务。常见的条款内容如下：

> 未经贷款人事先允许，借款人不得让与或转让其在融资文件下的任何权利和义务。
>
> The Borrower may not assign or transfer any of its rights and obligations under the Finance Documents without the Lender's prior consent.

和贷款人有权转让相比，借款人不得转让的规定从表面上看起来很不公平。但事实上并非如此，因为贷款交易有其特殊性。贷款人同意向借款人发放贷款是基于对借款人的信用评估。如果借款人将权利转让给第三人，实际上相当于贷款人向第三人发放贷款，这种情况下贷款人需要对该第三人重新进行信用评估,必须获得贷款人的同意。实务中,如果第三人需要向贷款人申请贷款,其应该单独向贷款人提出申请,而不是通过受让既有借款人的贷款进行。

在集团授信的贷款交易中,银行会允许集团中指定的成员成为新的借款人。这种情况往往是因为贷款的发放是基于整个集团的信用,集团公司对集团成员的借款承担连带责任。

(二)贷款人转让

贷款人往往要求在贷款协议中约定其有权转让贷款协议项下的权利和义务。常见的条款内容如下:

> 贷款人可无须经借款人事先同意而在任何时间将其在任何融资文件下的全部或部分权利和义务让与或转让给其他任何人或变更其贷款分行。
>
> 贷款人可通过贷款人或贷款人的任何关联公司提供授信安排。在该等情况下,融资文件中所有提及贷款人的部分应理解为包括贷款人的该关联公司。
>
> The Lender may at any time assign or transfer any of its rights and obligations under any Finance Document to any other person or change its lending office without the prior consent of the Borrower.
>
> The Lender may arrange for any Facility to be made available through the Lender or any Affiliate of the Lender. In such event all references to the Lender in any Finance Document shall be construed to include that Affiliate of the Lender.

之所以要保留这一转让权利,是为了便于贷款人进行风险资产管理。由于资本充足率要求以及其他监管要求,银行有可能需要将一些贷款进行转让,以符合监管要求。贷款协议中事先约定好的转让条款将使贷款人的转让更为便捷,避免了转让时对借款人的通知或者取得借款人同意的程序。

(三)贷款转让的方式

在国际信贷市场上,适用英美法的贷款转让方式主要有三种,即让与、更新和融资参与。

1. 让与

让与(assignment)是指对一项权利的转让,而不包括义务的转让。在英国法律中,让与分为法定让与和衡平法上的让与。

法定让与是指根据成文法(英国1925年的《财产法》)的规定进行的让与。法定让与必须符合以下条件:

(1)让与必须由让与人采用书面方式作出。

(2)让与必须是绝对转让,而不是担保让与。

(3)让与必须针对整个贷款,而不是部分让与。

(4)让与通知必须采用书面方式告知借款人以及其他债务人。

如果符合上述各项条件,则贷款人在贷款协议项下的所有权利和利益都将转让给被让与人,债务人应当向被让与人履行债务。

如果上述各项条件中有任何一项没有满足,则该让与属于衡平法上的让与。对于衡平法上的让与,债务人如果没有接到通知,其将继续向原贷款人履行债务。如果一笔贷款同时进行多次转让,则法定被让与人的权利优先于衡平法上被让与人的权利;同时有多个衡平法上被让与人,则其权利以借款人收到通知的先后顺序决定。

2. 更新

更新(novation)是指通过签署新的合同,由新的当事人取代旧的当事人。因此,通过更新,贷款合同项下的权利和义务可以同时转让给新的贷款人。采用更新的方式进行贷款转让,需要获得融资文件所有当事方的同意,所以程序上相对比较复杂。此外,通过更新后,法院可能会认为借款人获得了一笔新的贷款,这在一定程度上会影响到新贷款人的利益,例如,如果借款人或担保人在更新期间发生破产,则贷款人的权利将需要受到破产程序的约束。

3. 融资参与

融资参与是贷款人将其在某一贷款协议下的风险全部或部分转让给另一金融机构的一个常见方法。原贷款人和新贷款人之间签署一份融资参与协议。借款人与原贷款人之间的借贷关系保持不变,新贷款人与借款人之间没有直接的法律关系。

融资参与分为出资参与和非出资参与。详细讨论请见第二章(贷款基础概念)第一节(贷款分类)。

二、贷款人保护条款

（一）抵销条款

抵销，是将涉及不同交易相互义务进行削减的安排。它允许债务人减少向债权人偿还的金额，该金额等同于债权人所欠债务人的特定金额。因此，抵销，是一种自力救济（self-help remedy）。在银行贷款交易中，如果银行向其存款客户（也是后续所指的借款人）发放了贷款，但该存款人怠于履行其归还贷款义务，那么银行可以将所持有的该客户的存款，抵偿作为对贷款的归还。这是贷款人非常重要的一项救济方式。

抵销权在法律上有一定的限制。正因如此，贷款协议中会刻意设置一项条款，以便授权贷款人享受以合意为基础的抵销权利。贷款协议中常见的抵销条款内容如下：

> 贷款人可以其对借款人负有的任何到期责任抵销借款人在融资文件项下对其负有的任何到期责任，而不受任何一方该等责任的支付地点、记录分行或有关货币所限制。如该等责任的货币单位不同，贷款人可为抵销的目的以其正常业务过程中采用的市场汇率进行兑换。
>
> The Lender may set off any matured obligation due from the Borrower under the Finance Documents against any matured obligation owed by the Lender to the Borrower, regardless of the place of payment, booking branch or currency of either obligation. If the obligations are in different currencies, the Lender may convert either obligation at a market rate of exchange in its usual course of business for the purpose of the set-off.

标准化的抵销条款赋予贷款人和它们的分支机构抵销权，可以将其原本对借款人负有的义务（比如借款人在存款账户中的资金），与借款人向他们所借贷款相互抵销。

（二）计算和证明

1. 账目

账目条款规定与贷款相关的所有账目以银行保存的记录为准。常见的条款内容如下：

> 为任何诉讼或仲裁的目的，贷款人持有的同融资文件相关的账目均为有关事项的表面证据。
>
> In any litigation or arbitration proceedings arising out of or in connection with a Finance Document, the entries made in the accounts maintained by the Lender are prima facie evidence of the matters to which they relate.

这个条款表面上不公平，偏向银行一方。实务中，由于银行的资料保存比较完整，被法院采信的程度比较高。

2. 证明和决定

证明和决定条款的常见内容如下：

> 贷款人对任何融资文件项下的任何费率或数额的证明或决定，在没有明显错误的情况下，均为有关事项的终局性证据。
>
> Any certification or determination by the Lender of a rate or amount under any Finance Document is, in the absence of manifest error, conclusive evidence of the matters to which it relates.

和账目条款一样，这个条款表面上偏向银行一方，但实务中也确实如此，因为银行的资料保存比较完整，被法院采信的程度比较高。

3. 计算

计算条款规定在计算贷款利息和费用时，作为计算基础一年按 360 天或者 365 天计算。常见的条款内容如下：

> 融资文件项下任何利息或收费均按日累计，以实际经过的天数及每年（360/365）日的基准计算。
>
> Any interest, commission or fee accruing under a Finance Document will accrue from day to day and is calculated on the basis of the actual number of days elapsed and a year of (360/365) days.

根据市场惯例,一年的天数根据贷款货币的不同而不同。在国际市场上的主要货币中,英镑、港元的贷款一年按照365天计算,美元及其他货币都按照一年360天计算。

(三)部分无效

部分无效(partial invalidity)条款也称为可分割条款(severability)。其目的是明确表达以下意思:如果合同的任何一个条款或约定被认定为是无效、违法或不可强制执行,合同双方都仍意图使贷款协议继续保持有效,只是删除那些无效、非法或不可强制执行的条款或约定。

常见的条款内容如下:

> 如果本协议中的任何条款或规定,在任一司法管辖区内是无效的、非法的或者不可强制执行的,那么这样的无效、非法或者不可强制执行的情况,不应影响合同任何其他条款或规定,也不能影响该合同其他条款在其他任何司法管辖区内的强制执行性变得无效或受到阻碍。(一旦本协议某些条款或规定被认定为无效、非法或不可强制执行,各方应当以最大诚意去协商调整本协议及其条款,以便于保证各方能在彼此共同接受的状态下,使原有的合同意图继续保持,也使经过深思熟虑的合同交易,按照原本所追求的最大可能范围而得以完成。)
>
> If any term or provision of this Agreement is invalid, illegal or unenforceable in any jurisdiction, such invalidity, illegality or unenforceability shall not affect any other term or provision of this Agreement or invalidate or render unenforceable such term or provision in any other jurisdiction. (Upon such determination that any term or other provision is invalid, illegal or unenforceable, the parties hereto shall negotiate in good faith to modify this Agreement so as to effect the original intent of the parties as closely as possible in a mutually acceptable manner in order that the transactions contemplated hereby be consummated as originally contemplated to the greatest extent possible.)

部分无效条款的出现源于普通法中的两个基本原则:

1. 法院不会为合同双方创建一份新的合同,无论是通过重写已经存在的合同(条款),或是通过基本上改变其合同原来本质的其他方式;并且

2. 除了为满足公共政策的需要,法院不会切分出一份合同中不能被强制执行的部分。

同时,只有效力出现问题的合同部分可以适用“蓝色铅笔画出”,法院才会对该合同部分进行切分①。然而,即使能划出这样的合同条款部分,如果法院对合同条款的切分可能造成对合同目的、适用范围的改变时,法院往往也不会这么做。如果效力存在问题的合同条款已造成对整个合同的破坏或影响,法院就更不可能采取切分该部分,而保留剩余合同部分的做法。

我国法律对合同部分无效并没有明确的规定,司法实务中从尊重合同当事人意思自治的原则出发,法院认可合同中约定合同部分无效情况下如何处理。因此,适用中国法律的贷款协议中也会参照适用英美法律的贷款协议,加入部分无效条款。

(四)救济和弃权

救济和弃权条款内容如下:

> 贷款人未有或延迟行使融资文件项下任何权利或补救权概不视作放弃该等权利;而任何一次或部分行使任何权利或补救概不防碍进一步或在其他情况行使该等权利或行使任何其他权利或补救权。本协议项下规定的权利和补救权均为累积性质,不排除法律规定的任何权利或补救权。
>
> No failure to exercise and no delay in exercising by the Lender any right, remedy, power or privilege hereunder or under the other Finance Documents shall operate as a waiver thereof; nor shall any single or partial exercise of any right, remedy, power or privilege hereunder preclude any other or further exercise thereof or the exercise of any other right, remedy, power or privilege. The rights, remedies, powers and privileges herein provided are cumulative and not exclusive of any rights, remedies, powers and privileges provided by law.

---

① 参见 *Goldsoll v. Goldman* [1914] 2 Ch 603 一案。

这个条款源于普通法，其有以下几个用途：

(1)这个条款防止任何事情被视为构成“默示的”弃权。同样，一项救济方式的行使不会排除，也不会支持其他权利、救济方式的行使(也就是说，权利和救济是可累积的)。

(2)合同任何一方不会因为未及时主张救济，失去或构成放弃救济的权利。这个约定经常是被加之在“疏忽”(laches)的提法之后。疏忽，是一项基于衡平法的原则精神上的规则，指合同一方不能拖延主张、保护该方自己的权利(比如，主张对方未履行义务或贷款加速到期)，因为这样的拖延会形成对合同另一方的不公。

(3)借款人不能援引双方之前交易过程作为一种抗辩理由，去对抗贷款人行使他的权利。在此抗辩理由下，合同一方可宣称合同根据双方之前从事交易的本质方面已进行了修改和调整。比如，如果一份通知在每个月的5日到期，但事实上该通知都是每个月10日才发送，这样的情况维持了一年并未遭到异议，如果合同中没有弃权条款，那么该等迟延将不构成违约。合同的弃权条款，就是避免贷款人因迟延行使权利而丧失对借款人主张违约的权利。

(4)合同中纳入救济条款，并不排除任何法律所已规定的救济方式的行使。

三、通知条款

通知条款明确了向所有各方发出通知或者其他沟通方式的规则，以及这样的通知方式生效的时间。通知条款通常包括三部分内容，即通知的形式、联系方式以及通知生效时间。

(一)通知的形式

通常，贷款协议项下的通知必须以书面形式做出，通知的形式条款规定哪些是被认可的书面形式。常见的条款内容如下：

> 与融资文件相关的,包括本协议下发出的要求在内的任何联络沟通均须采取书面形式并通过电子邮件、传真或邮递信件的方式传达。
>
> Any communication to be made under or in connection with the Finance Documents shall be made in writing and, unless otherwise stated, may be made by fax or letter.

电子邮件是目前最常用、便捷的通知方式,所以贷款协议一般都允许相关通知以电子邮件方式发送。然而,与传统的邮件流程不同,电子邮件通知是否确实收到很难确认(比如,邮件进入了垃圾箱,或者在大量的邮件堆中被忽略了)。为了避免所谓未收到的抗辩,贷款协议可以规定,电子通知仅在收到同形式的确认后(收悉邮件或明确表达的意思),才被视为发送成功。

(二)联系方式

联系方式条款规定接收通知的联系人的具体联系信息。常见的条款内容如下:

> 与融资文件相关的任何联络沟通或文件传递(除非相关融资文件中另有规定)所用的各方联系地址、传真、电子邮箱在附件[•](联系方式)中列出,或至少提前5个营业日对向另一方发出通知,指定其他联系方式。
>
> The address, fax number and email of each Party for any communication or document in connection with the Finance Documents (unless otherwise stated in the relevant Finance Document) will be as stated in Schedule [•] (Contact details) or as otherwise notified to the other Party by not less than five Business Days' notice.

有的贷款协议会专门做一个附件,填写各方的联系信息;有的贷款协议会把各方的联系方式放在签字页;有的则会直接放在通知条款中。无论怎样,联系方式条款只需要借款人和贷款人填入相关信息即可。

(三)通知生效时间

生效时间条款规定通知在什么时间视为送达并开始生效。常见的条款内容如下：

> (a)与融资文件相关的与借款人进行的联络或发送给借款人的文件仅在下列情况生效：
>
> (i)通过传真，在传真报告显示已经成功发送时；
>
> (ii)通过专人递送，文件签收时；
>
> (iii)通过邮寄方式发送，邮件寄出[6]个营业日之后；
>
> (iv)通过电子邮件方式发送，贷款人发送时；且
>
> (b)任何向贷款人做出的通信或提交的文件仅在贷款人实际收到时生效。
>
> (a) Any communication or document made or delivered to the Borrower in connection with the Finance Documents will only be effective:
>
> (i) if by way of fax, at the time shown on the transmission report as being successfully sent;
>
> (ii) if delivered personally, at the time of delivery;
>
> (iii) if sent by post, [6] Business Days after posting;
>
> (iv) if sent by email, at the time sent by the Lender; and
>
> (b) Any communication or document given to the Lender will be effective only when actually received by the Bank.

通知送达的时间特别重要，因为从那天起，在不涉及其他因素情况下，相关期间将开始计算，借款人开始有权提出所借资金要求，贷款人有权行使他的权利。通知生效条款的另一个作用是，借款人也不得声称贷款人无权行使某些权利。因为这些权利(比如，在某些情况下宣告违约事件)要求事先通知后，方得行使。

四、协议修改

协议修改条款规定贷款协议及其他融资文件的修改程序。常见的条款内容如下：

> 融资文件的任何条款只能由贷款人和借款人书面同意后才能修改或放弃,该等修改和放弃对各方具有约束力。
>
> Any term of the Finance Documents may be amended or waived only with the written consent of the Lender and the Borrower and any such amendment or waiver will be binding on all Parties.

一般情况下,如果贷款协议进行修改,贷款人和借款人需要签署书面的修改协议或者补充协议。在某些特定的情况下,借款人和贷款人会重新签署贷款协议。这种情况下,原贷款协议将不再有效。

五、保密条款

保密条款规定了贷款人保守借款人的信息处于秘密状态的义务范围。

保密信息包括非公开可获取的信息,比如财务项目、产品细节、商业企划和由贷款人和代理行要求获取的任何有关于借款人的其他财务数据。如果特定信息的披露可能影响借款人与其竞争对手、消费者、投资者和供应商、雇员等的关系,借款人可要求将该信息作保密信息处理。公开可获得的信息不属于保密信息。

虽然具有保密义务,贷款人可以在约定的范围内披露借款人的信息。常见的条款内容如下:

> 贷款人将对涉及借款人的相关信息保密。但是在如下条件下贷款人可以披露该等信息:
>
> (a)向贷款人的任何关联公司披露;
>
> (b)向贷款人或贷款人的关联公司的服务商或专业顾问披露信息,这些服务商和专业顾问对信息披露者负有保密义务;
>
> (c)向交易各方(或其代理人或专业顾问)中的实际或潜在参与方,下属参与方,或贷款人的权利和义务的被转让方,以及与交易或潜在交易相关的人披露信息;
>
> (d)向评级机构、保险公司、保险经纪人,或信用保护的直接或间接提供者披露信息;或

> (e)按照法律或权力机关的要求披露。
>
> The Lender will keep information provided by, or relating to, the Borrower confidential except that the Lender may disclose such information:
>
> (a) to any of the Lender's Affiliates;
>
> (b) to any of the Lender's or the Lender's Affiliates' service providers or professional advisers, who is under a duty of confidentiality to the discloser to keep such information confidential;
>
> (c) to any actual or potential participant, sub-participant or transferee of the Lender's rights or obligations under any transaction between the parties (or any of its agents or professional advisers) and any other person in connection with a transaction or potential transaction between the parties;
>
> (d) to any rating agency, insurer or insurance broker, or direct or indirect provider of credit protection; or
>
> (e) as required by any law or Authority.

上述例外是为了便于贷款人的业务经营和对贷款的管理。例如(a)项,贷款人向自身的分支机构披露信息,目的是"恰当管理它自己和其分支机构的"与借款人及其分支机构的银行业务关系之用。这样的规则主要是为了支持银行"交叉营销"的努力。

六、分别签署

分别签署(counterparts)是普通法系国家常用的概念,往往被翻译为副本。这个条款的常见内容如下:

> 每一融资文件可采用分别签署方式签订,其效力与各文本的有关签署均在同一份文本上作出的效力相同。
>
> Each Finance Document may be executed in any number of counterparts, and this has the same effect as if the signatures on the counterparts were on a single copy of that Finance Document.

从上述内容可以看出,“副本”并不是一个很好的翻译,而翻译成“分别签署”可以更直接表明该条款的本意。分别签署交易文件在现代交易中非常普遍,因此分别签署条款就显得非常重要。在交易双方处于不同的地方的情况下,为了提高交易效率,双方约定可以在不同的地方分别签署同一份协议。如果双方在同一个签字页上,那么允许双方分别打印这一签字页,并分别签署,最后将签字页正本交给律师进行合同装订。因此,在最后装订的合同正本中,会有两页相同的签字页,而签字双方分别在不同的签字页上签字。分别签署条款认可了这一合同签署实践的法律效力和约束力,大大提高了交易效率。

值得注意的是,采用分别签署的合同,应当尽量由律师来安排,确保双方签署的合同是完全一致的。

七、适用法律和争议解决

(一)适用法律条款

适用法律条款内容非常简洁,规定贷款协议适用哪个司法区域的法律。如果适用中国法,则常见的条款内容如下:

> 本协议适用中国法律,但不包括中国香港、澳门和台湾地区。
>
> This Agreement is governed by PRC law, excluding law of Hong Kong, Macau and Taiwan.

适用法律一般是指该司法区域的实体法律,而不包括冲突法则。因为,根据冲突法则,可能会将贷款协议引向其他司法区域的法律。这一点一般不需要特别说明,但有些谨慎的贷款人可能要求在适用法律条款中明确这一点。

适用法律是贷款协议的一个重要因素,因为贷款协议的结构或者某些规则会由于不同的法律而需要相应调整。因此,适用法律需要在贷款协议开始起草前就确定下来。

在国际信贷市场上,最普遍适用的法律是英国法。英国法有保护债权人利益的传统,所以贷款人往往倾向于选择英国法。由于英国法在国际市场上的认可程度高,交易各方都愿意选择适用英国法,即使交易各方均和英国没有任何关系。英国法也认可合同当事方的这一选择,即使其和英国法没有任何联系。

在一些美国贷款人参与的贷款交易中,美国贷款人会要求适用纽约法。纽约法和英国法同属普通法系,因此,二者并没有本质上的区别。但是,适用英国法的贷款协议往往以伦敦信贷市场的标准贷款协议为基础,而适用纽约法的贷款协议往往以美国银团贷款交易协会的标准贷款协议为基础。二者在一些条款和专业术语的使用上略有不同。例如,英国法的贷款协议中承诺条款往往使用"undertakings",并且分为一般承诺、财务承诺和信息承诺三部分;而适用纽约法的贷款中承诺条款一般使用"covenants",而且条款内容一般分为积极承诺和消极承诺两部分。

(二)争议解决条款

争议解决条款约定贷款协议项下发生的任何争议采用什么方式进行解决。贷款协议中常见的争议解决条款内容如下:

> 由于本协议产生或有关的任何争议(包括关于本协议的存在、效力或终止的争议)应当提交贷款人所在地具有管辖权的法院管辖。
>
> Any dispute arising out of or in connection with this Agreement(including a dispute regarding the existence, validity or termination of this Agreement) should be submitted to the competent court at the Lender's domicile.

贷款交易中的争议解决很少选择仲裁,这主要是因为贷款交易中的权利义务关系相对简单,无须交由专业人士解决。另外,法院判决可以得到更直接、有效地执行,而仲裁裁决仍需要提交有管辖权的法院才能得以执行。当然,在跨境交易中,如果借款人所在地法律不承认和执行外国法院判决,则需要考虑选择仲裁,当然前提是借款人所在地国是《承认及执行外国仲裁裁决公约》,亦称《纽约公约》的缔约国。

Chapter 4
第四章

贷款协议的谈判要点

第一节　借贷双方的立场

一、基本出发点

(一)贷款人

与很多其他商业交易一样,贷款交易中的双方并不同步履行其各自主要义务。贷款人的主要义务是在交易开始的时候向借款人发放贷款,而借款人的主要义务是在贷款期限内分期偿还贷款或者贷款期限结束时一次性全部偿还贷款。贷款交易中发生的争议主要是因借款人不能按期支付利息或偿还本金而引起的。在发生争议的时候,贷款人需要特别依赖贷款协议的条款,因此贷款协议的条款对贷款人尤为重要。

贷款交易中贷款人最主要的考虑就是:安全回收贷款本金和按时收到贷款利息。为此目的,除了对借款人进行信用评估和担保安排之外,贷款人还会在贷款协议中采取一系列的保障措施。这些保障措施主要包括:

(1)对贷款资金进行有效控制,包括规定资金金额,提取贷款资金的条件,在一定的条件下需要提前偿还贷款资金等。

(2)通过陈述和声明、承诺等条款对借款人的业务经营进行监督和约束。

(3)通过违约事件条款设置预警机制,在出现预警的情况下可以强制执行,保障回收贷款本金。

了解贷款人的关切点之后,就比较容易理解为什么贷款协议中需要那么多复杂的条款,而且其中有些条款表面上看起来显失公平,而实际上是公平而且必要的。

(二)借款人

借款人在向银行申请贷款时,最基本的考虑是希望在合适的时间拿到合适的贷款,并且使用贷款要有一定的灵活性以满足其商业目的。因此,对借款人而言,贷款协议最重要的是以下三个方面:

第一,费用和成本。这是借款人的第一大关注点。借款人总是希望费用越低越好,费用必须要可控,特别要避免那些很难量化的补偿债务和额外的费用。

第二,贷款的使用,如何才能提取,什么时候偿还。借款人总是希望贷款能够满足其经营需求,在其需要时能够提用贷款,即提款条件不能过于严格;贷款能够稳定的使用,避免被贷款人随时要求还款。

第三,使用贷款后对其业务和经营的影响。借款人需要确保贷款人对借款人的监督和约束不影响借款人的业务经营。因此,借款人要特别关注陈述和声明条款、承诺条款以及违约事件条款,因为这三个条款中规定了贷款人对借款人的业务和经营的监管和管理的主要内容。

了解借款人的上述关切点之后,就比较容易从借款人的角度去把握贷款协议中的重点内容并提出修改建议。

二、重点条款的考量

贷款协议中谈判时间比较多的几类条款是:先决条件、陈述、承诺以及违约事件。在这些条款中贷款人和借款人的关注点各不相同。

(一)先决条件

1. 贷款人的关注点

贷款人通过放款之前审查先决条件和借款人做出的陈述和保证来确保其

了解借款人的状况，并确保相关事项和条件已经达到贷款人要求。尽管贷款协议在签署之日就生效，先决条件条款规定，只有在全部先决条件得到满足的情况下，贷款人才有义务放款。

贷款人并不会希望把放款的先决条件作为贷款协议的生效条件，因为这样做反而使借款人有机会控制贷款协议的生效与否和时点。贷款协议一旦签署生效，相应的陈述与保证条款、违约事件、承诺事项和其他规定也就生效了。贷款人就能够立即对借款人进行监控，尽管后者还在满足先决条件的过程中。这有助于维护贷款人的利益。

贷款人通常希望各项先决条件的形式和内容都能够符合其要求。如果贷款协议规定贷款分多次发放而非一次性发放，贷款人还会要求将某些先决条件作为每一次放款的先决条件。

贷款人通常要求借款人在规定的期限内满足先决条件，尤其是不就未发放贷款收取承贷费的情况下。因为等待时间越久，贷款交易的不确定性就越多。

贷款人还希望在贷款协议签署后，实际放款之前，确认没有发生任何违约事件。

除承贷费（如有）以外，贷款人还会要求借款人支付一笔安排费，在贷款协议生效日或首次提款日支付。在银团贷款中，费用的金额和计算标准通常在单独的费用函中规定。

2. 借款人的关注点

借款人必须确保其能够在规定的时间内满足所有先决条件，并且不会产生巨额花费。

先决条件必须采用规定的形式，在满足特定事实情况的基础上，先决条件的满足通常以书面文件的方式来体现，例如，以他项权证来证明不动产抵押登记的完成。

在特定交易中，必须关注满足先决条件的时间限制。对于那些无法在提款前满足的条件，要尽量与贷款人协商作为后续条件。

借款人希望能够尽量具体地列明每一项条件，以便其操作和管理。因此，借款人可能会要求删除“贷款人收到其要求的任何其他文件”等“兜底”的先决条件条款。

此外,借款人应将先决条件限于那些借款人可以控制的范围,并且尽量限制先决条件满足之前借款人需要支付的费用。这样,一旦借款人无法满足先决条件而导致贷款交易失败,借款人承担的损失就相应小一些。

(二)陈述

陈述条款由于和先决条件条款和违约事件条款挂钩,所以也是贷款协议谈判的重要内容之一。

1. 借款人的关注点

借款人必须确保所有的陈述条款都是其可以真实准确作出的,不会存在虚假或者误导。借款人应当尽量限制陈述的范围,避免对超出其控制范围的事项作出陈述。借款人可以从以下角度去和贷款人商谈陈述条款。

(1)陈述的主体范围:除了借款人外,贷款人往往要求陈述的范围涉及其他债务人,借款集团及其子公司。因此,借款人应当努力将其他当事方排除在外,或者尽量缩小做出陈述的主体的范围。

(2)陈述的时间点:借款人陈述内容应当在某个时间点或者期限内保持真实、准确和完整。

(3)陈述的准确性:借款人要确保贷款协议中要求其作出的陈述内容是真实、准确和完整的。如果某些陈述内容无法确认,则要对这些陈述事项进行限定或者排除。例如,加入"基于借款人所知悉的情况",或者明确需要排除的例外情况等,从而避免其轻易违反陈述条款。

2. 贷款人的关注点

贷款人在谈判陈述条款时需要注意,为了达到尽职调查的目的,陈述条款的内容应当尽量宽泛。

(三)承诺

承诺条款是贷款协议谈判中的重点条款之一。贷款人为了保障其贷款债权安全,往往希望对借款人有一些限制。而借款人则需要有一定的自由空间去经营业务。二者之间需要进行平衡,一方面使贷款人的利益得到保障,另一方面又不会对借款人造成极大负担,影响其日常经营。

(四)违约事件

在违约和违约事件发生后,贷款人所享有的权利是不同的。因此,贷款协议中有必要区分违约和违约事件。在实践中,这两个概念的使用往往也是贷款协议谈判的一个重要内容之一。

1. 借款人的视角

由于违约事件发生后贷款人就有权要求所有贷款立即到期应付,而且,往往银行贷款文件中都有交叉违约条款,即一个贷款协议项下的违约事件会同时构成其他贷款协议项下的违约事件,从而产生一系列连锁反应,对借款人造成极大的束缚。因此,从借款人的角度而言,其希望限制违约事件的内容,并对贷款人主张贷款加速到期做一些限制。

2. 贷款人的视角

违约事件是保障贷款人债权的重要条款。然而,并不是将违约事件的范围涵盖得越大越好。在起草违约事件条款时必须考虑交易的现实情况。违约事件中列举的情形只能是那些一旦发生可能会损害贷款人的债权的情形,包括影响借款人的偿债能力,导致贷款人的贷款风险敞口扩大等。

贷款人需要关注的一个重要内容是违约事件的确定性,在可能的情况下,需要有一个客观的标准判断违约事件是否已经发生。如果违约事件是不确定的,贷款人完全凭主观判断主张违约事件,可能会出错,贷款人需要承担一定的过错责任。错误地或者过早地主张违约事件,可能也不利于贷款人的债权保障。对贷款人最有利的是,借款人正常经营,有营业收入,能够正常偿还贷款利息和本金。

三、违约事件的现实考量

贷款协议中虽然规定了各类违约事件条款,但实践中贷款人很少径直主张违约事件或行使违约救济权利,而是首先寻求各种其他可能的方式。这一点非常重要,借款人和贷款人在谈判违约事件条款的时候都需要留意。之所以不宜直接主张违约事件或行使违约救济,主要有以下几点考虑:

1. 违约事件可能触发破产程序

贷款协议项下的违约事件往往会由于交叉违约条款而同时触发借款人在

所有其他贷款协议项下的违约事件。如果所有债权人同时向借款人要求还款，借款人可能难以招架，影响其正常经营。这种情况可能导致借款人进入破产程序，无法正常偿还贷款。在英美法中，借款人很可能主动申请破产保护，而不是向贷款人进行还款。

由于以下原因，贷款人如果迫使借款人进入破产程序对借款人和贷款人都无益：

(1)破产程序往往会拖很长时间，而且会耗费借款人大量的时间和金钱。

(2)破产程序不是贷款人可以主导的。破产程序需要根据破产法律的规定，由法院或破产管理人来主导。虽然在某些情况下，需要和贷款人进行协商谈判，但是这种协商不是正常情况下的协商可以相比的，贷款人可以获得的利益很有限。

(3)进入破产程序后，包括诉讼、执行等很多程序都需要暂停，贷款人不能要求借款人立即进行支付，也不能自行执行担保。

一般而言，几乎所有的公司在正常经营情况下的价值都比其进入破产程序时的价值要高。因此，尽可能维持借款人正常经营，而不是迫使其破产，对贷款人更为有利。

2. 不是所有的违约事件都值得立即宣布

从上文中我们看到贷款协议中约定了各种可能的违约事件，而且不做区分。事实上，这些违约事件可以分为实际违约和预期违约。就严重性而言，预期违约没有实际违约严重。预期违约中还包括一些相对更不重要的违约事件，例如违反在约定时间提交财务报表或其他信息的承诺。

对于这些不同的违约事件，贷款人往往会区别对待。对于那些相对不严重的违约事件，贷款人并没有必要立即宣布违约事件。并且，从法律角度来看，如果贷款人不区分对待严重和不严重的违约事件，很可能会被法院认定为不合理。

因此，并非发生任何违约事件，贷款人都需要立即宣布违约事件并行使救济权。

3. 错误宣布违约事件可能要承担赔偿责任

除了不付款这类实际违约，其他违约事件都不容易判断是否已经发生，尤其是像重大不利变化这类没有统一客观判断标准的违约事件。很多时候，基于现有的事实，贷款人很难有充分的理由说明其是否具有重大不利变化，是否确定可以构成违约事件。

违约事件对借款人而言是很严重的事件，而且可能因交叉违约而触发其他贷款协议中的违约事件。一旦贷款人错误地宣布发生违约事件，将会给借款人造成损失。如果事后有事实证明贷款人没有充分的理由宣布违约事件，借款人有可能对贷款人提起诉讼，要求贷款人承担赔偿责任。这将会给贷款人造成非常严重的后果。

4. 违约事件之外的其他选择

当借款人出现违约或者发生财务困难的时候，宣布违约事件并行使违约救济并非贷款人的唯一选择。除此之外，贷款人可以和借款人进行协商，达成双方都能接受的其他方案。这些其他方案包括：

（1）借款人向贷款人申请豁免违约事件，双方可以就豁免以及豁免条件达成一致。

（2）协商一个新的宽限期。例如，如果借款人未能按照承诺条款中的约定提交财务报表或者其他资料，贷款人可以给予一个宽限期，要求借款人在约定的时间内提供。

（3）借款人也可以要求贷款人在一段时间内不宣布违约事件，并且不行使违约救济，双方可以就此签署一个专门的协议。

（4）修改贷款协议。在很多情况下，由于情势的变更，贷款人和借款人往往需要修改贷款协议，避免某些事件成为违约事件。例如，在签署贷款协议的时候，双方约定借款人必须由其母公司 100% 控股，但是，后来借款人的股权需要变更，不再由原股东 100% 控股，贷款人可以接受这一股权变更。这种情况下，贷款协议就需要做相应修改，以反映这一事实变化。

虽然贷款人很少在出现约定的违约事件后直接宣布违约事件，但是，贷款人仍然需要在贷款协议中保留这些违约事件条款，这样可以增加贷款人在后续与借款人协商过程中的谈判地位。

第二节　技巧性谈判点

国际融资交易中,有一些技巧性谈判点贯穿于整个贷款协议,往往也是富有经验的借贷双方律师的谈判重点。这对于借款人律师而言尤其重要,掌握这些谈判技巧对保护借款人的利益具有重要意义。以下简要介绍几个技巧性谈判点。

一、义务的适用范围

一般情况下,贷款人都会要求贷款协议中的义务(例如陈述和保证、承诺、违约事件)的适用范围包括借款人以及借款人所在集团的所有成员。因为,通常情况下,贷款人同意向借款人提供贷款是基于借款人所在集团整体,集团的全部成员对借款人的信用状况、现金流等情况都有影响。当然,每个融资交易都各不相同,贷款人批准一个融资项目时重点关注的事项也可能根据每个项目而有所差异。因此,不同融资交易中贷款要求的义务适用范围也会有所不同。

一般而言,融资文件项下的义务适用主体可以包括借款人、借款人所在集团、借款人或其所在集团的重要子公司、保证人或其他担保人。

(一)借款集团

借款集团(group)包括借款人或其母公司所在的集团所有成员。常见的定义内容如下:

“借款集团”指[母公司/借款人]及其子公司。 “Group” means the [Parent/Borrower] and its Subsidiaries.

借款集团的定义出现在整个贷款协议中,尤其是在陈述条款、承诺条款和违约事件条款中。定义借款集团的目的是希望贷款协议的约定对借款集团的成员有约束力。如果贷款人在信贷评审时主要基于借款人整个集团的状况,那么这个定义就特别重要。

很多时候,借款人会觉得将其所在集团所有成员都纳入会给他造成经营上的不便。例如,跨境经营的公司,其往往选择一些避税港设立一些特殊目的公司或者休眠公司,这些公司并没有实际经营业务。如果将这些公司都作为借款人所在集团成员,将会给借款人带来很多操作上的问题。这种情况下,借款人可以和贷款人协商集团的范围,或者将违约事件的适用范围限定在借款人或其母公司以及其重大子公司,或者进一步限定为借款人和其他在融资文件下对贷款人负有债务的债务人(包括保证人和其他担保人等)。

当然,并非所有的借款人都有一个集团或者是集团成员之一。有的时候,借款人是单一公司,没有母公司或子公司,也没有其他关联公司。这种情况下,可以将贷款协议中的违约事件修改为仅适用于借款人本身。

为了确保遵守贷款协议项下的陈述、承诺等约定,如果需要忽略某些不重要的子公司(它们不能产生实质收入或者不拥有实质资产),则将"子公司"替换为"重大子公司",请见下文说明。如借款人无子公司或贷款人同意贷款协议条款不延伸至集团整体,则可删除该定义。

(二)重大子公司

如果借款人的子公司比较多,借款人不希望贷款协议中的一些规定约束其每个子公司成员,借款人可以考虑对子公司的范围进行限定。这时候可以考虑增加一个"重大子公司"(material subsidiaries)的定义。定义方式可以从财务指标方面确定一些标准,例如总资产占集团合并总资产的10%,净利润占集团合并净利润的5%等。另外一个简单的方式,是根据一些财务标准将重大子公司一一列举出来。

贷款人通常要求资不抵债、破产程序和债权人程序的违约事件条款针对借款人所在集团的任何成员。但是,如果借款人所在集团中有的公司是不进行运营的壳公司,或者不重要的小公司,贷款人也会同意将其范围限定在借款人、其母公司或者借款人和其母公司的下属重大子公司。在后一种情况下,借款人和贷款人需要约定重大子公司的范围,或者根据资产、营业收入、净收入等因素确定一个标准。

如果借款人是一个单一的公司,没有关联公司,那么这一条款可以只限于借款人本身。

（三）债务人

债务人（obligor）是贷款人有权直接要求其偿还贷款义务的人，即借款人和保证人。常见的定义如下：

> **“债务人”**指借款人或保证人。
>
> “Obligor” means a Borrower or a Guarantor.

当保证人和借款人一同作为一方签署贷款协议时，债务人的定义就很有必要。债务人的定义中一般不包括提供物的担保的人，因为其义务仅限于所提供的担保物的价值。如果没有保证人，则债务人的定义可以删除。

（四）具体条款中应用

贷款协议项下义务适用主体会贯穿于整个贷款协议，特别是陈述条款、承诺条款和违约事件条款。借款人在审查、谈判贷款协议时要特别关注义务主体的范围。以下仅以几个违约事件条款为例进行简要说明：

1. 不履行生效判决违约事件一般包含借款人和其他借款集团成员。取决于借款人和交易的具体情况，借款人可以要求将其范围限定在借款人或重大子公司。

2. 停止营业违约事件条款一般针对借款集团的所有成员。为了避免由于一些不重要的业务停止造成违约事件，借款人可以要求将那些不重要的子公司排除出去，或者也可以和贷款人协商仅限于借款人或其母公司或者重大子公司。

3. 控股权变更违约事件：贷款人有时候还会要求控制权变更不仅限于借款人，而包括借款人所在集团的所有成员。如果借款人或者其母公司是一个股权投资者，有意后续出售股权退出，那么控制权变更条款就会对其造成限制。这种情况下，可以要求对控制权变更条款进行修改，将其限定在某个特定的时期，例如“在公司首次公开发行股票上市之前”。

（五）非合同方的义务约束力

贷款协议一般只约束作为签署方的借款人，如果有其他债务人（例如保证人）作为贷款协议的一方签署贷款协议，则对其他债务人也有约束力。如果其他当事方不是贷款协议的一方当事人,则其不受贷款协议的约束。但是,很多时候贷款人也希望将那些非贷款协议签约方的当事方(例如借款集团其他成员或者借款人的所有子公司)也纳入承诺条款覆盖的范围,因为那些当事方需要履行的某些债务也关系到贷款协议的合法有效性或者贷款债权的安全。

对于贷款人而言,要使非合同方也履行某些义务,其只能让作为合同方的借款人去促使。因此,这种情况下,最常见的方法是,在相关承诺条款中增加"借款人应当确保[借款集团其他成员/其子公司]必须履行某项义务"的内容。

对于借款人而言,要特别关注这类条款,因为借款人很可能无法控制非合同当事方能否履行贷款协议中约定的义务。

二、重大和重大不利变化

贷款协议中常常可以看到"重大"(material,也可以称为"重要")和"重大不利影响"(material adverse effect)这两个术语,特别是在陈述条款、承诺条款和违约事件条款中。加入这两个词的目的是对相关条款中约定的情况进行限定,排除一些轻微的违约、违法情形,避免轻易触发贷款协议中的违约事件。这一点对借款人尤其重要。

(一)重大的定义

解释规则条款中一般会对什么情况属于重大做一说明,常见的条款内容如下:

> 称作重大的事项是指对于贷款人在融资文件项下的利益或在该利益相关的范围内影响重大的事项。
>
> Something being material is to it being material to, or in the context of, the interests of the Lender under the Finance Documents.

上述解释既是从贷款人利益角度出发的,也是合理的,因为贷款协议的各个条款规定主要是为了保障贷款人的利益。

但是,从借款人的角度,对于重大的定义应当尽量采用客观的标准,避免由于贷款人的自由裁量而陷入不利的谈判地位。

(二)重大不利影响的定义

重大不利影响的定义参见本书第二章(贷款基础概念)第四节(重要术语)。一般情况下这一定义是固定不接受修改的,但有经验的借款人会提出以下几点修改意见:

1. 要求删除“前景”这个词,因为这个词主观性很强。当然,贷款人可能不会同意,因为“重大不利影响”背后的含义就是对未来的考量,而这可能就是主观性的。

2. 要求第一种情况只能限于借款人的财务状况。如果一个有实力的借款人在业务/经营不时受到影响时,仍能保持相对良好的资产负债表,那么这种修订可能被接受。

3. 要求在义务之前加上“重大”一词。贷款人一般不希望在强制执行时争辩什么是“重大”的,所以一般不能接受,除非借款人非常有实力。一般而言,付款义务都被认为是“重大”的。

(三)无重大不利变化

贷款人往往要求借款人声明自某个特定日期以来其业务经营和财务状况没有发生重大不利变化,并使用重大不利影响这一定义来界定什么是重大不利变化。无重大不利变化出现在先决条件条款、陈述和保证条款中,出现重大不利变化往往也是一项违约事件。这种情况下,如果贷款期间借款人发生重大不利变化,贷款人可以基于违约事件条款行使相关救济。

借款人往往不喜欢这样的条款,因为无论怎么定义,这一概念都很难做出清晰的界定,目前也没有法律或判例对重大不利变化设置一些判断标准。由于其模糊不清楚,所以实践中贷款人也很少能够通过这一条款来主张违约事件。尽管如此,银行还是希望在其贷款协议中保留这一条款,因为借款人可能出现问题的情况不可能穷尽列举,重大不利条款可以概括各种可能的情形,从而在一定程度上保护贷款人的利益。为了使这一模糊的概念有一定的可操作性,往往会在这一条款中加入一个主观判断标准,即贷款人合理认为发生了重大不利变化。

鉴于重大不利变化条款在实践中的可执行性还存在不确定性,所以很多时候贷款人也会同意从违约事件中删除重大不利变化条款。当然，当重大不利变化条款从违约事件删除的时候，往往会出现在陈述和声明条款中，并且，在循环贷款或者可以多次提取的贷款中，借款人会被要求重复做出这一陈述和声明。

需要注意的是，实践中，由于以下原因，贷款人很少能够基于重大不利变化而主张违约事件：

(1)重大不利变化通常都是伴随着其他事件而发生的，例如发生诉讼程序，而这些其他事件已经被贷款协议列为违约事件。

(2)重大不利变化往往是借款人和贷款人争论的内容，很难有一个明确的客观标准来定义它。

(3)重大不利变化通常是很难用事实来证明的。如果事后证明借款人当时还能正常还款，重大不利变化的主张就很难成立。

因此，贷款人在运用重大不利变化条款的时候需要非常谨慎。

(四)避免双重重大限制

如果借款人要求在陈述条款中加入“重大”等限定性词语，则贷款人需要特别注意，避免出现双重重大的限制。如果在陈述条款中有了“重大”性的限制，而在违约条款中又有“重大”性的限制，例如，陈述条款中规定“借款人已经遵守了所有重大法律规定”，在违约事件条款中又规定其中的一项违约事件为“任何陈述内容存在重大误导或者虚假不真实”，那么当两个“重大”叠加在一起的时候，贷款人将很难主张借款人发生了这方面的违约事件。

三、宽限期

贷款协议中的宽限期是给予借款人补救违反法律或协议约定的期间，当借款人出现违反法律或协议约定的情形后，借款人应当在宽限期内补救，如果在宽限期内没有被补救则将构成一项违约事件。有经验的借款人可以在贷款协议谈判过程中争取更多的宽限期，以避免借款人轻易触发违约事件。

在国内的银行实务中，宽限期也是指只偿付利息而不用偿还本金的贷款期间。这一概念和本书提及贷款协议谈判关联不大，因此本书不提。

(一)常见的宽限期

1. 承诺条款中宽限期

在可行的情况下,借款人可以争取在每一项承诺条款中增加一个宽限期,以获得更大的灵活性,从而避免轻易触发违约事件。当然,有一些承诺一旦违反了就是不可补救的,例如,不得与第三方合并的承诺。对于这些不可逆转的事件,贷款人不会同意给予宽限期。

2. 不付款违约事件中的宽限期

不付款的条款中最常见的谈判点是宽限期。借款人往往希望获得一个适当的宽限期,但是,从贷款人的角度而言,不付款是非常严重的违约事件,提供一个宽限期可能对其债权安全造成极大的不利影响。

贷款人可以接受的一个宽限期是针对由于技术故障导致不付款。这在跨境交易中尤其常见,因为借款人需要从一个地区将款项支付到另一个地区,涉及时差、不同支付系统等因素,存在支付到账迟延的可能性。这种情况下,贷款人通常同意一个大约两天的宽限期,只要支付在这个宽限期内到账,即不构成违约事件。

对于其他情况下的宽限期,贷款人一般是不会同意的。但是,一些强势的借款人往往还会要求一个一般的宽限期,不仅限于技术故障的情况。取决于贷款人和借款人之间的关系,贷款人也有可能同意这样的宽限期。宽限期通常都不长,针对本金和利息可能有所区别,一般是两天左右,也可能会更长一点,但通常不会超过五个营业日。

宽限期内借款人一般需要按照罚息利率支付罚息。

3. 破产和债权人程序下的宽限期

对于被动提起的破产程序,大多数情况下贷款人可以同意给予一个宽限期,让借款人有时间去撤销这一破产程序,因为有的时候有的债权人可能恶意提起破产程序。宽限期通常不会很长,通常为一个月到两个月,因为如果是恶意提起的破产程序很容易被撤销,如果需要花很长时间撤销被动提起的破产程序,则说明借款人可能真的有问题。

同样,债权人程序也可以适用宽限期。

（二）违约事件和承诺条款中的宽限期交叉

对于违反一般承诺的违约事件，贷款协议一般不会同意一个宽限期，因为实践中，借款人往往已经尽最大可能在一般承诺条款中要求加入一个宽限期。如果在承诺条款中已经有了宽限期，在违约条款中再设一个宽限期，那会形成一个很长的时间，从而导致贷款人在最终能够基于这一条款主张违约事件时，其债权可能已经无法得到保障。

（三）无法给予宽限期的情形

如上文所述，有些事件一旦发生就不可逆转，借款人无法进行补救。这样的情形，就无法给予宽限期。还有一些情形，是借款人主动故意为之的，这种情况下借款人明显不会有意愿进行补救，因此贷款人也不会同意给予宽限期。常见的情形如下：

1. 违反财务承诺往往会立即构成违约事件，而不会有一个宽限期，因为对财务承诺的违反是不可补救的。而且，对财务承诺指标的测试都是一段期间内进行的，例如1个季度或者1年，财务数据通常都在这段期间结束后一段时间内才能获得。在这之前，很难主张违约事件，即使借款人的经营状况长期很差，可能无法实现财务承诺中约定的指标，但在财务数据出来之前都不好判断其是否违反财务承诺。

2. 违反信息承诺。因为财务报表都是在规定的财务期间结束后一段时间内（如财务半年度结束后120天）才能获得并提供，所以对于信息承诺的违反也不会另外给予宽限期。

3. 不实陈述。因为陈述的事实都是过去已经发生的，不能改变。因此，不实陈述违约事件中不会有宽限期。

4. 对于借款人主动提起的破产程序，只要一发生就构成违约事件。因此，无法给予宽限期。

四、起点金额

起点金额又称为门槛金额（threshold amount）。有经验的借款人往往要求在贷款协议中的承诺条款和违约事件条款中设置起点金额，即超过起点金额的事项才承担义务或者才构成违约事件。设置起点金额，有助于减轻借款人的义务，避免轻易触发违约事件。

(一)承诺条款中的起点金额

设置起点金额通常是在一般承诺条款中，常见的主要包括以下条款：

1. 消极担保条款。该条款限制借款人对外提供担保。借款人可以要求设置一个起点金额，从而允许借款人可以提供该等金额之下的担保。

2. 不得处置资产。该条款限制借款人处置其资产。借款人可以要求设置一个起点金额，从而将在该金额之下的资产处置行为排除在限制行列之外。

3. 对外放款。该条款限制借款人向第三人发放贷款。借款人可以要求设置一个起点金额，从而允许借款人可以提供该等金额之下的对外贷款。

(二)违约事件中的起点金额

违约事件条款中设置起点金额可以将该等金额之下的违约行为排除在违约事件中。常见的设置起点金额的条款包括：

1. 债权人程序。对资产价值设置一个起点金额，即只有达到这个金额的时候才构成违约事件。另外，借款人还可以要求一个宽限期，即如果这些法院程序在宽限期内撤销，则不构成违约事件。

2. 不履行生效判决。对判决履约金额进行限制，避免因很小的金额导致触发违约事件。触发违约的金额与贷款金额、借款人的资产规模相关，由贷款人和借款人协商约定。

3. 加速到期。对交叉加速到期条款设置一个起点金额，在这个金额之下不构成违约事件。这个起点金额是指被宣布加速到期的那笔财务负债的金额，而不是借款人实际发生违约到期应付而未付的金额。触发金额的大小根据贷款金额和借款人资产规模由贷款人和借款人协商确定。

五、其他技巧

(一)合理性

在贷款协议的谈判过程中，有经验的借款人往往会要求在相关协议条款中加入合理性要求，对贷款人的权利和借款人的义务做一些限定。常见的主要包括以下两方面：

1. 贷款人应当合理地行使自主决定权、合理行事、作出合理的判断，对借款人提出的要求合理可行等。例如要求借款人提供在贷款协议签署时无法明确列举的其他资料。

2. 贷款人要求借款人承担或补偿的费用必须合理，例如贷款人为准备贷款而发生的差率费、律师费和其他第三方费用，贷款协议发生违约事件而执行担保所发生的费用等。

（二）例外排除

贷款协议中对于借款人进行限制的条款，借款人要求贷款人删除这些限制会有较大难度。这种情况下可以要求加入一些例外排除，从而降低限制范围。贷款人一般情况下都会同意加入适当的例外情形。

比较常见的例外排除主要在财务负债、消极担保、业务经营限制等方面。具体见下文第三节（商业事项的谈判）和第四节（主要法律条款的谈判）。

第三节　商业事项的谈判

一、授信的类型

在贷款协议开始谈判之前，借款人和贷款人首先需要确定授信的类型。借款人提出其融资需求，贷款人根据借款人的需求设定相应类型的授信。不同类型的授信可能会适用不同的贷款协议文本，当然有些银行也制定了适用于各种类型授信的贷款协议文本。

授信的类型主要包括承诺性与非承诺性、定期贷款与循环授信、单一授信与综合授信等几类。借款人需要根据其融资需求与贷款人协商沟通。

（一）承诺性与非承诺性

承诺性授信额度（committed facility）和非承诺性授信额度（uncommitted facility）的概念最早来自英美法系国家，随着外资银行进入中国市场而逐渐为中国市场所熟悉。由于中国法律对于承诺性授信额度和非承诺性授信额度没有明确定义,因此其性质完全取决于借贷双方在授信协议中的约定。

1. 承诺性授信额度

承诺性授信额度,只要借款人满足了授信协议中约定的各项提款条件,并依照授信协议的约定提出提款申请,贷款人必须发放贷款;并且,在相关贷款到期之前,只要借款人没有发生违约,贷款人也无权要求借款人提前还款。授信额度只要符合前述特征,就属于承诺性授信额度,而无须在授信协议中特别说明该授信额度是"承诺性"的。

2. 非承诺性授信额度

非承诺性授信额度,是指在授信协议中明确说明该授信额度是"非承诺性"的,并规定贷款人在决定是否接受借款人的某个提款申请时具有完全的自主决定权。贷款协议中常见的非承诺性条款内容如下:

> 尽管本贷款协议有其他约定,本贷款协议项下的每一授信额度都是非承诺性的,贷款人有权完全自主决定是否向借款人提供授信额度;并且,贷款人没有义务发放该授信额度下的任何贷款。为避免疑义,贷款人有权拒绝提供授信额度项下的贷款,或者开立贸易相关授信额度下的信用证、备用信用证或者保函。
>
> Notwithstanding any other term of this Facility Agreement, each Facility is uncommitted and accordingly it is made available to the Borrower at the Lender's sole discretion and the Lender shall have no obligation to allow any Utilisation under, or make available any part of, any such Facility. To avoid doubt, the Lender may at its discretion refuse to make available any Utilisation under the Facilities or to issue any letter of credit, standby letter of credit and guarantee under the relevant trade related Facility.

3. 随时还款条款

通常,非承诺性授信额度都伴随着随时还款条款,也称为见索即付条款(on – demand clause)。基于随时还款条款,贷款人有权随时要求借款人偿还全部或部分贷款,无论借款人是否存在违约。常见的随时还款条款如下:

尽管本贷款协议另有其他规定,由于授信是非承诺性且随时可以要求偿还的,贷款人有权基于其完全自主的决定,无论是否发生违约事件,随时通过书面通知借款人的方式采取以下行动:

(a)取消全部或者部分未使用的授信;

(b)要求偿还或者支付任何授信项下的任何未偿还的或者到期的款项。

Notwithstanding any other term of this Facility Agreement, because each Facility is uncommitted and on – demand, the Lender may at its sole discretion at any time and from time to time, and whether or not an Event of Default is continuing at the relevant time, on written notice to the Borrower:

(a) cancel all or any part of any unutilized Facility;

(b) demand repayment/payment of any amount outstanding or otherwise due under or in relation to any Facility.

需要指出的是,并非所有非承诺性授信额度都必须是随时还款的。很多时候,借款人会要求非承诺性授信额度项下提取的贷款,除非发生违约事件,贷款人不能要求借款人随时偿还。也就是说,授信额度在发生提款前是非承诺性的,一旦发生提款后就变成承诺性的。贷款人也可以同意这种安排,这完全是商业性的决定。

4. 商业考虑

银行作为融资中介,其贷款资金主要源于客户的存款或者从同业市场取得的资金。因此,其贷款是有一定的成本的。所以在给客户提供贷款报价时,其利率往往取决于银行自身的贷款资金融资成本。对于银行来说,如果需要其提供承诺性授信额度,即在借款人提出贷款请求时必须放款,那么银行就必须备足相应的资金,以供借款人提款。由于在借款人实际提款前,相应的资金不计算利息,为避免资金闲置导致的损失,银行势必需要将相应成本转嫁给借款人,从而推高借款成本(通过提高贷款利率或收取承诺费的方式)。而如果不要求银行做出确定的放款承诺,即提供非承诺性的授信额度,银行无须就借款人的贷款提前准备资金,而仅需要在借款人实际提出提款申请时，根据其能够获得资金的情况再决定是否放款，以及相关放款的利率价格。这种授信额度一方面不存在资金闲置的问题，同时其贷款价格也更加贴近市场的利。

正常情况下，与承诺性授信额度相比，非承诺性授信额度具有更好的价格优势，但由于其受市场波动的影响更大，在信用紧缩的特殊市场环境下，借款人不仅可能面临利率高起的情况，严重时甚至可能无法从银行获得贷款。因此，借款人应当结合其实际融资需求，选择适合的授信额度种类。

（1）对于项目融资等融资规模较大，而且贷款需求具有相当确定性的项目，应当选择承诺性的授信额度。这不但有利于提前固定资金成本（在项目预算时即可考虑在内），也避免因此后贷款资金无法到位导致项目延期。

（2）对于一般企业的流动资金贷款需求而言，由于其贷款规模往往取决于其生产规模和订单情况，无法进行准确预测，而且一般融资规模也比较小，企业可以灵活安排贷款。实践中很多企业同时与多家银行达成非承诺性的流动资金授信安排，在需要贷款时可以多方询价，选择最优惠的银行申请贷款，从而有效降低其贷款成本。

5. 相关的法律问题

如前所述，承诺性授信额度和非承诺性授信额度的分类是一个“舶来品”，其在中国法律项下的有效性，尤其是与“非承诺性授信额度”相关的条款的法律效力在实务中一直存在质疑。“非承诺性授信额度”给予银行很大的自由裁量权，可以单方面决定是否给予放款；并可以随时要求借款人提前偿还任何贷款，而无论借款人是否发生任何违约事件。这种单方面的权利倾斜可能会被视为剥夺了借款人在协议项下的主要权利而“显失公平”，其能否得到法院的认可存在一定的不确定性。尽管已经有某些法官对此表示认同，但从未有官方的解释来正式确认这种安排的效力，目前也没有典型的案例支持。

从宏观角度考虑，非承诺性的安排给予了借款人价格上的优惠，因此牺牲其一定的权利也未尝不可。毕竟这是双方在意志自由的基础上达成的合意，没有理由不去支持这种安排。不过，对于借款人已经提取的贷款，是否有必要赋予贷款人随时要求还款的权利（在没有违约的情况下）值得商榷。正常情况下，如果借款人没有发生违约，银行并没有动机要求借款人提前还款，毕竟这种行为损人而不利己。在特殊的市场环境下，银行可能需要通过行使该权利来缓解自身的资金紧张情况。不过，一方面，如果的确出现了这种特殊的市场环境，借款人很有可能面临的是一个整体的信用紧缩环境，其并不能从其他融资渠道获得资金，因此也无法按照银行的要求提前还款。另一方面，如果允许银行要求提前还款，势必将金融危机转嫁到实体经济上，从而引发连锁反应，使金融系统内的危机波及健康的实体经济，这可能是监管者最不愿意看到的。因此，无论从该条款的实际可行性来看，还是监管者可能对该做法的态度来看，保留银行随时收回贷款的权利似乎意义不大。当然，目前市场上外资银行基本仍沿用非承诺性贷款的一般定义，主要是抱着“有总比没有好”的心态。

（二）定期贷款与循环授信

1. 定期贷款额度

定期贷款额度（term facility）是贷款人向借款人提供的承诺性贷款额度，由借款人一次性提取（在某些情况下也允许分次提取），贷款期限固定，借款人按照约定的计划还款，在到期日清偿全部贷款。如果借款人提前偿还贷款，偿还部分不得重新提取。定期贷款的期限通常为 1～5 年，对于信用较好的借款人也可能延长到 7 年甚至更长的时间。

定期贷款额度中，贷款人通常会给借款人一个期限，例如贷款协议签署之日起 3 个月内，允许借款人在这个期限内提取贷款，当然需要以满足约定的先决条件为前提。这个期限叫作“提款期”（availability period），有时也叫作“承诺期”（commitment period）。提款期过后，如果借款人没有提取贷款，贷款人的贷款承诺将失效，不再有义务向借款人提供贷款。借款人需要向贷款人支付一笔承诺费，以承诺额和提款期为计算基础，按照一定的比例计算。

期贷款额度更多地用于项目贷款。提款期的设置使借款人可以根据项目的进度来使用贷款，减少了利息支出（当然相应地需要支付承诺费），同时又给予了借款人一个还款的宽限期，从而无须在项目建设完成前就面临还款压力。通常情况下，提款期与所融资的项目建设期保持一致，这样就可以确保项目建设期间始终可以使用贷款。而还款期则设定在项目的运营期间，这样项目产生的现金流就可以直接用于还款。此外，由于贷款额度根据项目预算核定，该额度足以支持项目建设，没有必要也不应该允许借款人循环使用该贷款额度。

2. 循环贷款额度

循环贷款额度（revolving facility）允许借款人在一定期限（额度有效期）内提用短期贷款，贷款提前偿还后在额度有效期内仍可以继续提供。循环贷款额度既可以是承诺性的，也可以是非承诺性的。

循环贷款额度项下贷款的期限一般为1个月、2个月、3个月或6个月。期限届满时，借款人可以选择还款，也可以选择续借（roll – over）。续借被视为偿还了之前的到期的贷款，同时又提用了一笔新的贷款。由于循环贷款额度的期限较短，而且放款灵活，因此一般是在每笔贷款的到期日还本付息，而没有专门的还款计划和付息日。

循环贷款额度由于具有需要具有“循环使用”的功能，因此必须在协议中对此加以明确说明，即借款人在偿还或提前偿还贷款之后可以再次使用因此释放出的授信额度。

循环授信额度多见于流动资金贷款。由于借款人的流动资金需求具有周期性，银行可根据其流动资金的融资需求核定相应的贷款额度。借款人通过融资完成其一个经济周期后，通过偿还贷款又使授信额度恢复，在下一经济周期可以继续提用，而无须再次和银行协商或签署贷款协议。循环授信额度有利于节约借贷双方协商贷款协议的成本，维持双方稳定的融资关系。不过，循环授信额度使银行具有向借款人持续放款的义务，因此通常银行将相关额度设定为非承诺性的额度，并在协议中保留终止协议的权利。在实际操作中，银行还会定期对借款人的资信状况和贷款需求进行定期审核（一般一年一审），并根据情况对循环授信额度进行调整（包括循环授信额度的金额、期限和利率等），通过与借款人签署补充协议或新协议的方式落实相关调整。因此，尽管理论上循环授信额度可以一直使用而无须重签贷款协议，但实际上往往每年都需要进行修订或重签。

（三）单一授信与综合授信

单一授信额度是指仅能提取某一类型贷款的授信额度，借款人不得以其他方式使用授信额度。而综合授信额度是指银行给予借款人的综合性授信额度，借款人可以用多种方式使用该授信额度。

综合授信额度是银行出于借款人的具体需要和其自身的风险管理要求所设定的。以普通的生产性企业为例，其日常运营不仅可能需要银行的贷款支持，也可能需要向银行申请开立信用证，或者为了规避汇率风险而与银行进行外汇远期交易。这些交易都使银行承担了一定的信用风险。为了综合管理这些信用风险，同时便利客户灵活使用各项银行服务，银行可以基于客户的资产、信用状况，为其设定一个综合的授信额度，使客户能在同一个授信额度项下与银行进行多种交易。

为了控制不同交易类型的风险，银行可能会在综合授信额度项下对不同类型的交易设定具体的分额度。更复杂一点的情况下，银行还会允许客户将不同类型的分额度进行互相转换，并约定具体的转换比例。

二、融资成本

融资成本是核心商业条款，也是借款人和贷款人商业谈判的基本内容。

（一）融资成本的构成

贷款交易中的融资成本主要由三部分构成：利息、各项收费以及其他交易成本。详细说明参见本书第三章（贷款协议的主要条款）第三节（利息、费用和其他支付义务）。

利息是贷款的主要成本，是贷款资金的价格。利息主要取决于借款人或担保人的信用，因此，实际上谈判空间并不大。

除贷款利息外，银行还可能收取其他费用，例如承诺费、代理费等，这些费用构成银行的中间收入。

除利息和收费外，贷款交易中还会实际发生一些交易成本，例如税、律师费、评估费等。贷款人往往要求借款人补偿这些交易成本。很多时候，贷款协议中有关融资成本的谈判主要是围绕费用补偿条款进行的。

(二)借款人费用补偿

1. 法律费用

一些实力较强的借款人可以限制其在费用补偿条款项下应向贷款人支付的法律费用的金额。设定限额的理由是借款人与贷款人的律师存在利益冲突。当然,在谈判中,贷款人可以要求借款人不将该等限额适用于借款人违约时因强制执行贷款人的权利而发生的法律费用。

2. 内部法律顾问费用分摊

一些贷款协议规定借款人有义务支付贷款人分摊的内部法律顾问费用,即使贷款人并未真的就该等内部法律服务收到账单。借款人往往反对就该等内部法律顾问费用进行付款,因为他们并非实际开支,而是在外部律师费之外发生的额外费用。贷款人有时候会主张,正是由于使用了内部法律顾问,他们减少了对外部律师的需求,从而降低了借款人的法律费用。

3. 费用上限

尽管在实际开支上设定一个限额非常罕见,但在特定情况下,借款人可以考虑在特定开支项目上设定限额(例如在资产担保的贷款交易中,对担保品的核查及评估费用)。

4. 费用清单

一些借款人可能要求所有的费用补偿要求以书面方式作出,并列明各项开支细节,以确保发生的费用是合理的。尤其是借款人为主权或准主权机构的情况下,这种书面开支记录可能是其向公众或政府机构说明开支的必需文件。

三、成本增加和贷款人的减损义务

(一)成本增加

成本增加条款的目的是保护银行的利润。其背后的理由是:银行提供的商业贷款利率是根据银行的资金成本加上银行的利润来计算的,而成本和利润都是根据签署贷款协议时适用的法律法规为依据的;如果法律发生变化,资金成本增加,则银行需要将增加的成本转嫁给借款人,从而保障银行自身的利润。法律变化导致银行资金成本增加的情况有很多,例如,有关银行资本充足率的法律修改。

成本增加条款通常是标准化的,所以贷款协议谈判过程中就这一条款所花的时间不多。对于借款人而言,要注意以下几点:

(1)要排除其他条款已经涵盖的费用,例如,计算利息时已经涵盖的法定成本;

(2)由于银行违约而引起的成本增加不应包含在内;

(3)不应包括银行自身应当支付的所得税等税费;

(4)可以考虑限制银行在这一点上主张权利的时间,例如6个月内。

贷款人的贷款定价基于其对符合相关监管规则和资本要求的影响的评估。当法律或者其解释发生变化时,并且贷款人能够说明该变化导致了成本的增加或者其贷款收益的减少,贷款人就有权根据这些条款提出请求。从贷款人角度来看,这只是贷款风险的一种分配(借款人支付该增加的成本,如同借款人获得了一笔反映该增加的成本的新贷款)。但是在实务中,贷款人到目前为止没有坚持索要这些成本。

(二)贷款人减少损失义务

对于贷款交易发生的一些费用,如果贷款人可以在一定程度上降低该等费用,则贷款人需要承担相应的减少损失义务。这一义务在银团贷款协议中很常见,但在双边贷款中并不常见。

1. 减少损失

常见的减少损失条款内容如下:

> 贷款人须在与借款人协商后采取所有合理措施减少出现或会导致根据第[•]条(不合法性)、第[•]条(税项补偿及赔偿)或第[•]条(增加费用)须支付或取消的任何款项的任何情况,包括(但不限于)将其在融资文件下的权利及责任转让予另一关联公司或主办分行。

The Lender shall, in consultation with the Borrower, take all reasonable steps to mitigate any circumstances which arise and which would result in any amount becoming payable under or pursuant to, or cancelled pursuant to, any of Clause [•] (Illegality), Clause [•] (Tax gross - up and indemnities) or Clause [•] (Increased costs) including (but not limited to) transferring its rights and obligations under the Finance Documents to another Affiliate or Facility Office.

2. 责任限制

贷款人履行减少损失的义务有相应的限制,常见的限制内容如下:

借款人须向贷款人赔偿其按第[•]条(减少损失)采取的措施而合理地招致的所有费用及开支。如(合理地行事的)贷款人认为按照第[•]条(减少损失)采取的措施可能有损其权益,则贷款人并无责任须采取有关措施。 The Borrower shall indemnify the Lender for all costs and expenses reasonably incurred by it as a result of steps taken by it under Clause [•] (Mitigation). The Lender is not obliged to take any steps under Clause [•] (Mitigation) if, in its opinion (acting reasonably), to do so might be prejudicial to it.

四、其他财务负债和举借新债

通常贷款协议都包含无财务负债的陈述,即借款人声明,除了融资文件允许的财务负债外,其没有其他财务负债。同时,在承诺条款中,借款人需要承诺,未经贷款人同意,不得举借新的财务负债。这两个条款一起限制借款人对外举债。

但并不是所有的贷款人或者所有的贷款交易中都会限制债务人对外举债。是否有此限制性要求,取决于贷款人的要求以及具体的融资交易性质。有些强势的银行可能希望借款人的所有融资需求都向其申请。通过这个限制性条款,借款人有新的融资需求都必须事先与贷款人协商，贷款人就可以优先和借款人协商融资。当然，在一个竞争的市场，银行的这种要求不太现实，借款人一般也不会同意。而在一些特定类型的融资交易中，例如项目融资，贷款人会非常关注借款人的负债率，担心过高的负债会影响借款人的偿债能力，所以贷款人会限制债务人进一步举债。

借款人需要根据自身的经营情况考虑是否完全接受这一条款。有的借款人可能需要随时举借新的债务，特别是一般的流动资金贷款，因此不同意这样的条款。即使是在并购融资或者项目融资中，借款人也可能需要一定的灵活性。在贷款人不同意删除无财务负债和不得举借新债条款的情况下，通常借贷双方都能接受的一个办法是定义许可的财务负债（permitted financial indebtedness），允许借款人举借许可的财务负债。许可的财务负债范围由借款人和贷款人协商确定，通常包括：

（1）融资项目中的其他部分融资，如项目公司股东提供提供的债务资金，项目公司配套发行债券用于项目开发所获得的融资；

（2）贷款协议签署日前已经获得并披露给贷款人的融资；

（3）日常业务中通过租赁、售后回租等方式获得的融资；

（4）在一个特定金额之下的其他融资。

五、现有担保和对外担保

很多贷款协议在陈述条款中设置无对外担保的陈述条款，在承诺条款设置消极担保条款。这两个条款一起对借款人提供对外担保进行限制。这类限制在项目融资或者其他向特殊目的公司提供的融资中非常重要，因为这类融资主要基于项目公司或其他特殊目的公司自身的资产，如果借款人再向其他人提供担保，会影响到其偿债能力。在流动资金贷款中，贷款人一般不会限制借款人提供对外担保，没有必要坚持无其他担保的陈述条款。

贷款人一般会对“担保”做宽泛的定义。在跨境交易中，担保的定义不应该仅限于中国法律认可的抵押和质押，还应该包括其他相关司法区域认可的担保方式，因为有可能有其他司法区域的债务人。除“担保”外，有些贷款人还会增加“类担保安排”的定义，限制借款人做出那些在法律上不构成担保、但具有担保效果的安排，从而更广泛地保护贷款债权安全。

从借款人的角度，可以与贷款人协商以下几点修改意见：

1. 删除消极担保条款

除非借款人的信用很好，或者担保很充分，一般情况下银行作为贷款人不会愿意删除消极担保条款。但是，在流动资金贷款中，消极担保条款不是很常见，因为贷款人发放贷款主要基于借款人本身的信用和现金流，而且贷款期限较短。

2. 限定消极担保的适用范围

将消极担保的适用范围仅限于借款人，而排除借款人所在集团的其他成员。

3. 排除现有的担保

如果借款人有对外担保的情况，则应当向贷款人说明，并在本条款中明确排除那些已经存在的担保。比较常见的排除方式是，将那些现有的担保做成一个清单，作为贷款协议的一个附件，或者简单在本条款中写明“除那些在本贷款协议签署日之前已经书面告知贷款人的担保外”。

4. 例外排除

明确约定一些例外情形，即这些例外情形下设置担保或者类担保安排是允许的。这一意见往往更容易被银行所接受。常见的例外情形包括：

（1）本贷款协议签署日前借款人已经书面告知贷款人并经贷款人书面确认的现有担保权益；

（2）借款人在其一般银行交易过程中为抵销借方和贷方结余所订立的净额结算或抵销安排而按正常交易原则设立的任何担保；

（3）基于法律的实施及在一般贸易过程中产生的任何留置权、卖方所有权保留等，但该受担保的债项应于到期时付还或真诚地通过适当的程序提出异议，并就此妥善备拨；

（4）担保债务金额不超过一定金额的担保。

六、业务经营的限制

除举借新债和提供对外担保的限制外，贷款人还会在贷款协议中加入其他限制性条款,对借款人的业务经营进行限制,防止其扩大经营风险。常见的此类限制条款包括:不得处置资产,不得合并,不得向股东分红,等等。

对借款人而言,在承诺条款的谈判过程中尤其需要谨慎,尽量避免做出那些可能影响其正常业务的承诺。如果限制性的承诺不能避免,则借款人应当尽量寻求这些限制性承诺的例外情况。以下以承诺条款中的不得处置资产和不得合并条款为例简要说明:

(一)资产处置例外

借款人需要仔细考虑资产处置限制是否可以作出,是否会影响其正常经营。根据其业务经营情况,借款人要尽量扩大资产处置例外的范围。除了日常经营贸易中处置产品和存货的行为外,借款人还可以要求以下例外情况:

(1)集团内部成员之间的资产处置;

(2)按公平市场价销售资产并收取现金的处置,例如出售上市公司股票;

(3)因执行贷款人允许的担保而进行的处置;

(4)在一定金额范围内的资产处置。

对于贷款人而言,并不是限制越严格越有利。因为限制过死会影响借款人的经营。如果借款人为了避免违约每次都寻求贷款人同意或者豁免,那也会给贷款人造成不便。另外,贷款人也需要考虑资产处置限制条款是否需要适用于借款人所在集团的其他成员。

(二)不得合并的例外

不得合并条款要求借款人承诺其不得与其他公司合并、分拆、重组。对于借款人而言,需要考虑这一条款不要限制其所在集团主动进行的一些重组,特别是经营状况良好的情况下进行的结构性重组。对于这种情况,贷款人一般会要求借款人提前通知。有些谨慎的贷款人会要求无论何种情况,都需要其事先书面同意,但是对于不会影响借款人履行贷款协议义务能力的重组,贷款人不得不合理地拒绝。

第四节 主要法律条款的谈判

一、重复陈述

贷款协议的陈述条款一般都包括重复陈述,要求借款人在特定时间重复作出所有陈述。借款人可能会提出,其不应该在未来的时间重复进行陈述,因为未来的情况不可预知,而事实也是如此。但是,贷款人一般不会同意删除重复陈述,因为很多重复陈述内容对其非常重要,贷款人要求借款人保证在未来的特定时间这些陈述都是正确的。

由于重复陈述需要反复做出,因此借款人需要建立相应的流程,以便及时审查重复陈述的准确性,否则将导致违约事件。此外,借款人可以从重复陈述做出的时间以及重复陈述的范围两个方面,考虑缩小其重复陈述的义务。

1. 重复陈述做出的时间

要求陈述内容在整个贷款期间内的任何时候重复做出,是最具概况性的一个要求,对贷款人最为有利。因为陈述在将来的一段时间内的任何时候都不停地被重复,这使得陈述在效果上变成了承诺。借款人必须保证在贷款期间内的任何时候,其所陈述的所有内容都是正确的。这一要求相对而言是比较严厉的。

借款人可以要求陈述只在某几个特定的时间点重复做出,贷款人事实上也只是关心某几个特定的时间点,所以也是可以接受的。贷款人所关注的几个时间点包括:贷款协议签署日、首日放款日、后续每个提款请求之日、后续每个贷款发放日、每个利息期的首日,如果有新的债务人加入,则在加入的当日。贷款人希望在这些特定时间,借款人所做的陈述是正确的。

借款人可能会提出,陈述在每个提款请求之日是否正确并不重要,只要在贷款发放之日以及利息期首日是正确的就可以。对于贷款人而言,有必要知道在贷款发放之前陈述是正确的,因为贷款协议签署后贷款人就会享有一些权利,例如要求借款人支付因准备贷款文件而发生的费用或者承诺费,贷款人需要通过陈述条款中的声明了解借款人的这一付款义务是合法、有效、可执行。

2. 重复陈述的范围

借款人就必须确保其可以在约定的时间点或者期间内重复作出这些陈述内容，如果某些陈述可能后续无法作出，则需要限定可以“重复陈述”的内容范围。有经验的借款人只会同意重复特定的陈述，而非全部陈述，特别是要排除那些不在借款人控制范围内的陈述。具体哪些陈述需要重复做出，取决于借款人和贷款人双方的协商。常见的需要由借款人重复陈述的内容包括：主体资格，签署权限，法律约束力，无冲突，适用法律和争议解决的选择，授权签字人，无主权豁免，财务报表，批准和授权，无误导信息，无重大不利变化，等等。为了行文方便，贷款协议可以在定义条款中对重复陈述的内容进行界定。

事实上，某些陈述条款中涉及的内容在承诺条款中也会提到，这些陈述在贷款协议签署之日做出后其实就会转化为承诺，在整个贷款协议有效期内持续有效。因此，从贷款人的角度，如果某一陈述的内容可以完全由承诺条款所覆盖，那么该陈述内容可以不需要由借款人重复做出；如果某一陈述不能被承诺条款覆盖，则贷款人需要坚持由借款人重复进行陈述。

二、信息陈述

信息陈述条款要求借款人陈述其所提供的所有资料是真实、准确和完整地。从借款人的角度，在同意做出信息真实、准确和完整的陈述前要考虑资料的性质。对于事实方面的资料，例如公司业务介绍、财务报表等，声明其真实、准确和完整是没有问题的。但是，有些资料可能基于主观判断或者基于推论，例如财务预测，保证其真实准确是有困难的。因此，借款人可以要求对这类资料做排除或单独陈述。常见的条款如下：

> (1)财务预测是基于近期的历史数据、在合理的假设基础上做出的，在包含该财务预测的文件做出之日是公平的，并且经过谨慎考虑得出；
>
> (2)借款人提供的或者其他人以借款人名义提供的有关意见或意图是经过谨慎考虑得出的，在包含该意见或意图的文件做出之日是公平并且有合理的理由支持。

(1) Any financial projection or forecast has been prepared on the basis of recent historical information and on the basis of reasonable assumptions and was fair (as at the date of the relevant report or document containing the projection or forecast) and arrived at after careful consideration;

(2) The expressions of opinion or intention provided by or on behalf of it were made after careful consideration and (as at the date of the relevant report or document containing the expression of opinion or intention) were fair and based on reasonable grounds.

三、潜在的诉讼程序

陈述条款中一般会包括无诉讼程序的声明,有些贷款协议中可能还会将发生诉讼程序列为违约事件。无诉讼程序的陈述条款要求借款人声明不存在正在进行的以及可能发生的潜在诉讼程序。对于是否存在已经发生的诉讼,借款人可以很容易进行陈述和声明并向贷款人披露。借款人往往不愿意声明不存在可能发生的诉讼,因为这很难预测。借款人可以从以下两个方面和贷款人进行协商:

1. 要求删除该陈述条款中的"可能发生/潜在的"等字眼,或要求明确什么是可能发生。一般情况下,"可能发生"是指收到对方的律师函或者其他文件或者有其他的情况或迹象,表明对方可能要提起诉讼或采取其他法律行动。贷款人如果想基于这个条款主张权利,其需要有合理的证据证明借款人知道可能发生诉讼、仲裁或行政程序。

2. 将潜在的诉讼限定为将产生重大不利影响的诉讼程序。但是,谈判能力强的银行会在这个条款中明确写明"产生重大不利影响"由其完全自主判断。如果不写明由谁来判断,通常情况应当由贷款人基于合理的理由来决定,并需要和借款人协商。

四、破产程序中的例外

破产程序一般出现在陈述条款和违约事件条款中。陈述条款要求借款声明不存在破产程序。如果借款人出现破产程序,将构成一项违约事件。

从程序启动角度区分,破产程序可以分为两类,即由借款人主动提起的破产程序和由其债权人对借款人提起的破产程序。对于借款人主动提起的破产程序,只要一发生就构成违约事件。对于被动提前的破产程序,大多情况下贷款人可以同意给予一个宽限期,让借款人有时间去撤销这一破产程序,因为有的时候有的债权人可能恶意提起破产程序。宽限期通常不会很长,通常为1～2个月,因为如果是恶意提前的破产程序很容易被撤销,如果需要花很长时间撤销被动提前的破产程序,则说明借款人可能真的有问题。

诉讼程序违约事件通常都会加一个重大不利影响的限制,因为有的诉讼程序,例如借款人是原告的情况,并不会对借款人不利。

借款人还可以对诉讼程序的标的金额做出规定,避免很少金额的争议构成违约事件。触发违约事件的诉讼标的金额大小根据贷款金额和借款人资产规模等因素,由贷款人和借款人协商确定。

五、遵守法律与依法纳税

贷款协议的承诺条款通常要求借款人承诺遵守法律,依法纳税。如果借款人没有依法纳税,或者违反其他法律,会被列入违约事件。

遵守法律是借款人的义务。贷款人一般都希望借款人没有违法记录,因为有违法记录的借款人信用度不会很高,而发生贷款违约的风险会比较高。但是,从借款人的角度而言,承诺在所有方面遵守法律很可能会造成一些不利后果。虽然遵守法律是每一企业应尽的义务,但是借款人可能有意或者无意违反一些不是非常重大的法规。违法的原因有可能是某些法规规定不合理,导致企业无法遵守或者存在很多企业普遍不遵守的情况,或者对于有些规定的违反并不会造成严重后果。借款人可以要求对该遵守法律条款做一些限制或者排除。最常见的排除条款是:“如果违反某些法律法规不会影响借款人履行其义务的除外。”一般情况下,贷款人可以同意这一排除;但是,根据借款人所从事的行业或者业务经营类型,也需要具体情况具体分析。

依法纳税也可以加入一些例外,例如:

1. 排除轻微税务违法行为。一些轻微的税务违法,例如迟延了几天交税,一般不会影响借款人的财务状况以及偿债能力。

2. 有合理理由抗辩的税务违约。借款人有时不及时纳税可能有合理的理由,例如对税款金额有合理的抗辩理由,正在和税务部门协商。

3. 借款人还可以要求排除那些不会产生重大影响的税务不合规情况。

六、违约事件与强制提前还款

违约事件发生后的一个后果是,贷款人宣告融资文件项下的全部或任何部分贷款、累计利息及所有其他累计或尚未偿还的款项立即到期应付。这一点事实上和提前还款的效果相同。当然,除此之外,违约事件还有其他后果,例如,取消承诺额,行使担保,等等。因此,对于某些事件,如果贷款人关心的只是在其发生后尽快收回贷款,那么贷款人可以考虑将其列为强制提前还款事件,而不是违约事件。

对借款人而言,将某些事件从违约事件变更为强制提前还款事件,可以增加一定的灵活性,避免陷入被动。而且,借款人和其他金融机构签署的融资文件一般也会将违约事件列为交叉违约,因此,如果发生违约事件会导致其他融资文件项下的违约事件。有些金融机构可能不会把强制提前还款事件纳入交叉违约,所以,强制提前还款事件可能不会导致交叉违约。

通常,贷款人可以同意将以下事件从违约事件调整为强制提前还款事件。

(一)不合法

不合法违约事件对借款人有一个潜在的不利影响是,在交叉违约条款的作用下,可能触发所有其他举债交易文件项下的违约事件。为了避免这一交叉违约事件的发生,借款人可以考虑要求将不合法条款移到强制提前还款条款。对于贷款人而言,这样的修改不会影响其在发生不合法或者无效情况下收回贷款的权利,所以一般也是可以接受的。

(二)管理层变更

管理层变更在并购融资中非常重要,因此,往往会被列入违约事件。并不是所有这类融资中都会将管理层变更条款列入违约事件条款,有时候也会把它放入承诺条款,要求借款人承诺其核心管理人员不会发生变更。这样的效果是一样的，因为如果违反承诺，根据违反其他义务条款也会构成违约事件。

（三）控制权变更

1. 贷款人的主张

很多时候银行向借款人提供贷款时看中的是借款人的控股股东，股东的信用状况直接影响到贷款人是否同意向借款人发放贷款。如果控股股东发生变更，借款人的信用会发生变化，将改变银行同意发放贷款的基础。正是基于前述理由，贷款人希望在借款人控股股东发生变化时，贷款人有权要求借款人立即提前还款。

一般情况下，控制权变更作为强制提前还款条款，或者作为违约事件条款，贷款人都可以接受。

2. 借款人的主张

控股权变更作为一项强制提前还款事件或者违约事件，对借款人不是非常有利。借款人也有理由认为这一条款不是非常合理，这些理由包括：

（1）借款人控股股东的变化不是借款人所能控制的；

（2）借款人控股股东的变化并不会导致贷款发生损失；

（3）贷款人通过陈述和承诺条款已经对借款人有充分的掌控。

尽管借款人有上述理由，但是，正如上文所述，贷款人出于贷款安全的考虑，往往不会同意放弃这一控制权变更条款。作为一项妥协，贷款人可能会同意对该条款做一些限制，例如增加一个协商期限，或者如果新的控股股东信用高于原控股股东则无须提前还款、不构成一项违约事件，等等。

七、交叉违约与交叉加速到期

交叉加速到期条款和交叉违约条款一样，是为了保护贷款人，防止贷款人要求借款人还款的时候借款人已经将所有资产清偿其他债权人。

（一）交叉违约的限定

交叉违约条款可以就借款人经营情况恶化发出预警，对贷款人具有重要的保护作用，银行贷款人一般不会同意删除此条款。

借款人往往希望对交叉违约的范围进行限制，常用的限定方式有以下几种：

1. 将借款人所在集团的所有成员，限定于借款人本身，或者借款人或其母公司下属的重大子公司，或者限定为债务人（借款人和担保人），这样就可以避免因任何集团成员的财务违约导致。

2. 对造成违约的财务负债的金额进行限制，设定一个限额，达不到这个限额的就不构成交叉违约。限额通常是所有违约的财务负债的总金额，但强势的借款人也可以主张单笔金额，即只要违约的财务负债没有一笔达到这个限额的，都不构成违约事件。但是，银行贷款人一般都不太容易接受单笔限额。

3. 要求将交叉违约限定为交叉加速到期。

（二）交叉违约修改为交叉加速到期

交叉违约和交叉加速到期条款有所不同。在交叉违约条款中，只要其他财务负债项下发生了违约或者违约事件，贷款人就可以主张其所在的合同项下的违约事件，而其他财务负债的债权人实际上并不一定宣布其财务负债加速到期。在交叉加速到期条款中，其他财务负债必须被宣布加速到期，才构成违约事件。因此，交叉加速到期条款比交叉违约条款对借款人更有利。

八、违约救济

经验丰富的借款人可以对贷款人行使违约救济的权利进行限制。当然，这些限制能否获得贷款人的同意，将取决于贷款项目的情况以及借款人的谈判地位。常见的限制方式主要有：

第一，违约事件不是一出现相关情形后自动发生的，需要贷款人发出书面文件主张违约事件已经发生，从而给予借款人一些时间。这一点尤其重要，因为如果不通知自动构成违约事件，在交叉违约条款作用下，会导致借款人所有借款债务全部同时到期应付。

第二，对每一违约事件情形设定宽限期，允许借款人补救，只有在宽限期过了之后仍未补救的才构成违约事件。或者，在发生违约事件后，再要求一个宽限期，只有宽限期过了之后贷款人才能行使违约救济权。

九、保密条款

贷款协议中保密条款的例外允许贷款人在约定的范围内披露借款人的信息。有经验并且有实力的借款人会对这个例外条款进行限制，这些限制包括：

1. 要求限制对“需要了解与贷款协议管理相关的信息”的第三方的信息披露。

2. 要求贷款人进行信息披露前通知借款人，以便于能尽早采取保密措施。关于这点，有两个典型的版本表述：

(1)“在可操作的范围内，给予借款人以提前通知以便于其有机会寻求保护性禁令，或者其他旨在保护秘密性的救济”；或

(2)“除非法律或法院禁令明文禁止，贷款人应当利用合理的努力，在信息披露之前，通知借款人有关于任何政府部门或代表所要求的任何相关信息披露”。

有些贷款人主张认为，银行业监管机构不允许贷款人给予借款人有关银行业务检查相关信息披露的通知。在这样的情况下，有必要附加说明。如贷款人法律顾问会要求加上一句“在现行法律允许的范围内”，从而允许贷款人向监管机构提供相关信息而无须向借款人提前通知。

Chapter 5

第五章

融资中的其他法律文件

第一节　牵头银行文件

一、聘用函

聘用函（mandate letter）是借款人聘请银行牵头组建银团进行融资的文件，也称为授权委托书，即委托牵头行组建银团为借款人提供融资。聘用函在银团贷款和国际债券发行交易中非常普遍。

（一）委托授权

授权委托是聘用函的核心条款。借款人授权委托某一家或者多家银行，作为排他性的牵头行（“牵头行”），协助企业按银团贷款、债券发行或者其他方式的融资，同时委托其担任银团贷款或债券发行的簿记行。

在授权委托的同时，牵头行一般会要求获得进一步融资的最先拒绝权（right of first refusal），即如果借款人有进一步的融资需求，应当首先征询牵头行的意见。最先拒绝权有一个期限，通常为授权委托书所针对的融资交割后 12 个月。进一步的“融资”包括银团的任何重启，任何利率、货币或外汇、衍生或其他对冲安排，或资金产品服务，或者再融资。“再融资”包括任何债务或股本资金筹措，或通过发行新证券替换现有债务。

牵头行可以通过一家或多家附属机构进行或者与一家或多家附属机构联合提供委托项下的服务。

(二)条件

聘用函中的条件是指牵头行同意为借款人牵头安排融资的前提条件。牵头行一般要求在聘用函中明确,聘用函并非牵头行承销银团贷款或提供资金的承诺,无论是明示还是暗示,聘用函仅表明牵头行尽其最大努力为融资企业安排融资。

通常而言,条件包括以下各项内容:

1. 借款人遵守聘用函的各项条款;

2. 借款人及担保人无重大不利变化;

3. 融资文件在约定日前之前完成准备、签署和交付;

4. 牵头行完成对借款人及股东及相关担保人(包括各自的董事)的客户身份识别程序,包括反洗钱法规定的相关程序;

5. 牵头行完成信贷评审和其他内部审批流程;

6. 法律、财务尽职调查圆满完成并且令牵头行满意,借款人和牵头行律师出具的法律意见书令牵头行满意;

7. 借款人和担保人所有必要的公司内部批准、政府审批或其他批准已经获得。

在各项条件均得到满足的情况下,牵头行可以同意持有一定比例的融资份额,并在聘用函中明确约定具体金额。

(三)无重大不利变化

牵头行在聘用函项下的义务以没有发生以下任何事项为前提:

1. 借款人、担保人或其的任何附属机构的业务、资产、经营、财务状况或预期发生重大不利变化,或者出现可能导致重大不利变化的情况;

2. 借款人、担保人或其的任何附属机构在本委托期间向牵头行提供的任何信息在任何重大方面属于或变得不真实、不完整或具有误导性。

此外,牵头行还会要求借款人确保,在未征得牵头行的事先书面同意之前,不得发布或公开提及本委托、银团贷款的消息（包括接受媒体的采访）。

（四）收费、成本和支出

牵头行和其他银行为提供银团贷款而收取的费用一般由牵头行和借款人单独签署文件约定收取。通常需要借款人承担的费用包括：

1. 借款人自身的费用和支出；

2. 牵头行、代理人国内和国际律师费用；

3. 会计师费用（如有）；

4. 评级费和为获取评级而产生的其他费用（如有）；以及

5. 其他惯常费用。

此外，牵头行会要求借款人补偿牵头行为交易安排支出的费用（该费用包括但不限于差旅费、住宿费等），牵头行律师费，以及各项杂费。当牵头行向借款人出具有关前述费用的合并账单后，借款人就应支付这些费用，无论聘用函项下的交易是否完成。

借款人可以要求对这一费用设置一个上限。

（五）银团组建

牵头行就组建银团各方面事项与借款人进行协商，包括何时邀请哪些参贷行，各参贷行之间的参贷份额比例等。借款人应当为银团组建提供所有必要协助，包括：

1. 与牵头行一起准备信息备忘录；

2. 提供牵头行要求的所有必要信息；

3. 确保借款人及担保人的董事或高级管理人员，在牵头行要求时出席与潜在参贷行的会谈。

（六）利益冲突豁免

在银团贷款交易中，牵头行可能承担其他角色（例如代理行），而这些角色中可能存在一定的利益冲突。并且，牵头行及其附属公司可能不时提供债务融资、股权融资、商业银行或财务顾问服务给其他客户，这些客户可能与借款人存在利益冲突。但是，这些都是牵头行的主要业务，因此需要借款人进行确认。

此外,牵头行还需要借款人确认,牵头行没有义务将其从其他渠道获得的任何信息提供给借款人,或者用于聘用函所述的银团贷款交易。

(七)市场肃清

市场肃清(clear market)也是聘用函中比较常见的条款,目的是确保牵头行能够成功安排融资。该条款要求借款人确认,在聘用函约定的融资交易结算并交割之后满 90 天之日前,牵头行享受市场肃清条款的利益,即未经牵头行事先同意,借款人不得宣布或实施任何资金筹措活动。

(八)终止

终止条款约定聘用函项下的聘用关系在约定情况下终止。通常情形下,可以终止的情况包括:

(1)如果借款人在银团贷款协议签署前不接受牵头行提供的融资邀约,则借款人可以终止聘用函。

(2)在签署银团贷款协议之前,牵头行有权通过书面通知借款人提前终止委托。

委托提前终止后,任何一方均不再承担任何义务,但是,一方已经取得的权利或承担的义务(包括借款人的任何赔偿、支付已发生的报酬、费用补偿和保密义务),在委托终止后仍然具有约束力。

(九)其他条款

除上述条款外,聘用函中还有其他常见的一般条款,包括保密条款、补偿条款(借款人对牵头行及其员工因牵头安排融资而支付的费用而进行补偿)、适用法律和争议解决条款等。

二、费用函

(一)概述

费用函(fee letter)一般出现在银团贷款中,约定相关融资方和借款人之间的费用,在债券融资交易中也很常见。在贷款协议中,费用函常见的定义如下:

> “费用函”指安排行与借款人(或代理行与借款人)在本协议日期或前后订立并列明第[•]条(费用)所述任何费用的函件。
>
> “Fee Letter” means any letter or letters dated on or about the date of this Facility Agreement between the Arranger and the Borrower setting out any of the fees referred to in Clause [•] (Fees).

由于安排行与借款人之间的费用安排是高度保密的,所以需要单独通过费用函来约定。费用函的内容不会让其他当事方知道。

费用函规定了有关融资关闭时应付给贷款人和代理行的费用。这些费用包括承销和安排融资及贷款管理行管理贷款的年费,包括承诺费及成本、开支和律师费。大部分费用于融资关闭日到期,这意味着如果交易没有结束,则费用不会到期。

费用函是在交易的初始阶段起草和谈判的,与承诺函和条款清单起草的时间相同。这些函件作为谈判的热点,且通常需要花几周的时间才能定稿。多数的大银行都有自己的费用函格式,并已经获得其内部法律顾批准通过,贷款人的外部律师在起草费用函时,就是在该格式之上进行起草。

(二)费用的类型

根据贷款融资的类型,贷款人和代理行会收取不同的费用。这些费用包含利息和承诺费以及成本、开支和律师费。银团贷款中牵头行和代理行收取的费用一般包括:

1. 安排费

安排费是牵头行收取承销和安排贷款的费用,也称为承销费。安排费一般为承诺贷款额的某个百分比。如果融资关闭,那么应在融资关闭日支付该费用。

2. 管理费用

牵头行通常被任命为贷款代理行,并收取管理贷款的年度管理行费用。代理行的费用通常不和贷款金额挂钩,而是一个固定金额,一般在几万美元到几十万美元。该费用将于融资关闭日和之后每年提前支付。

3. 终止费

在并购融资中,由于在融资关闭前,发起人一般不自掏腰包支付代理行的费用,所以费用函可能规定,如果发起人收到因交易未完成而由卖方支付的终止费,那么发起人至少支付最低金额的代理行的部分费用(包括律师费)。终止费的范围,最低为扣除发起人费用(或按比例与发起人分享)后的代理行费用,最高可至借款人所收取的费用的规定百分比(如发起人实际支出的25%)。

(三)重点谈判条款

费用函中有两个谈判热点条款,即变动条款和债券需求。

1. 变动条款

费用函允许牵头行为成功进行银团贷款在必要时可以更改金额、价格、结构、收益、期限、条件等其他融资条款。这一变动条款给予各方一种灵活性,其不涉及具体费用,但包含在费用函中,并且是保密的。

变动条款可以是封闭式的,这意味着如果需要成功进行银团贷款或减轻损失,可以更改有限的条款。它也可以是开放式的,这意味着可以改变贷款文件的任何条款;但代理行通常对某些条款的变更进行限制,例如利率上调的上限。

通常变动条款类型有:

(1)价格变动:能够提高贷款利率。

(2)结构变动:能够在借款人或其母公司的贷款融资和其他债券之间重新分配部分贷款,但通常情况下贷款总额不会改变。

(3)提前还款费变动:能够就提前还款增加提前还款费。

(4)承诺变动:能够修改消极承诺或财务承诺。

变动条款是费用函中的谈判热点条款,因为借款人通常希望其交易条款具有确定性。在2008年金融危机之前,在并购融资中,拥有强大谈判能力的发起人经常可以成功地限制允许的变更范围。

2. 债券需求

在有过桥贷款融资的银行/债券交易中,费用函中会包括一条“债券需求”条款,据此代理行有权要求借款人发行债券,以对过桥贷款进行再融资。这种权利通常在一部分过桥贷款人提出要求时即可行使。借款人倾向于多数人;贷款人则倾向于任何贷款人都可以提出要求。在这些交易中,代理行不希望为过桥贷款提供资金,因为整体的打包融资方案是由部分银行贷款和部分高收益债券(通常由代理行的分支机构承销或安排)组成。然而,作为对借款人的帮助,过桥贷款通常在高收益债券于融资关闭日前未能发行时,由代理行提供。过桥贷款一旦发放,代理行通常希望它们尽快通过永久性证券(而不是由代理行提供的银行债务)进行再融资,费用函中的债券需求条款确保了这一点。

(四)其他条款

1. 成本和费用的支付

费用函还可能包括在融资关闭日之前代理行的现金成本和开支的支付,如差旅、与银团相关的印刷费用和律师费,这些费用有可能会较大。一般来说,借款人支付代理行的所有实付开支和成本(包括其律师费)。在发起人具有强大的议价能力的并购融资中,只有交易结束时,发起人才会按市场标准补偿成本、开支和律师费。

2. 保密事项

贷款人对其融资交易的条款具有专有性,特别是他们收取的费用,并要求借款人对费用函保密。对此也有一些必要的例外规定,借款人通常被许可在如下情形时可以披露费用函:

(1)其高级职员、董事、雇员、律师、会计师和代理人有必要知晓时。

(2)法律或强制性法律程序要求时。

在并购融资中,代理行可能会同意在卖方、目标公司及他们的专业顾问有必要知晓时,向他们披露费用函,以便卖方确认贷款不存在先决条件。但是,这种情况下,代理行会要求掩盖费用函中的商业内容,包括费用的金额、利率等。

三、承诺函

(一)承诺函简介

承诺函(commitment letter)是贷款人向借款人出具的函件,由贷款人作出向借款人提供贷款或通过其他贷款人为借款人安排融资的承诺,并且列明贷款人作出该承诺的条件。贷款承诺函一旦由贷款人签署,便构成对其有约束力的义务,贷款人需根据承诺函中的约定向借款人放贷或安排融资。

借款人需要资金,因此他们希望能减少贷款人提供贷款设定的义务和先决条件,尽可能降低贷款人不提供贷款的风险。对于借款人是竞标收购目标公司的当事方之一的收购融资而言,这种情况尤其明显。卖方会寻找一个已确定可获得融资的投标人。因此,借款人需尽可能地减少贷款人提供贷款的先决条件,以满足卖方关注的交易确定性问题。

贷款人希望能以设立贷款先决条件和其他借款人需履行的义务的形式,使自身获得充分保护,以确保在发生重大不利情形时,他们不必在信用恶化的情形下放贷。此外,贷款人还希望借款人采取措施协助银团贷款,并支付贷款人的费用。

贷款人可在首次贷款前后将承贷额分销(syndicate)至其他贷款人,以分散因借款人违约或贷款总额超过单一贷款人获准提供给某一借款人的授信限额而导致的风险。

承诺函可由一个或多个贷款人作出。由一个初始贷款人持有贷款或向其他贷款人以银团贷款的方式分销贷款。初始贷款人可在交割日之前或之后,将贷款分销至其他贷款人。在银团交易中,多家(一般最多 4 家)金融机构作为初始贷款人或联合牵头安排行向借款人出具承诺函。这种情况下,通常也由一家银行作为主要联络行,负责就贷款承诺函和其他交易条款进行谈判。随后,承贷额将在交割日之前或之后分销至其他贷款人,初始贷款人将根据分销至其他贷款人的承贷额相应地减少其自身的承贷额。

(二)承诺函的主要条款

1. 交易描述

贷款承诺函的第一条简要介绍交易以及资金的来源和用途。这个条款很重要,因为它记载了代理行对基础交易的理解。此外,此条中定义了许多的特定术语,以便在整个文件中使用。

2. 承贷额

“承贷额”条款介绍了牵头行约定向借款人贷款的类型和数额(无论以代销、部分承销、包销或是其他方式)。每个牵头行所贷出的承贷额部分通常以百分比表示，以防贷款的最终数额（美元）发生变化。如果是多个牵头行，则本条需明确各牵头行的承贷额是分别而非联合的。

3. 身份和角色

每个初始贷款人通常拥有联合牵头安排行和联合账簿管理人的身份，他们的身份和角色也将在贷款承诺函中列明。牵头行通常也会拥有管理安排行的身份和角色。为获得更大的承贷额，也可给予多位贷款人共同代理人的身份。

4. 先决条件

贷款人常常以满足特定明示的先决条件作为承诺提供贷款资金的依据。如果在提款日前，一个先决条件没有得到满足，则贷款人无须放款。鉴于借款人和贷款人的对立身份，先决条件是贷款承诺函中谈判的重点。

除贷款承诺函中的先决条件清单外，主要条款清单中也会包含一份额外先决条件的清单。由于这两个清单都需在提款日前得到满足，故某一特定条件仅在其中一个清单中列出也是可以的。

5. 银团

为了分散风险，多数大额贷款和承诺额将在融资关闭日前后分销至其他贷款人。这意味着部分贷款额度和其他未偿付贷款将售至其他贷款行，其他贷款行对他们购得的贷款部分承担各自的责任。

银团组建通常需要准备信息备忘录和其他营销材料，以向潜在的贷款人说明介绍。实际上，信息备忘录是由牵头行准备的，但借款人需对信息的准确性承担全部责任。在融资关闭前给牵头行一段固定的时间（通常为 30 个工作日）来分销贷款，不包括某些节假日期间。

牵头行将保留管理所有银团贷款方面事务、选择贷款人、分配各贷款人间承贷额、决定银团进程各个方面的时间安排以及分配贷款行间角色和报酬的权利。根据其谈判能力，借款人通常会在这些决定中具有发言权，并可能就对其在银团贷款进程中义务的限制进行谈判。

6. 信息陈述和承诺

承诺函中包括了借款人的陈述，以确保提供给牵头行的信息是准确的，还包括在必要时更新信息以保持其在截止日期前是准确的承诺。这一条款对贷款人很重要，他们需要了解他们已经获得了完整和准确的信息，并基于此作出向借款人提供贷款的决定。

7. 安排费

承诺函通常包括借款人有义务接受费用函的条款，并于融资关闭日支付费用函中所规定的费用。该条款是牵头行对其承诺和安排贷款协议的对价。

8. 支出和补偿

承诺函中包括了费用和支出赔偿的规定，包括律师费，以及牵头行、贷款人及其各自的高级职员、董事、雇员、代理人、法律顾问和代表（统称为“受偿方”）所引起的与交易有关的所有责任的赔偿。通常，借款人有义务支付所有受偿方的费用和支出，并就其所有责任向受偿方进行赔偿，前提是受偿方不存在重大过失或故意不当行为。

在并购融资中，牵头行一般会要求借款人、发起人、卖方、目标公司及其附属机构起诉贷款人的权利明确受到特定的救济、放弃或者额度限制，并且针对贷款人的诉讼应在一个对贷款人有利的司法管辖区进行。如果发起人不是贷款承诺函的缔约方，则应签署一封单边函，确认受贷款承诺函中规定的与借款人有关的相同的赔偿条款、救济和损害上限以及管辖权条款的约束，并确认贷款人是收购协议中规定的所有救济、弃权、赔偿上限和反向终止费的第三方受益人。

9. 保密

贷款人对其交易条款具有专有性，特别是费用条款，并要求借款人对承诺函、条款清单和费用函保密。对此也有一些必要的例外，允许借款人披露其中一个或多个文件。

借款人有时要求保密条款也适用于贷款人。然而，贷款人的保密义务通常会在贷款协议中规定。

10. 共享信息

牵头行可能会与跟借款人有利益冲突的竞争对手或其他方做业务。例如，在并购融资中，牵头行可能会担任卖方的财务顾问，并同时向买方提供融资。承诺函披露这些潜在的安排，并要求借款人确认这一事实。牵头行同意不与其他方分享有关借款人的任何信息，并确认他们没有义务（而且不会）向借款人分享有关其他方的任何信息。

11. 利益冲突豁免

牵头行可能是全能银行,并可能在公司的正常经营过程中提供投资银行业务和其他金融服务,购买或持有借款人或其附属公司的证券或债务(包括贷款)。在这样的情况下,牵头行可能会与借款人及其附属公司有经济利益冲突。牵头行会要求借款人确认这些安排,并同意贷款承诺函所涉及的交易是公平市场交易。

这些规定的目的是避免牵头行向借款人承担任何代理、受托人或类似义务。

12. 没有受托责任

承诺函中包括了阐明牵头行与借款人没有任何信托、咨询或代理关系的规定,并且由于承诺函所涉及的交易而无法向借款人就任何法律、会计、监管或税务事宜提供咨询。

13. 存续条款

承诺函中通常规定,一旦融资关闭,承诺函和费用函的条款(除了涉及银团、赔偿、费用函下的费用和保密的条款以外)将被贷款文件的条款所取代。如果交易没有完成,以下条款在贷款承诺函和费用函终止后仍然有效:补偿、赔偿、保密、管辖权、适用法律。在交易没有完成的情况下,牵头行希望在承诺函和费用函中同意的范围内获得有关支出或赔偿的费用。

存续条款可以由各方根据借款人的议价能力进行谈判,在某种程度上代理行依赖于母公司或发起人支持借款人在贷款承诺函和费用函下的义务。

14. 接受和终止

承诺函中有两个关键日期:一个是签署贷款承诺函的日期,另一个是融资关闭的日期。如果错过这两个日期中的任何一个,则贷款承诺终止。借款人通常需要在一定期限内完成谈判和签署贷款承诺函,以避免无限期的谈判。至于第二个日期,日期越晚,融资关闭前条件发生不利变化的风险越大。因此,牵头行并不希望他们的承诺长期有效。

15. 其他条款

承诺函中包含不由双方进行谈判的其他条款,例如适用法律和争议解决条款。

第二节　债权人间协议

一、概述

债权人间协议(intercreditor deeds 或 intercreditor agreement)用于调节债权人之间的地位关系,目的是规范各类债权人的权利,在许多具有不同组别的债务融资交易中,同一份债权人间协议将规范所有不同协议的债权人。

除本金优先偿还的权利外,根据不同的融资层次,债权人间协议还能约定收取利息或红利(通常还有其他付款,如费用)的优先权。

二、主要条款

存在高级、中级和其他次级债务的债权人间协议中,通常包括以下关键条款:

(一)主要定义

1. 高级债务

高级债务的定义涵盖所有高级债务,包括(但不限于)高级贷款协议和任何附属贷款函(如有)项下所欠的所有款项,以及对冲协议(为对冲高级贷款的利率和汇率风险而签署的协议)项下所欠的款项。高级债务一般会约定一个限额,以涵盖高级债权人后续提供的额外高级债务。高级债务的债权人称为高级债权人(senior creditor)。

2. 次级债务

次级债务将涵盖债务人对投资者、卖方(基于股本,具有从属性的)的所有负债,但是投资协议项下的费用和赔偿请求常常被排除。次级债务的债权人称为次级债权人(subordinated creditor)。

介于高级债务和次级债务之间的称为夹层债务(mezzanine debt)或初级债务(junior debt)。夹层债务的债权人称为夹层债权人(mezzanine creditor)或初级债权人(junior creditor)。

(二)承诺

承诺由借款人、初级债权人和次级债权人作出,除去特定的例外,该等承诺在所有高级债务被全部清偿之前一直适用(在初级债权人、借款人和次级债权人之间,在所有夹层债务被全部清偿之前一直适用)。通常,承诺的内容包括:

1. 借款人和高级债权人、初级债权人约定,除非高级债务被全额清偿,其将不会:

(1)在任何情况下,支付,或向任何次级债务和初级债务分配款项(无论本金或利息);或

(2)在任何情况下,创设任何权利负担,以担保任何次级债务和初级债务。

2. 初级债权人和高级债权人约定,在高级债务得到全额清偿之前,他们将不会:

(1)接受对任何初级债务(无论本金或利息)的偿付、加速到期、分配或开始清偿程序;或

(2)执行对任何初级债务的任何担保。

3. 次级债权人和高级债权人、初级债权人约定,除非高级债务和初级债务分别全部清偿,他们将不会:

(1)接受对任何次级债务(无论本金或利息)的偿付、加速到期、分配或开始清偿程序;或

(2)接受或执行对次级债务的任何担保。

(三)允许的付款

借款人仍可获准向初级债权人进行部分偿付。通常,这些偿付将限定为定期偿还初级债务的利息、支付特定费用和支出、支付固定股息、定期支付投资者的利息。然而,偿还初级债务、任何资产投资方(股东)的利息或支付股息将受限于特定的偿还条件。通常包括以下条件:

1. 在高级贷款协议(在向次级债权人进行还款的情况下,为夹层贷款协

议)项下没有发生违约事件。

2. 除符合当前财务承诺的规定外,没有历史性或预期的财务承诺违约事件。

3. 高级债权人(在向次级债权人还款的情况下,为初级债权人)没有出具关于加速到期或强制执行高级债务的通知。

此外,如果借款人的效益很好,产生了超过预期的超额现金(尤其是在高级债务的一部分得到提前预付的条件下),则有可能商定股东可获得额外的分红。

如果允许的付款的某个条件没有得到满足,将自动或根据相关上级债权人的积极行动阻止支付初级或次级利息。这种积极行动通常以相关债权人向借款人、初级和次级债权人送达一份止付通知的形式进行。一旦止付通知送达,在其撤销之前(在有关偿付条件得到满足后),不得进行支付。

(四)资不抵债时的债务从属

此项规定旨在将初级债权人在借款人或担保人清算中(就初级债务)的索赔请求延展到高级债权人对高级债务索赔的请求之后,以及将次级债权人的索赔请求延期到高级和初级债权人索赔请求之后。为了强化这一立场,在初级债权人收到任何涉及初级债务款项(或次级债权人收到任何次级债务款项),与债权人间协议相悖的情况下,设立回转条款(turnover provision)使这些款项必须支付给高级债权人,以清偿任何未偿付的高级债务(或者在清偿高级债务之后交给初级债权人以清偿任何未偿付的初级债务)。

(五)对修改文件的限制

高级债权人和初级债权人将对高级债务文件和初级债务文件的修改(分别)作出承诺:

1. 高级债权人一般可修改高级债务文件。高级债权人同意不作出以下修改:

(1)增加保证金或潜在利率,改变利息计算的基础或高级债务的货币;

(2)财务承诺或违约事件实质上已过度超出对价;

(3)推迟最后还款日期(可能受限于预定最终还款日到期后一年的展期);

(4)增加高级债务的数额,可能是超过一个特定数额。向借款人提供的任何超出约定的高级债务限额的高级债务,将变成初级债务之后的次级债务。

2. 初级债权人同意不对初级债权文件做任何修改,除非:

(1)是对高级债权人的利益没有不利经济影响的修改;

(2)纠正排版错误和遗漏;

(3)相应的高级债务文件已经作出修改,或是高级债权人另行同意的修改。

对于次级债权人,其应做出广泛的承诺,不修改其任何文件。

(六)担保代理条款

如果有为高级债权人和初级债权人提供共同的担保(common security),则所有的高级债权人和初级债权人应当成为债权人间协议的当事方,并任命一个担保代理行代表他们行事,并代其持有担保权益。

如果高级和初级债权人有各自的担保,而且高级债务和/或初级债务是采用银团贷款的方式进行,则通常在高级贷款协议或单独的担保代理协议下,高级债权人将指定一个高级担保代理行;同时,在夹层贷款协议或单独的担保代理协议下,初级债权人将指定一个初级担保代理行。

第三节　先决条件相关文件

一、先决条件清单

先决条件清单主要是列明贷款协议要求的各项先决条件文件,并采用清晰明了的方式展示,以便确认相关先决条件的提交情况。下表是一个先决条件清单的样本。

先决条件清单表

序号	依据	文件名	签署方	盖章	原件/复印件	份数	负责方	完成情况/备注
交易文件								
1	贷款协议附件[·]第[·]条	贷款协议	(1)借款人 (2)贷款人 (3)贷款代理行	[·]	原件	[·]	[·]	[·]
2	贷款协议附件[·]第[·]条	费用函	(1)借款人 (2)贷款代理行	[·]	原件	[·]	[·]	[·]
3	贷款协议附件[·]第[·]条	[担保文件]	(1)借款人 (2)贷款人	[·]	原件	[·]	[·]	[·]
4	贷款协议附件[·]第[·]条	**[担保文件]附属文件**						
		[·]	[·]	[·]	复印件	[·]	[·]	[·]
公司组织文件								
5	贷款协议附件[·]第[·]条	**借款人**						
		(a)营业执照(或类似文件)	不适用	不适用	复印件	[·]	[·]	[·]
		(b)公司章程	不适用	不适用	复印件	[·]	[·]	[·]
		(c)股东名册	不适用	不适用	复印件	[·]	[·]	[·]

续表

序号	依据	文件名	签署方	盖章	原件/复印件	份数	负责方	完成情况/备注
5	贷款协议附件[·]第[·]条	[担保人]						
		(a)营业执照(或类似文件)	不适用	不适用	复印件	[·]	[·]	[·]
		(b)公司章程	不适用	不适用	复印件	[·]	[·]	[·]
		(c)股东登记册	不适用	不适用	复印件	[·]	[·]	[·]
公司授权文件								
6	贷款协议附件[·]第[·]条	董事会决议						
		(a)借款人	不适用	不适用	复印件	[·]	[·]	[·]
		(b)[担保人]	不适用	不适用	复印件	[·]	[·]	[·]
7	贷款协议附件[·]第[·]条	股东会决议						
		(a)[担保人]	不适用	不适用	复印件	[·]	[·]	[·]
		(b)[担保人]	不适用	不适用	复印件	[·]	[·]	[·]
8	贷款协议附件[·]第[·]条	董事证明						
		(a)借款人	不适用	不适用	原件	[·]	[·]	[·]
		(b)[担保人]	不适用	不适用	原件	[·]	[·]	[·]

续表

序号	依据	文件名	签署方	盖章	原件/复印件	份数	负责方	完成情况/备注
法律意见书								
9	贷款协议附件[·]第[·]条	[·]法律意见书	不适用	不适用	原件	[·]	[·]	[·]
费用支付证明								
10	贷款协议附件[·]第[·]条	根据贷款协议第[·]条借款人应付的费用、成本和开支支付证明	不适用	不适用	不适用	不适用	[·]	[·]
其他文件和证明								
11	贷款协议附件[·]第[·]条	[集团组织结构图]	不适用	不适用	复印件	[·]	[·]	[·]
12	贷款协议附件[·]第[·]条	贷款人认为必要的其他授权文件、其他资料、意见书或保证书	不适用	不适用	复印件	[·]	[·]	[·]
13	贷款协议附件[·]第[·]条	**以下各方的原始财务报表**						
		(a)借款人	不适用	不适用	复印件	[·]	[·]	[·]
		(b)[担保人]	不适用	不适用	复印件	[·]	[·]	[·]

二、先决条件确认函

先决条件确认函是指贷款人的律师对贷款协议中所列各项先决条件文件的确认。这是近年来国际信贷市场上，银行为了加强内控措施，降低内部操作失误而发展起来的。先决条件确认函一般包括以下内容：

1. 背景介绍

这一部分内容主要简要介绍贷款协议的内容和其中的定义。

2. 先决条件满足情况

本部分内容是先决条件确认函的核心内容，确认哪些先决条件已经获得满足（包括律师已经审阅确认符合条件，或者律师已经收到但是不属于律师审阅范围，例如财务报表），哪些先决条件已经豁免，或者哪些先决条件尚待进一步提供。

3. 确认函的受益人

这部分内容主要明确，确认函为收件人的利益而出具，未经律所事先书面同意，不得以任何方式向任何其他人披露，其他任何人不得以任何方式信赖确认函，不得以任何方式引述或公开确认函。

4. 适用法律

先决条件确认函一般需要明确适用法律。通常先决条件文件根据其文件形成地的法律来确认，例如董事会决议由公司所在地律师来确认。因此，跨境交易中需要相关司法区域的律师各自出具确认函，并由牵头律师合并后向贷款人出具。

三、先决条件豁免函

在先决条件实际无法满足或者无法在规定时间内满足的情况下，贷款人可能考虑豁免相关的先决条件，或者将先决条件改为后续条件（在贷款发放后一定时间内满足）。当然，并不是所有的先决条件都是可以豁免的，贷款人需要考虑相应的风险做出决定。

在银团贷款交易中，通常会在贷款协议中规定需要由大多数银行同意后放弃的先决条件，或者代理行可自行决定批准放弃的先决条件。不过，代理行在独自有权决策时会充分知会银团，才就重大事项作出决定。

如果借款人无法按时完成某项先决条件，其需要向贷款人提出先决条件豁免申请。申请文件往往由贷款人的律师起草，文件中一般会加入要求借款人保证在约定时间内完成被豁免的先决条件，否则将被认定为是一项违约事件。

第四节　法律意见书

一、法律意见书概述

法律意见书是针对某一交易或事项阐明法律结论或法律分析的法律文书。法律意见书的主要目的是：告知客户某一交易的法律后果；并向客户指出应进一步考虑并评估的法律风险。

法律意见书和法律意见并不是完全相同的概念。法律意见更为宽泛，涉及交易的方方面面，其表现形式可以是电话、邮件等非正式的方式。法律意见书一般针对交易中的重要法律问题，通常采用比较正式的信函格式。

在融资业务中，法律意见书通常由律师以书面形式向贷款人出具。根据不同国家的法律规定和惯例，法律意见书可能由借款人的律师出具，或者由贷款人的律师出具。法律意见书的重点在于确认交易文件对借款人或保证人（合称“债务人”）具有约束力，对债务人可执行。一般情况下，法律意见书会作为贷款发放的先决条件之一。

二、法律意见书的结构和内容

法律意见书一般包括背景、定义、审阅文件、调查询问、假设、法律意见、保留意见等内容。分别介绍如下：

（一）背景

背景部分主要介绍法律意见书所针对的交易以及相关的交易文件。同时也会说明出具法律意见书的律师事务所所承担的角色，即担任贷款人的律师，或者应借款人的要求而向贷款人出具法律意见书，以及就某个司法区域的法律出具法律意见。

(二)定义

如果法律意见书中定义的词语比较多,可以单独准备一个定义内容,对法律意见书中使用的特定词语进行定义。通常主要词语的定义会引用交易文件中的有关定义。

(三)审阅文件

为了出具法律意见书,律师需要审查相关文件,这些文件通常包括:

1. 交易文件

交易文件,即法律意见书所针对的交易所对应的文件,包括贷款协议、担保协议等融资文件。法律意见书需要核验这些交易文件为已签署的原件、复印件或是待签署的最终稿。

2. 公司主体资格文件

公司主体资格文件包括公司营业执照、章程以及其他证照。审查这些文件的目的是确认公司是依法设立并有效存续的。

一般情况下,律师审查这些文件的复印件,并要求公司加盖公章,同时确认这些复印件和原件一致,是真实、准确、有效、完整的。

3. 授权文件

债务人的公司授权文件,包括股东会决议、董事会决议(或者董事会会议记录)。这些文件应通过董事来确认其真实性、准确性和时效性。审阅授权文件的目的是确认交易文件的签署是经债务人内部程序依法授权的。

4. 其他文件

根据交易的不同,律师在出具法律意见书之前还需要审查一些其他文件。例如,如果交易含有外国法因素时,还需要审查外国律师的法律意见书。

(四)调查询问

调查询问部分说明律师为了出具法律意见书而实施的调查和询问。查询包括在第三方机构,包括政府机构进行的查询,例如土地使用权登记查询,商标登记查询,工商查询,等等。对于国内公司,目前有两项简易的网上查询。

1. 公司查册

对每一债务人都应进行公司查册。每一次查册的时间、日期和形式都应详细记录。

全国企业信用信息公示系统(http://gsxt.saic.gov.cn/)记载了国内企业的基本信息,以及其是否正常营业的情况。公示系统提供的信息包括:住所地、成立时间、经营期限、经营范围、股东名单、董事名单等。

2. 法院查询

中国执行信息公开网(http://shixin.court.gov.cn/)和中国裁判文书网(http://www.court.gov.cn/zgcpwsw/)可以查询到企业涉及的诉讼和执行的情况。

(五)假设

假设部分的内容通常针对事实情况以及与之相关的外国法问题。法律意见书中所作出的假设依具体情形而不同。典型的假设如下:

1. 交易文件的参与方(除债务人外)都经适当程序设立和运营,有能力、权利和资质签署交易文件、交付交易文件,依交易文件履行义务、行使权利,交易参与方均经正当程序授权、签署和交付交易文件。

2. 所有文件上所有的签字、盖章和印鉴都是真实的,所有的签字、盖章和印鉴都是实际由相关授权人士或经相关授权人士授权后签章的,所有文件正本是真实的,所有文件的复印件与原件一致。

3. 所有文件中表述的所有事实、陈述和信息(不包括法律结论)在所有方面都是真实、准确及完整的。

4. 交易参与各方均有偿债能力。

5. 每一债务人董事会的批准交易的会议均适时召开,组织和举办均符合对其适用的法律、法规,并且会议记录真实地记录了会议情况。董事会决议和股东会决议未作修改或撤销,且未全面实施并有效。

6. 对于外国债务人,根据其设立地法律为合法、有效、有约束力的文件。

7. 没有其他的会对法律意见书产生影响且未在文件检查和询问中披露的事实、问题或文件。

（六）法律意见

法律意见部分不包括对于事实的陈述，而应限于法律意见的表达。在融资业务中，法律意见部分通常会包括以下内容：

1. 债务人依法设立且有效存续。

2. 债务人有权利能力、行为能力和资质订立并交付交易文件，并依交易文件履行义务、行使权利。

3. 债务人采取了必要的法人行为授权订立和实施交易文件，并据此履行义务、行使权利。

4. 债务人在交易文件下的义务为合法、有效、有约束力且可执行的义务。

5. 债务人交易文件的执行和交付，依交易文件履行义务、行使权利不会也不将会与其依法授予的文件或任何现行的法律法规相冲突或与之相违悖。

6. 任何债务人执行和交付交易文件或依交易文件履行义务、行使权利无须获得同意、许可或类似行为，并且无须完成、实现或履行进一步的行为、条件或事项。如果有需要获得的审批或许可，则需要明确列明。

7. 选择适用的法律和争议解决方式是合法有效的。

8. 贷款人的请求权同其他无担保债权人请求权的效力一样，但根据法律享有优先请求权的除外。

（七）保留意见

法律意见书通常允许提出多种保留。几类典型的保留意见如下：

1. 什么是“有约束力、可执行的”的具体解释。例如，“可执行”，指当事方在其作为一方的各交易文件项下承担的义务属于法院认为可以执行的，但不是指该等义务必将在中国的法律程序中完全依其条款予以执行。

2. 规定交易文件中某一条款效力的限制的条款。例如，合同中约定合同条款的可分割性（部分条款无效不影响其他条款的效力）可能得不到法院的认可。

3. 规定文件需登记的条款。比如，外债贷款需在外汇管理局进行登记。

4. 与破产法有关的限制性规定。

5. 与外国法适用有关的规定。比如，某项义务是依据外国法律履行的，如果这样的义务履行根据该国法律违法或违反公共政策，那么这样的义务履行不能强制执行。

（八）其他

其他内容通常包括保密条款，即注明意见书仅为接受方（贷款人）的利益，不可向他人披露，且他人不得对此产生信赖。

同时法律意见书也会规定，律师事务所在法律意见书出具之日后不承担告知接受方任何变更的义务。

三、出具法律意见书注意事项

（一）利益冲突

律师对客户负有多项义务，其中包括律师应诚信行事，不得有损其独立地位，并且应为客户最大利益行事。除在有限的例外豁免情形下，如遇到利益冲突，律师有义务取消代理。

在实务中，尽管利益冲突可能不会发生，但获得客户书面知情同意还是有必要的。

（二）法律意见书的责任

律师事务所的责任明显的体现在法律意见书的措辞之中。因此，律师事务所在出具法律意见书时不应就该笔交易进行保证，但应（或其他合理依赖该法律意见书的接受方）就任何的疏忽和不实陈述而向法律意见书接收方负责。

（三）时间安排和相关的问题

法律意见书文本应早于交易之日确定，而非仅仅在交易结束之前。在交易结束之前，交易双方都承受着完成交易的压力，可能就会在没有理解相关的法律问题和法律分析的情况从非律师的角度接受了法律意见书。

早于交易之日确定法律意见书的文本可以让出具意见书的律师事务所考虑到研究中的问题，并让接收意见书的律师事务所提出意见书文本是否已充分体现客户目的的要求。

贷款融资业务中对于法律意见书的要求，通常会在贷款合同中先决条件部分作出规定。双方应就法律意见书的格式提前达成一致,而非“符合贷方要求”的法律意见书,以此来避免最后一刻提出的法律意见书修改。

法律意见书应与之相关的交易文件注明同样的日期。应该注意的是,通常情况下,在交易文件未被签署、注明日期和交付之前,不应在法律意见书中签名、标注日期和交付。这是为了确保法律意见书反映了交易执行之日的法律情况。法律意见书是根据其出具之日的法律而作出的。如果交易签署之前,相关法律有了相应的变化,应该参照最新的法律对法律意见书进行更新。

(四)其他考虑事项

在出具法律意见书之前还应采取以下措施:

1. 考虑出具法律意见书是否合适。

2. 理清法律意见书中需涵盖的问题(避免赘述不必要的问题)。

3. 尽量早于交易确定法律意见书的内容。注意文本中不熟悉、不确定的措辞。

4. 对于确定了的法律意见书文本要做足相应的调查、询问,把所有相关的文件考虑在内。在交易结束之前更新这些研究。

5. 确保符合内部要求,例如合伙人的同意、签字,事务所盖章等。

6. 在出具法律意见书之日更新相应的检索调查(例如企业信用公示系统上的查询)。

第五节 贷款转让文件

转让包括合同的权利转让和义务转让。在普通法中,转让合同的权利和利益有两种主要方式:让与(assignment)和更新(novation):

让与是将一方当事人在合同项下的权利转让给第三方。合同的利益是一种权利(可以选择行使),原则上可以由受益方自由转让。在贷款融资中,贷款人的主要权利是获得贷款清偿,主要义务是放贷。在没有新的贷款需要发放的情况下,贷款的让与才可以被接受。

更新是将一方当事人在合同项下的权利和义务转让给第三方的方式之一。严格地讲，原始的权利和义务并没有被转让，因为原合同已消失并被原合同的一方当事人和第三方之间的新合同所替代，该新合同在其他方面与原合同相同。最终的结果是受让人取代了转让人的地位。

一、贷款的让与

在贷款让与中，只有贷款人在贷款协议项下的权利转让；贷款人对借款人或其他债务人（提供担保的第三方或保证人）的合同义务并不会被转让。如果需要转让贷款人对借款人（或其他债务人）的义务，例如，在贷款未完全发放完毕的情况下，对贷款人而言签署更新协议可能更合适一些，而非让与协议。

（一）通知或同意

贷款让与需要通知债务人。一旦对让与进行了通知，借款人（和任何其他债务人）将会向受让人履行义务。

一些贷款协议包括了对贷款人转让权利的限制或禁止，可能绝对禁止，或必须由借款人作出同意。一些借款人可能会对贷款协议条款进行谈判，限制其对特定种类的受让人进行转让，例如，限于初始贷款人认可的银行、金融机构或分支机构。如果贷款协议中约定明确，让与的限制通常是有效的。

在签署让与协议之前，让与人应当审查贷款合同（以及任何担保或保证协议）以查明贷款人的让与是否有所限制或禁止。如果有，让与人应该联系借款人（以及其他的债务人或相关的交易对方）以请求获得他们明确的让与书面同意。

（二）法定让与和衡平让与

普通法下，让与分为法定让与和衡平让与。法定让与和衡平让与有一个重要的区别是受让人能否以自己的名义起诉。在法定让与中，受让人能够以自己名义向借款人（或其他任何债务人）提起诉讼而不必通过让与人。然而在衡平让与中，受让人不能以自己的名义提起诉讼，而需要加入让与人作为当事人共同参加诉讼。

让与协议是为了创设法定让与,因此必须满足以下条件:

(1)让与必须采用书面形式;

(2)让与必须是绝对的(无条件且不可撤销的);

(3)让与必须通知给其他合同当事人(借款人和任何第三方保证人或担保提供人)。

为了避免因不能达到法定让与而被视为衡平让与的问题,受让人可能希望加入一项条款,即在让与本质上为衡平让与时,要求让与人参与对任何有关交易对方提起的诉讼。

二、贷款更新

贷款的让与并不包含义务的转让,在贷款未完全发放完毕的情况下,贷款人需要签订贷款更新协议来转让其义务。

(一)贷款更新的优势

贷款更新比贷款让与具有以下优势:

1. 受让人与借款人之间产生直接的合同关系。

2. 贷款更新避免了借款人主张抵销或对转让人的剩余义务提出反诉的情形。

3. 贷款更新并不产生税负,同样也不产生印花税。

4. 贷款更新允许转让人将此项贷款从其资产负债表中划除。故此项贷款将不影响其资本充足率的计算。

(二)借款人同意

由于贷款更新将旧的贷款协议终止,并代之以新的贷款协议,所有当事方,包括受让人都需要同意此项更新,以使其有效。而贷款让与则不需要此种同意。

得到借款人的同意可能耗费很长时间和费用,这成为贷款人想要快速出售贷款的限制。同意将通过以下方式获得:

(1)借款人履行贷款更新协议的行为将被推断为其已同意。

(2)借款人在贷款更新协议中同意或签署同意函。如果贷款协议明确禁止贷款转让或规定在贷款更新生效前存在通知或咨询期限，那么则需要获得借款人的明示同意。

若借款人没有对贷款更新同意，那么在贷款协议没有特别限制或从借款人的行为可以推知其同意的情况下，仍可以进行贷款更新。对借款人行为进行推定是存在风险的，因此建议获得明示的同意。

三、贷款转让需要关注的问题

（一）对价

根据英国判例，法定让与不需要对价，因为双方之间的承诺通常已经足够了[①]。然而，在大多数让与中通常都有明确的对价要求，因为作为让与人转让债权的交换，让与人通常要求受让人按照转让所涉债务的金额付款。如果包括单独的对价，则必须支付对价以实现法定让与。任何附加于让与的条件必须获得满足以保证该让与是绝对的。如果不能满足全部条件，则让与只能是衡平法上的让与。

贷款更新过程中，由于更新创设了新的合同，则需要对价。当事方之间的承诺，以及受让人对贷款的支付则被视为适当的对价。

（二）贷款协议是否存在保证或担保

贷款协议通常是存在保证和/或担保的。让与协议提供了一种选择，可将支持担保或保证的利益转让给受让人。如果债务有担保，受让人将希望确保任何保证或担保的利益有效地转让给自己。如上所述，让与并不会转移贷款人在担保或保证文件下的义务。适用于债务转让的事项同样也适用于保证或担保的转让。

更新协议存在的前提是贷款协议不存在担保或保证。但是，贷款协议常常存在担保或保证。由于更新协议终止了原贷款协议并创设新的贷款协议，它为贷款的担保带来了一些难题。当更新一份存在担保（或保证）的双方贷款协议时，原来向转让人出具的担保或保证则应被解除并重新设立。受让人无法直接

---

① 参见 *Harding v. Harding*［1886］17 *QBD* 442。

受让原担保或保证,因为原债务由于贷款的更新必须被解除。

受让人通常要求设立新的担保或保证,但是新设保证或担保可能存在以下问题:

(1)可能会存在较高花费并且存在审批困难;

(2)会设立其他期限;

(3)会影响担保权利的优先性。

为应对这一问题,在实践中,贷款人会任命担保代理人(security trustee/security agent)来管理向贷款人出具的担保。受益人(或多名受益人)会在不违反担保受托要求的情况下时常变化(根据借款人或其他融资方的不同)。但是,担保代理制度安排常常出现在银团贷款中,很少出现在双边贷款中。

(三)部分转让

权利部分转让并没有法律上的限制。但是需要注意的是,大多数双边贷款协议当然不包括与超过一个贷款人进行交易的必要机制(如规定进展中的决议或处理贷款人之间的款项分配的条款),因此双边贷款的部分转让操作比较复杂。但是,这在银团贷款中则不是一个问题。

贷款人想要在双边贷款协议下处理其贷款的一部分时,可能会考虑采用从属参与的方式。

(四)税务

让与可能会产生税收问题。例如,让与可能会产生印花税,因为它可能被视为财产转让,这意味着任何影响转移的手段都可能是要交印花税的。基于让与,在贷款协议下贷款人的身份变化也可能影响受让人根据贷款协议对预提税享有包税的权利。

更新也会产生税收问题。例如,受让人在贷款协议项下基于包税和预提税说具有的权利会受到影响,特别是在受让人和转让人不属于同一个司法区域的时候。贷款人转让一项贷款协议(如银团贷款协议)项下的贷款,其中会包含限制新贷款人从包税、税务补偿或成本增加条款中获益的权利。为了保护借款人,这些限制往往会限制受让人获得比转让人更多的权益。

(五)陈述和保证

让与人和受让人的律师需要考虑让与人应在多大程度上向受让人做出陈述和保证。这往往取决于双方的地位和他们的议价能力。通常受让人可能希望从让与人那里得到的陈述是该协议已正式签署且他们有能力和资格签署该让与协议。受让人还可以尝试纳入由让与人作出的额外陈述条款,其中涉及要转让的资产(债务)的质量和价值,例如,被转让债务不受借款人在转让时可能对此会行使的或在通知转让时行使的抵销的影响。

Chapter 6

第六章

国际银团贷款

第一节　银团贷款介绍

一、银团贷款的概念和起源

银团贷款（syndicated loan），是指两家以上的银行或其他金融机构组成银团，按照相同的贷款条件，共同与借款人订立银团贷款合同，按约定比例提供资金给借款人的一种授信行为。银团贷款通常贷款金额庞大，并且多为中、长期贷款。

银团贷款的产生主要是借款人拟借款金额过于庞大，银行基于监管的限制及贷款风险分散等考虑而组成银团发放贷款给借款人。同时，银团贷款使不同的金融机构得以有机会以一个相同的条件参与同一个贷款交易。银团资款如有来自不同国家或地区借款人与银行或其他金融机构所参与，则称为国际银团贷款。国际银团贷款起源于1960年，伴随着欧洲美元（eurodollar）和国际银行间市场（inter-bank market）的发展而发展。目前国际银团市场是很大也非常具有弹性的国际资金市场之一。

我国的银团贷款市场起步较晚。中国银行业协会在2006年成立银团专业委员会，开始推进我国银团贷款一级市场发展以及推动银团贷款二级市场建设。

二、银团贷款基本原则

为了更好地理解银团贷款，有必要先了解银团贷款的几个基本原则。

（一）共同放贷

共同放贷，是指多个贷款人以相同的条件向同一借款人提供贷款。与单个贷款人单独放贷相比，共同放贷有利于开展大额贷款项目，节约时间和费用成本，同时也可以提高贷款人的谈判实力。

（二）独立义务

银团贷款中，虽然贷款人是共同放贷，但是各个贷款人的放贷义务是独立的。也就是说，每个贷款人仅就其承诺额部分承担责任。如果某个贷款人不放贷，别的贷款人没有义务代替该贷款人发放贷款。而且，如果贷款到期应付而未付，各个贷款人有权单独对借款人的违约主张权利。

（三）银团民主

银团民主，是指银团贷款中银团事务需要通过民主程序来决策，各贷款人的权利也按照比例分享。如果银团成员需要就某些事项进行投票表决，每个贷款人的表决权以其承贷额度占总承贷额度的比例计算。取决于决议事项的不同，表决通过所需的表决权也不同。重大事项往往需要多数贷款人同意，即占总承贷额 2/3 的贷款人；一般事项则一般只需要占总承贷额半数的贷款人通过；极个别事项可能需要全体贷款人通过。

银团贷款协议约定需要决议的事项的条款中会具体规定获得通过需要的表决权。需要多数贷款人批准的重大事项一般限于：放弃或豁免某项先决条件，豁免某项违约或者违约事件，决定贷款加速到期等。需要全体贷款人通过的事项包括支付条款，改变受偿的优先顺序等。

银团贷款中，多数贷款人（majority lenders）是银团贷款中必不可少的一个概念。由多数贷款人做出的决定，银团中的每一成员都需要遵守。多数贷款人常见的定义如下：

“多数贷款人”指：

(a)如当时并无尚未清偿贷款,指其承贷额合共占总承贷额的2/3以上的一名或以上贷款人(或如总承贷额减降至零,则在紧接上述减降前共占总承贷额的2/3以上者);或

(b)在任何其他时间,指在当时尚未清偿贷款总额中其参与额占2/3以上的一名或以上贷款人。

"Majority Lenders" means:

(a) if there are no Loans then outstanding, a Lender or Lenders whose Commitments aggregate more than 2/3 of the Total Commitments (or, if the Total Commitments have been reduced to zero, aggregated more than 2/3 of the Total Commitments immediately prior to the reduction); or

(b) at any other time, a Lender or Lenders whose participations in the Loans then outstanding aggregate more than 2/3 of all the Loans then outstanding.

由此可见,银团贷款所涉及的事项需要通过民主程序来决策,其中一家贷款人往往很难全权决定全部事项。这是银团贷款的优势,但可能也是银团贷款的缺点之一。当然,如果借款人发生了违约,单个贷款人还是可以单独主张其权利。

第二节 银团贷款成员及其职责

银团贷款的组成成员除借款人以外,就是提供融资资金的银团。银团通常包括主办行(arranger)、参贷行(participating bank)及管理行或称代理行(agent)等成员。国际大型的银团贷款或是项目融资案件甚至有配合当地国情、融资架构而有承销行(underwriter)、担保代理行(security agent)、信托管理行(trustee agent)、文件准备行(documentation agent)等成员。

一、主办行

主办行又称为安排行、牵头行或者牵头主办行，是资金供需双方最主要的中介者，负责贷款的签约及宣传等各项事宜。主办行由借款人委任，什么银行能担任主办行一般由其声誉、能力、信用及与借款人往来关系等因素决定。

（一）主办行的职责

银团贷款协议中没有专门条款约定主办行的职责。但是实务中主办行的职责包括：

1. 分析借款人的信用与财务状况、评估贷款项目的可行性以及决定组建银团的可能性。
2. 拟订银团贷款主要授信条件（terms and conditions）。
3. 编写银团贷款信息备忘录（information memorandum）。
4. 确定贷款额度承销策略及筹组银团。
5. 聘请律师草拟银团贷款文本。
6. 安排签约仪式及公开宣传。

（二）安排费

主办行通常都会向借款人收取安排费，作为牵头筹组银行的报酬。主办行往往不希望其他参贷行知道具体的安排费，所以安排费由主办行和借款人单独签署费用函来约定，而不会在贷款协议中约定。

（三）主办行的责任限制

实践中，主办行推动银团贷款时多会在贷款协议中加入保护条款，向参贷行表示参贷行不能依赖主办行的行为进行判断。除下文提及的适用与主办行和代理行的保护性条款外，银团贷款协议中还有一个专门针对主办行角色的条款。这一条款通常约定：除在融资文件中特别订明外，安排行无须在融资文件项下或就融资文件对任何其他协议方承担任何责任。

主办行对参贷行承担哪些义务，法律上并不明确，但是参贷行有可能会主张主办行有默示的尽职义务。这个条款的主要目的就是要排除这些可能被主张的默示义务，限制主办行的责任，保护主办行的利益。

(四)主办行承销贷款的方式

依主办行主办银团贷款时所承担的分销(distribution)任务来分类,可分为以下三种募集方式:

1. 包销

包销(fully underwriting)又称全部承销,指由主办行负责筹足全部贷款金额,若未来贷款分销情况不如预期,无法筹足全部金额时,即由主办行自行承贷筹募不足部分。

2. 代销

代销(best effort underwriting)是指主办行承诺尽最大的努力邀请参贷行参与银团,但是如果无法筹足全部贷款时,主办行不负认贷差额的责任。

3. 部分承销

部分承销(partly underwriting)是指主办行承诺在一定金额内,负全部认购的责任,但超过部分,只尽最大努力去邀请其他参贷行。

二、代理行

代理行也称为贷款代理行或者管理行。由于主办行的工作职责在贷款协议签署后就已经结束,代理行将后续担任借贷双方间的桥梁,负责银团资金的发放和回收及其他后续相关事宜。实践中代理行多由主办行担任。

代理行在银团贷款中起重要的桥梁作用,因此银团贷款协议中有较多的条款约定代理行的角色,这些条款包括代理行的任命、代理行的职责、代理行的权利、贷款人对代理行的补偿、代理行的更换等。

(一)代理行的任命

银团贷款协议中有专门条款规定代理行的任命。这个条款通常约定,各融资方委任代理行作为其在融资文件项下及有关事务的代理;并授权代理行行使融资文件项下的权利、权力、授权、酌情权等。

代理行是银团成员的代理人,而不是借款人的代理人,所以代理行将基于贷款人的指示行事。

（二）代理行的职责

银团贷款协议中很多条款都约定了代理行负责的事务，除此之外，银团贷款协议中往往另外有一个专门条款约定代理行的职责。这个条款主要明确以下事项：

1. 代理行应将任何协议方向代理行提交给予另一协议方的任何文件的原件或副本转交予该另一协议方。如代理行收到由任何协议方发出提及本协议、说明某违约情况及表示某情况为违约的通知，代理行须尽快通知各融资方。

2. 代理行并无责任审阅或检查代理行向另一协议方转交的任何文件的充足性、准确性或完整性，除非融资文件中特别另有规定。

3. 如代理行发现任何人士未支付贷款协议规定应支付予任一融资方（不包括代理行或安排行）的任何本金、利息或费用，代理行应尽快通知其他融资方。

4. 代理行在融资文件项下的责任仅属机械及行政性质，除在融资文件中明文规定者外，代理行概无其他责任。

代理行职责条款表明代理行是借款人和贷款人之间的一个媒介，其职责主要是事务性的。代理行不会愿意承担风险，因为其收取的代理费通常很低。另外，银团贷款人也不愿意将贷款事务涉及的一些决策权交给代理行，也希望限制代理行的职权范围。综观银团贷款协议，代理行的事务性工作包括：

（1）依据银团贷款协议约定的提款先决条件审核借款人的提款应具备文件及要件；

（2）作为贷款人和借款人之间的纽带，将向参贷行承诺发放的贷款转拨给借款人；

（3）根据贷款协议规定确定利率，计算利息；

（4）借款存续期间的收息、还本或其他手续费收付款项等有关参贷行的通知及统筹转拨手续；

（5）实施有限的监管义务，监督借款人确实依银团贷款协议规定履行各项承诺及义务，如财务报表、保险等；

（6）处理违约事件，采取必要保全措施甚至发起诉讼；

(7)召开及主持贷款存续期间内银团会议。

(三)代理行的权利

代理行的权利条款主要规定代理行享有哪些权利。其目的是排除代理行可能承担的相关责任。除收取代理费外,代理行享有的其他权利还包括:

1. 依赖其相信为真实、正确及已获适当授权的任何陈述、通知或文件,且并无责任核证任何文件上的任何签字;及声称由任何人士的董事、授权签署人或雇员就任何可合理假设属其知识范围之内或在其能力范围内可予证明的事项所作出的陈述。

2. 聘任何律师、会计师、测量师或其他专家、向其付款并依赖其意见或服务。

3. 通过其员工或代理人办理有关融资文件的事务。

4. 向其他协议方披露其合理认为在贷款协议项下以代理人身份收到的任何信息。

(四)代理行的更换

由于银团贷款的代理行可能发生变更,为了便于管理贷款,银团贷款协议中有专门的条款规定代理行的辞职与新代理行的任命机制。代理行辞职和新代理行任命的流程一般如下:

1. 代理行可在向其他融资方及借款人发出通知后辞职。在此种情况下,多数贷款人(在与借款人协商后)可委派继任的代理行。多数贷款人可在与借款人协商后向代理行发出书面通知后要求代理行辞职。

2. 如多数贷款人在接获辞职通知后规定的时间(通常为30日)内未能委任继任代理行,代理行可与借款人协商后委派继任代理行。

3. 退任代理行应向继任代理行提供继任代理行为履行融资文件规定的代理行的职责可合理要求的文件及记录及提供有关协助。

4. 代理行辞职通知在继任代理行获委任后生效。在委任继任代理行后,退任代理行再无责任承担融资文件的任何进一步责任。

（五）对代理行的保护

除代理行的任命和变更流程外，银团贷款协议还规定了一些对代理行保护的条款。由于代理行收取的代理费通常很低，所以代理行都要求有这些条款对其进行保护。

1. 代理行责任豁免

代理行责任豁免条款是在其他条款之外进一步限制代理行责任的条款。主要从以下几个方面限制代理行的责任：

（1）除非直接因代理行的重大疏忽或蓄意不当行为所致外，代理行不会就其按任何融资文件或有关的情况下作为或不作为而承担责任。

（2）任何协议方（代理行除外）不得就其对代理行的任何申索或就代理行的任何主管人员、雇员或代理人在任何融资文件项下任何形式的作为或不作为而对代理行的该主管人员、雇员或代理人提出任何程序；代理行的任何主管人员、雇员或代理人可依赖本条行事。这个条款是为了避免对代理行的雇员提起诉讼。

（3）如代理行已采取所有需要的措施，并合理切实可行地尽速遵照融资文件规定代理行须贷记账户而采用的结算及交收系统的规则或操作程序办理，则代理行无须为有关的任何延误（或任何有关后果）负责。

2. 贷款人对代理行的补偿责任

由于代理行是全体贷款人的代理人，代理行由于履行代理人的职责而遭受的所有损失，贷款人应该向其补偿，除非代理行已获借款人按融资文件偿付。因此，银团贷款协议中会有一个责任补偿条款。各贷款人按其在总承贷额中所占份额比例承担补偿责任，如当时总承贷款为零，则按照在紧接减降至零前其在总承贷额中所占份额。补偿范围限于代理行因按融资文件担任代理行而遭受的任何费用、损失或责任，但代理行有重大疏忽或蓄意不当行为的除外。

3. 信息保密

银团贷款协议中还常见有关于代理行信息保密的条款。这个条款规定，代理行通过其内部部门行事，如代理行其他部门收到任何信息，而该信息被视为该部门的保密信息，则代理行视为从未知悉有关信息。

这个条款的目的是排除由于代理行内部防火墙的要求而造成代理行无法

及时披露相关信息而可能产生的责任。根据贷款协议,如果代理行获悉借款人违约的情况,其应当立即通知全体贷款人。但是,如果代理行内部其他部门通过其他交易得知借款人潜在的违约情况,而由于防火墙的要求这些信息不会在代理行内部各部门共享,因此履行代理行职责的部门无法得知这些信息,也就无法通知贷款人。

4. 与贷款人的关系

每一贷款人均有权通过其主办分行根据贷款协议收取款项,代理行有权信赖这一点,除非代理行提前收到变更通知。只要代理行按照贷款协议约定的分行和账户进行支付,则代理行就不承担责任。

5. 代理行应支付的款项的扣减

如任何一方根据融资文件欠负代理行任何款项,则代理行在向该方发出通知后,可从代理行根据融资文件原应向该方支付的任何款项中扣除相应款项用作清偿该欠款。在进行扣减后,该方视为已从代理行收到扣除的款项。

这个条款的目的是授予代理行一定的抵销权,从而使代理行有动力去履行其作为代理行的义务。值得注意的是,该抵销权仅限于债权债务都发生在融资文件项下。

三、参贷行

参贷行是参与银团贷款的贷款人。参贷行依照银团贷款协议的约定,按参贷比例履行拨款或其他应尽义务。一般参贷行多半希望借由参与银团贷款来增加与某些客户往来的机会,提高知名度,获取相关专业知识及经验,同时使其授信对象多元化。

每一位参贷行既是一位贷款人,同时也是一位融资方。

四、融资方

融资方(Finance Party)是签署银团贷款协议的当事方中除了借款人(以及保证人,如果保证人也是签约方)以外的所有其他银行当事方,包括主办行、代理行以及所有贷款人,以及其他银行机构。融资方是银团贷款协议中的一个重要概念。协议中涉及借款人权利义务相对方的时候,一般都使用融资方。

五、其他方

因银团贷款架构的复杂程度不同,银团贷款交易中有时还需要有账户行(account bank)、保险机构(insurance)及担保代理行等其他当事方。

账户行负责开立和监管借款人的账户。账户行一般有代理行担任,但也可能由其他银行担任。

担保代理行代表全体贷款人的利益持有担保权益。担保代理行通常由代理行担任。如果由不同的银行担任,则贷款协议中有必要区分担保代理行和贷款代理行,二者都被称为代理行,有关代理行的责任条款都可以适用。

第三节　主办行和代理行的责任限制

在银团贷款交易中,主办行和代理行非常注意保护自己,限制自己的责任。因此,在银团贷款协议中会加入一些特别的条款来限制主办行和代理行的责任。除那些单独针对代理行的条款外,同时适用于主办行和代理行的责任限制条款有三个主要条款:无信赖义务、文本制作责任和信贷评审。

一、无信赖义务

当代理行或者主办行行使权利或者进行自主决定的时候,可能会引起信赖义务(fiduciary duties)。信赖义务是普通法中的一个概念,出现在很多不同法律领域,不同情况下表现形式不同。信赖义务并没有一个法定的具体标准,司法实践倾向于使用信赖义务为易受伤害的一方遭受的损失提供救济。在银团贷款交易中,各融资方都是专业的金融机构,都有自己的专业判断。因此,主办行和代理行对融资方承担信赖义务是不合理的。所以,贷款协议会有专门的条款,排除代理行或主办行作为任何其他人士的受托人所可能产生的任何信赖义务。

中国法律中并没有信赖义务的概念,因此,适用中国法律的贷款协议中可以不用约定信赖义务条款。

二、文本制作责任

银团贷款协议中包含文本制作责任条款，排除主办行和代理行对其他融资方承担任何文本方面的法律风险，具体包括以下几个方面：

1. 主办行或代理行均不就代理行、安排行、债务人或任何其他人士在任何融资文件或信息备忘录或就该等文件提供的任何信息（口头或书面）的充足性、准确性及完整性承担任何责任。

2. 对于因任何融资文件而订立、制订或签署的或与之相关的任何其他协议、安排或文件的合法性、有效性、效力、充足性或可执行性，主办行或代理行不承担任何责任。

3. 对于已经或者即将向融资方提供的任何信息是否属于非公开信息，是否有相关法律或监管规定限制其使用，主办行或代理行不负责这方面的判断。

由于各融资方都是专业金融机构，有足够的能力去判断文件资料的真实性和交易的合法有效性，因此各融资方不能依赖代理行或主办行。上述第三点主要针对二级市场交易，可能含有价格敏感信息，所以要排除主办行和代理行做判断的责任。

三、信贷评审

银团贷款业务要求每一贷款人向代理行及安排行确认，该贷款人已经并将会继续单独负责进行对任何融资文件项下及有关的所有风险的独立评估和调查，包括但不限于：

（1）借款人的财务状况、地位及性质。

（2）任何融资文件、基于任何融资文件或与之相关的文件而订立、制定或签署的其他协议、安排或文件的合法性、有效性、效力、充足性或可执行性。

（3）该贷款人是否可根据任何融资文件或与之相关的文件而签署的任何其他协议、安排或文件，对任何一方或任何其各自的财产拥有追索权及该追索权的性质和范围。

（4）代理行、任何一方或任何其他人士根据或就任何融资文件、融资文件项下拟进行的交易、基于任何融资文件或与之相关的文件而订立、制定或签署的任何其他协议、安排或文件所提供的信息备忘录及任何其他信息的充足性、准确性和完整性。

通过各贷款人明确声明其没有依赖代理行和主办行对借款人的信贷评审，而是独立进行了信贷评审，从而限制主办行或代理行可能承担的潜在责任。

类似主办行在这方面的责任排除，在英国上诉法院的 *IFE FUND SA v. GOLDMAN SACHS INTERNATIONAL*① 一案中得到了明确的支持。该案中，高盛国际作为债券主承销商筹划一笔债券融资用于一个并购交易。上诉人 IFE 基金公司认购了其中一部分债券，最后债券发生无法偿还，IFE 基金公司遭受了重大损失。在交易过程中，高盛国际通过其聘请的审计师发现被收购公司可能存在账务作假，高盛国际要求审计师进一步核查，但并没有将审计师提出的质疑告诉 IFE 公司。后来的事实证明被收购公司的确存在账簿作假，并进入了破产程序。IFE 诉高盛国际没有尽到合理注意义务，要求高盛国际赔偿。上诉法院驳回了 IFE 的请求，理由是，高盛国际并不是 IFE 的顾问，不对其负有合理注意义务；并且债券文件中有明确的条款排除主承销商在这方面的责任。

第四节　贷款人及各贷款人之间的关系

一、贷款人自身事务处理

银团贷款业务中，各个贷款人有权独立安排自身的事务，尤其是涉及税务方面。具体而言，包括：

1. 贷款人可以以其认为适当的任何方式处理其事务（税务或其他事务）。

2. 贷款人没有义务调查或申索任何抵扣、减免、退款或还款或任何申索的范围、状况和形式。

3. 贷款人没有义务披露与其任何事务（税务或其他事务）或任何税务计算

① ［2006］EWHC 2887（Comm）.

有关的任何资料。

二、贷款人之间的款项分配

在实务中,有可能某一个贷款人非根据贷款协议规定的付款机制单独从借款人或其他债务人那获得利益,例如借款人发生破产时贷款人基于破产法行使抵销权,将贷款人欠付借款人的款项与贷款人因此根据银团贷款从借款人处收取的款项相抵销。根据银团民主的原则,这一抵销款项应当在各贷款人之间按承贷比例进行分配。为了保证各贷款人能按比例平等分享,银团贷款协议中有必要设置专门的条款,规定这一款项的分配,主要内容包括以下几个部分:

(一)给某融资方的付款

当某一融资方("收款融资方")从债务人处收到的用来支付根据融资文件欠负的款项时,该收款融资方需要在约定的时间内(通常为3个营业日)将收到的款项的详情通知代理行。代理行决定收到的款项是否超过收款融资方根据银团贷款协议应获得支付的款项(在不计算代理行就收到的款项会被征收的税项的情况下)。如果不足,则收款融资方无须向代理行支付。如果超过,收款融资方须在代理行发出要求其在约定的时间内(通常为3个营业日)向代理行支付相等于收到或讨回的款项减去代理行认为收款融资方可保留份额后的款项("待分配款项")。

(二)款项再分配

代理行收到待分配款项后,这笔款项将视作由有关债务人支付,并按照各贷款人的承贷比例分配给各贷款人,收款融资方除外。

(三)收款融资方的权利

在各贷款人按比例收到待分配款项时,债务人就该款项的义务才视为已经履行。在待分配款项分配给各贷款人之前,债务人就该等应付款项的支付义务应视为尚未履行。对于收款融资方而言,尽管其已经从债务人处收到款项,但是债务人对收款融资方的支付义务并不能视为已经履行。在这段期间内,收款融资方仍然有权向债务人主张支付义务。银团贷款协议中会有这样的条款,明确收款融资方的这方面权利。

（四）分配款项的返还

如果收款融资方收到某款项的任何部分应由收款融资方偿还，那么已经获得分配该款项的各融资方须在代理行提出要求后，向代理行返还该款项；并且收款融资方有关任何偿还款的代位权会被取消，有关债务人应当向偿付的融资方支付按此偿付的款项。

（五）除外情况

上述关于贷款之间分配的方式有一些例外，主要包括以下几个方面：

1. 如收款融资方根据贷款协议支付任何款项后并不能对有关债务人享有有效及可执行的申索，那么上述分配不适用，也就是说收款融资方无须向其他融资方支付。

2. 如果收款融资方已向其他融资方发出有关法律或仲裁程序的通知；并且另一融资方有机会参与该等法律或仲裁程序，但在获通知后并未合理切实可行地尽快参与亦并未采取另外的法律或仲裁程序，那么收款融资方并非必须与任何其他融资方分享其因采取法律或仲裁程序而收回或讨回的款项。

三、违约贷款人

违约贷款人条款并不是银团贷款协议中的必备条款，但是有经验的借款人会要求加入这一条款。所谓违约贷款人，是指未能按照融资文件的约定提供贷款资金的贷款人，例如其发生了破产事件，或者通过书面通知的方式告知代理行其将不打算提供贷款资金。

如果是由于技术或者管理上的原因导致贷款人未能按时发放贷款，则不应视为违约贷款人，但应在约定的时间内补救。此外，如果某贷款人有合理的理由说明其不发放贷款的原因，则其也不应被视为是违约贷款人。

出现违约贷款人的情况时，其他贷款人并没有义务代替其履行放款义务，但是这会赋予借款人相应的权利，这些权利包括：

(1)借款人有权取消违约贷款人的承贷额，并且立即生效。该额度可以由借款人选择的新贷款人或其他贷款人中的一个承继，该承继可以立即发生也可以在后续某个时间发生。

(2)借款人可以不向违约贷款人支付承诺费。

(3)借款人有权要求违约贷款人将其承贷额转让给新的贷款人。

(4)借款人可以取消借款人未提用的违约贷款人的承诺授信额度。

(5)违约贷款人在其被取消的承贷额度范围内被剥夺相应的权利。

(6)要求违约贷款人将其在相关授信额度中的参与部分按其账面金额转让给一个新贷款人。

(7)如果违约贷款人是代理行,则其将成为一个"瑕疵代理行",从而触发相应的"瑕疵代理行"的相关规定。

违约贷款人在得知其成为违约贷款人时并没有义务通知借款人。而且代理行在得知某个贷款人成为违约贷款人时也没有义务通知借款人。但是,代理行可以披露违约贷款人的身份。

贷款协议通常还可以确立一个机制,即借款人可以要求另一贷款人(包括新贷款人)承继某一违约贷款人的可提用承贷额(同时取消违约贷款人的相应额度)。该"新增"的贷款人通常要求签署一份"增加承贷额确认函"。不过,借款人也可能因此需要向代理行或新增贷款人支付相应的费用。

Chapter 7
第七章

国际债券发行

第一节　债券基础

发行债券是筹措资金的一种方式。发行人通过向债券持有人出售债券借用资金,并向债券持有人承诺在将来的某到期日偿还本金,通常情况下还应支付利息。债券是可以在资本市场上交易(买入和卖出)的债务证券的一种。

一、债券术语

发债交易以及债券市场上有很多专业术语,其中有些在字面上具有一定的迷惑性,有些可以互换使用。以下是其中的一些基本术语:

债券/票据:债券经常被称作票据。这两个词在内容和形式上都没有什么区别,因此可以互换使用。历史上,“债券”一词用来指那些期限较长(通常超过7年)的证券,“票据”一词用来指那些期限较短(不超过7年)的证券。但现在这一区别已经很模糊了,那些通过发行计划发行的债券,或者利率浮动的债券,无论期限长短,常常都被称为票据。

债息:债券应当支付利息(通常按季度或者半年支付)的利率。在英文当中,债券所附带的息票与“债息”一词相同,都是“coupon”。

债务证券:证明发行人承诺向持有人在未来的特定到期日支付借用资金(通常还包括利息)的债务文书。这些文书通常可以表现为很多不同的形式。

欧债:欧债(eurobond)其实是指国际债,是以外币计价并销售给外国投资者的债券。英文单词中的“欧洲”一词其实与欧盟或者欧元都没有任何关系。

国际资本市场协会(ICMA):国际资本市场上的投行和证券公司组成的交易协会,它推荐并指定供发行人和主承销商遵守的指引。这些指引被视为是行业标准,在可行的情况下都需要遵守。这些指引收录于国际资本市场协会一级市场手册(IPMA handbook)。

投资级:标准普尔评级公司评定的 BBB - 或以上的评级,或者穆迪评级公司评定的 Baa3 或以上的评级,或者惠誉评级公司评定的 BBB - 或以上的评级。拥有此评级的债券称为投资级债券。

中期票据(MTN):债务期限自发行日起超过 1 年的债券。中期票据通常都通过中票计划发行。中票计划可以让发行人在一个最高额度内多次发行中期票据。这对发行人非常有利,因为发行人不需要每次发行时都准备大量的法律文件。后续每次发行时,只需要提供定价补充文件和针对具体某期债券修改相应的披露文件。这使债务融资更快捷,成本更低。因此,许多大公司都通过设立中票计划来实现融资需求。

S 规则:S 规则允许美国以外销售的证券在符合一定的条件下可以豁免美国 1933 年《证券法》第 5 条规定的登记要求。这些条件根据发行人的类型(美国发行人还是非美国发行人)和证券的类型而有所不同。

二、债券分类

债券可以分为很多类型。区分债券类型的标准包括发行主体的分类、利息或者支付方式,特定的特征等。常见的债券分类包括以下几种:

(一)按发行主体分

企业债:企业发行的债券,为企业的经营活动提供融资。

政府债:政府发行的债券。政府债券通常比企业债风险低,因为一般而言政府发生违约的可能性较小。

（二）按利息分类

按照利息和支付方式不同，债券可以分为：

固定利率债券：债券的利息在发行时就固定，而且在整个债券有效期内保持不变。

浮动利率债券：浮动利率债券通常称为票据，其利率是变动的。通常利率以基准利率加利差来表示，基准利率可以是 LIBOR，EURIBOR 或其他。

可变利率票据：票据的利率是可变动的，通常按照事先确定的时间点或是否发生特定的事件而提高或降低利率。

无息债券：不计利息的债券，其发行价格低于债券票面价值，而债券到期时债券持有人收到的款项等于全额的票面价值。

（三）按特征分类

债券根据其各自的特征可以分为以下几类：

普通债券：没有不同寻常的特征的债券，通常都是固定利率的。

可转换债券：可以转换为其他证券（例如股票）的债券。可转债赋予债券持有人一项选择权，可以选择将债券转换为债券发行人新发行的其他证券。

可交易债券：可以交易为其他证券（例如股票）的债券，债券持有人可以选择将债券转换为第三方（通常由债券发行人拥有）的现有证券。

高收益债券：高收益债券为债券持有人提供比一般债券更高的收益，因为他们的风险相对一般债券要高。和投资级债券相比，高收益债券的发行人的违约风险比相对较高，所以通常会要求发行人作出更多的承诺和保证。高收益债券又被称为非投资级债券或者垃圾债券。

（四）其他债务证券

除了债券以外，还有一些具有类似债券特征的其他债务证券，包括：

短期融资券：短期融资券（commercial paper）期限从发行日起计算少于 1 年，其他特征与债券相同。

信用挂钩票据：信用挂钩票据的投资者将在票据到期后收到与票面价值相等的金额，前提是票据中所指定的第三方没有发生违约；如果该第三方出现了违约，则投资者将不会收到与票据价值相等金额，而是收到低于票面价值的金额或者收到该第三方发行的债务证券。信用挂钩票据的投资者需要承担第三方的信用风险，其收益也相对会比较高。

资产支持证券：资产支持证券通常都以债券或者票据的形式发行，并由一组可以产生可预测的现金流的资产担保，例如地产产生的应收账款担保的不动产支持证券，或者由信用卡或其他消费贷款产生的现金流支持的消费资产支持证券。

存托凭证：存托凭证（depositary receipts）是代表一定数量的公司证券（通常是股票）的所有权的凭证，但存托凭证本身可以与公司证券分离并可以单独在资本市场上上市和交易。

伊斯兰债券（sukuk）：根据伊斯兰法律发行的证券，其特征与债券类似，只是它不代表发行人的付款义务，而是代表对债务人持有资产或利益的不可分割的所有权。

三、债券形式

（一）无记名债券和记名债券

债券可以通过两种不同形式发行：无记名债券和记名债券。传统上，债券都是以无记名的形式发行的，但现在越来越多的债券采用登记的形式，因为有些国家的法律规定债券必须登记。

1. 无记名债券

无记名债券是可流通票据，随着债券文书的交付而转移债券的所有权。和现金一样，债券本身就是所有权证明，将债券从一个人手中转交到另一个人手中，债券的所有权也相应转移。无记名债券可以表现为全球格式和确定格式。

无记名债券附有息票，代表债券应付的利息。在每一利息支付日，债券持有人需要出示息票。如果本金是分期支付的，本金收据也会附在债券后面，和息票一样在偿还本金时出示。

2. 记名债券

与无记名债券不同，记名债券不是可流通票据。记名债券的所有权只有在登记名册中录入持有人的名字后才转移。

记名债券通过交付给投资者的全球证书和实体证书来体现。这些证书只是所有权的证明,将证书从一个人手中交付到另一个人手中不会转移债券所有权。所有权只有在新所有人的名字录入登记名册中时才转移。登记名册由代表发行人的登记管理人保管。

通常只有当地法律要求时债券才以记名债券的形式发行,典型的例子是销售给美国投资者的债券。美国法律要求债券必须以美国《1982 年赋税公平和会计责任法》[Tax Equity and Fiscal Responsibility Act of 1982(TEFRA)]要求的记名形式发行,除非满足一定的豁免要求。通过要求债务工具必须以记名方式发行,从而防止美国证券持有人逃税。如果不遵守美国《1982 年赋税公平和会计责任法》,发行人和债券持有人都将受到严厉处罚。

(二)全球票据和确定票据

当债券发行时,债券文件可以采用两种格式,即确定格式(definitive note)和全球格式(global note)。

1. 确定格式无记名证券

传统的无记名债券在发行时是会向投资者签发债券的实体格式,也称作确定格式票据。由于无记名票据是可流通票据,债券的所有权随交付而转移,所以印制确定格式票据,以防止债券被伪造。因此,确定格式票据是和银行钞票一样。但是,印制确定格式票据有一个很大的缺点,即债券的金额通常都很大,交付和保管过程中存在很大的丢失或被盗的风险。另外,印制确定格式票据成本较高,因为需要专业的印刷技术。

确定格式票据内容包含债券条款和条件,并附有息票,规定每一期利息的支付日期和金额。在每一利息支付日,债券持有人需要向付款代理人出示息票以收取利息。

2. 全球格式无记名债券

针对确定格式无记名债券的缺点,人们发明了全球格式票据。全球格式票据是一个含有债券条款和条件的文档,一个文档就代表了一期债券中的所有份额,并由银行保管。根据全球格式票据的类型,负责保管的银行被称为共同存托人或共同保管人,其代表清算系统(或者国际中央证券存托机构)持有全球格式票据,并拥有这些证券的所有权。

在欧洲,全球格式无记名证券有两种格式,经典全球格式和新全球格式,可以被认可作为合格抵押物使用。除债券条款和条件外,经典全球格式还包含附录,供填写和记录利息支付情况。新全球格式则不含该附录,利息支付情况记录在国际中央存托机构。

3. 全球格式记名债券

记名债券也可以通过全球格式持有,记录在清算系统中,也被称作全球证书。其附有一个转让表格,从而允许债券从一投资者转让到另一投资者。如果记名债券不通过清算系统交易,则将证书交给债券持有人,作为债券所有权的证明。

4. 证书格式记名证券

记名债券发行时,可以向债券持有人交付实体证书。这些证书只是所有权的证明,交付证书不会转移债券的所有权。债券所有权必须通过变更登记名册中债券持有人姓名的方式才能转移。

第二节 债券发行中的当事人

一、概览

债券发行中的当事人可分为三类:主要当事人、专业中介和其他当事人。

(一)主要当事人

表 7-1 债券发行中的主要当事人

序号	文件名	说明
1	发行人	通过发行债券借款的人
2	承销商	认购债券的银行,包括由发行人指定组建承销团的主承销商和参与承销的联席承销商
3	支付代理	作为发行人的代理人负责向债券持有人支付利息和本金的银行
4	财政代理或受托人	财政代理或受托人从发行人处收取债券本金和利息并支付给债券持有人
5	债券持有人	通过购买债券向发行人提供融资的投资者

续表

序号	文件名	说明
6	清算系统和共同托管人	清算系统是为证券交易提供结算服务的大型金融机构，通过电子系统借记或贷记发行人和债券持有人的账户进行结算，无须实际交付。 共同托管人为清算系统保管全球票据，并从发行人那收取款项支付给债券持有人

(二)专业中介

表 7-2　债券发行中的专业中介

序号	文件名	说明
1	律师	律师提供法律咨询，起草审阅发债文件，就发行人的主体资格和法律向承销商出具法律意见书
2	审计师	审计师向承销商出具安慰函，确认发债说明书中的发行人财务信息的准确性
3	印刷商	专业的印刷发债说明书的机构

(三)其他当事人

表 7-3　债券发行中的其他当事人

序号	文件名	说明
1	担保人	担保人为发行人的付款义务提供担保
2	信用评级机构	评级机构分析发行人的财务状况和信用等级并给发行人及其发行的债券评级
3	上市代理	如果债券上市交易，发行人指定上市代理(通常是银行、律师事务所或会计师事务所)向相关交易所提交资料办理债券上市手续
4	登记和转让代理	对于记名债券，登记和转让代理负责登记债券持有人的姓名和地址以及债券持有人变更情况。登记和转让代理通常由银行或信托公司担任
5	计算代理	负责计算债券价值的银行，通常与本金支付代理或财政代理是同一人
6	送达代理	发行人指定的代表发行人在法律程序中接收法律文件的代理人

二、发行人

发行人通过发行债券借款,因此称其为发行人,而不是借款人。

发行人在发债之前需要根据其设立地的法律确认是否有相关限制。例如,对于在香港发债的香港企业,发行人的主体资格没有限制,但是,如果发行人是一间私人公司,那么应该转换为公众公司。

发行人签署下列协议:

(1)与承销商之间的认购协议。

(2)与支付代理之间的代理协议或与财政代理之间的财政代理协议。

(3)如果指定受托人的话,则与受托人间的信托契据。

三、承销商

发行人在发行债券时需要承销商,希望承销商帮忙在市场上找到更多的投资者,因为其自身往往很难与投资者直接联系,尤其是第一次发债时。如果发行人能找到债券投资者,愿意购买其发行的债券,那么债券就可以直接销售给这些投资者,无须通过承销商。

承销商通过认购债券收取承销费,他们与发行人签署认购协议。大多数债券发行过程由多个承销商组成银团,这些承销商分为主承销商和联席承销商。

(一)主承销商

如果有很多投行参与承销债券,发行人往往会指定其中一家或多家作为主承销商。主承销商和其他投行联系,组成银团共同认购债券,然后销售给投资者,或者包销那些没有卖给投资者的债券(称为包销)。

主承销商负责整个交易的安排,对债券结构、发行时间表、债券定价和数量分配等方面做最终决定。主承销商主导债券的销售(包括安排路演)、法律文本的准备和结算程序。

(二)联席承销商

承销团中除了主承销商之外的投行被称为联席承销商。在债券发行过程中,他们也参与尽职调查、文件准备、路演安排等诸多活动。

四、支付代理

支付代理作为发行人的代理人，在债券有效期内代表发行人向债券持有人支付债券利息。支付代理由银行担任，其与发行人签订支付代理协议。

五、财政代理或受托人

不同的债券结构中要么有受托人（trustee）要么有财政代理（fiscal agent），二者不会同时存在。

（一）财政代理

如果指定了财政代理，那么财政代理担任本金支付代理，负责向债券持有人支付债券本金和利息。财政代理同时也承担一些与债券相关的管理事务。财政代理与发行人签订财政代理协议。

如果发行人没有指定其他支付代理，则不需要签署支付代理协议。但是，通常情况下，发行人往往在财政代理之外指定其他支付代理。

（二）受托人

受托人代表全体债券持有人的利益，作为债券持有人和发行人之间的联系桥梁。受托人通常由信托公司担任，因此通常不作为支付代理。受托人需要另行指定本金支付代理和其他支付代理，以处理债券款项支付。受托人与发行人签订信托契据。

（三）财政代理与受托人的比较

财政代理结构与受托人结构最本质的区别是：受托人是债券持有人的代表，而财政代理是发行人的代理人。在受托人结构中，受托人代表全体债券持有人的利益行使其权利，同时承担信托契据中规定的义务以及普通法下受托人的一般义务。财政代理人的角色更多地取决于合同的约定，而且主要承担管理的角色。在财政代理结构中，债券持有人可以单独行使其权利，没有资格限制；而受托人结构中，债券持有人将其各自的权利转让给了受托人，由受托人代表全体债券持有人行使。

在理论上，受托人结构对发行人和债券持有人均有一定益处，但是实践中这些作用不大。绝大多数普通债券发行都采用财政代理结构,而那些高度结构化或附担保的债券则通常采用受托人结构。短期融资券由于结构简单、期限短,往往都采用财政代理结构。此外,受托人结构会发生额外的费用,以支付受托人及其律师的报酬。这一费用因素也使得许多债券采用财政代理结构。

在某些情况下,由于监管原因可能必须采用受托人结构。例如,发行有中国境内企业担保的人民币债券,国家外汇管理局要求担保的受益人必须是特定人,而不能是随时变动的债券持有人。此种情况下,需要采用受托人结构,才能获得外汇管理局对担保的批准。

六、债券持有人

债券持有人也称为票据持有人,是债券的投资者。债券持有人通过购买债券向发行人提供资金。债券持有人通常都是机构投资者,例如养老基金、银行、保险公司等。对于向公众发行的零售债券,债券持有人也可以是个人投资者。

七、清算系统和共同托管人

(一)清算系统

电子系统,又称清算系统,允许债券持有人通过电子形式持有债券。这些系统使得债券可以通过借记和贷记发行人和债券持有人的账户的方式交易债券,因而证券和现金通过电子方式转让,无须实体交付。债券没有发生实际转让,全球债券本身一直存放在一家托管银行,该银行称为共同托管人或共同保管人。

在我国香港地区,清算系统是香港金融管理局下设的工具中央结算系统(CMU)。

在欧洲,众多银行一起设立了国际中央证券托管机构,负责国际证券的托管。目前主要有两个国际中央证券托管机构负责国际债券的托管:位于比利时的欧洲银行票据交换所(Euroclear)[由欧洲清算银行(Euroclear Bank)负责运营]和位于卢森堡的明讯银行(Clearstream)[由明讯银行(clearstream banking)负责运营]。

在美国,承担债务和股权证券交易结算的清算机构是托管信托公司("DTC")。托管信托公司由金融市场的主要参与者设立,包括股票交易所、大型商业银行和投资银行。

(二)共同托管人

如果债券是以全球格式发行的,那么债券本身由银行托管机构托管。银行代表清算系统持有这些全球格式债券,从发行人处收到款项支付给债券持有人。

如果债券以经典全球格式发行,则托管银行被称为共同托管人,通常与财政代理人是同一机构。

如果债券以新全球格式发行,则托管人被称为共同保管人,通常由某个国际中央证券托管机构担任,或者由一个支付代理或者财政代理担任。

共同托管人或者共同保管人持有债券的法律所有权。

八、律师

发行人(和担保人)和主承销商会各自聘请律师起草法律文件并准备法律意见书。通常,主承销商的律师负责法律文件的起草工作,发行人(和担保人)的律师负责审阅。受托人通常也会聘请律师。

(一)承销商国际律师

承销商的国际律师主导法律文件准备流程,其工作范围通常包括:

1. 准备尽职调查问卷清单并实施尽职调查。

2. 起草发债说明书(也可能由发行人律师起草),债券条款,债券相关的法律文件(包括认购协议、信托契据、代理协议等),担保函或支持函,需要审计师出具的同意函等。

3. 审阅其他律师准备的法律意见书和先决条件文件。

4. 出具确认法律文件有效可执行的法律意见书。

5. 协调其他律师工作。

6. 协调债券交易的完成。

7. 如果债券需要上市,协调上市代理的工作。

8. 交易完成后准备项目总结文件。

(二)发行人国际律师

发行人国际律师的工作范围通常包括:

1. 协助发行人准备尽职调查。

2. 审阅发债说明书（也可能负责起草发债说明书）和债券相关的法律文件。

3. 出具法律意见书，确认发行人的法律主体和发债权限以及债券文件的合法性和可执行性。

4. 审阅担保函以及需要审计出具的同意函。

5. 协助发行人准备董事会决议以及获取相关的授权、批准和同意。

6. 协调发行的当地律师。

7. 向发行人提供有关证券以及相关法律法规的咨询。

8. 协助发行准备公告，如果需要的话。

（三）当地律师

主承销商和发行人都会聘请发行人所在地的当地律师。当地律师的工作范围通常包括：

1. 出具与当地法律相关的法律意见书。

2. 从当地法律的角度审阅发债说明书和债券相关法律文件。

3. 向发行人或承销商就当地法律事项提供咨询。

九、审计师

发行人和担保人的审计师需要向承销商出具同意函（通常也被称为“安慰函”），确认发债说明书中发行人的财务信息是真实准确的。审计师通常需要出具两份同意函，一份在债券签署日出具，另一份在债券交割日出具。

十、其他当事方

（一）印刷商

发债说明书（包括初稿、终稿和补充文件）需要由专业的金融印刷商印刷，极少数情况下还负责印刷确定格式债券。

（二）担保人

有的债券有担保，担保通常由发行人的母公司或发行人所在集团的其他公司提供。担保人为发行人的支付义务提供担保。担保人除签署担保函外，通常需要和发行人一道签署所有其他法律文件。

(三)信用评级机构

信用评级机构对发行人的财务状况和信用度进行评估，并对发行人或某一特定债券给出一个评级。评级代表了相关评级机构对发行人违约的可能性的意见，因此是债券投资的风险指标。主要的三大国际评级机构为：标准普尔(S&P)、穆迪(Moody's)和惠誉(Fitch)。

发行人可能会寻求对其发行债券的评级，因为评级有助于债券发行，通常体现在以下几个方面：

(1)很多机构投资者有内部或外部的投资标准，可能只能投资于评级为投资级的债券；

(2)如果评级为投资级，发行人可以接触到更多的投资者；

(3)评级往往体现的债券的透明度和信心，是对发行人非常有帮助的营销工具。

(四)上市代理

如果债券在交易所上市，并且相关的上市监管机关要求，则发行人需要指定银行、律师或者会计师担任上市代理，就上市流程和文件提交等交易所上市事宜提供咨询。

(五)登记和转让代理

对于记名债券，发行人需要指定银行或信托公司登记债券持有人的姓名和地址以及因转让引起的债券持有人变更情况。登记代理通常由本金支付代理(在信托结构中)或财政代理(在财政代理结构中)担任，并且通常都同时担任转让代理。

(六)计算代理

计算代理负责计算债券的价值，通常与本金支付代理(在信托结构中)或财政代理(在财政代理结构中)是同一机构。通常，只有在债券的利息和其他支付非常复杂的情况下才需要计算代理，如浮动利率债券中的浮动利息，调期文件中衍生价值或一方欠付另一方的金额等。

（七）送达代理

如果发行人的注册地不在债券适用法律管辖区域，则发行人需要指定送达代理，负责接受法律程序中送达给发行人的文件。

第三节　债券发行文件

一、概览

（一）主要发行文件

表 7－4　债券主要发行文件

序号	文件名	说明
1	发债说明书	向投资者作适当披露的文件
2	认购协议	发行人和承销商之间签署的确认双方在债券发行中的权利和义务的协议
3	财政代理协议	发行人和财政代理之间签署的确认支付机制的协议
4	承诺契据	赋予债券持有人对发行人的直接执行权利的契据
5	信托契据	构成债券并确认发行人和受托人之间的关系的契据
6	支付代理协议	发行人和支付代理直接签署的关于债券支付机制的协议
7	债券格式	一份代表债券全部份额的文件，由托管银行代表清算系统持有
8	承销商间协议	承销商之间签署的确认各自权利和义务的协议
9	费用函	明确发行人在债券发行中需要支付的各项费用的函件

(二)发行前的文件

表7-5 债券发行前的文件

序号	文件名	说明
1	聘用函	发行人聘用主承销并确认发行人在拟发行债券交易中的角色而签署的文件
2	初步条款	罗列拟发行债券初步条款的文件
3	邀请函	主承销商向其他银行发出的组建承销团的邀请函

(三)其他文件

表7-6 债券发行的其他文件

序号	文件名	说明
1	法律意见书	律师向承销商出具的确认债券发行符合相关法律的书面文件
2	审计师同意函	发行人审计师向承销商出具的书面文件,确认发行人的财务数据是真实的没有误导
3	发行人公司文件	证明发行人内部关于债券发行授权的文件
4	上市文件	根据交易所或上市监管规则需要提交的文件
5	送达代理聘用函	聘用送达代理代发行人在法律程序中接收送达文件的文件
6	签署和交割备忘录	说明债券发行时间表以及各相关方负责的事项的文件

第3项文件和第5项文件是相互替换的,不会同时并存。

二、主要发行文件

(一)发债说明书

发债说明书,也被称为发行通函(offering circular)或信息备忘录(information memorandum)或债券募集说明书(prospectus),是一份法律和监管要求的披露文件。如果是通过私募向专业投资者发行债券,则法律并不要求准备发债说明书,但债券市场的惯例是需要制作发债说明书。

发债说明书的日期一般是签署日。募集说明书包含很多关于发行人和发行债券的信息，包括：

（1）债券的一般描述；

（2）债券条款；

（3）与发行人和债券相关的风险因素；

（4）发行人业务和经营情况描述，包括组织结构、所属行业、业务经营策略、业务优势、管理层、发行人所处的法律和监管环境等；

（5）发行人（和担保人）的财务信息；

（6）与债券相关的销售限制和税务条款描述。

发债说明书的目的是向投资者作适当的披露，使投资者更好地了解发行人的业务。发债说明书中披露的信息应当与发行人的类型、市场地位和信用度相对应。一般而言，如果发行人的信用状况不高，则披露的信息需要更详细；首次发债的发行人需要特别注意披露的程度，因为通常第一次的披露文件将作为后续发债文件的样板；如果债券会在交易所上市交易，那么发债说明书的内容还需要遵守相应的交易所或上市监管机构的要求。

发债说明书由发行人或承销商律师根据发行人提供的资料进行起草，发行人对发债说明书中的信息的准确性负责。经发行人合理询问，尽其最大努力所知，发债说明书中的信息在任何重大方面都不存在可能引起误导的事实遗漏。

（二）认购协议

认购协议由发行人（和担保人）和承销商于签署日签订。认购协议约定发行人和承销商之间的关系，通常包含以下内容：

1. 发行和认购债券

发行人同意发行且承销商同意认购债券。和银团贷款不同，债券的认购是在连带的基础上进行的，一个承销商没有认购的承销份额需要由其他承销商认购。各承销商之间的关系由承销商间协议约定。

2. 先决条件

先决条件条款约定承销商认购债券的先决条件。设置这些先决条件是为了确保债券支付和债券交易完成前法律、事实和其他交易要素已经满足。只有这些先决条件得到满足，承销商才有义务认购债券。先决条件的内容视具体交易而定，一般包括签署和交付交易文件、合规证书和法律意见书等文件。

3. 陈述和保证

发行人需要向承销商做出一些陈述和保证，内容包括：

(1)其有权限发行债券；

(2)债券交易文件合法有效可执行；

(3)发债说明书中的信息是准确的；

(4)债券发行所需的同意、批准和授权均已经获得并保持有效。

4. 承诺

发行人需要向承销商做一些保证，例如：交付发债说明书，遵守销售限制，配合承销商对债券进行登记，等等。

5. 支付和交付

认购协议会约定在交割日债券资金如何支付、债券如何交付等内容。

6. 费用和支出

认购协议将列明发行人需要向承销商支付哪些承销费或其他费用。认购协议同时还会规定，发行人需要向承销商补偿因承销债券所产生的所有成本和支出。出于保密原因，费用的具体金额通常在单独的费用函中约定。

7. 销售限制

认购协议中需要说明债券发行销售、发行文件所涉及的相关司法区域的主要销售限制。这些内容主要是向投资者和承销商说明债券的销售限制，从而降低发行人的责任。

8. 市场稳定

主承销商可能会为了债券市场价格的稳定而采取相关措施。市场稳定条款规定维稳承销商的职责。

（三）财政代理协议和承诺契据

1. 财政代理协议

财政代理协议由发行人（和担保人）和财政代理（以及登记和转让代理，如果债券是记名债券）于交割日签署。财政代理协议约定发行和财政代理之间的权利和义务，同时还规定债券本金和利息的支付机制。财政理财协议通常包含以下条款：

（1）财政代理的义务

财政代理是发行人的代理人，其主要职责是向债券持有人分发债券的本金和利息。财政代理还担负一些其他管理角色，如保存债券支付记录，债券丢失或受损时签发替代债券，召集债券持有人代理，向债券持有人发出通知等。

（2）支付机制

通常，发行人把款项支付给财政代理人，然后财政代理人指令其他支付代理向债券持有人支付相应款项。

2. 承诺契据

承诺契据由发行人（和担保人）于交割日签署，只有在发行人没有指定受托人的情况下适用。承诺契据赋予债券持有人在发行人发生付款违约或清算系统关闭而未能交付确定格式债券的情况下有权直接向发行人主张权利。

债券持有人向发行人直接主张权利的条款也可以规定在债券格式中，因此可以无需单独准备承诺契据。

（四）信托契据和付款代理协议

1. 信托契据

信托契据由发行人（和担保人）和受托人于交割日签署。信托契据规定受托人的权利和义务以及发行人对受托人的支付承诺，通常包含以下条款：

（1）发行人的承诺

发行人向受托人承诺，其将履行债券条款中规定的各项义务，包括支付债券项下的到期款项，通知受托人任何违约事件或潜在违约事件。

（2）受托人的职权

受托人有权自主决定行使一些职权，例如：

①宣布违约事件（或潜在违约事件）已经发生；

②在作出支付前可以将托管的款项投资于某些投资产品从而使款项增值；

③将其职权进行转授权；

④同意债券条款的细微修改；

⑤召集债券持有人大会。

(3)受托人义务

受托人同意为了债券持有人的利益持有信托财产。信托财产通常包括基于发行人做出的承诺而产生的利益,因债券而收到的相关款项等。

(4)受托人保护

信托契据通常都有受托人保护条款,防止受托人在某些情况下因自主行使其职权可能产生的某一责任,例如:

①第三方行为。受托人对其转授权的第三方的行为或者基于专家建议而采取的行为而造成的损失不承担责任。

②投资行为。受托人对因其选择的投资产品的减值不承担责任。

(5)支付机制

通常发行人将款项支付给受托人,然后由受托人支付给债券持有人。但实践中,受托人往往不是支付代理,而付款往往通过支付代理进行。信托契据允许付款通过支付代理进行,但是规定,如果受托人宣布发生了违约事件(或潜在违约事件),款项应当直接由发行人支付给受托人,而不是支付代理。这是对债券持有人的一项保护,因为如果发行人的支付违约是因为其资不抵债,这一个规定可以使得款项不在支付代理手中,从而避免该款项被破产管理人追回。

2. 支付代理协议

支付代理协议由发行人(和担保人)与受托人、支付代理(和登记和转让代理,如果债券是记名债券)于交割日签署。支付代理协议规定发行人和支付代理之间的关系,并规定债券项下向债券持有人支付本金和利息的机制。

(五)债券格式和债券条款

债券格式通常都附在财政代理协议或信托契据后面。债券的格式分为全球格式和确定格式,并附有债券条款。

1. 全球格式债券

全球格式债券在交割日以一份单独的文件出现。全球格式债券通常包含以下内容:

(1)债券发行和相关当事方的描述;

(2)债券条款;

(3)支付条款(如债券的利息,或经典全球格式债券的付款记录)。在新全球格式债券中,付款记录保存在清算系统中,而不是附在债券后面。

2. 确定格式债券

全球格式债券中包含允许全球格式在特定的条件下转换为确定格式的条款,这些特定条件(例如,为债券提供清算服务的清算系统关闭)通常极少发生。除非全球格式债券转换为确定格式债券,否则无须印制确定格式债券。

确定格式债券附有息票,代表债券应付的利息。

3. 债券条款

债券条款附在确定格式债券的后面,并且在全球格式债券中引用。由于债券有可能以确定格式出现,因此债券条款都基于债券是确定格式的前提下起草。债券条款的内容通常包括:

(1)债券的形式和所有权文件,例如是记名债券还是无记名债券;

(2)债券的计价货币或金额;

(3)债券的从属情况(是否从属于其他债务);

(4)利息计算;

(5)债券到期如何赎回;

(6)提前赎回,如发生违约事件、税务变更或控股权变更;

(7)适用于债券的税务条款;

(8)发行人的消极担保;

(9)违约事件;

(10)债券持有人大会召集条款;

(11)适用法律和争议解决条款。

(六)承销商间协议

承销商间协议由各承销商于签署日签订。承销商间协议规定各承销商的责任和义务。国际资本市场协会(ICMA)制定了两个承销商间协议行业标准版本,其中第一个版本(针对固定价格非股权类发行)通常适用于债券发行。

三、发行前文件

（一）费用函

费用函约定发行人需要向承销商就承销和安排融资而支付的各项费用，以及需要向代理人支付的管理费用。承销商和管理人收取多项费用，例如：安排费、支付代理费等。这些费用是债券利息、发行人需要补偿承销商和代理人成本费用和律师费等之外，发行人承担的费用。大多数费用在交割日支付。

通常承销商要求发行人对费用函进行保密，因为不同的债券交易中收费是不一样的。

（二）聘用函

聘用函是发行人与主承销商之间签署的，确认发行人聘用拟发行债券的主承销商的文件。聘用函通常会约定拟发行债券主要条款，需要向主承销商支付的费用，在可能的情况下还约定发行人和主承销商之间的关系。

（三）债券初步条款

债券初步条款文件（term sheet）中约定了债券交易的主要融资和其他条款的摘要。初步条款是各方关于拟发行债券的一个初步共识，是进一步谈判的基础。债券初步条款通常附在聘用函后面。

（四）邀请函

邀请函是指主承销商就某一拟发行债券向潜在承销商发出的邀请文件，邀请这些人参与债券的承销工作。邀请函通常以传真或电邮的形式发送。邀请函通常包含以下内容：

（1）拟发行债券的初步条款。

（2）对拟发行债券适用的销售限制。

（3）承销费。

（4）承销商间协议，即适用国际资本市场协会推荐的版本中的哪一个。

四、其他文件

（一）法律意见书

国际资本市场协会建议承销商和发行人从律师那获得法律意见书，确认发行的债券以及有关债券的协议是合法的、有约束力的。承销商需要知道债券发行是符合相关法律法律的，法律意见书正是给承销商这方面的保护。如果债券的某些条款违反了法律并且由此导致投资者遭受了损失，投资者将起诉承销商，指控其存在疏忽，承销商可以抗辩的理由就是其在销售债券过程中已经尽到合理注意义务。律师出具的法律意见书确认债券发行合法，是表明承销商尽到合理注意义务的一个很好的证明。

法律意见书通常由以下律师出具：

（1）发行人（以及担保人）注册地的律师；

（2）债券发行所适用法律所在司法区域的律师。

（二）审计师同意函

国际资本市场协会建议发行债券过程中从发行人的审计师那获得同意函，并且制定了同意书的标准版本。审计师同意函一方面可以给承销商一定的安慰，因为承销商是基于其对发行人财务状况的理解而决定承销债券的，承销商需要知道发债说明书中所包含的发行人财务数据是准确的；另一方面，审计师同意函也可以保护承销商，防止其承担相关责任，因为如果财务数据不准确，承销商在销售债券前没有检查并由此导致投资者遭受损失，承销商可能会因为疏忽而需要向投资者承担赔偿责任。

通常审计师需要出具两份同意函，一份在签署日出具；另一份在交割日出具。第一份在承销商认购债券之前核实财务信息；第二份确认第一份中的内容，明确财务信息在承销商付款的交割日仍然是真实的。

（三）发行人公司文件

1. 董事会决议或会议记录

债券发行前发行人需要召开董事会，同意发行债券并授权相关人员代表发行人签署债券相关文件，并作出决议，批准债券发行涉及的主要文件草稿。董事会需要制作会议记录。董事会决议或会议记录往往构成认购协议中约定的先决条件之一，在债券交割时提供。如果债券上市交易，大多数交易所也会要求发行人提供董事会决议或者会议记录。

2. 交割证明

交割证明中确认发行人在认购协议中所作的陈述和保证在交割日在所有重大方面仍然是真实和准确的，发行人已经在交割日当日或之前履行其在认购协议项下的义务。交割证明是债券交割的先决条件之一，并且需要由发行人（或任何担保人）在交割日当日提供。

3. 董事证明

发行人的一名董事需要签署一份证明，确认发行人向承销商提供的所有文件的复印件（如公司章程、商业登记证等）与其原件是一致的。

（四）上市交易文件

如果债券要在交易所上市，需要联系相关交易所或者上市主管机关，并根据有关交易所或者上市主管机关的要求提交发债说明书和其他相关文件。

（五）送达代理聘用函

如果发行人的注册地与发债适用法律所在地不一致，则发行人需要指定一名送达代理，代发行人在任何法律程序中接收相关文件。发行人向送达代理签发聘用函，由送达代理在签署日签收确认。

（六）签署和交割备忘录

签署和交割备忘录规定各当事方及其律师在签署日、交割日之前以及当日需要完成的各项工作内容。签署和交割备忘录由承销商律师在项目启动后准备并发送给各相关方。

第四节 债券发行流程

一、概览

虽然不同的债券结构和条款各不相同，但几乎所有债券的发行流程都基本

相似,可以分为以下几个阶段:

1. **启动前阶段**。在债券发行启动前,发行人考虑一些前期事项,决定发行哪一类型的债券,以及债券采用什么样的结构。发行人亦需要在此阶段聘用主承销商,然后各自聘用自己的律师。

2. **启动阶段**。在此阶段,发行人和主承销商公开宣布发行人将发行债券,主承销商向潜在投资者推介债券,邀请他们在债券发行后购买债券。

3. **发行阶段**。在发行阶段,发行人与承销商达成并签署认购协议,承销商同意在交割日认购债券,同时发行人与财政代理签署财政代理协议或与受托人签署信托契据,债券文件由此形成。投资者向发行人支付债券款项,获得债券票据。

4. **发行后阶段**。债券发行后,发行人按照约定定期向债券持有人支付利息,并于债券到期日偿还本金。

债券发行的时间可能短到几天,也可能长达数月,具体取决于诸多因素,包括债券条款的复杂性、当事人及其所在司法区域的法律规定、发行人是否第一次发债、债券是否在交易所上市交易等。

二、启动前阶段

当发行人确定需要融资并且决定通过发债的方式进行融资的时候,接下来将会有大量的工作需要去做。

1. 发行人能否发债

在启动发债前,发行人需要考虑其发行债券是否存在法律障碍。为此,发行人需要核实相关事项,例如:

(1)发行人的章程性文件中是否有限制债券发行的条款。

(2)发行人的章程性文件或者发行人与其他人签署的协议中是否有限制发行人举债的条款,如有些银行的贷款协议文本中可能会规定进一步举债需要事先获得银行的同意。

(3)发行人能否作出一些消极性担保承诺(承诺不会在其资产上设置担保,担保其他债务或者范围更窄一点,担保其他债券发行)。

对于海外发行人,需要指定发行人注册地的律师,确保其注册地法律对发债没有限制。

2. 担保人能否提供担保

如果债券由发行人的母公司提供担保,那些对发行人所提的问题同样适用于担保人,担保人需要核实相关事项。如果担保人是中国境内的公司,则该担保还涉及中国法律有关对外担保的限制性规定,需要特别关注。

3. 发行结构

在确定债券发行结构的时候,有很多因素需要发行人去考虑,例如:

(1)不记名债券还是记名债券?

(2)是否在交易所上市交易?

(3)是否需要获得信用评级?

4. 聘请专业机构

发行人需要就发行债券聘请专业机构,包括主承销商、律师、审计师、代理人(如支付代理、财政代理、转让代理、计算代理等,具体取决于债券结构)。主承销商需要聘请其自己的律师。

5. 尽职调查

发行人律师和主承销商律师需要对发行人进行法律尽职调查。发行人律师需要进行尽职调查,因为其需要就发行人发债权限发表法律意见。主承销商的律师也需要进行尽职调查,因为主承销商需要其律师帮助确认发行人是可信的,是否存在及存在哪些风险要素。法律尽职调查应当尽早开始。

三、启动阶段

在启动阶段,发行人和主承销商公布债券发行意向。对于律师而言,这一阶段尤为重要,因为律师需要起草和谈判交易文件,就交易文件内容达成一致。

1. 文件起草和谈判

债券发行的主要法律文件通常由主承销商的律师负责起草。主承销商律师在被告知债券发行后基于债券初步条款开始着手起草法律文件,然后将文件草稿发送给发行人和其他方律师审阅。在接下来的时间各方就法律文件进行讨论和谈判,每一轮之后主承销商律师会重新发一稿文件给各方,直至最终各方就法律文件达成一致。这些文件包括:

(1)发债说明书;

(2)认购协议;

(3)承销商间协议;

(4)财政代理协议和承诺契据;

(5)信托契据和支付代理协议;

(6)债券格式;

(7)法律意见书;

(8)签署和交割备忘录;

(9)审计师同意函。

通常各方的意见主要集中在发债说明书,其他法律文件的谈判修改不多。

2. 邀请投资者

进入启动阶段,主承销商将向潜在承销商发送邀请函,并附有拟发行债券初步条款。潜在承销商审阅邀请函和债券初步条款后决定是否加入承销团。有的时候,如果主承销商和某承销商此前就类型债券发行交易中有过合作,他可能就只发一份债券初步条款,而不发邀请函。

如果潜在承销商决定加入承销团,每一承销商的销售团队将开始通过电话联系、组织路演等方式寻找投资者,向他们推介债券,也称为债券预售。

3. 通知清算系统和上市主管机构

通常情况下,债券需要通过清算系统结算,因此主承销商需要联系相关的清算系统,告知债券发行情况以及交割安排。

如果债券需要在交易所上市交易,需要遵守交易所或上市主管机关的有关规则,发行人需要任命上市代理,由其负责联系交易所或上市主管机关。

四、发行阶段

在发行阶段,相关当事方签署债券法律文件,发行人向债券持有人提交债券,债券持有人支付债券款项。发行阶段可以分为签署和交割两部分。签署阶段签署认购协议,如果债券上市交易,获得交易所或上市主管机关对发债说明书的批准。交割阶段签署其他法律文件,签署、认证债券并提交给债券持有人,债券款项支付给发行人。

承销商律师会准备签署和交割备忘录，详细记载需要遵循的步骤，这些步骤通常包括以下内容：

(一)签署前

在签约仪式前，下列工作需要完成：

1. 准备签署和交割备忘录并分发给各方当事人。

2. 发债说明书内容达成一致，如果债券需要上市交易，相关上市主管机关或交易所已经批准发债说明书。

3. 认购协议内容达成一致可以签署。

4. 律师法律意见书的内容达成一致。

5. 审计师签署第一份同意函，第二份同意函的内容达成一致。

6. 发行人(以及担保人)已经召开董事会，指定授权签字人，并就董事会制作了会议记录。

7. 其他函件的内容已经达成一致并由相关当事方出具。

8. 如果债券上市交易，交易所或上市主管机构的有关要求已经得到遵守，并已经提交其所要求的有关文件。

(二)签署

签署通常安排在交割日前2天或者1个星期。签署通常会举办签字仪式，但现在越来越多的债券签署通过传真或电邮的方式进行。

在签署日需要准备或签署的文件包括：

(1) **发债说明书**：发债说明书上记载的日期为签署日，并于签署日印刷公布。

(2) **认购协议**：认购协议由发行人和承销商于签署日签署。

(3) **承销商间协议**：由各承销商于签署日签署，但通常都私下签署，而不会在签字仪式上签署。

其他文件将于交割日签署。为了方便，可以由相关方于签署日事先签署，但文件记载的日期仍然为交割日。这些文件通常由承销商律师保管，直到交割日再分配给各签署方。承销商律师需要制作书面文件明确这一文件保管安排，以避免潜在的责任。

(三)交割前

在交割日前,主承销商需要告知清算系统债券金额在各个认购账户中是如何分配的,并指示清算系统将债券净额资金与交割日支付到共同保管人,由后者支付给发行人。

在交割日前,认购协议中约定的所有先决条件必须满足。通常主承销商的律师需要核实先决条件是否已经满足或者将会在交割日满足。

(四)交割日

交割通常在签署日后2天或者1个星期进行。在交割日,发行人向债券持有人交付债券,并从债券持有人那里收到债券款项。发行人收到的债券款项中将会扣除以下金额:

(1)支付给承销商的承销费。

(2)主承销商在承销过程中发生的各项费用。

(3)销售债券过程中支付的销售费用。

五、发行后阶段

债券发行完成后,有很多工作需要律师完成和协调,例如:

1. 交付签署协议正本

主承销商律师需要确保所有已经签署的正本文件尽快分发给各相关签署方。为谨慎起见,分发文件最好通过快递或专人送达,并获得收件人的书面确认。

2. 准备交易文件书

交易完成后,主承销商律师开始搜集已经签署的主要文件,进行合理编排,然后制作交易文件书。主承销商律师需要与各方确认交易文件书的份数,采用什么样的形式(印刷形式还是电子光盘形式)。如果需要将交易文件书配发给非交易方,则需要确保其中不包含某些保密性文件(如费用函)。

第五节 债券发行尽职调查

一、概览

尽职调查是指对发行人的法律地位、业务、财务状况和前景以及其业务所涉及的主要风险进行全面调查。尽职调查在很大程度上是为了收集和审查发债说明书中所要求的相关财务、业务和法律信息。

尽职调查过程中搜集到的信息可以帮助承销商评估发行人的价值并对债券做出报价。尽职调查还有助于起草高质量的发债说明书,无论是以市场标准还是按披露要求,并确保信息披露符合相关法律要求。发债说明书中的信息披露使得潜在投资者可以更好地理解发行人的业务、其强势和不足,并决定是否购买债券。

尽职调查审阅的范围取决于发行人的业务性质、发债中涉及的风险程度以及债券发行地的法律。尽职调查的时间可以是几周,也可能长达数月,例如第一次发债的公司其公开资料很少,公司管理层和相关工作人员没有经验,尽职调查需要的时间相对会比较长。

如果发债说明书中信息存在不实陈述或遗漏,发行人会被起诉承担法律责任,承销商也可能会因存在重大过失而被诉。因此,要确保其在发债说明书中披露的信息在所有重大方面都是准确的,不存在任何重大信息的遗漏。所以,尽职调查就尤为重要。

二、尽职调查类型

实践中,尽职调查可以分为法律尽职调查(包括公司治理情况调查)和商业尽职调查(包括业务和财务)。不同的尽职调查通常由不同的人进行,有可能存在重叠。一方面的调查可能会影响另一方面调查的重心。因此整个尽职调查的负责人需要协调各方,确保各方良好沟通,不会有重复工作。律师主要负责法律尽职调查,但也需要了解并参与到商业尽职调查。

（一）法律尽职调查

法律尽职调查重点关注发行人、其业务以及债券发行过程中涉及的法律合规内容，包括以下重点信息：

（1）业务详细信息；

（2）发债前是否需要变更公司组织结构；

（3）现有融资协议中是否有相关的财务承诺；

（4）重大合同，即那些对公司业务很重要而且含有重大业务和责任风险的合同，重大的标准通常在尽职调查清单注明（如以合同金额表示）；

（5）发行人是否涉及任何纠纷或者诉讼；

（6）发债是否需要取得相关授权或许可；

（7）是否有合规方面的考虑或限制；

（8）业务领域特定的事项，例如环保审查、不动产价值评估、地域分布调查，等等。

（二）商业尽职调查

商业尽职调查的目的是深入了解发行人的业务和财务信息，对发行人、其伴随的风险以及所处的市场进行评估。

对发行人业务的尽职调查范围很广，涉及：

（1）发行人所处的市场情况；

（2）主要竞争者；

（3）发行人业务的优势和不足；

（4）生产和销售情况；

（5）研发情况；

（6）业绩预测和预算；

（7）未来的经营策略；

（8）与主要股东的关系；

（9）募集资金的使用计划。

财务尽职调查关注发行人的财务状况，涵盖包括财务报表，财务预测，管理层讨论，中期财务报表的分析以及经审计年度报表的比较，其他分析师的分析报告,等等。财务尽职调查的一个核心内容对发行人管理层所作的公司前景预测未来财务表现的依据进行测试。

三、尽职调查的组织与实施

(一)尽职调查实施人员

尽职调查需要发行人和很多人一起配合,包括发行人律师、承销商、承销商律师和审计师。在某些交易中甚至可能需要聘请独立的第三方专家,例如知识产权专家、环境工程师。

(二)信息来源

发行人的信息可以通过多种渠道获得,包括传统渠道、互联网以及其他公共资源。

传统渠道是获取信息的重要来源之一。例如,不动产的信息可以从有关的登记机关获得,知识产权信息可以从知识产权登记部门获得。对于香港注册成立的公司,公司的相关信息可以通过一些公司服务机构从一些搜索渠道获得,例如高等法院搜索系统、公司登记搜索系统。

随着互联网的广泛使用,公众可以获得的信息量快速增长。发行人的网站主页就是一个很好的了解发行人信息的渠道。此外,还有很多其他公开渠道关于发行人的信息,如电子报纸、杂志中关于发行人、其管理层以及行业的报道。

(三)尽职调查清单

绝大部分尽职调查都是从准备尽职调查清单开始的。尽职调查清单列明需要发行人提供的文件和信息。同一行业类似公司之前用过的尽职调查清单可以作为参考,但是每一尽职调查清单都必须根据发行人的具体情况以及行业的关注点进行修改。

尽职调查清单应当尽早提交给发行人。在提交尽职调查清单之前,律师需要先阅读发行人现有的重要资料,如年报、财务报告、研究报告和行业报告等。律师需要和主承销商以及发行人就以下内容达成一致:

(1)调查的范围;

(2)调查的核心关注点;

(3)尽职调查完成时限;

(4)是否需要聘用独立专家;

(5)需要完成什么样的调查报告,书面的还是口头的;

(6)对债券销售可能有影响的一些门槛要素。

(四)尽职调查会议

某些关于发行人及其业务的重要信息可能没有整理成书面文件或者书面描述很差。那些非书面的信息必须通过与发行人管理层的会面才能获得。承销商及其律师通常会安排与发行人管理层及其主要员工的访谈环节以获取这些信息。访谈可以通过现场会议或电话会议进行。工作组其他成员也需要参与。由于管理层的时间非常紧张,因此必须事先准备好访谈的问题,而且这些问题应当仅限于那些其他渠道不能获得的信息。

(五)尽职调查资料库

通常整个尽职调查过程由主承销商来协调,包括安排与管理层的访谈以及现场调查。发行人这边最好能指定一名工作人员作为主要联系人,协调整个尽职调查过程。发行人律师通常负责配合发行人内部法律顾问安排资料库。传统的资料库是一间会议室,堆放书面文件资料;但现在越来越常见的则是通过网络建立虚拟资料库,将资料电子化后上传,只允许参与尽职调查的人员有权限登陆和查阅这些资料。

尽职调查过程中获得的业务、财务和法律信息应当让尽职调查工作组的全体成员都知晓。对于律师而言,应当制作和保存准确的文件目录,记录哪些文件已经收到,哪些文件已经审阅,还缺哪些文件,等等。

(六)尽职调查报告

调查完成后,通常需要对已经查阅的资料进行归纳,通常以调查报告(或称为备忘录)的形式。尽职调查报告应当清晰、简洁,不要包含太多的法律术语,因为主要是给非法律人士阅读的。尽职调查报告的内容应当包含已经审阅的文件以及采取的措施,审阅的日期、时间和参与人,并应注明将来需要进一步采取的措施。

（七）终局调查

终局调查（bring down due diligence）在交割前定价完成后立即进行，通常以简短的会议或电话会的方式进行。终局调查中，发行人会被要求核实此前尽职调查过程中发行的问题，确认自尽职调查完成后公司没有发生对发行人及其业务、法律地位和财务状况具有重大影响的事件。终局调查由发行人、所有承销商、发行人律师、承销商律师以及审计师参与。

四、尽职调查需要审阅的文件

尽职调查的主要目的是准备发行文件，将所有的信息告知潜在投资者，使之能充分地评估发行人的财务状况、运营业绩和发行人的未来前景以及债券中赋予投资者的权利。因此，尽职调查过程中需要审阅并考虑以下文件和问题。这个文件清单不是完整的，没有包含尽职调查过程中的所有文件以及需要注意的所有事项。

下面所提的公司文件包括发行和担保人（如果适用）的公司文件。

（一）公司档案

公司档案包括组织性文件、会议记录和其他资料，具体包括：

1. 公司章程性文件（包括公司章程）。

2. 公司会议记录，包括公司股东会、董事会及其专门委员会的会议记录和决议实施事项。

3. 公司历史简介，包括收购、合并、分立、股权变更等方面。

4. 组织结构图，需要准确注明子公司的名称以及所在司法区域。

5. 不纳入公司子公司范畴、但公司拥有权益的公司、合伙、合资或其他实体，包括持股的数额和表决权百分比。

6. 公司经营业务、存货、拥有或租赁不动产、聘用员工、代理或承包商的地点，包括各个地方的员工数量、业务或服务描述。

7. 管理层和决策程序细节。

8. 公开发布的新闻稿。

（二）财务资料

财务资料包括：

1. 过去3年的财务报告，包括公司采用的重大会计准则摘要。

2. 自上一财务年度以来的最新中期财务报告。

3. 最新的财务预测（当年的月度预测以及未来五年预测），包括预测的基础性假设。

4. 管理报告或审计师特别报告以及相应回复。

5. 会计方法或准则变更的理由说明。

6. 过去3年每一财务季度末应收账款和应付账款的账龄分析表。

7. 重大会计政策说明，以及收益和成本核算方法说明。

8. 过去3个财务年度中的坏账准备和运营中的非正常费用信息。

9. 如果有库存，库存量、估价假设和库存估价、周转率以及废弃情况。

10. 公司当前财务报表中没有体现的表外安排、负债或任何性质的义务（确定的还是或有的、到期还是没有到期的）的详细说明。

11. 任何关于公司内部会计控制的报告。

（三）公司融资的相关资料

公司融资提交的资料包括：

1. 与公司有融资关系的银行和其他放贷人清单，以及简单的关系说明。

2. 当前未到期的短期债务、中期债务、公司间借贷、融资租赁债务摘要，包括金额、期限以及提前还款条款。

3. 公司参与的并且当前未到期的利率或外汇掉期、利率上限、期权、远期和其他衍生工具或交易。

4. 与超过约定金额的融资或借贷有关的承诺函或其他往来信函复印件。

5. 超过约定金额的或有负债的有关文件和往来函件的复印件。

6. 在公司股票或资产上设立留置、抵押、质押或其他担保权益的所有文件或担保解除文件。

7. 公司提供的任何保证担保文件以及担保解除文件。

8. 公司此前债务融资、股权融资或其他融资所涉及的信息备忘录、招股说明书、发债说明书、正式声明、协议、法律意见书。

9. 证明其他重大融资安排的文件，包括融资租赁、经营性租赁、销售和售后回租安排、分期购买或类似安排。

10. 要求公司向其他人出资或进行投资（包括贷款、出资或其他形式）的协议。

（四）有关董事、管理层和员工方面的资料

有关董事、管理层和员工方面的资料包括：

1. 公司涉及招聘、合规和内部控制的手册。

2. 公司内部管理架构。

3. 员工数量，根据部门和业务领域分别统计。

4. 劳动合同、第三方服务协议、保密协议、非竞争承诺函、管理咨询协议、集体合同、员工手册、员工福利介绍等复印件。

5. 向公司经理、代理人或员工支付佣金的安排。

6. 潜在的或尚未了结的劳动纠纷、停工、缓工、罢工、或其他工会活动。

7. 对公司董事、管理人员、雇员或代理的补偿协议。

8. 过去1年支付给董事、管理人员和核心员工的报酬（分别注明公司、奖金、非现金报酬）以及按全体员工福利计划支付或累计的报酬。

9. 董事、候选董事和高级管理人员的简历。

10. 近期发生的或预计发生的董事或其他高级管理人员变动情况。

11. 公司与任何管理人员、董事或拥有超过公司投票权5%的股东之间的交易说明。

（五）有关合伙、合资和其他公司交易的资料

有关合伙、合资的其他公司交易的资料包括：

1. 公司参与的合伙、合资、分销、连锁经营、特许、管理、研发的合同或类似的协议。

2. 有关公司正在实施或计划中的收购的任何重大购买协议或其他重要文件。

3. 有关公司正在实施或计划中的重组、私有化、合并、整合、分立或重设的

重大购买协议或其他重要文件。

4. 公司或其现在或以前的高级管人员或董事拥有重大利益的特殊目的公司名单,从公司购买了资产或继承了债务或对公司负有重大义务的特殊目的公司名单。

5. 公司收购实体或资产方面的策略性文件。

(六)有关业务经营和市场销售的资料

有关业务经营和市场销售的资料包括:

1. 公司业务计划。

2. 公司提供的产品和服务清单,每一产品和服务的简要描述、主要竞争性产品、主要客户以及生产场地。

3. 公司作为一方的重要协议,包括供应、购买、服务、研发、经销、营销和分销协议、契据、租赁和许可。

4. 公司前十大应付账款的收款人和应收账款付款人的信息。

5. 公司与主要客户和供应商的合同。

6. 公司过去 3 年中的十大客户信息,包括提供的产品和服务的类型和金额。

7. 公司主要供应商的信息,包括当年和过去 1 年公司采购的类型和金额,如果某些产品或服务只能从某一特定供应商处采购或很难及时从其他地方采购充分数量,请简要说明这些产品和服务。

8. 限制公司在任何地域开展任何业务或限制公司与某些客户进行业务合作或收取费用的合同。

9. 当前生产或计划开发的产品的技术性或局限性风险,按优先顺序排列。

10. 公司的主要竞争者名单。

11. 相关市场调研或营销分析,包括公司所信赖的、委托他人准备的或自行准备的研究或报告。

12. 投行、工程师、管理咨询师、审计师或其他专业人士最近对公司所作的研究报告。

13. 新近向行业协会或投资机构准备的专题演讲稿件。

14. 营销和销售资料,包括报价单,产品服务目录、订单、技术手册、用户指南等。

15. 营销协议、主要代理协议和广告宣传协议。

合同的审查可以限定在重大合同,通常在尽职调查问卷清单中说明。哪些合同是重大合同取决于公司的规模、业务的性质以及行业的惯例。重大可以通过金额表示,例如合同金额超过 5 万美元或者 50 万美元,也可以通过与营业额或净资产的比例表示,例如合同金额占营业额的 10% 或 25% 。

(七)有关诉讼情况的资料

有关诉讼情况的资料包括:

1. 过去 3 年中发生的所有诉讼情况。

2. 财务年度末或中期公司律师发给公司审计师的律师函。

3. 当前正在进行的涉及公司或其业务的所有诉讼、行政或监管程序、调查或政府案件,简要描述每一案件的索赔主张,预计的公司损失金额,案件的当前进展情况,以及公司胜诉的可能性。

4. 公司可能面临的潜在诉讼、法律索赔、监管案件或其他案件或程序,包括有关任何侵犯知识产权的往来函件,有关潜在的政府调查、违法声明的往来函件。

5. 对公司或其资产具有约束力的、当前有效的裁定、判决、和解协议或其他类似文件。

(八)其他文件和信息

除上述资料外,尽职调查通常还需要搜集和审阅下列相关信息:

1. 公司拥有的知识产权。

2. 公司投保的保险情况。

3. 与公司相关的税务事项。

4. 环保、健康和安全事项。

5. 公司需要遵守的当地主要法律法规介绍。

第六节 信用评级

一、概览

信用评级是对发行人信用风险的独立第三方意见,即发行人按时足额付款的能力和意愿。信用评级可以是针对发行人的评级,即发行人的一般信用状况;也可以是针对某一特定债券的评级。信用评级对于发行人从资本市场获得融资尤为重要,因为它决定了发行人获得外部融资的利率。投资者使用评级以评估某一特定证券的风险状况。

世界上有很多评级机构,但是主导市场的三大评级机构是:标准普尔、穆迪和惠誉。

二、评级分类

(一)长期评级

长期评级是对期限超过一年的金融债务相对信用风险的意见,它表示该金融债务不能如约履行的可能性。本章后面附有标准普尔、穆迪和惠誉三大评级机构长期信用评级的类型以及各自的定义。

(二)评级展望

评级展望是对发行人中期信用评级可能发生变化的意见。标准普尔和穆迪将评级展望分为四类:正面(表示信用等级可能上调)、负面(表示信用等级可能下调)、稳定(表示信用等级不太可能发生变化)、发展(表示信用等级可能上调或下调)。

三、信用评级的优点与缺点

(一)信用评级的优点

独立的信用风险评估可以提升投资者的信心,从而有利于资本市场的发展和稳定。通过有效、广泛认可和长期的方法对相关信用风险进行评估，信用评级有助于发行和购买债权和债务工具。

发行人利用独立的评级展示其信用状况和其发行债券的信用风险。评级有助于发行人进入资本市场，扩大融资渠道。此外，信用评级可以帮助发行人预计其新发行债券的利率，信用评级低的发行人需要支付相对高的利率，才能回报投资者所承担的相对高的风险。

投资者经常使用信用评级评估不同发行人和不同债券的信用风险，以做出投资决定和管理其资产组合。机构投资者，包括共同基金、养老基金、银行和保险公司，经常将评级作为其自己内部对某一债券的风险评估的补充。此外，有些机构投资者还使用评级作为其投资门槛和投资指南。

（二）信用评级的缺点

信用评级的缺点主要体现在以下几方面：

1. **时间**。信用评级需要大量时间搜集、审阅资料以及评级讨论，可能会拖延发债时间。

2. **成本**。获取信用评级需要支付费用，包括评级公司费用和其评级的专业顾问的费用。

3. **准确性**。在经济动荡时期，例如全球信用危机的情况下，给出一个准确的信用评级是很困难的，甚至可能会出错。

自2008年全球金融危机以来，评级机构受到了广泛的批评，包括：在给次级结构性金融工具评级时，未能就其所采用的方法和假设基础做出评估；给次级结构性金融工具的评级没有反映其真实的风险；未能在其评级中及时反映恶化的市场状况。

四、国际资本市场协会披露要求

国际资本市场协会对有评级的债券发行提出以下披露要求：

1. 如果标准普尔或者穆迪对债券做出了评级，则该评级必须在发债说明书和邀请函中注明；其他评级机构的评级则是选择性的，主承销商可以决定是否需要披露；

2. 如果债券没有评级，但标准普尔或者穆迪对发行人或担保人现有的长期债务有评级，则该评级必须披露，但如果该评级是基于第三方提供的担保而做出的除外；

3. 短期融资券的评级无须在邀请函中进行披露；

4. 如果发行人签署了评级事件（导致信用评级下调某些事件，例如资本重组、举借新债务等）条款，则该等条款需要披露，并且需要简要分析该条款的后果。

附：三大评级机构长期信用评级定义

标准普尔		穆迪		惠誉	
AAA	最高评级，有极强的偿还金融债务能力	Aaa	质量很高，信用风险很低	AAA	最高信用质量，违约风险最低
AA	有很强的偿还金融债务能力	Aa	质量很高，信用风险比较低	AA	很高信用质量，违约风险非常低
A	有较强的偿还金融债务能力，但可能受到不利经济状况和环境变化的影响	A	中高级，信用风险低	A	高信用质量，违约风险低
BBB	有足够的偿还金融债务能力，但很容易受到不利经济环境的影响	Baa	中等信用风险，有一定的投机特征	BBB	信用质量好，当前违约风险低
BB	近期内不易受影响，但在不利业务、金融和经济环境下面临重大不确定性	Ba	具有投机因素，有潜在信用风险	BB	有投机性，存在违约风险，尤其是在业务或经济环境发生不利变化时，但有业务或财务上的灵活性支撑履行金融债务
B	更容易受不利业务、金融和经济环境的影响，但当前有能力偿还金融债务	B	投机性的，具有高风险	B	高度投机性，现时存在重大违约风险，但有一定的安全系数

续表

标准普尔		穆迪		惠誉	
CCC	当前容易受影响，取决于有利的业务、金融和经济环境才能履行其金融债务	Caa	信用差，有很高信用风险	CCC	重大信用风险和违约是真实的可能性
CC	当前高度脆弱	Ca	高度投机性，有近期有不能支付本金和利息的违约可能性	CC	非常高的信用风险，可能就要发生违约
C	已经提出破产申请或者发生类似法律程序，但还在履行金融债务	C	典型的违约，付款的可能性很小	C	极高的信用风险，违约即将发生或不可避免，或发行人处于停滞状态
—		—		RD	小范围违约，发行人的债券、贷款或其他重大金融债务已经发生不可补救的违约，但还没有进入破产申请、管理、接受、清算或其他清盘程序，并且没有停业
D	金融债务发生违约	—		D	违约，并且发行人进入破产申请、管理、接受、清算或其他清盘程序，且已经停业
AA 至 CCC 的评级可以加“+”或“-”标记，以表示该评级中的相应位置。		Aa 至 Caa 的评级可以加 1、2、3 三个等级。1 表示该评级中的最高位置，2 表示该评级的中间位置，3 表示该评级中的最低位置。		主要评级中可以加“+”或“-”标记，但 AAA 以及 B 以下的发行人长期信用评级不加该标记。	

Chapter 8
第八章

融资担保和增信

第一节 普通法下的担保

普通法中,担保(security)主要包括押记、抵押、让与担保、质押和留置几类。普通法司法区域中,担保文件一般不按照担保类型来分类,更多时候是按照担保财产来区分,而且同一财产上可以同时设立不同类型的担保。

“担保”一词有时候也可以宽泛地将保证(guarantee)纳入其中,但严格而言,担保和保证是两个不同的概念。以下分别介绍普通法下的不同担保类型。关于保证,详见本章第三节(保证)。

一、押记

押记(charge)是一个非常宽泛的词语,往往作为不同种类的担保利益的通称,所以也可以翻译成担保。就其本质而言,押记是债权人(押记权人)与债务人(押记人)之间由押记人处分其特定的资产用以清偿对债权人所负的债务的协议。严格地讲,押记并不会将一项资产的法定权益或收益权转让给押记权人,也不会转让占有权利。押记权人只是有权就一项资产清偿债务人欠付其的债务。

在融资实务中,贷款人通常不想占有债务人的资产,债务人也不想失去对其资产的控制,尤其当资产是用于其日常营业之中时。因此,押记在实务中被广泛使用。

押记可以是固定的,也可以是浮动的。

(一)固定押记

固定押记(Fixed charges)的主要特征就是其赋予贷款人对押记资产控制的权利。此项控制权对固定押记的实现至关重要。如果贷款人没有对资产的足够的控制权,押记将会变为浮动押记而非固定押记。同时,为了确保固定押记的有效性,押记资产需尽可能详细可确定。

固定押记的法律文件一般会赋予贷款人以下典型的权利:

(1)押记人未经贷款人同意不得处置资产;

(2)押记人逾期偿付贷款时变卖资产;

(3)当押记资产为押记人占有时要求押记人维护;

(4)就押记资产变卖收益优先于其他债权人而受偿。

固定押记的认定并非根据当事人的意图确定,而是根据事实来确定。贷款人是否就押记资产享有足够的控制权是确定固定押记的基本标准。如果贷款人没有享有足够的控制权(如押记人可不经贷款人同意而变卖资产),那么贷款人享有的押记则应被认定为浮动押记。

押记人在固定押记的情况下不得自由处置资产,是固定押记的核心特征。在 *Ashborder BV v. Green Gas Power Ltd.* [①] 一案之中,用于设立固定押记和浮动押记的债权文书之中包含了一项"处置"条款,允许押记人在营业时通过一般程序处置被押记的资产。英国高等法院认为,虽然约定为固定押记,但资产可以不经银行同意在其从事的一般业务之中自由处置,该笔资产之上的押记应该属于浮动押记,而非固定押记。

高等法院还认为,如果押记被描述为浮动押记,而所有权人在处置押记资产时有严格的限制,那么这样的押记在事实上可能是固定押记[②]。

(二)浮动押记

关于浮动押记,最权威的解释是 1903 年英国上诉法院法官罗默在审理约

---

① [2004] EWHC 1517 (Ch).

② 参见 *Russell Cooke Trust Company Ltd. v. Elliott* [2007] EWHC 1443 (Ch)一案。

克郡毛纺机协会一案[1]时阐述的三个特征:(1)它是以公司目前存在的或将来存在的某一类资产或全部资产为基础的担保;(2)在正常经营过程中,这些资产的形态会随着时间的变化而变化;(3)除非债权人提出利用担保资产偿债的请求,否则公司可以运用所担保的资产进行正常的经营活动[2]。

与固定押记中担保的资产不同,浮动押记担保的资产统称为押记人的"营业存货"或为其"业务和资产"。浮动押记下的一批资产不时地浮动,可以通过押记人从事的一般业务而处理或者是通过浮动押记设立后的资产收购。这是浮动押记的优势所在。

但处置资产的自由给贷款人留下了一个问题,即如何停止押记人通过浮动押记处置所有的资产而仅仅留下一个空壳。为保护贷款人的利益,浮动资产在某些事项发生时需要确定,从而将浮动押记转化为固定押记。这一过程被称为结晶(crystallization)。

对贷款人而言,尽管浮动押记存在先天的弊端,但其具有包罗万象的特点,可以根据实际需要将不可设立固定押记的资产(如待销货物或商誉)或贷款人并不知晓的押记人的资产都纳入担保范围。因此,在实务中也被广为应用。

二、抵押

抵押(mortgage)涉及抵押资产所有权的转移,即抵押设立后抵押资产的所有权转移给抵押权人,当担保债务履行完毕后所有权再次转回给抵押人。所有权的转移确保了贷款人实现担保的权利,并防止了抵押人处置资产。抵押类似于附回购权的转让,但二者不同,因为抵押涉及的所有权的转移目的是担保债务的履行。

抵押是进一步强化的固定押记,因为所有权的转移为债权人就担保资产行使权利提供了支撑。抵押无须转移资产的占有,抵押可以在有形资产和无形资产之上设立。

---

① *Houldsworth v. Yorkshire Woolcombers Association Ltd.* [1903]2(Ch)284.

② 孙春华:《论英国法上的浮动担保》,载沈四宝主编:《国际商法论丛》(第1卷),法律出版社1999年版,第429页。

抵押有两种类型：法定抵押（legal mortgage）和衡平抵押（equitable mortgage）。

（一）法定抵押

法定抵押是最有保障的一种担保方式。法定抵押将产权转移给贷款人（抵押权人），并防止抵押人处置设有抵押的抵押物。

设立法定抵押的手续根据担保财产的不同而不同：对土地设立普通法上的抵押必须通过契据[《英国1925年财产法》第52（1）条]；对动产的抵押通常无需任何手续，仅需有效的合同及设立抵押的意图。法定抵押不能在所有类型的资产上设立。比如，一般而言，除了以下两项例外，法定抵押不能在无形资产上设立：

（1）法定抵押可以设立于被认定为转移无形资产的所有权的文书之上，比如，汇票、提单和无记名证券。

（2）法定抵押可以设立于在普通法上被认为可以转让的无形资产（如股票）之上，比如，对记名证券的抵押可通过将证券登记到抵押权人名下，并将抵押权人登记为该笔证券持有人。

（二）衡平抵押

衡平法上的抵押一般出现在以下情况：

1. 没有符合设立法定抵押的手续。

2. 缔约双方订立合同约定将来并购获得的资产设立法定抵押。

3. 抵押的财产仅在衡平法中可以被认定。

衡平抵押的效力要低于法定抵押。如果同意财产上既设定了法定抵押，又设定了衡平抵押，那么法定抵押权人优先于衡平抵押权人。

三、质押

质押（pledge）是将质物通过担保的形式转移至债权人占有而其所有权仍为出质人所有。与抵押不同的是，在抵押关系中，抵押物的所有权转移至抵押权人而抵押物仍为抵押人占有。

质押需要占有转移，因此只有适于转移占有的财产（包括财产所有权证书、提单、无记名证券)才可以设定质押。转移占有可以是事实上的或是推定的,比如,交付货物存放的库房钥匙。

在普通法上,如质押人逾期清偿债务,在债权人对质押人作出合理提示后,债权人可以出卖质押财产。提示期依情况而不同,尤其对于易腐烂的货物,所以质押人和债权人应订立质押合同(有时也称作保管备忘录)规定债权人就质押财产及其处理的权利,特别需要注意的是,还应规定提示期间。

在融资实务中,质押很少使用。

四、留置

在融资业务中留置显得很重要,因为留置是通过法律的适用而形成,而非提供担保的人作出。在融资业务中,如果贷款人想就债务人的债务获得额外的保障,那么贷款人将通过质押、押记或抵押或者是第三方的保证来保障其债权。然而,贷款人需要清楚,留置将影响设立担保的资产,因为在某些情形下,留置可能优先于贷款人可选择的其他担保方式,比如,海事留置就优先于贷款人对船舶的抵押权。

留置更多的用于商业领域,尤其是货物供应、修理或运输行业。因此留置更有利于贸易中的债权人而非融资中的债权人。

五、让与担保

让与担保是实务中的一种归类,实际上并不是一种法律上的独立担保方式。让与担保的实质一般是押记或者抵押,即担保人将其持有的权利转让给担保权人,目的是设置一项担保。

让与担保分为法定让与担保(legal assignment)和衡平让与担保(equitable assignment)。

(一)法定让与担保

在符合《英国1925年财产法》第136条的情况下,一项让与担保构成有效的法定让与担保。根据前述法律,法定让与担保必须符合以下全部条件:

1. 以书面形式做出并由让与人(或抵押人)签署。

2. 无条件的让与,并且是全部让与。

3. 不仅仅是通过押记的方式设立。

4. 对第三方债务人发出书面通知。

(二)衡平让与担保

如果让与担保不符合《英国1925年财产法》第136条的规定,那么其仅在衡平法上产生让与担保的效力,即衡平让与担保。衡平法上的让与意味着受让人不能以自己名义起诉让与人有权起诉的第三方。衡平法上的让与的受让人通常需要加入到让与人提起的与相关第三方的诉讼之中。

衡平法上的让与担保通常没有特定的形式要求,但必须有转让或押记相关利益或权利的足够意思表示。

此外,就未来将履行的合同项下的权利设定担保,只能设定衡平法上的让与,因为法定让与担保是针对通常认为只让与业已存在的权利。

法定让与担保的效力优先于衡平让与担保的效力。

六、债权文书

在普通法系国家,贷款人经常会要求借款人按照规定的格式签署债权文书(debenture)。债权文书是一项担保文件,规定借款人以其所有财产、权利向贷款人提供担保。债权文书是担保大杂烩,在担保人的所有财产上设立担保(无论是有形财产还是无形财产,固定财产还是财产性权益),包含各种法律允许的担保方式,例如:固定押记、浮动押记、法定抵押、衡平抵押等。

第二节　大陆法下的担保

一、概述

大陆法中的担保分为物的担保和债权担保。

(一)物的担保

物的担保以特定的动产、不动产作担保,债权人对担保物取得的是担保物权,因而对担保物变现所得的价款具有优先受偿的权利。

物的担保属于担保物权,大陆法基本上采用物权法定原则,因此,物的担保只有在法律明确规定的情况下才能设立,并且必须按照法律规定的程序设立担保,而不能创设新的担保形式。

以我国担保法为例,物的担保为抵押、质押和留置三种,详见下文叙述。

(二)债权担保

保证和定金属于债权性质的担保。债权性质的担保本身不具有优先受偿性。也就是说,如果保证人或者定金提供方出现破产,被担保人和保证人或者定金提供方的无担保债权人是处于同一顺位的。

1. 保证

保证是指第三人为债务人的债务履行作担保,由保证人和债权人约定,当债务人不履行债务时,保证人按照约定履行债务或者承担责任。有关保证,详见下文第三节(保证)。

2. 定金

定金是指合同当事人之间约定一方向对方给付一定数量的金钱作为债权的担保。债务人履行债务后,定金应当抵作价款或者收回,给付定金的一方不履行约定债务的,无权要求返还定金;收受定金的一方不履行约定的债务的,应当双倍返还定金。

二、抵押

抵押是指债务人或者第三人在不转移占有的情况下,以其确定的不动产或者动产作为债权的担保。当债务人不履行债务时,债权人有权以该财产折价或以拍卖、变卖该财产的价款优先受偿。

(一)抵押物的范围

大陆法采用物权法定的原则,抵押权作为物权的一种,其范围应该根据法律设定。因此,并非所有的财产上都可以设置抵押。例如,我国《物权法》第180条规定:“债务人或者第三人有权处分的下列财产可以抵押:(一)建筑物和其他土地附着物;(二)建设用地使用权;(三)以招标、拍卖、公开协商等方式取得的荒地等土地承包经营权；（四）生产设备、原材料、半成品、产品；（五）正在建造的建筑物、船舶、航空器；（六）交通运输工具；（七）法律、行政法规未禁止抵押的其他财产。抵押人可以将前款所列财产一并抵押。”

（二）抵押权登记

抵押权登记对保护担保交易安全、避免纠纷具有重要意义。大陆法中，抵押权登记分为登记生效和登记对抗两类。登记生效，是指抵押权的设定以登记为发生效力的要件，未经登记，抵押权不生效，对当事人没有约束力，更不能对抗第三人。登记对抗，是指抵押权在当事人签订抵押合同时即设定，但未经登记，不得对抗第三人。

我国《担保法》采用登记生效为主，登记对抗为辅的方式。而根据我国《物权法》第 187 条和第 188 条的规定：

1. 对建筑物和其他土地附着物、建设用地使用权、土地承包经营权、正在建造的建筑物抵押，抵押权自登记时设立。

2. 对于生产设备、原材料、半成品、产品，正在建造的船舶、航空器，交通运输工具抵押，抵押权自抵押合同生效时设立，未经登记，不得对抗善意第三人。

（三）同一财产上多个抵押权

同一财产上可以设立多个抵押权。根据我国法律，抵押权已登记的，按照登记的先后顺序清偿；顺序相同的，按照债权比例清偿；抵押权已登记的先于未登记的受偿；如果都是未登记的，按照债权比例清偿。

三、质押

质押是指债务人或第三人将其动产或权利移交债权人占有，以该动产或权利作为债权的担保，当债务人不履行债务时，债权人有权以该财产折价或以拍卖、变卖该财产的价款优先受偿。

（一）质物的范围

质物包括动产和权利。动产质物是指出质人合法占有的一切动产。权利质物是指出质人享有的合法权利。根据物权法定原则，可以设置质押的质物范围应该根据法律确定。

我国《物权法》第223条规定可以设立质押的权利为：

1. 汇票、支票、本票；
2. 债券、存款单；
3. 仓单、提单；
4. 可以转让的基金份额、股权；
5. 可以转让的注册商标专用权、专利权、著作权等知识产权中的财产权；
6. 应收账款；
7. 法律、行政法规规定可以出质的其他财产权利。

（二）质权的设立

大陆法国家一般对质权设立与质押合同生效进行区分。质押合同重在明确出质人和质权人的权利义务，因此，质押合同的生效是根据合同的约定。而质权设定则重在担保的效力，确立质权人对抗第三人的优先权，因此，质权的设立需要满足法定条件。

我国《物权法》对不同质物上设立质权的时间作了不同规定，具体如下：

1. 动产质押的，质权自出质人交付质押财产时设立。

2. 以汇票、支票、本票、债券、存款单、仓单、提单出质的，质权自权利凭证交付质权人时设立；没有权利凭证的，质权自有关部门办理出质登记时设立。

3. 以基金份额、股权出质的，以基金份额、证券登记结算机构登记的股权出质的，质权自证券登记结算机构办理出质登记时设立；以其他股权出质的，质权自工商行政管理部门办理出质登记时设立。

4. 以注册商标专用权、专利权、著作权等知识产权中的财产权出质的，质权自有关主管部门办理出质登记时设立。

5. 以应收账款出质的，质权自信贷征信机构办理出质登记时设立。

（三）抵押与质押的区别

质押和抵押的区别包括：

1. 担保物的种类不同。抵押物一般都是不动产，也包括一些特定的动产；而质押物一般仅限于动产和财产权利。

2. 是否转移占有权不同。抵押人对抵押物的占有权不发生转移，而质押是转移质押物占有权的一种担保方式。

3. 登记手续不同。考虑到抵押物的占有权不发生转移，法律设立了抵押物登记制度。质押中，由于移交质物本身已经具有了公示的功能，一般不必登记，只有一些权利质押需要登记。

4. 设置次数不同。在抵押担保中，可以在同一担保物上设置两个以上的抵押权。在质押担保中，一项动产上只能设立一个质押权。

四、留置

留置是指在保管合同、运输合同、加工承揽合同以及其他法律规定可以产生留置的合同中，债权人已按照合同约定占有了债务人的动产，当债务人不按照合同约定的期限履行债务时，债权人有权以该财产折价或者以拍卖、变卖该财产的价款优先受偿。

同一财产抵押权与留置权并存时，留置权人优先于抵押权人受偿。

第三节　保证

一、保证概述

保证（guarantee、guaranty、surety）是确保他人履行债务并在其未履行债务时替代履行的一项承诺。保证构成一份合约，设立第二位（次要）的义务，担保主债务（第一性义务）的履行。主债务类型可以是多种多样的，最常见的是付款义务，例如，贷款合同项下借款人的还款义务。但也可能是实际履行义务，例如工程承包合同项下的完工义务。保证义务不能超越主债务的范围。

在融资交易中，如果贷款人对借款人的债务偿还能力存在疑虑，往往会寻求他人提供保证，通常是借款人的母公司或关联公司。保证人就借款人的履约能力向贷款人担保，如果借款人不能履行其债务，则保证人将替借款人履行其债务。保证人提供保证表明其愿意支持借款人，为贷款人提供额外的还款来源保障。

以下讨论的是融资交易中的保证,提供保证的人称为保证人;主债务人是借款人,也称为被保证人;受益人是贷款人,也称为债权人。

(一)集团内保证和第三方保证

根据保证人与借款人的关系,保证可以分为集团内保证(inter-group guarantee)和第三方保证,其中集团内保证又可以细分为母公司保证、子公司保证和关联公司保证。

1. 母公司保证

母公司保证也称为下行保证,是借款人的母公司或股东就借款人的还款义务提供保证。如果借款人有若干个股东,贷款人可能会要求所有股东都提供保证。基于母公司保证,贷款人可以向借款人提供超出借款人本身信用额度的授信。

2. 子公司保证

子公司保证也称为上行保证,是借款人的子公司就借款人的还款义务提供保证。子公司保证可以帮助贷款人解决结构性从属问题(structural subordination),即当借款人进入破产程序时,贷款人不用等到借款人的子公司清偿其所有债权后再支付借款人股东权益,就可以直接向借款人的子公司主张债权。如果借款人是控股公司,其现金流来源于子公司,贷款人可以要求产生主要现金流的子公司提供保证。

3. 关联公司保证

关联公司保证也称为交叉保证,是同一集团内的子公司向其他子公司提供保证。在银行融资交易中,关联公司保证并不常见。

4. 第三方保证

借款人所属集团之外的第三方提供保证在跨境融资交易中不太多见,除非该第三方保证人有强烈的理由为他人的还款义务提供保证。

在英国法中,第三方保证涉及公司商业利益(commercial benefit)的问题,具体见下文第五节(担保注意事项)中有关公司利益的分析。

(二)一般保证和连带责任保证

中国的担保法将保证分为一般保证和连带责任保证。一般保证是指当事人在保证合同中约定,债务人不能履行债务时,由保证人承担保证责任的保证。连带责任保证是指当事人在保证合同中约定保证人与债务人对债务承担连带责任的保证。

一般保证和连带责任保证的最大区别在于,一般保证中的保证人享有先诉抗辩权,即当债权人要求保证人代为履行时,保证人可以要求债权人先就主债务人的财产诉请强制执行,或在设有物的担保时先执行担保物权,在此之前可以拒绝清偿;而连带责任保证中的债务人无先诉抗辩权,即不能以债权人是否催告主债务人作为是否履行保证义务的抗辩理由。

对债权人而言,连带责任保证比一般保证的保障更有利,因此融资交易中贷款人一般都要求连带责任保证。

(三)单一保证和共同保证

只有一个保证人提供的保证称之为单一保证。在有的融资交易中,可能不止一个人提供保证,这些多个保证人提供的保证称为共同保证(joint and several guarantees)。

共同保证又可以分为连带共同保证和按份共同保证。连带共同保证中,所有的保证人均对全部债务承担保证责任,债权人可以向任何保证人主张全部的责任,保证人清偿债务后可以向其他保证人追偿。按份共同保证中,每个保证人只承担其担保的份额,债权人只能在约定份额内向保证人主张责任。连带共同保证比按份共同保证能提供更好的保障,因此银行融资交易中银行往往要求连带共同保证。

(四)从属保证和独立保证

从属保证是从属于主合同的保证,主合同无效,则从属保证无效。独立保证,又称为见索即付(first demand)保证,即只要受益人一提交索赔,保证人即应当按照保证协议的内容承担义务的保证。独立保证只要一经做出,就不受主合同的限制。

从属保证和独立保证的主要区别是,保证协议与主合同(基础交易合同)在债权的发生、变更和消灭上是否有从属关系,保证人是否享有先诉抗辩权,是否可以主张债务人针对债权人的抗辩。

有关独立保证的进一步介绍，请见下文银行保证——保函和备用证。

(五)保证和赔偿

国际交易中，特别是适用英国法的保证中，大多数标准格式的保证协议往往称为保证和赔偿(guarantee and indemnity)，其中既包括了保证的内容，还包括赔偿条款。保证和赔偿是两个密切相关但又有不同的概念。保证和赔偿有着不同的优点(详见下文)，所以，在可能的情况下，保证加上赔偿的双重保障，对受益人更为有利。

1. 赔偿函的概念

赔偿函(letter of indemnity)，与保证协议类似，是对他人损失承担责任的一种承诺。与保证协议不同的是，赔偿函是赔偿责任人给予受偿人的一项主债务，它独立于而非取决于借款人的义务存在。这意味着，如果基础交易因任何理由被撤销，赔偿函仍将有效。

2. 赔偿函的优势

赔偿函是承诺人对受益人的主要义务，这意味着它比作为次要义务的保证更为稳妥。如果主要义务因为任何原因而终止，保证人就不用对其承担责任，因为保证协议是从属于主要义务的。这意味着在贷款人需要依靠保证协议时，贷款人可被阻止从保证人处请求还款。例如，主要义务可以因违法而被撤销。然而，如果贷款人使用赔偿函，在借款人和贷款人之间的贷款无效时，赔偿函将仍然有效。

赔偿函下的义务不受基础合同的影响。而保证协议容易受到基础合同的影响。在提供保证后，对基础合同做出的修改将解除保证人在保证协议下的保证责任，除非保证人同意此种变更，或者此种变更显然是非实质性的，或者不会加重保证人的义务。

赔偿函一般没有格式和程序性要求。根据英国《1677 年防止欺诈与伪证法》，保证必须以书面形式由保证人或其授权之人签署，方能生效。这一要求对赔偿函并不适用，因此赔偿函无须遵守这些格式或者程序方面的要求。

二、保证协议的主要条款

保证协议为保证人创设了保证义务，放弃对保证义务的抗辩权，并规定了双方当事人的权利和义务。尽管每笔交易各有特点，但几乎所有的保证协议在关键条款和结构上都是相同的。以下是国际融资中常见的保证和赔偿协议的条款。

（一）不可撤销且无条件的义务

这一条款强调保证人义务的不可撤销性。条款的内容旨在将保证义务转化为赔偿义务，因为只有赔偿是无条件的义务，能确保保证人对贷款人进行偿还。如果保证协议旨在创设赔偿及（或仅创设赔偿义务）保证义务，那么应在文本中作出明确的规定。该义务将由受益人（保证与赔偿的接受方）承担，以证明该协议下的义务是主要义务。如果出现歧义，法院将以有利于保证人的方式解释该协议，并将其认定为保证义务而不是赔偿义务。

（二）连带和按份责任

如果保证和赔偿协议构成借款人及其公司（通常情况下）提供的“一揽子”交叉保证和赔偿协议的一部分，贷款人将会要求所有公司来担保借款人的债务，无论以连带还是按份的形式。这样贷款人就可以就全部债务向任何一个或多个保证人采取行动。

如果其中一名保证人承担了全部债务的清偿责任，或承担超出其保证份额的债务的清偿责任，则在保证人之间产生了相互追偿的权利。

（三）持续性保证

如果借款人的借款为循环贷款，其可以还款并且随后再借款。但是，当借款人偿还任何款项后，保证人根据原始债务承担的责任随付款相应减少。除非在该协议中有明确规定，否则在贷款协议下进行的后续借款将不被保证协议所涵盖。因此，保证人只有在保证合同中明确同意扩大保证范围的情况下才承担后续借款的责任。持续性保证条款意味着保证包括了贷款人对借款人的后续贷款，从而避免了这个问题。

（四）暂计账户

贷款人通常有权在暂记账户中保留因保证协议而收回的任何款项，而不是立即使用该款项来偿还债务。贷款人要求这个条款，是因为在借款人无力偿付的情况下，他们可能只能收回一部分欠款。如果从保证人那里收到的款项已用于偿还债务,那么贷款人只能索要除去保证人偿还的部分外尚未偿还的款项,这将减少索赔及获得的数额。将保证人的付款存入暂记账户中意味着为清算人之目的,贷款人可证实的债务为全部金额,而不限于尚未偿还的金额。这减少了在借款人破产的情况下贷款人可能遭受的损失,最终也符合保证人利益。

(五)同意主合同变更

由于保证是第二性的义务,对被担保的主合同的任何变更均可能构成对保证人义务的解除。对主合同宽限期的延长和任何弃权也是如此。因此,保证协议通常包括这样一个条款,即保证人同意在未经其同意的情况下更改主合同,或者保证人事先作出同意。

保证人事先同意可能得不到法院的认可。2005 年英国上诉法院的一个案例①认为,即使有这样一个条款,如果该变更未获得保证人的同意,法院仍可能认定该保证协议已经被解除。尽管如此,对主合同进行任何修改,事先获得保证人的书面同意是明智且谨慎的。

(六)保证人弃权向借款人追偿

银行贷款保证协议一般规定,借款人偿还贷款的义务优先于借款人对保证人的义务。这意味着在借款人破产的情况下,贷款人的贷款先于借款人对保证人的债务获得清偿。只要没有发生违约事件,银行可以同意保证人要求定期从借款人处收取其债权对应的利息款项。但是,如果发生了规定的违约事项(例如付款违约、破产违约或违约事件),将会限制借款人对保证人债务的清偿。

此外,保证人享有代位权,即一旦保证人履行了其担保义务,保证人就有权取代贷款人的地位,享有贷款人对借款人的权利(包括贷款担保的利益)。如果保证人仅担保了借款人义务的一部分,则这一条款尤为重要,因为这意味着如果借款人无力偿债,贷款人可能不得不与保证人就借款人的同一资产进行竞争。因此,大多数保证协议包括保证人承诺不在贷款人获得全额清偿之前行使其权利这一条款。

---

① *Triodos Bank NV v. Dobbs* [2005] EWCA Civ 630.

（七）陈述和保证

为了尽量减少与贷款有关的风险，贷款人会要求每个保证人作出与借款人相同的陈述和保证。这通常是通过“借鉴参考”贷款协议中的陈述和保证条款而作出的（而不是全部在保证协议中说明），并且由于借款人在贷款协议中会代表保证人，因而保证人会作出与其相同的陈述和保证。

（八）承诺

保证协议通常会规定，保证人须遵守明确适用于他们的贷款协议中的承诺条款（通常不用在保证协议中完整列举）。承诺的目的是：

（1）监督保证人的业务活动；

（2）限制保证人的某些行为；

（3）要求保证人采取其他行动，以减少在贷款人要求保证人依保证协议偿还贷款时保证人缺乏资金的风险。

保证人违反承诺，通常会导致贷款人有权停止后续向借款人发放贷款，并引发贷款协议下的违约事件。

三、银行保证——保函与备用证

（一）银行保函

银行保函（bank guarantee, bond）是银行基于其客户的申请而向受益人出具的保证书，保证当客户在其与受益人之间的合同项下没有履行约定的义务时，银行向受益人作出补偿。在国际交易中，银行保函通常都是见索即付保函（demand guarantee），又称独立保函（independent guarantee）。国际商会2010年版的《见索即付保函统一规则》（URDG758）将保函定义为“一份约定只要作出相符索赔的提示就立即付款的书面的承诺，无论其如何命名或如何描述”[①]。《联合国独立担保和备用信用证公约》将独立保函称为担保人做出的一项独立承诺，当担保人收到索赔请求或者附带单据的索赔请求时，只要其符合保函规

---

① URDG758 第2条定义中规定：“Demand guarantee or guarantee means any signed undertaking, however named or described, providing for payment on presentation of a complying demand.”

定的条款和单据要求，并表明或示意任何付款因为义务履行中的违约或因另一偶发事件而到期，或者借款到期，或者任何债务到期，担保人即应立即向受益人支付一笔确定的款项。[①]

常见的银行保函包括以下几类：

1. 投标保函

投标保函（bid guarantee）出现在招投标项目中，银行根据投标方的申请向招标方开立。投标保函的金额一般为投标报价的1% ~5%。投标保函的主要作用是防止投标人在投标有效期内撤销投标，或者中标后不签订合同且不提供履约保函。如果投标人投标后修改原报价、中途撤标，或者中标后不能与招标人签订合同，将导致招标人出现损失，银行按保函规定向招标方作出赔款。如果投标方没有中标，则投标保函将立即失效并应当返还给银行。如果投标方中标，则投标保函将被履约保函替代。

2. 履约保函

履约保函（performance guarantee）是银行向买方或业主出具的保证，担保卖方或承包商提供货物或服务。履约保函在建设项目中最为常见，金额一般为合同金额的10% ~15%，用以担保承包商按合同条款履约。如果承包商违约，银行需要根据保函向业主赔偿损失。

3. 预付款保函

预付款保函（advance payment guarantee），又称退款保函（refund guarantee）或定金保函。预付款保函在买方或业主同意预付一定比例的款项的情况下使用。买方或业主为了确保供货方或承包商按照约定履行义务，要求供货方或承包商的银行向其提供预付款保函，由银行承诺，一旦供货方或承包商未能履约或者是无

---

① 《联合国独立保函和备用信用证公约》第2条第1款规定："For the purposes of this Convention, an undertaking is an independent commitment, known in international practice as an independent guarantee or as a stand-by letter of credit, given by a bank or other institution or person ('guarantor/issuer') to pay to the beneficiary a certain or determinable amount upon simple demand or upon demand accompanied by other documents, in conformity with the terms and any documentary conditions of the undertaking, indicating, or from which it is to be inferred, that payment is due because of a default in the performance of an obligation, or because of another contingency, or for money borrowed or advanced, or on account of any mature indebtedness undertaken by the principal/applicant or another person."

法全部履约,银行按照保函的约定向其返还与预付金额等值的款项。

4. 质量保函

质量保函(quality guarantee)也称为保留金保函(retention money guarantee)。工程完工后,业主往往会扣留一部分工程款,通常是合同金额的是5% ~10%,作为工程质量的担保。承包商为了取得这部分工程款,申请银行向业主开立质量保函,保证如果工程质量不符合合同约定,银行按保函约定向业主作出赔偿。质量保函在货物贸易中也会使用。

(二)备用证

备用信用证(standby letters of credit,SBLC,简称备用证),是银行签发的书面文件,承诺在申请人(基础交易中的债务人)未能向受益人(基础交易中的债权人)进行支付或者未能履行其他义务时,代表申请人向受益人支付一定金额的款项。备用证开立后即独立于其开立所依据的基础交易,开证行的付款义务不受基础交易的有效性、合法性的影响。

备用证经常用于担保债务人的履约能力或者增强债务人的信用等级。例如在货物买卖中,如果买方能够出具银行开立的备用证,就可以要求卖方以赊账的方式提供货物。当买方按照货物买卖合同支付货款后,就不会发生备用证项下的付款。因此,债务人和受益人双方并不希望发生备用证项下的支付。只有在债务人发生违约时,才会出现备用证项下的支付。当受益人根据备用证的约定向开证行提供相关文件时,开证行就有义务向受益人支付款项。

备用证起源于美国。由于美国法律不允许银行开立保函,为了绕开这一法律限制,美国的银行发明了备用信用证。后来,备用证逐渐发展成为为国际性合同提供履约担保的信用工具,被广泛应用于国际承包工程的投标、国际租赁、预付货款、赊销业务以及国际融资等领域。

(三)备用证与保函的比较

从功能上来看,备用证和保函并没有什么区别。二者都是银行出具的担保基础交易履行的文件,而且都是独立担保,与其开立所依据的基础交易相分离,担保行不得以基础交易的合法性或其他抗辩对抗受益人的索赔。备用证与保函一样也可以运用于各种不同的场合,包括招投标、预付款、履约担保、保留金担保等。《联合国独立担保和备用信用证公约》就没有区分备用证和保函,而统一称为一项承诺(undertaking),其中的所有规则都适用于保函和备用证。

实践中,保函通常适用《见索即付保函统一规则》,而备用证则适用《国际备用证惯例》(ISP98)或《跟单信用证统一规则》(UCP600)。由于这些规则的不同,保函和备用证在实践中有一定的区别,备用证比保函更为灵活,担保功能更强。这主要体现在以下两个方面:

(1)备用证项下担保行的付款义务不以申请人违约为前提,只要申请人到期没有付款,无论是否因为违约,担保行就按照备用证的规定根据受益人的提示向受益人付款;但是,保函项下担保行的付款责任以申请人在基础交易中违约为前提,受益人在索赔请求中应当注明申请人的违约情况。

(2)备用证可以由第三方银行保兑,保兑行犹如是一个单独的开证行,对备用证承担与开证行相同的责任。经保兑的备用证,可以避免开证行的信用风险和开证行所在地的国家风险,对受益人更为有利。保函则没有这一功能,受益人必须直接向担保行书面主张索赔。

(四)保函和备用证的独立性

保函和备用证的独立性体现在其与其基础关系相分离,虽然保函和备用证文件中提及基础关系,但担保人并不受该等基础关系的任何约束。只要受益人提交符合担保条款规定的附有其他单据文件的索赔请求,担保人即向受益人支付一定数额的金钱。

URDG758 第 5 条对独立性的解释是:“保函在本质上是独立于基础关系和保函的申请的,担保行在任何情况下都不会涉及基础关系并受基础关系的约束。保函中为了定位基础关系为提及基础关系,并不影响保函的独立性特征。担保行在保函项下的付款承诺不受因任何关系(担保行和受益人之间的关系除外)而产生的主张或抗辩的影响。”

ISP98 在第 1.06(c)条中解释备用证的独立性时规定:“备用证下开证人义务的履行并不取决于:(1)开证人从申请人那里获得偿付的权利和能力;(2)受益人从申请人那里获得付款的权利;(3)在备用证中对任何偿付协议或基础交易的援引;(4)开证人对任何偿付协议或基础交易的履约或违约的了解与否。”

与从属性担保相比，独立担保与基础交易在债权的发生、变更和消灭上没有从属关系，担保人不享有先诉抗辩权，也不能主张债务人针对债权人的抗辩，担保人只有对索赔文件及所附单据进行形式审查的权利，当受益人的索赔要求符合保函规定的条件时，担保人必须承担替代给付的责任。

独立担保的产生以及在国际市场上得以广泛应用，得益于独立担保的诸多优势。首先，对银行而言，银行没有专门的人员和技术能力去调查基础交易的真实履行情况，当基础交易发生纠纷时，争议双方往往各执己见，银行很难做出判断，卷入这一复杂的基础交易纠纷中去对银行会很不利，并且会影响银行的利益和信誉。因此，银行趋向于使用独立性担保。其次，对受益人而言，独立保函可以确保其权益不因合同纠纷而受到损害，更有利于保障受益人的权益，因为保函独立性可以防止保函申请人提出各种理由如不可抗力、合同履行不能等来对抗其索赔请求，也避免了对违约人提起诉讼而花费大量金钱、精力和时间。

四、主权担保

主权担保（sovereign guarantee）又称为政府保证，是指由政府作为保证人提供的保证担保。主权担保就是一份保证，其内容和法理和普通保证并没有实质性区别，主要区别在于，保证人是政府，而不是银行、企业等商业机构。主权担保的适用法律一般采用第三国法律，常见的是英国法。

（一）主权担保的范围

主权担保常见于政府公用事业项目，例如：能源项目，港口、铁路、公路等基础设施项目。通常，政府不对私人部门的项目提供担保，但根据一国法律规定，政府也可能可以为一些私人项目提供担保，前提是该等私人项目会给国家带来福祉。

（二）主权担保的流程

主权担保的流程取决于一国宪法或者有关政府债务相关法律的规定。各个国家的法律可能有不同的规定，通常的流程包括：政府主管部门（如财政部）审核，议会（或者其他权力机构）决议，国家元首签字批准。

以马尔代夫为例，《马尔代夫共和国宪法》第97条的规定：“除人民议会所颁布的法律另有规定外,政府(executive)不得提供任何主权担保。"《马尔代夫公共财政法》第5条的规定:主权担保的申请必须提交财政部,部长依法进行审核。财政部根据其对马尔代夫经济及金融秩序的影响进行评估并提出建议后,由马尔代夫总统基于该建议作出批准。财政部在提交总统批准时,需要同时提交含有总检察长法律意见的授权委托书草案,授权委托书需要包含担保交易的细节,以及明确授权代表马尔代夫政府签署担保文件的授权签字人。

(三)主权担保的限制

主权担保可能受到政府债务上限的限制。如果政府负债达到该国法定上限,那么该国政府将不能提供对外担保。另外,如果一国政府的负债水平很高,那么其提供政府担保也可能受到限制,因为对外担保可能进一步提高其负债率,从而降低其信用评级。

此外,一国政府可能对其提供主权担保有其他方面的限制,例如,马尔代夫政府于2016年12月发布主权担保政策,规定主权担保所担保的贷款实际利率不得高于4%。

第四节　类担保增信

在一些项目中,借款人或其股东或者其他第三方由于各种原因不方便提供保证和担保,这些原因包括:财务原因不能提供担保,和其他方有协议限制提供担保,提供担保所需的审批无法获得,等等。这种情况下,借款人或其股东或其他第三方可以提供与担保类似的增信措施,包括安慰函(或维好协议)、股东支持协议、债务从属协议、回购协议等。

一、安慰函

在预期的担保人不能提供担保或保证的情况下,银行可能也会同意基于其提供的安慰函而进行融资。安慰函通常由借款人的控股股东或者政府提供。

某些安慰函会声明它并不创设任何法律义务。这些不具法律约束力的安慰函通常是简单的确认函，即母公司表明知晓银行贷款，且没有任何从借款人处撤回支持或实质性变更其业务性质的意图。这类安慰函也被称为是知悉函（letter of awareness）。

较为常见的是，安慰函规定母公司将确保借款人处在良好财务状况以履行其义务，包括采取某些措施（如提供现金以维持最低资本净值），以维持借款人的良好的财务状况、使其能够履行其财务承诺或偿付其债务。这类安慰函也被称为维好协议（keep well agreement）。维好协议构成一项有执行力的合同，只要其得到了合适的对价支持，例如发放新的贷款，并且有产生法律义务的意图。

（一）主要内容

具有法律约束力的安慰函通常包含以下内容：

1. 知悉

出具方确认，其已经知悉借款人向银行申请贷款，并且出具安慰函是借款人提用授信协议项下授信的先决条件之一。

2. 股权控制

出具方承诺继续维持对借款人一定比例的股权（无论是直接还是间接），不会在借款人的股权上设定或试图或同意设定或允许设立或存在任何担保，亦不会转让、出售或处置或者意图或同意转让、出售或处置该股权。

3. 经营支持

确保借款人稳健经营，确保借款人于任何时候保持充足财务能力以履行对银行的义务。出具方承诺，将不会采取任何导致借款人不能维持其经营或不能履行对银行的义务的行动；并且一旦出现可能影响借款人持续运营的任何情形，应立即通知银行。

4. 财务支持

如果借款人由于任何原因不能履行其义务，或者在任何时候借款人在银行开立的并质押给银行的账户中的贷方余额低于授信协议规定的下一利息支付日应付的利息和其他款项金额时，或者发生任何在银行认为可能导致借款人不能履行其在授信协议项下的债务的事件时，一经银行要求，立即向借款人提供资金，使其有能力履行其义务。

（二）法律约束力

如上所述，安慰函的法律效果根据其条款而具有明显差异。如果安慰函的内容仅仅是知悉函的内容，那么该等安慰函并不具有法律约束力，只是在道德上具有一定的约束。因此，知悉函对贷款人并没有增信作用，实践中金融机构贷款人比较少能够接受。

维好协议对于出具方具有法律约束力。尽管如此，但是能否获得法院的简易判决以及法院可能下令赔偿的金额（如果有）都可能存在一定的不确定性。因此，内容如维好协议的安慰函保障力也远远低于保证协议所赋予的保障力。

二、股东支持文件

项目融资中，融资方对发起人在项目以外的资产、权益和收入一般无追索权或仅具有有限追索权。为获得融资方贷款，发起人往往需要对项目的运营和清偿债务能力提供一定支持。发起人对项目的支持有多种方式，常见的有股权出资承诺、向项目提供从属级贷款（subordinated loan）或其他股东贷款、完工担保、应对项目超支的补充股权出资承诺或准备金等。

（一）发起人支持协议

有时，发起人会与融资方和项目公司签署《发起人支持协议》（sponsor suport agreement），约定对项目提供的支持的具体条款。

（二）出资承诺和次级贷款

项目融资中，融资方一般只会提供项目建成所需的部分资金，其余部分则需要由发起人承担。发起人提供资金可以通过股本形式，也可以通过提供从属级贷款。融资方一般在项目的债务股本比满足一定比例的基础上进行融资，并要求发起人的股本出资在提款前全部到位，或至少满足债务股本比例要求。如果发起人或其关联公司为项目公司提供从属级贷款，该等贷款的优先级别次于融资方。

（三）完工保证

有的项目中，发起人或其关联公司会向融资方提供完工担保（completion guarantee）。根据完工担保，发起人承诺项目完工日在约定日期之前发生，如项目未按时完工，则发起人将补偿融资方因完工迟延在融资文件项下的任何损失，发起人对项目的支持到项目完工（completion）为止，此后融资方只能依赖项目本身的现金流和资产追偿债务。

一个项目如有数个发起人，各个完工担保人之间多是按比例各自承担责任。完工是风险转移点，其确认标准和程序需要在融资文件中明确。完工确认要求满足完工测试（completion tests），测试内容可能包括工程完工（确认项目建设完成）、运营完工（确认项目建成并且商业调试达标）、财务完工（确认项目满足财务指标）、法律完工（确认项目不存在违反法律法规的情况、项目所需政府审批、许可齐全且无违反重大项目文件事项）及环保和社会影响完工（确认项目符合环境保护和社会影响标准）等方面。

有的项目中，发起人并不向融资方提供完工担保，就项目的完工风险，融资方可能依赖工程总包商在工程总包合同项下对项目完工的保证以及赔偿责任。

（四）其他承诺

项目完工后，发起人还可能以偿息承诺、偿债储备金承诺（如承诺偿还以一期本息为限的债务）等方式继续提供支持。

三、债务从属协议

债务从属（debt subordination）协议是指一种合约，一组债权人（低级债权人或从属债权人）同意在另一组债权人（高级债权人）的债权得以清偿之后才能受偿。同意将其债权从属于高级债权人的初级债权人或从属债权人主要是借款人的股东或者其他关联公司，也可能包括一些金融机构。对于借款人的股东和关联公司而言，债务从属有助于提高银行对借款人的放贷意愿，从而支持借款人举债。对于作为低级债权人的金融机构而言，其愿意接受债务从属则往往会要求更高的利率或者其他优惠条件。

（一）主要内容

债务从属协议的主要内容如下：

1. 债务从属承诺

低级债权人或从属债权人承诺，在高级债权人的债权得以全额清偿之后才能受偿。在高级债权全额清偿之前,低级债权人或从属债权人不得接受借款人的任何还款,或者加速到期其债权,或者启动任何收款程序;不得执行其享有的任何担保。

2. 允许的支付

尽管有债务从属承诺,借款人仍然可以在特定情况下向低级债权人或从属债权人进行支付。该等支付限于:既定的利息支付,某些特定的费用和支出。在任何情况下,许可的支付不包括对低级债权人或从属债权人的本金偿还。

此外,允许的支付的前提条件是:高级债权合同项下没有发生违约,没有被宣布加速到期。一旦高级债权合同项下发生违约,则所有被允许的支付都将被禁止。

3. 破产情况下的从属

低级债权人或从属债权人承诺,在借款人出现资不抵债进入破产程序时,低级债权人或从属债权人的权利主张将被递延至高级债权人的主张之后,如果低级债权人或从属债权人从借款人处收到任何款项,该等款项必须交付给高级债权人以清偿高级债权人的债权。

4. 文件修改的限制

低级债权人或从属债权人同意不对融资文件做出修改,除非该等修改是更正错误,或者对高级债权人的利益不会产生任何不利。

(二)法律效力

在普通法区域,债务从属协议属于当事方的自由约定,其法律效力可以得到司法机构的认可。当然,不同的司法区域可能对破产法有不同的规定,因此在借款人出现资不抵债进入破产程序的情况下,可能对债务从属协议的效力有不同的认定。因此,就必要就此寻求当地法律意见。

对于多数大陆法国家而言,债权的优先顺序取决于法律的规定,而不能由当事方通过协议进行变更。因此,债务从属协议的效力在这些国家是存疑的。在借款人不存在资不抵债或者清偿能力的时候,债务从属协议可以在协议当事方中具有合同约束力。但是,一旦借款人进入破产程序,大多数大陆法国家的法律对债权的清偿往往都有法定的受偿顺序,当事人无权以协议改变这种法定顺序。因此,协议中有关在破产情况下的债务从属约定很可能得不到法律的认可。所在大陆法国家中,使用债务从属协议必须非常谨慎。

四、其他增信文件

除了以上常见的增信文件外,有时贷款人与借款人和第三方签订一份回购协议,第三方同意从贷款人处购买贷款(也称为票据购买协议,以代替可偿付的保证)。第三方也可同意购买借款人特定的资产,以便在贷款人要求的情况下或在发生违约事件时向借款人提供所需的资金。回购协议可能难以起草、谈判和执行,只能作为银行贷款融资保障的最后手段。

在一些资产融资交易中,例如船舶或者飞机融资,贷款人有时会要求借款人的股东签署购买期权协议(put option agreement),约定在借款人出现违约的情况下,股东承诺购买资产,并将购买款项用于偿还借款人的贷款。有时候,借款人股东不愿意签署这样的购买期权协议,贷款人可以退一步要求其签署转售代理协议(re-marketing agreement),约定在借款人出现违约的情况下,股东承诺找到合适的买家购买资产,并将购买款项用于偿还借款人欠负的贷款。

第五节　担保注意事项

一、设置担保的考虑因素

在设立担保时,应考虑以下问题:

(一)合同问题

担保文书属于合同,因此必须符合合同的基本要求,具体包括:

(1)要约;

(2)承诺。

如果担保文书中的条款具体完整,要约和承诺就很容易被识别。因此,这往往不是问题。

在普通法中,合同的成立还需要有对价(consideration)。这通常也可以从担保文书中找到:贷款人将贷款提供给借款人,借款人以此给贷款人作出各种承诺。但是,如果是第三方提供的担保,则不容易确定对价。在实务中,为解决对价问题,担保文书都通过契据(deed)的方式来签署。所谓契据(或翻译为契约),就是通过特殊方式签署的法律文件,其在没有对价的情况下也是可以执行的。签署契据的特殊形式要求主要是:在文件中明确约定是通过契据方式签署,在某些普通法区域还要求签署人加盖封印(公司的钢印),并由见证人(witness)见证。

(二)被担保债务

在设立担保的时候,要考虑担保将为什么样的债务设立,为谁的债务设立,这两个问题尤为重要。

根据英国法,所有当前和未来的金钱债权均可担保,不管它们是实际发生的还是或然的债权(比如,在背对背担保中对债权人补偿的责任)。债权无须确定最高额和到期日。这样的担保一般称为全部债务担保(all monies guarantee)。全部债务担保和特定债务担保的区别在于,当贷款人和借款人签署新的贷款合同,或者修改之前的贷款合同时,无须修改担保合同,也无须重新签署担保合同,因为被担保债务已经全部涵盖未来的新债务或者变更后的债务。这给贷款人带来极大的便利,尤其是针对经常提出贷款需要或者根据业务情况变更贷款期限的公司融资业务,这类担保尤为常见。

我国现行的担保法对被担保债务(或主债权)有一定的限制。例如,对于一段期间内的债权,需要设定一个最高额,担保人在此最高额范围内担保。

起草担保文书时,对被担保债务定义需要格外注意,要确保贷款人希望担保的所有债务均涵盖在内。起草的定义可以交叉引用别的文件或者产生债务的文件。

(三)可撤销的交易

如果担保人出现破产,根据破产法新作出的担保,在一定的时限内可能被撤销。

我国《破产法》第31条规定:“人民法院受理破产申请前一年内,涉及债务人财产的下列行为,管理人有权请求人民法院予以撤销:(一)无偿转让财产的;(二)以明显不合理的价格进行交易的;(三)对没有财产担保的债务提供财产担保的;(四)对未到期的债务提前清偿的;(五)放弃债权的。"

英国法中也有类似的规定。根据《英国1986年破产法》第238条的规定,清算人和管理人根据不同的情况审查以下交易:低于市值的交易;对个别债权人优先清偿的交易;无效的浮动押记。如果存在前述情形,并且发生在担保人进入破产程序之日的前2年内,且当时担保人已经资不抵债或者因为该交易而导致资不抵债,则管理人或清算人可以申请法院撤销该等交易。

因此,在设立担保时,需要考察担保人的资信状况,确保其提供担保时没有处于资不抵债的状态。

(四)结构上的从属

当贷款人贷款给母公司或者其他拥有子公司的实体,如果贷款人发放的该贷款基于借款人的子公司的资产,并且贷款人仅获得了母公司的担保而没有要求子公司提供担保,那么贷款人和子公司的债权人相比就会处于不利地位。如果借款人的子公司破产,其债权人可以就子公司的资产直接主张权利。给母公司贷款的贷款人只能就母公司的资产主张权利。母公司的资产包括其持有的子公司股权,但股权劣后于债权,只有当子公司的资产清偿完毕其所有债权之后才能归于母公司。因此,母公司的贷款人就子公司的资产而言就排在了子公司股东之中,而子公司的债权人相较子公司的股东优先受偿子公司的资产。这就意味着母公司的贷款人排在子公司债权人之后。

因此,如果贷款人基于借款人的子公司的资产提供贷款,则有必要要求子公司提供相应充足的担保。

(五)公司利益

公司利益(corporate benefit)是英美公司法下的一个概念,即公司基于其自身利益行事。如果公司的行为不服务于公司利益,那么公司股东可以追究公司董事的责任。

当公司向贷款人借款并为之提供担保时,公司很明显从该协议中获得利益。然而,当贷款人不只要求借款人提供担保,而且还要求其母公司、子公司或者集团中的其他公司提供担保时,公司从该项借款协议之中获得了什么利益就不是那么明显了。此时这些公司的董事们就需认真考虑公司利益。

在公司为第三方提供担保的情况下,如果公司利益不是很确定,则有必要就该等担保事宜获得公司股东的批准，从而避免公司董事被追究责任，同时也可以防止公司股东主张公司提供的担保未经充分授权而无效。

我国公司法对公司利益的规定并不明确，但是英美法律中的这套制度值得我国借鉴。在实践中，贷款人在要求担保人提供担保时适当考虑公司利益的问题，对整个交易的稳定性和安全性而言也是有帮助的。

二、担保的完善

（一）担保完善的重要性

当担保人违约或破产时，获得担保的贷款人希望其担保财产是受保护的，且尽可能在担保提供人的其余债权人之前得到全额偿付。为了确保这一点，贷款人获得的担保必须经合理完善，通过满足某些程序要求，使担保可以合法对抗任何第三人。

确保担保具有在担保提供人其他债权人之上的优先权，担保的完善是十分必要的。当然，对担保的完善并不能保证其在所有情况下的合法性和优先权，例如，某些破产法可能对担保的合法性和优先权产生影响。

常见的担保完善程序一般包括以下一项或多项：

（1）担保资产转移给担保权人占有；

（2）对担保进行登记；

（3）给予第三方担保通知。

（二）完善担保注意事项

担保的完善方式取决于贷款人采用的担保类型、担保资产的类型和担保提供人的身份。以下是在完善担保时需要注意的问题：

（1）是否需要由担保持有人占有担保资产；

（2）是否需要将担保资产的所有权转移至担保持有人；

（3）是否需经任何相关方以书面方式签署担保；

（4）是否必须向任何第三方发出存在担保的通知；

（5）是否需要登记担保的详细信息。

（三）转移占有

质押和留置要求担保持有人获得并保持对担保财产的实际占有。此类担保通常被称为占有式担保。

只有在担保标的物能够交付的情况下，如提单、本票或金条，占有才能实现。贷款人也可以对财产"推定占有"（constructive possession），例如，通过取得储存货物的仓库的钥匙来实现。

在许多情况下，转让担保资产的占有权并不符合担保提供人的利益，因为担保资产对其业务来说至关重要，因此国际融资交易中大多数类型的担保是非占有性的，或者是通过推定占有来实现转移占有的。

（四）登记

很多类型的担保需要在相关机关登记。不同的司法区域，登记的具体机关一般根据担保财产的类型而有所不同。例如，大多数国家，设立在土地上的担保，在土地登记机构登记；设立在知识产权上的担保，在知识产权部门登记；设置在公司股权上的担保，在公司登记机构登记。此外，飞机、船舶等特殊动产的抵押，也需要根据当地法律在相关部门进行登记。

（五）所有权转移

普通法中的抵押要求将担保资产的法定或实际受益所有权转让给担保权人。例如，土地、股票的抵押，需要将土地或股票的所有权进行过户，担保期间由担保权人持有抵押物所有权。担保期间结束，不需要执行担保的，则所有权重新返还给担保人，即担保人享有到期赎回权。如果需要执行担保，则担保人丧失赎回权（foredosure），担保权人有权处置担保物，这类处置也称为终止回赎权销售（foredosure sale）。

（六）书面签署

在普通法中，某些类型的担保，例如土地权益的抵押和押记，必须以书面契据（deed）的形式来签署。契据的目的是规避合同法中的对价要求。签署契据的特殊形式要求主要是：在文件中明确约定是通过契据方式签署，在某些普通法区域还要求签署人加盖封印（公司的钢印），并由见证人见证。

（七）通知

普通法中，某些财产性权利（chose in action）不能转移占有，如对担保提供人的债务，信托收益权或衡平权益，必须向有关合同第三方（合同债务人）发出通知。此类资产的担保优先权通常以该第三方收到通知的时间来决定[①]，先通知的担保优先于后通知的担保。

三、跨境担保的外汇管制

如果东道国存在一定程度的外汇管制，在获得当地担保之前必须考虑对外担保可能涉及的外汇管制问题。这些问题包括：

1. 设立担保是否需要审批或者备案

有的外汇管制地区可能要求担保人在向境外贷款人提供担保前，需要事先获得外汇管理部门的审批。例如，我国外汇管理局在2014年5月发布《跨境担保外汇管理规定》之前，按照真实、合规要求进行事先审核对外担保。2014年5月发布的《跨境担保外汇管理规定》取消了事先审核要求，并且规定除了内保外贷（担保人注册地在境内、债务人和债权人注册地均在境外的跨境担保）和外保内贷（担保人注册地在境外、债务人和债权人注册地均在境内的跨境担保）之外，其他形式跨境担保，不需要到外汇管理局办理登记或备案。

2. 担保是否有相应的限制

非金融机构的对外担保，是否要求被担保人为其关联公司？是否可以为母公司提供担保？对外担保是否有额度限制？这些都需要根据当地法律提前进行评估。

3. 担保履约手续

对外担保如果发生履约，是否需要重新向外汇管理部门申请核准或者备案？如果不申请核准或者备案，担保履约资金是否可以汇出境外？

四、担保文件谈判要点

担保文件通常由贷款人的律师起草，所以最初的草案往往会有利于贷款人

---

① *Dearle v. Hall*[1828] 3 Russ 1.

一方。虽然担保协议很大程度上是标准化文本，但通常还是会对以下几点进行谈判：

（一）主要定义

主要定义包括抵押物、被担保债务等。双方需要就这些定义术语进行协商，因为它们关系到担保人的哪些财产为贷款人设置担保权益，以及对担保人的哪些债务设置担保。双方的协商主要针对将哪些资产从担保财产范围之中排除。

（二）重大性

在某些条款中引入重大性标准（如陈述和保证以及承诺）可以避免轻微违约行为的发生，并在解释条款方面更具灵活性。贷款人一般要求有对“重大性”的确定权，担保人可能会对此抵制，因为这有违客观性。另外，贷款人将寻求拒绝在条款中引入“重大性”规定，因为在解释该条款时“重大性”本身具有不确定性。

重大性的例子包括：

（1）如果陈述不存在违反多方契约和其他类似文件，担保人可能希望将违约事项限制为违反任何此类重大文件；

（2）如果有违反陈述的违约，担保人可能希望将违约事项限制为对借款人及其子公司整体造成重大不利影响的违约行为，或者对借款人履行贷款协议下的义务的能力造成重大不利影响的违约行为。

（三）合理性

加入合理性的概念会对条款的效力产生实质上的变更，因为采取合理步骤或经过合理努力的义务与达成某事的绝对义务是完全不同的。如果贷款人有酌情权或请求权，但必须合理行事，那么这会给予担保人更多的灵活性以对抗贷款人。但是，贷款人可能会反对将这一术语加到担保协议中，因为其希望避免与担保人就行为是否合理产生争议。

（四）例外排除

为了避免与其他贷款文件发生冲突，担保人应确保在其他文件中作出采取某些行为的许可时，担保协议中也要包含相同的许可。例如，在贷款协议中谈及的抵押物的许可留置权和许可销售权也应包含在担保协议中。

（五）贷款人同意

若担保协议规定某事项需要获得贷款人同意，当有多个贷款人时，担保人可能更希望只需获得半数以上而不是全部贷款人的同意。

（六）救济权行使条件

贷款人则希望尽快行使其在担保协议下的权利。但担保人可能会要求贷款人同意仅在违约事件发生时和持续期间内采取救济措施。相比在发生违约时采取救济，这是一个更高的标准。担保人也可能要求贷款人在采取任何救济措施之前提前书面通知。

第六节　信用保险

一、信用保险机构

提供信用保险的机构目前主要有三类，即多边投资担保机构、出口信贷机构以及商业保险公司。

（一）多边投资担保机构

多边投资担保机构（Multilateral Investment Guarantee Agency，MIGA）是根据《多边投资担保机构公约》（Convention Establishing the Multilateral Investment Guarantee Agency，简称《汉城公约》），于1988年4月12日成立的世界银行集团的成员。作为一家独立的国际组织，其宗旨在于切实保护海外投资者的权益，改善国际投资环境，促进资本的跨国流动，尤其是向发展中国家流动。该公约对一般政府能承诺的承保范围作了具体的规定，其中包括货币兑汇险、征收或类似措施险、政府违约险、战争和内乱险，而对某些东道国难以接受的政治风险，MIGA则不予承保。

我国加入了MIGA，但迄今中国尚未使用过MIGA机制对海外投资非商业风险予以保障。

（二）出口信贷机构

出口信贷机构（Export Credit Agency）是一国政府设立或许可经营的旨在促进本国产品、服务出口的金融机构。其"政治血统"使出口信贷机构能向欠发达国家提供中长期贷款，分担贷款人及投资者无力承担的政治风险，促成一些商业银行通常不愿融资的项目。除了直接提供贷款外，出口信贷机构还可以提供担保或保险，在因政治风险导致项目公司不能还款的情况下，向商业贷款人提供还款或按保险赔付（包括利息支付担保）。

我国的出口信贷机构包括中国进出口银行和中国出口信用保险公司。2001 年年底，中国进出口银行将出口信用保险业务剥离，成立了中国出口信用保险公司（中信保）。中信保是一家政策性保险公司，其业务以出口信用保险为主，海外投资保险业务也逐步展开，其承保范围也有政治风险的新尝试，譬如承保了对特定国家采用的政府违约险。

（三）商业保险公司

除了 MIGA 和出口信贷机构外，很多商业保险公司也从事信用保险业务。商业保险公司的信用保险包括一般信用保险业务和出口信用保险业务，前者针对一国国内的商业风险（不含政府风险），后者可以包括一定范围的政府风险。中国保监会发布的《信用保证保险业务监管暂行办法》对一般信用保险的表述为信用保证保险，具体定义为："以信用风险为保险标的的保险，分为信用保险（出口信用保险除外）和保证保险。信用保险的投保人、被保险人为权利人；保证保险的投保人为义务人、被保险人为权利人"。

国际上比较出名的几个提供信用保险的商业保险公司有：裕利安宜（Eulerhermes）、安卓（Atradius）、科法斯（Coface）等。裕利安宜是安联保险集团成员，历史可以追溯到 1893 年，是世界上最早成立的信用保险公司，也是目前世界领先的贸易信用保险公司。安卓总部位于荷兰，致力为客户提供信用保险和账务管理产品和服务，从而帮助他们免受信用交易中收账风险的影响。科法斯曾经是法国政府设立的支持法国产品出口的政策性出口信贷机构。1994 年，法国政府将科法斯私有化，但仍然代表法国政府承担政策性保险的职责。

中国的商业保险公司在逐渐介入信用保险业务。

二、商业风险和政治风险

(一)商业风险

融资项目中的商业风险是指借款人未按贷款协议约定偿还贷款本金,或者支付贷款利息或其他应付款项。商业风险的承保范围较为清晰,主要有以下两项:

1. 借款人破产、解散;
2. 借款人拖欠贷款协议项下应付的本金、利息或其他应付款项。

(二)政治风险

政治风险是指因东道国政府实施外汇管制、内战或其他敌对行动、东道国将项目收归国有或(在特定情况下)不遵守特许条款或许可条款等情形导致项目公司无法向贷款人支付其贷款利息或股息。政治风险的范围由保险公司约定。通常,出口信贷机构和多边机构提供的典型政治风险保险覆盖的范围包括:

(1)政治暴力,即战争、军事行为(如政变)、革命、民间动乱、恐怖行动和破坏行动;

(2)征收,包括征用、冻结资产、差别征税、不合理撤销授权或不合理拒绝授权续期(包括重要的许可)或增设新的授权条件;

(3)外汇转换风险,即因外汇管制、延期偿付或其他东道国政府宣布或采取的相同性质的行为导致项目公司无法获得并汇出应得数额的外币。

如果出口信贷机构可以从东道国政府处获得足够的保证,则其对政治风险的承保范围还能扩展到法律变更、税费波动、不干涉项目和撤销许可等事项。

政治风险通常由多边担保机构或者出口信贷机构承担。

政治风险保险的市场潜力巨大。商业保险公司也在积极参与,促进政治风险保险的商业化。目前,一些商业保险公司可以承保暴动、罢工等风险较低、发生频率也较低的政治风险。对于战争、恐怖主义之类的政治风险,商业保险公司一般不承保。海事、航空及其他特种保险可以包括其中一部分,但投保人需要为此另付保费。

（三）综合性信用风险

进入21世纪以来，商业风险和政治风险不再泾渭分明。比如政府参与商业行为而出现的风险，即政府违反具体承诺导致的风险，例如电力项目中政府担保购电方付款的承诺。如出口信贷机构仅向银行提供政治保险（不提供商业保险），出口信贷机构就无须对这类具有商业风险实质的政治风险负责。虽然目前市场上纯粹为政治风险而设计的保险产品依然存在，但是出口信贷机构只提供政治风险已经不能满足出口商和融资人的需求。因此，出口信贷机构开始提供“综合性”的保险，适用范围同时包括导致借款人无法还款的政治风险和商业风险。

三、融资交易中的保险条款

融资交易文件中的保险条款往往长短不一。一个短的条款可能表述为：“涉及贷款人利益的开发项目，贷款人依据其他与被特许人在类似项目中具有类似财务状况的特许人通常使用的保险条款（包括保险金额条款和免赔偿条款）向保险公司主张保险赔偿责任”。长条款则详细规定项目的保险要求，通常包括：

（一）投保主体

因为项目不同阶段的建造和运营由不同承保人承担保险责任，贷款人会单独列出对项目建设与运营各阶段的具体要求。解决建设阶段和运营阶段承保时间间隔的方法是要求承保人在完成对项目建设阶段的承保之后开始承保项目运营。

（二）投保范围

项目融资中银行一般要求的投保范围包括：财产损害保险、第三人责任保险和迟延完工险和/或业务中断险。不同类型的工程项目需要不同类型的保险，例如海上保险、恐怖袭击保险、污染保险。

（1）在下述情况下会需要海上保险：一个昂贵的用于项目建设设备（如涡轮机）需要通过海上运输到工厂；

（2）是否需要投保恐怖袭击保险取决于项目合同对恐怖袭击的防范程度，这种风险通常会在特许协议或电力购买协议中作出规定；

(3)石油或汽油项目通常需要投保环境污染险。

(三)免赔额

在建设和运营阶段,保险合同会对贷款人要求的保险金额和贷款人可能同意的最高免赔额作出具体规定。迟延完工险和业务中断险的保费通常很昂贵的。通过调整免赔额和保险金额能明显降低该两种保险的费用。

免赔额通常被称为"时间免赔额"。换句话说,就是项目公司必须自行承担前一段时间(如30天)的利益损失。确定免赔额是每一个事项的免赔额还是所有事项的总计免赔额很重要。一般来说,迟延完工险的迟延日期是预期的商业运营日,因此只存在一个免赔额。不同项目的保险金额各有不同,但是贷款人通常会将其设定为一个能支付项目公司一段时间内(如180天)主要的固定成本的保险金额。银行要求对利益损失承担责任的期间通常取决于将所有长周期设备的部件考虑在内的修理或更换被损害财产的时间。

(四)"可获得"的保险

任何类型的保险,只要愿意支付足够多的保险费都是可以获得。贷款人不可能要求借款人购买不切实际或极其昂贵的保险。因此,购买保险的义务限制于只购买"可获得的"(available)保险。这是目前市场上常用做法。

"可获得"的保险由协议方进行协商确定,一般从以下两个方面进行界定:是否有保险公司提供此类保险;如果有保险公司提供此类保险,其保费水平是否可以为市场接受,即市场上类似的项目是否会购买此类保险。

(五)保费支付承诺

保费支付承诺是融资文件中重要的内容。借款人向贷款人承诺按时支付所有到期应付的保费(如果保费由其他方承诺,则借款人应当确保其他方按时支付),并向贷款人提供保费支付证明文件。如因为未支付保费导致保单解除,贷款人可以及时支付保费使保单继续有效,并要求借款人补偿贷款人支付的保费。

(六)保险经纪人

很多情况下,保险是通过保险经纪人完成。这种情况下,贷款人往往要求保险经纪人出具一份承诺函,为确保贷款人在保单项下的利益提供必要协助。

四、贷款人注意事项

（一）贷款人的利益

在审阅融资交易中的保险时，贷款人要特别关注以下两个方面：

（1）确保风险事项属于承保范围，特别是承保的风险范围、除外责任、保险的赔偿额和免赔额。

（2）确保其享有的保险利益能得到足够的保护。

为保护贷款人的利益，贷款人可以要求成为共同被保险人，或者保单的直接受益人，或者要求保单提及他们的利益（无论保单是否附有“应付损失”条款）。应付损失条款是指当保险金低于某特定数额时承保人向项目公司支付保险金，若高于该数额则向贷款人支付保险金。在起草涉及第三人责任保险的应付损失条款必须小心，因为在某些司法领域，贷款人无权获得受害第三人的保险赔偿。

（二）当地强制保险与再保险

为推动当地保险行业的发展，一些发展中国家法律往往规定必须在当地购买所有的保险。当地保险公司一般规模不大，资信不高，可能无法应对重大风险，从而达不到贷款人的要求。这种情况下，可以通过再保险来降低风险，即要求当地保险公司向国际保险市场进行再保险。针对再保险，贷款要关注以下两个方面：

（1）约定“最大限度保留比例”，即同意当地保险公司的最大限度保留的比例，如5%，那么该保险公司必须将其95%的责任进行再保险。

（2）对再保险人的资信等级提出具体要求，如三大评级公司的A级以上评级。

Chapter 9
第九章
特定类型的融资

第一节　项目融资

一、项目融资概述

项目融资(project finance)是以特定项目的名义筹措资金,并仅以项目本身预期收入和资产承担债务偿还责任的融资方式。项目融资以项目的未来收益和资产作为偿还贷款的资金来源和主要保障,债权人主要基于项目预期产生的现金流而非项目发起人自身的信用来评估是否提供融资。在项目本身的资产、权益和收入之外,项目的发起人一般不为项目债务提供担保或仅提供有限的担保,因此债权人对发起人在项目以外的资产、权益和收入一般无追索权,或仅具有有限追索权。

项目融资主要用于投资规模较大且具有长期稳定预期收入的项目,包括电力项目(如火电、风能、太阳能、核能及其他替代能源)、石油及天然气项目(如石油、天然气开发、液化天然气、石油化工、油气码头)、管道及电力传输、基础设施(如收费公路和高速公路、机场、铁路、港口、桥梁和隧道、体育场馆、停车场)、公用事业及部分工业项目(如化工厂、造纸厂)、采矿和选矿项目、电缆和通信设施以及酒店、娱乐和博彩项目等。

典型的项目融资具有以下特征:

第一,贷款的还款来源为项目现金流,贷款人对项目发起人或者借款人的其他资产和收益没有追索权或仅有有限追索权。

第二,贷款金额占项目所需资金的比例很高。除了借款人的一部分资本金外,项目所需其他资金都来源于贷款。

项目融资中主要涉及项目发起人和项目公司、政府或者半政府机构以及银行。项目发起人一般都是大型投资公司、大型实业公司或者具有行业经验的大型贸易公司。项目发起人往往希望通过设立特殊目的公司,即项目公司来实施项目,以隔离风险。项目公司作为借款人向银行申请融资。项目融资中的融资方一般由多家银行组成。

由于其在项目完工之前没有收益进行还款,所以项目融资贷款一般都是长期贷款,而且有一个期限较长的宽限期,在该期限内借款人无须偿还本金。为了担保项目公司还款,银行会要求在各类项目资产上设置担保。

二、典型项目融资结构

在典型的项目融资结构下,项目发起人成立特殊目的公司(项目公司)来开发、设计、修建和运营项目,特殊目的公司与项目相关方签订项目建设、运营所需的各个协议,将从银行等融资方获得的融资用于建设项目,并以项目资产作为抵押物保证还款。

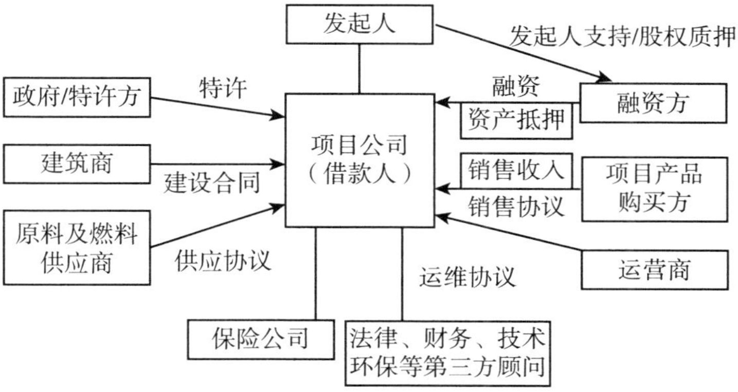

图9-1 典型项目融资结构

如图9-1所示,发起人提供部分资金进行项目建设,并为项目公司提供其他类型的支持;融资方为项目提供大部分资金,并就项目资产获得担保权益。

项目公司为融资方聘用法律、财务、技术、环保等第三方顾问,以协助融资方确认项目可行性并提供咨询意见。项目公司聘请工程总承包商签订项目设计、采购和建设的工程承包协议,与项目的供应商、采购商、运营商等签订项目修建和运营所必需的重大协议,并向保险公司购买项目所需保险。融资方就项目资产享有担保权益。项目供应商、采购商及总包商等项目重大合同相对方应同意,如融资方行使其担保权查封并执行项目资产,将与融资方指定的项目继任方继续履行协议。融资方同意,如项目失败,就其债权不会追索发起人在项目之外的资产。

如上所述,项目融资属于无追索权或有限追索权的融资方式,发起人和借款人提供的担保物包括项目资产、权益和项目文件项下权益。发起人的投入确定,项目结构以协议为基础,各方关注风险控制和分配。项目债务的偿还主要依赖项目未来的收入,项目产品的销售安排和销售商的可靠性显得至关重要,所以融资方也需要对项目的销售收入及现金使用流程进行控制和监管。

三、项目融资的参与方

项目融资的参与方主要包括:

(一)发起人和项目公司

项目融资的发起人可能是私营企业,也可能是政府部门。出于一定目的,发起人参与和推动项目开发,并为项目提供支持。项目公司是项目发起人成立的、用来运营项目的特殊目的公司。发起人通常直接或间接作为项目公司的股东。在大部分项目中,项目公司与相关方签订项目建设、运营所需的各类协议,且作为借款人从贷款人处取得用于项目建设的融资,并以项目资产和项目未来收入来担保贷款人的债权实现。

(二)特许方

很多项目,特别是城市基础设施、公用事业及政府掌握自然资源的项目,多由政府或其授权机构作为特许方,通过特许协议或其他许可文件,授权项目公司在一定范围内按照约定标准和条件来开发和建造特定项目,并按照约定模式获得经济回报。

(三)承购方

在很多项目中,项目公司通常会与承购方签订销售协议,约定承购方在项目完工后按照一定条件从项目公司购买项目的产品,并支付价款。但是,在收入主要来自于向社会公众收取服务费用的项目中,如公路、桥梁、隧道建设项目,不一定有特定承购方。作为项目收入的主要来源和发起人利润的主要来源,项目公司的销售收入会被用于支付项目费用及偿还融资方债务。

(四)建筑商

如项目需要修建一定的设施,项目公司就需要与建筑商签订建筑合同。该合同往往会约定建筑商应根据项目公司要求建造项目设施,并保证按时按质完工,项目公司则负责承担项目成本及支付建筑商报酬。

(五)运营商

项目建成后的运营和维护(简称运维)有不同安排方法,可以由项目公司自行负责,也可以聘请具有经验和实力的第三方运营商负责。对于运维和管理涉及专业经验且较为复杂的项目,发起人及项目公司往往会选择与运营商签订运维协议,约定由运营商为项目提供运营和维护等服务并获得相应报酬。

(六)供应商

对于运营和生产需要原材料及燃料的项目,项目公司多与供应商签订长期协议,以确保项目完工投产后有稳定且可靠的供应源。例如,火力发电项目需要供应商长期供应煤炭,而化工项目需要供应商提供所需原料。

(七)融资方

在项目融资中,常有多家金融机构组成银团,共同向借款人提供贷款。具体而言,融资方可能包括商业银行、政策性银行及其他类型金融机构。与银团贷款相似,借款人有时会任命一家牵头行筹组融资银团。为确保融资方资金管理及后续事宜顺利进行,融资方会任命贷款代理行(facility agent)作为融资方在贷款协议项下有关事务的代理人,同时任命担保代理行(security trustee)代表融资方持有对项目资产、收入的担保权益。此外,融资文件中一般还会指定账户行(account bank),负责开立和监管借款人的账户。

四、项目文件

项目融资中的交易文件除了贷款、担保等融资文件(finance documents)外,还有一类重要的文件,即项目文件(project documents)。项目文件是项目公司或其关联方作为一方,与项目的修建、运营、采购、销售、服务等相关方签订的法律文件。各个项目文件共同组成项目的基础合同关系。

从项目建设、原料采购、项目运营到产品销售,项目融资中各个项目文件彼此关联并相互影响,共同组成项目的基础商业和法律框架。项目文件之间彼此影响,任一协议项下发生的重大事件都可能严重影响其他文件的履行,但各个项目文件是分别谈判和签署的,其具体内容及风险分担机制是融资方审阅项目文件作出融资决定的基础,因此项目文件之间的协调非常重要。

下面介绍项目融资常见的几类项目文件。

(一)特许协议

很多大型项目,如公路、桥梁、隧道、电力及自然资源开发项目都涉及政府特许。在该等项目中,政府直接或通过政府部门或国有企业与私有企业签订特许协议(Concession Agreements),授予项目公司开发、修建和运营项目的许可。特许协议是项目融资法律架构的基础文件,其内容直接影响其他交易文件的内容。

(二)建筑合同

在大多数项目中,项目公司需要与建筑商签订建筑合同(Construction Contracts),约定由建筑商负责建造项目设施。考虑到项目类型和风险分担,建筑合同有多种形式。比较常见的是工程、采购与建筑合同(Engineering, Procurement and Construction Contracts,EPC或简称工程总包合同),约定由项目公司提出项目设施的概念和要求,由总包商总体负责项目的设计、工程、采购、施工、试运行及测试等,确保设施在一定期限内完工并达到约定的标准。项目完工的风险主要由总包商承担,总包商直接对项目公司负责,与各分包商签订分包协议,并负责签订项目建设所需的设计协议及采购协议,项目公司承担项目成本并向总包商支付酬劳。

（三）销售协议

销售协议（Sales Agreements）是项目公司与承购方就项目产品的销售签订的协议，约定项目公司为承购方提供产品，承购方支付价款。但是，主要通过现货市场销售产品的项目以及公路、桥梁等收入主要来自向社会公众收取服务费的项目不一定有销售协议。在很多项目中，长期销售协议项下的销售收入作为项目主要收入来源，会被用于支付项目成本和偿还融资方提供的贷款，剩余部分则成为项目发起人的投资回报。融资方也多希望在为项目提供融资前项目公司就已签订未来可以产生长期稳定收入的销售协议来确保债务的偿还。事实上，长期销售协议一般在项目融资到位之前签署，在项目完工且有产品出产后开始履行。

（四）供应协议

供应协议（Supply Agreements）是项目公司或运营商与供应商签订的约定由供应商为项目公司提供生产、运营所需的原材料、燃料及其他产品的协议。供应协议将确保项目完工后有产品生产所需的稳定且价格可接受的供应源。原料、燃料支出通常构成项目产品的主要成本。供应协议一般在项目融资到位之前签署，在项目完工且开始生产或试生产之时开始履行。对于供应商而言，供应协议即是销售协议。与销售协议相似，供应协议亦有不同类型。

（五）运维协议

运维协议（Operation and Maintenance Agreements）是项目公司与运营商签订的由运营商负责项目的运行、维护和管理的协议。项目建成后的运营、维护和管理有不同安排方法，既可以由项目公司自行负责，也可以聘请第三方运营商。根据运维协议，项目公司将项目的运营、维护与管理的日常事务委托给富有经验的运营商负责，并向运营商支付酬劳。运营商的酬劳通常约定为固定价格或合理成本再加上固定费。融资方通常更倾向于由具有经验和财务实力的知名第三方运营商负责项目的运营和维护。运营商可以是发起人的关联方，也可以是第三方。

（六）其他文件

项目公司的股东之间往往会签订股东协议（Shareholder Agreement）或合营协议（Joint Venture Agreement），详细规定股东的权利和义务，包括股权比例、出资融资义务、股权将其权益转让的条件和程序、项目公司的管理、决策和运营程序、规章等方面。有的项目还要求股东签署承诺出资的股权认购协议(Subscription Agreement)。有的项目则要求单独签订土地租赁协议(Lease Agreement)来租赁项目使用的土地或场地购买协议(Site Purchase Agreement)来购买项目所需场地。

根据项目的性质,项目融资中的项目文件种类繁多,除了上文介绍外,还可能有各类服务协议、技术协议以及分包协议等。融资方律师主要任务之一就是审阅项目文件。对于项目公司的律师而言,就项目文件的审阅和谈判,既需要维护项目公司利益,又应确保融资方可以接受。

第二节　并购融资

并购融资是指为并购交易而提供的融资。并购交易中融资安排是非常重要的一环。多数情况下,并购方都是通过债务融资工具筹集并购资金。债务融资工具主要就是并购贷款和发行债券。

一、并购方式

并购分为资产收购和股权收购。不同类型的并购交易中,并购融资的交易结构会有所不同。资产并购相对比较简单,银行主要考虑借款人的信用状况和所有资产的价值,一般会要求资产收购完成后在所收购资产上设置担保。股权收购相对比较复杂,尤其是上市公司股权收购,银行在为股权收购提供融资时会根据具体的交易情况设计不同的交易结构。

(一)资产并购

资产并购,是指收购方通过与目标公司签署资产收购协议购买目标公司的资产,从而实现对该资产的拥有和运营。资产并购可以分为直接受让资产(直接并购)和新设公司进行并购(间接并购)两种不同操作模式。

并购的资产包括厂房、设备、生产线、库存等实物资产,也包括知识产权、商誉、合约权利、政府授权等无形资产。具体资产明细一般通过并购协议的附件的形式明确列明，同时注明每一资产的价值。

资产并购是和股权并购相对应的一种并购方式。并购交易采用资产并购的方式可能基于很多原因。在某些情况下，资产并购可能是唯一可行的方式。当然，在大多数情况下，采用哪种方式进行并购是可以选择的。

（二）股权并购

股权并购是指通过并购方和目标公司股东进行有关目标公司股权的交易，使并购方成为目标公司的股东的投资行为。

股权并购可以表现为股权受让、增资入股、公司合并三种操作模式。这三种操作模式交易的标的和内涵相同，都是并购方拥有的对目标公司股东权益。这正是股权并购的本质特征，也是股权并购区别于资产并购核心所在。但是，三种模式的具体适用情况、操作流程各不相同。

（三）选择并购方式

在选择采用何种方式进行收购时，买卖双方均需要考虑大量的因素，例如，税收和会计问题、管理问题、法律要求以及第三方同意等。

股权并购的流程通常比资产并购简单。股权并购的标的是目标公司的股权，仅是目标公司股东层面的变动，并不影响目标公司资产的变动。目标公司的股东（作为卖方）和购买方谈判签署股权购买协议。股权并购通常不要求目标公司将其合约转让给收购方，因此不要求第三方的同意。

资产并购可以减轻买方的责任，因为买方仅承担与被收购资产有关的债务，而非整个目标企业的债务。但是，资产并购通常要求更多的正式手续和文件，因为每一个独立资产和目标公司的责任都必须被转让给收购方。例如，资产并购需要第三方同意的情形更多，因为某些正在被出卖的合同中可能包含限制卖方将其转让给另一方的条款。

二、并购融资注意事项

（一）并购协议的签署

在并购融资贷款协议中，有一个先决条件是交付贷款人接受的最终生效的并购协议。贷款人要求在交割日之前收到最终并购协议的复印件，因为并购交易中的一些重要条件往往也被复制到贷款协议中。因此，并购协议是否出现重大调整，也会影响到贷款人在贷款协议项下的放款义务。

贷款人可能对贷款协议提出一些意见。贷款人对并购协议的意见能否被接受，取决于意见提出的时间和各方的议价能力。

（二）并购方的现有债务

并购方的现有负债也会影响到融资方式。如果并购方的负债率已经很高，该并购方需要通过发行股份来进行并购融资。根据借款人的身份及其所属行业，可接受的负债率水平不尽相同。例如，对于拥有强大的现金流和可抵押资产（例如，公共设施）的企业，其可接受比例可高达100%。而仅有少量有形资产的新公司，则贷款人可以接受的负债率相对会比较低。贷款人和投资者越来越看重利息覆盖率，作为贷款安全的一个考虑因素。

此外，并购方的公司章程，或者是合同条款（例如，现存贷款协议或其他债务工具中的条款）中可能存在规定，限制其进行融资。大部分贷款协议都会包含对贷款金额的限制，即借款人在无须贷款人同意的情况下能够举债的限额。

因此，在进行并购融资时，需要考虑借款人的现有债务。

（三）目标公司可以提供的担保

在担保贷款中，贷款人希望了解抵押物，包括担保利益以及抵押物的位置。在并购融资中，这类信息被扩展至目标公司。

在股权并购中，借款人经常用目标公司的股份作抵押，目标公司往往会签署一份以贷款人为受益人的担保协议，以便目标公司的资产成为担保并购贷款的抵押物。

在资产并购中，借款人往往将目标资产作为担保物。在交割日后，目标公司的资产成为借款人的资产。根据借款人签署的以贷款人为受益人的担保协议，它们与借款人的其他资产一道被抵押给贷款人。

无论上述何种结构，目标公司的资产通常都会成为贷款人“一揽子”抵押物的一部分。依据担保协议，这类信息将按计划被告知给贷款人。

三、融资承诺函

融资承诺函是公开收购中投标的必要组成部分。潜在买方将在其提交的投标文件中附带承诺函复印件。提交给卖方的承诺函通常是由提供融资的银行签署的。

通常情况下,买方在准备开始投标时就需要和银行开始接触,商谈融资事宜。买方在和贷款人就承诺函展开的谈判中,其焦点将会集中在贷款条件上。

如果买方没有其他资金渠道,那么其应该特别关注承诺函中的出资条件。如果买方有义务完成并购交易,但贷款人没有义务提供融资,那么买方将处于非常不利的地位。因此,买方需要关注承诺函中的贷款人出资条件与并购交易中的并购条件对称。

从银行的角度来说,他们根据法律顾问做的独立尽职调查,基于其内部形式准备承诺函,并与买方就这些函件展开谈判。承诺函应当:(1)反映市场标准且可以为卖方所接受,以便买方能中标;(2)满足银行内部要求;且(3)尽可能在商业上对银行有利。

四、对赌机制

对赌(earn - out)是并购交易中比较常见的一种价格调整机制,是指并购的部分购买价格由其未来表现计算得出。但在典型对赌机制下,买方在并购完成时支付首付,并在完成后的商定期限内支付一系列后续延期付款;延期付款是据目标公司各期表现计算出来的。最常用的衡量表现的标准是并购后的公司利润,但也可能是其他的财务指标。

对买方而言,对赌的主要优势是它能够使买方更清楚估算项目公司的价值(并依此付款),同时维持和提供对核心管理人员的激励。但是,对赌通常也会限制买方对目标公司的控制,因为管理层会以买方干预经营作为公司没有达到预定业绩的理由。

对卖方而言,对赌的优势在于它为卖方提供了更多的利益。如果没有对赌,买方准备支付的价格可能会低于卖方基于目标公司的实际利润和未来表现作出的预期结果。

第三节 资产融资

一、资产融资概述

资产融资(asset finance),也称为资产支持融资(asset based lending,或者asset backed finance),是以资产的价值为基础进行的融资。也就是说,贷款人提供贷款的核心考量因素是资产的价值,而不是借款人本身的信用。典型的资产是那些高价值的飞机、船舶和大型设备等。在资产融资中,借款人的信用风险可以由资产的价值所冲抵,即银行在信贷评审时主要考虑的资产的价值。

从广义上讲,所有基于资产价值进行的融资都可以叫作资产融资。可以融资的资产包括:

1. 高价值设备,包括大宗的资产,例如轮船、航空器、铁路;也包括较小件设备,如轮船集装箱、汽车、工程车、印刷机、打印复印机等。

2. 贸易资产,包括存货和应收账款,例如农产品等大宗商品,贸易发票对应的应收款等。基于这类贸易资产进行的融资也被称为贸易融资,其目的更多地是为了满足借款人日常流动资金需求,一般都是短期流动资金贷款。

3. 信贷资产或者其他债权类资产,例如消费信贷、抵押贷款、高速公路收费权等。这类资产往往采用打包的方式转让给特殊目的公司进行发债,从而获得融资。此类融资在我国更多地被称为资产证券化。

4. 不动产。基于不动产价值进行的融资更多地被称为房地产融资。

从狭义上讲,资产融资是指基于上述第一类资产进行的融资。本书介绍的资产融资是指狭义资产融资,即基于大宗资产和贵重资产的价值进行的融资。

资产融资最直接的方式是担保贷款,即资产购买人作为借款人向银行申请贷款,并将所购资产抵押给银行。担保贷款往往与租赁相结合,形成相对比较复杂的交易结构,即融资租赁公司(通常通过设立单一项目公司)作为借款人向银行贷款购买资产,并将资产抵押给银行,同时将所购资产出租给承租人,收取租金。实践中,很多银行通过设立金融租赁公司来从事融资租赁业务。

二、资产融资的主要特征

资产融资具有以下几个重要特征:

(一)适用于特定类型的融资需求方

并非所有的企业都适合采用资产融资的方式进行融资。实务中,采用资产融资结构的融资需求方往往是高价值设备的运营商,典型的包括航空公司、航运公司、汽车租赁公司等。

(二)融资基于资产的价值

资产融资业务是基于资产进行的,资产的价值可以抵销借款人本身的信用风险。在资产融资业务中,资产是融资方需要重点考虑的因素,包括:

1. 决定资产价值的因素,比如:资产所在地;资产上是否可以设立担保;资产的潜在收入;资产的潜在转售价格。

2. 资产价值的定期评估。

3. 贷款余额和资产价值的比例,确保贷款风险可以被资产价值所覆盖。

(三)交易结构受税务因素影响巨大

在资产融资交易中,交易双方需认真考虑交易所涉及的税务成本,包括税收种类、税收优惠、税务承担方等。资产融资的很多交易结构都是基于节约税务成本进行设计的。在资产融资中,从税务角度对交易进行结构化设计非常重要,所以有必要寻求专业的税务意见。

三、典型交易结构

资产融资采用的交易结构主要有三种,即担保贷款、租赁以及担保贷款与租赁相结合的方式。以下分别介绍三种不同的交易结构。

(一)担保贷款

担保贷款的交易结构非常直接明了。贷款人将贷款资金提供给借款人,借款人用贷款资金购买资产进行经营,并在所购得的资产上设置担保。

担保贷款是商业银行的传统业务。在担保贷款交易结构下,资产由借款人购买并所有,计入借款人的资产负债表。

(二)租赁

租赁是资产融资中最常采用的一种交易结构。出租人将租赁物交付承租人使用、收益,承租人向出租人支付租金。从会计的角度,实务中一般将租赁分为经营性租赁和融资租赁。

1. 经营性租赁

经营性租赁(operating lease)中,资产所有权人将资产租赁给经营者,经营者为资产的使用而向所有者支付租金。待租赁期限届满,经营者将资产返还至所有者,所有者从其对资产享有的所有权获得收益。所有者将承担与资产所有权相关的所有风险与收益,并获得资产的将来升值和潜在收入。

经营性租赁使得经营者可以不承担融资成本的情况下使用资产,不必将资产记录到其资产负债表中。经营性租赁也给经营者提供了灵活性,由于租赁可以是短期的,使经营者在需要时租赁更多的资产。

2. 融资租赁

融资租赁(finance lease)的主要目的就是为经营者收购资产提供融资。与经营性租赁一样,所有者将资产租赁给承租人(经营者)。但是,经营者支付的租金将按照所有者收购资产的成本计算,在租赁期限届满时经营者向所有者支付的租金总额将实质上覆盖所有者收购资产的费用。经营者被视为拥有了资产的经济利益,包括当融资款项被偿还时,资产的任何余值。而资产的法定所有权仍为所有者享有。

通常情况下,所有者将按照经营者的需求采购相应的资产出租给经营者。在租赁期限届满时,经营者可以用少量的剩余资金收购资产,或者是所有者可将资产出售,将超出资产收购费用的收益通过减少租金的方式返还至经营者。

3. 经营租赁与融资租赁的区别

经营性租赁和融资租赁两种方式都由资产所有者将资产租赁给经营者,二者的主要差别在于:

(1)经营租赁实质上并没有转移与资产所有权有关的全部风险和收益,而融资租赁的实质是将与资产所有权有关的全部风险和收益转移给了承租人。

(2)在经营性租赁中,资产归入所有者的资产负债表,在融资租赁中,资产归入经营者的资产负债表中。

(3)经营租赁出租的设备由租赁公司根据市场需要选定,然后再寻找承租企业,而融资租赁出租的设备由承租企业提出要求购买或由承租企业直接从制造商或销售商那里选定。

(4)经营租赁期一般较短,短于资产有效使用期,而融资租赁的租赁期较长,接近于资产的有效使用期。

(5)设备维修、保养的责任,经营租赁由租赁公司负责,而融资租赁由承租方负责。

(6)经营租赁期满后,承租资产由租赁公司收回,而融资租赁期满后,企业可以很少的"名义货价"(相当于设备残值的市场售价)留购。

(三)担保贷款与租赁相结合

资产融资中更为常见的结构是担保贷款与租赁相结合,尤其是对于如航空器和船舶等高价值的资产。其交易结构如图 9-2 所示:

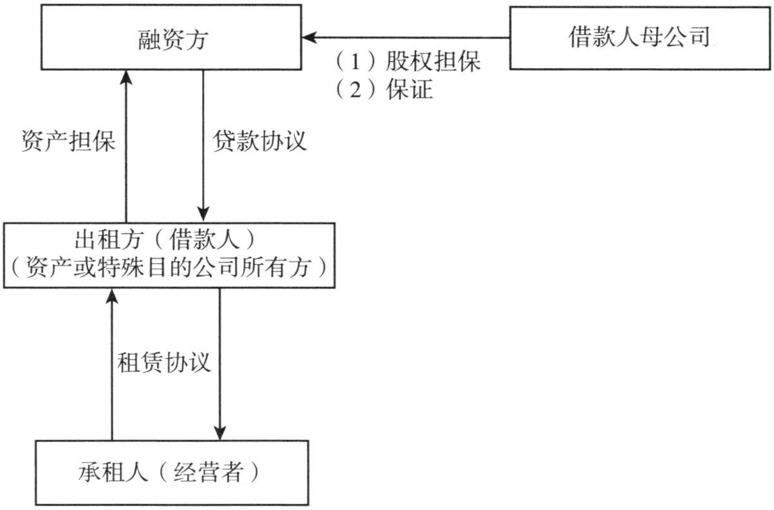

图 9-2　资产融资交易结构

1. 融资方和出租方之间达成担保贷款交易。出租方是资产的所有权人,作为借款人向融资方申请贷款，贷款资金用于购买资产。资产作为抵押物抵押给融资方。

2. 出租方和承租人之间达成租赁交易，出租方将设备交付给承租人使用，承租人向出租方支付租金。

在融资租赁中，出租方通常是一家特殊目的公司（SPC），为收购某一项资产而单独设立。由于出租方是特殊目的公司，所以融资方往往会要求其母公司提供担保，通常是股权质押和保证担保。如果是纯粹的经营性租赁，出租方一般不会是特殊目的公司，而是一家拥有资产所有权并将资产出租为主要业务的公司。

利用特殊目的公司的好处在于：

（1）特殊目的公司通常只参与一项交易，使其破产不影响其他交易；

（2）特殊目的公司可以在中性税收的地区设立，如开曼群岛。

四、资产融资的关注事项

资产融资业务中最核心的保障是资产价值安全。因此，资产融资的主要问题也都是围绕资产展开的，包括资产的维护，经营者转租的限制，保险，经营者就资产的安宁享有权，资产的返回，等等。

（一）资产的使用和维护

从融资方的角度，维持租赁物自有价值对融资安全非常重要，因此融资方往往希望对承租人使用和经营租赁物设置一定限制，保障其价值不会受损。而从承租人的角度，往往希望获得尽可能多的经营自由。双方的利益冲突是资产融资中需协商的问题。通常双方的协商依赖于诸多因素，比如承租人的信用状况、经营记录、资产所在地等。

1. 使用要求

租赁合同将包含资产维护的条款。尤其是在飞机、船舶等高价值资产的合同中，会详述要求经营者的行为符合生产商和相关机构的维护要求。合同中也会赋予融资方和出租方检查资产、获得资产使用和资产维护状况信息的权利。

2. 维护

如果经营者本身没有维护资产的专业知识和能力，所有者可同意承担资产的维护,并将资产维护的费用算入经营者应付的租金之中。对于飞机这类维护费用高昂的资产,经营者有时可能需要(尤其是当经营者没有足够的维护能力时)在租赁期间内支付维护费用。

在飞机融资交易中,融资方或出租方可以与生产商订立与机身和引擎相关的保证合同,获益的相应保障。

3. 转租

融资方或出租方希望限制经营者转租租赁物,从而确保其对租赁物享有控制权。转租可能导致租赁物失去控制,从而影响到其价值。因此,通常情况下融资方不允许承租人对租赁物进行转租。

4. 安宁使用权

承租人要确保其使用资产不被打断。有经验的承租人往往会要求融资方和所有人作出“安宁使用权”(quiet enjoyment)的承诺,确保在承租人符合租赁合同的情况下,其享有使用租赁物不被打断的权利。

(二)到期返回条件

在经营性租赁中,租赁合同中将包含详尽的租赁资产返还条款,规定资产在租赁期限届满时必须返还的情形。这些条款至关重要,因为承租人遵守这些条款将助于保证资产的价值,并且保证出租人出售或再次租赁资产的权利。

在融资租赁中,由于资产收购费用在租赁期限内已通过租金支付,所以返还条件相对不重要。

(三)保险

保险是非常重要的保障资产价值的手段。资产融资中,融资方和出租人都需要关注与资产相关的保险,特别是保险责任范围。交易方需确保资产已被充分地投保,以便在资产受损的情况下,保险费足以清偿修缮费用,或者在资产全部损毁的情况下资产所有权人可以购买新的资产或者用保险赔偿金偿付融资。

除了资产损坏赔偿外,资产融资中还需要关注经营者使用资产而导致的第三方责任。特别要注意的是,有些侵权责任是严格责任,即无论出租人或者承租人是否有过错,都需要承担相应责任。这种情况下,通过保险可以降低相关方的责任，从而降低融资风险。

（四）担保

根据交易结构的不同，资产融资中可以设定的担保包括：资产抵押；保险合同权利转让；租赁合同项下权利转让；涉及特殊目的公司的资产融资中，特殊目的公司的股权质押。

1. 资产抵押

抵押是指债务人或者第三人在不转移占有的情况下，将资产作为债权的担保。抵押一般需要进行登记，例如飞机、船舶抵押都需要到相应的登记机关进行登记。

在跨境资产融资交易中，需要特别注意，设立资产抵押需要符合资产所在地（或者登记地）的法律要求。

2. 保险权益转让

保险权益转让是普通法下常见的让与担保。在飞机融资、船舶融资等实务中，保险权益转让往往是交易中不可或缺的一个文件。

我国法律尚不承认让与担保，物权法和担保法中也都没有规定保险单质押这种担保方式。因此，保险权益转让作为一项担保在我国法律尚得不到认可。尽管如此，保险权益转让在我国的资产融资实务中仍然非常普遍，但其不是作为一项担保，而是作为合同法上的权利转让。

在很多交易中，融资方往往要求保险单中将其列为被保险人。即使如此，融资方仍然需要签署保险权益转让合同，以保障其在发生保险事故后有权获得保险赔偿金。

3. 合同权利转让

和保险权益转让一样，合同权利转让是普通法下的让与担保，因此，在适用普通法司法区域的资产交易中较为常见。由于中国法律不承认让与担保，所以合同权利转让在国内的资产融资交易不适用。

4. 股权质押

在担保贷款和租赁结合的交易中，作为出租方的借款人往往是特殊目的公司，其唯一业务是持有租赁物的所有权。在某些情形下，特别是发生违约的情况下,融资方希望对特殊目的公司有一定的控制。因此,融资方会要求特殊目的公司股权上设置担保。该等股权质押由特殊目的公司的母公司向融资方提供。

第四节 贸易融资

贸易融资是指基于贸易和供应链所提供的融资。贸易融资可以在贸易和供应链所处的不同阶段进行。贸易融资的具体方式主要基于贸易的四种不同支付方式而设计:赊账(open account)、票据、信用证和预付。基于这些不同的支付方式,银行推出了各种不同的贸易融资方式。

一、信用证

信用证是国际贸易中最重要的支付工具之一。大量的贸易融资是基于信用证进行的。

根据《跟单信用证统一惯例》(2007 年修订本,国际商会第 600 号出版物,简称"UCP600"),信用证是指"一项不可撤销的安排,无论其名称或描述如何,该项安排构成开证行对相符交单予以交付的确定承诺"。

《跟单信用证统一惯例》是信用证领域最权威、影响最广泛的国际商业惯例,是国际银行界、律师界、学术界广泛公认的、到目前为止最为成功的一套非官方规定。2003 年 5 月,国际商会银行技术与惯例委员会批准对《跟单信用证统一惯例》进行修改。2006 年 10 月,国际商会巴黎年会修订后的《跟单信用证统一惯例》(UCP600)新版本于 2007 年 7 月 1 日起实施。

(一)信用证当事方

1. 申请人:根据《跟单信用证统一惯例》的定义,申请人是指要求开立信用证的一方。信用证的申请人是货物买卖合同中的买方,其向开证行申请开立信用证,并承担由此产生的责任。

2. 受益人:根据《跟单信用证统一惯例》的定义,受益人是接受信用证并享有其利益的一方。受益人是货物买卖合同中的卖方。

3. 开证行:根据《跟单信用证统一惯例》的定义,开证行是指应申请人要求或代表自己开出信用证的银行。开证行与申请人之间一般会签署授信函,开证行为申请人提供授信额度,申请人在该授信额度内通过签署申请书向开证行申请开立信用证。

4. 通知行:根据《跟单信用证统一惯例》的定义,通知行是指应开证行的要求通知信用证的银行。通知行的主要职责是审核信用证的真实性并将信用证传递给受益人。通知行一般是开证行的往来行,位于受益人所在地。由于通知行需要审核信用证的真实性,因此通知行和开证行之间需要建立能够核实信息真实性的信息交换系统(例如,SWIFT 信息交换系统,SWIFT 是 Society for World Interbank Financial Telecommunication 的简称)。通知行只是审核信用证的真实性,对开证行的信用并不发表意见。

5. 保兑行:根据《跟单信用证统一惯例》的定义,保兑行是指根据开证行的授权或要求对信用证加具保兑的银行。保兑行往往也是通知行或付款行,当然也可能是其他银行。保兑行需要对开证行有授信额度,才能在该授信额度内对信用证进行保兑。如果开证行信用等级不高或受益人对其不了解,受益人往往会要求申请人授权开证行要求保兑行对信用证进行保兑。

6. 议付行:议付行即对信用证作出议付的银行。根据《跟单信用证统一惯例》的定义,议付是指指定银行在相符交单下,在其应获偿付的银行工作日当天或者之前向受益人预付或者同意预付款项,从而购买汇票(其付款人为指定银行以外的其他银行)及/或单据的行为。对于可自由议付的信用证,议付行可以是受益人指定的任何银行;对于限制议附的信用证,议付行应当是开证行指定的银行。

除上述当事方外,信用证交易中还有以下当事方:

(1)指定银行:根据《跟单信用证统一惯例》的定义,指定银行是指信用证可以在其处兑用的银行,如信用证可在任一银行兑用,则任何银行均可以是指定银行。

(2)审单行:负责对单据进行审核的银行,审单行必须尽到合理的谨慎,审查单据是否与信用证中的条款在表面上一致。开证行和付款行都是审单行。

(3)偿付行:有时候开证行会将信用证中约定的币种和金额的款项存在其指定银行,由该银行代表开证行在到期日向付款行或议付行支付。偿付行通常在信用证中的特别指示一栏中指明。根据《跟单信用证统一惯例》第13条,关于银行间的偿付安排适用国际商会的银行偿付规则,如果信用证中没有约定使用银行间偿付规则,则适用《跟单信用证统一惯例》第13条的规定。

(4)付款行:付款行就是信用证中指明的根据授权进行付款的银行。一般而言,信用证项下的单据都应提交给付款行,付款行也是信用证项下汇票的出票人。

(二)信用证业务流程

典型的信用证交易流程如图9-3所示:

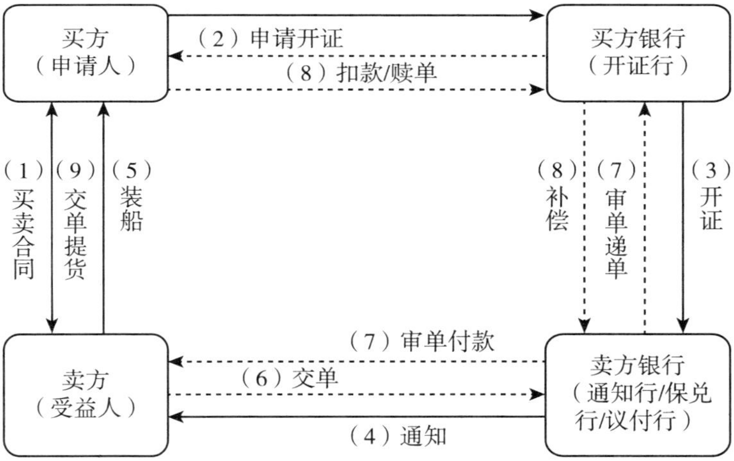

图9-3 典型信用证交易流程

1. 买卖双方签署买卖合同,约定以信用证方式付款;

2. 买方(开证申请人)签署申请书,向其银行申请开立符合买卖合同约定的信用证;

3. 买方银行审查申请人的开证申请书,确保开证手续齐备后,向卖方所在地的往来行或卖方指定银行(卖方银行)发送信用证,通常采用SWIFT方式发送;

4. 卖方银行(通知行)收到信用证后审查其真实性,如果开证行请求对信用证进行保兑，并通知卖方；

5. 卖方审查信用证条款，确定该信用证可以接受，然后按照买卖合同条款将货物装船；

6. 卖方准备信用证要求的单据并将该等单据提交给相关的银行（付款行），付款行可以是通知行、保兑行、开证行或者（如果该信用证是可自由议付信用证）任何愿意议付信用证的银行；

7. 付款行收到单据后进行审核，如果单证相符，则承付或议付信用证，同时将单证递送给开证行主张偿付；

8. 开证行收到单据后进行审核，确定单证相符后对买方的账户进行扣款以向付款作出偿付（如果是远期汇票，扣款偿付将在到期日进行），并将单据交给买方；

9. 买方凭单证提取货物。

（三）独立性原则和欺诈例外

1. 信用证独立性原则

根据《跟单信用证统一惯例》第4条a款的规定，就性质而言，信用证与可能作为其开立基础的销售合同或其他合同是相互独立的交易，即使信用证含有此类合同的任何援引，银行也与该合同无关，且不受其约束。因此，银行关于承付、议付或履行信用证项下其他义务的承诺，不受申请人基于其与开证行或与受益人之间的关系而产生的任何请求或抗辩的影响。受益人在任何情况下不得利用银行之间或申请人与开证行之间的合同关系。

《最高人民法院关于审理信用证纠纷案件若干问题的规定》[①]也明确认可了信用证的独立性。根据该司法解释，只要单据与信用证条款、单据与单据之间在表面上相符，开证行应当履行在信用证规定的期限内付款的义务，当事人以开证申请人与受益人之间的基础交易提出抗辩的，法院不予支持，除非认定存在信用证欺诈。

信用证的独立性原则是信用证制度的基石，是确保信用证具有快捷性、高

① 法释〔2005〕13号，2005年10月24日由最高人民法院审判委员会第1368次会议通过，自2006年1月1日起施行。

效性和确定性的核心原则,是信用证机制赖以生存和发展的基础①。由于独立性原则的存在,使信用证与买卖合同等基础交易隔离开来,并保证银行只负责处理信用证下代表着货物或服务的单据和付款事项,而将基础交易中的货物或服务本身的问题留给商人们负责和处理,从而最大限度地体现了信用证交易中的专业分工原则和效率原则。②

2. 欺诈例外和止付令

信用证的独立性原则为不法商人提供了实施欺诈行为的可乘之机。不法商人可以将单据制作得天衣无缝以向银行骗取资金,因为信用证项下只要单据相符开证行就必须履行付款责任。基于维护社会公正和良好的商业道德,信用证业务实践中形成了欺诈例外,允许银行在存在信用证欺诈的情况下可以不履行信用证项下的付款责任。

关于信用证欺诈例外,《跟单信用证统一惯例》并没有规定,这取决于各个国家的法律。各国的法律一般都肯定法院有权发出止付令,同时对止付令的发布设置了一定的条件,以解除人们对滥发止付令的顾虑。这些条件主要包括:(1)有证据证明受益人存在欺诈;(2)申请人证明其所受损失除了止付信用证外别无其他弥补办法,即如果不发布止付令,申请人遭受的损失将难以弥补;(3)信用证尚未承付,如果付款行已经承兑、支付或议付信用证,则发布止付令就没有意义。

上述关于欺诈例外的构成要件得到了最高人民法院的认可。根据《最高人民法院关于审理信用证纠纷案件若干问题的规定》,开证申请人、开证行或者其他利害关系人发现受益人存在欺诈情形的,并认为将会给其造成难以弥补的损害的,可以向有管辖权的人民法院申请中止支付信用证项下的款项。下列任一情形均可以认定为存在信用证欺诈:(1)受益人伪造单据或者提交记载内容虚假的单据;(2)受益人恶意不交付货物或者交付的货物无价值;(3)受益人和开证申请人或者其他第三方串通提交假单据,而没有真实的基础交易;(4)其他进行信用证欺诈的情形。法院认定存在信用证欺诈的,应当裁定中止

① 程军、贾浩:《UCP600 实务精解》,中国民主法制出版社 2007 年版,第 59 页。

② 黄亚英:《信用证独立性的欺诈例外与违法例外》,载《法学杂志》2003 年第 3 期。

支付或者判决终止支付信用证项下款项,但有下列情形之一的除外:(1)开证行的指定人、授权人已按照开证行的指令善意地进行了付款;(2)开证行或者其指定人、授权人已对信用证项下票据善意地作出了承兑;(3)保兑行善意地履行了付款义务;(4)议付行善意地进行了议付。

二、应收账款融资

应收账款是贸易融资的另外一种重要基础。应收账款是权利人因提供一定的货物、服务或设施而获得的要求义务人付款的权利,包括现有的和未来的金钱债权及其产生的收益。

基于应收账款进行的融资包括应收账款融资质押贷款和应收账款转让。应收账款质押贷款是银行提供的一种担保贷款,本节中不详细介绍。应收账款转让实际上是合同法上的债权转让。实践中常见的保理融资实际上也是基于应收账款转让而进行的融资。但是,保理不仅仅是应收账款转让,还包含其他应收账款管理服务。

(一)应收账款转让

应收账款属于债权,其转让必须符合《合同法》项下关于债权转让的生效要件。根据《合同法》,债权转让需要满足以下条件:(1)债权真实有效存在;(2)债权转让人与受让人就债权的让与达成合意;(3)债权可转让;(4)转让债权时通知债务人。

1. 应收账款的真实性和可转让性

应收账款转让的前提是存在真实有效的应收账款。其转让不改变原有债权的性质和内容。以不存在的或无效的债权进行转让,或已经消灭的债权转让他人,当属无效转让。

尽管各国法律有不同规定,但基本上都允许债权人将合同的权利全部或者部分转让给第三人,只是有个别例外限制,例如有下列情形之一的不得转让:(1)根据合同性质不得转让;(2)按照当事人约定不得转让;(3)依照法律规定不得转让。因此,在进行应收账款转让前必须核实其不存在不得转让的情形。

2. 通知

债权人转让应收账款,应当通知债务人。未经通知,该转让对债务人不发生效力。如没有相应的通知程序,债务人可凭借不知情而拒绝向受让人履行支付义务。

3. 转让登记

一些司法区域可能设立可以登记应收账款的登记机构,例如,我国人民银行征信中心下设立的中登网同时提供应收账款转让登记服务。需要强调的是,应收账款转让并不以登记为生效要件。所以,是否办理登记并不影响应收账款转让的效力。然而,登记具有公示效应,可以在很大程度上保护受让人,特别是在应收账款多次转让的情况下。如果债权人将同意应收账款转让给不同的人,那么登记在先的应收账款受让人可以抗辩后续的受让人。

(二)保理

保理是保付代理的简称。国际统一私法协会《国际保理公约》(1988 年 5 月28 日订立)规定,保理商应履行至少 2 项下述职能:(1)为供应商融通资金,包括贷款和预付款;(2)保持与应收账款有关的账目(总账);(3)托收应收账款;(4)防止债务人拖欠付款。

由此可见,保理一般包括四个方面,即应收账款催收、应收账款管理、坏账担保、融资。在我国实践中,银行只要提供了其中的任何一项服务,即可视为保理业务。而国际保理实践中则要求保理商至少提供其中两项服务。就保理的四个方面而言,根据保理商提供的服务内容的不同,可以衍生出以下几种不同的保理应用形式:

1. 全面保理

全面保理,有时又被称为“标准保理”或“旧式保理”。保理商承担所有四项职能。应收账款的转让将完全告知债务人。

全面保理最适合快速成长的中小企业,因为他们不仅需要融资,也需要账户管理支持和信用风险保障。全面保理也比较适合大企业开拓新市场。

2. 有追索权保理

很多保理商不提供全面保理服务,其提供的保理服务中主要都是有追索权保理，即保理商不承担信用风险，但承担全面保理中的其他三项职能。尽管保理商不承担信用风险，但仍然需要对债务人的信用进行评估，因为债务人的信用往往会影响到保理商提供融资的比例。

3. 到期保理

到期保理又称为托收保理，保理商不提供融资服务，因此，与其他几种保理完全不同。由于不提供融资服务，保理商不能获得融资收益，只能收取手续费。应收账款在以下情况转移至保理商：(1)发票开具日后的一定期限，例如90天；(2)当保理商收到买方付款之日或者买方破产之日（如果提供信用风险保障）。

托收保理适用于不缺资金但账户管理能力欠缺的卖方。

4. 隐蔽保理

隐蔽保理在银行实务中又被称为发票贴现，就是不把应收账款转让之事告诉债务人的保理。债务人不知道其债务已经被卖方转让，仍然按照卖方的指示支付应收账款。卖方催收应收账款时应当是作为融资方的代理人，并且为了融资方的利益持有应收账款，催收的权利受到融资方的控制。如果应收账款进入卖方账款，该账户通常都需要质押给融资方。

隐蔽保理适合自己有账户管理能力但需要流动资金的卖方。对于融资方而言，需要由一定的风险控制能力。

（三）应收账款融资的风险及防范

应收账款融资存在如下风险：

1. 债务人的信用风险

应收账款融资的一个重要风险是信用风险。如果债务人没有偿付能力或者由于其他原因不能支付，那么债权人的权利就会受到限制。因此，在应收账款质押融资中，需要特别关注信用风险。除了借款人本身的信用风险外，还需要特别关注债务人的信用风险。

在债务人进入破产程序的情形下，质权人只能作为一般债权人申报债权并参与破产财产分配，并不享有优先受偿的权利。

2. 债务人的抗辩权、抵销权

应收账款是基础合同项下产生的一项债权，其质押或转让不能消除应收账款的债务人拥有的权利。债务人仍然可以行使抗辩权,包括债权无效或可撤销、同时履行抗辩、诉讼时效抗辩。并且债务人还可以行使合同法上的抵销权。

三、福费廷

福费廷是法文单词 forfaiting 的中文音译,原意是指放弃追索。根据国际福费廷联合会的定义,福费廷是国际供应链融资的一种形式,是指在无追索权的基础上对未来的支付义务进行贴现。支付工具主要是远期汇票或本票。因此,我们可以将福费廷定义为融资方(forfaitor,以下简称包买商)从出口商那里无追索地购买远期汇票或本票而向出口商提供融资的业务。国内银行通常也称之为包买票据或票据买断。包买商主要是银行,也包括为出口商提供融资的其他金融机构。

福费廷主要提供 3 至 5 年的中长期融资,但也可以是 6 个月的短期融资,或者长达 10 年的长期融资。根据交易对方及具体情况不同,福费廷可以进行不同程度的调整,但其核心特征主要包括以下方面:(1)包买商买断应收账款,对出口商没有追索权;(2)贴现的债务为依法可执行、可转让的支付义务,以汇票、本票为主要表现形式,通常都有银行担保;(3)福费廷为票据金额 100% 贴现,一般应收账款贴现只贴现应收账款票面金额 70% ~80% 。

福费廷对于出口商具有诸多优势,主要包括:(1)改善出口商的现金流,将应收账款、银行贷款及或有负债从其资产负债表中剔除;(2)出口商无须承担收款工作,节约管理时间和费用;(3)帮助出口商规避进口商所在国政治、经济风险以及远期收款可能存在的利率、汇率等风险;(4)可以使出口商向其客户提供延期付款,帮助出口商拓展业务,提高出口商竞争力;(5)出口商可以提前了解融资成本并将该成本转移到商品价格中去,实现成本转移。

(一)基本结构

在典型的福费廷交易中,货物卖方(出口商)与买方(进口商)位于不同的国家或地区,双方进行货物买卖谈判过程中进口商要求延期付款,包买商向出口商提供贴现参考报价,此时双方尚未就贴现达成具有约束力的协议。

当货物买卖合同达成一致后，并且通常在最终签署前，出口商要求包买商出具出口交易项下支付债务贴现的承诺。包买商在要求出口商提供相关信息后作出贴现承诺。得到包买商的贴现承诺后，出口商与进口商最终签署货物买卖合同，并向进口商提交货物。然后进口商从其银行取得担保并向出口商提交付款单据，交单通常通过银行进行，单据通常为信用证。出口商将单据提交给包买商，包买商审核后支付贴现款项。贴现完成后，出口商对货物买卖合同项下的应收款不在享有任何权利。包买商负责该等款项的收取，并承担得不到支付的风险。

图9－4为典型福费廷交易流程。

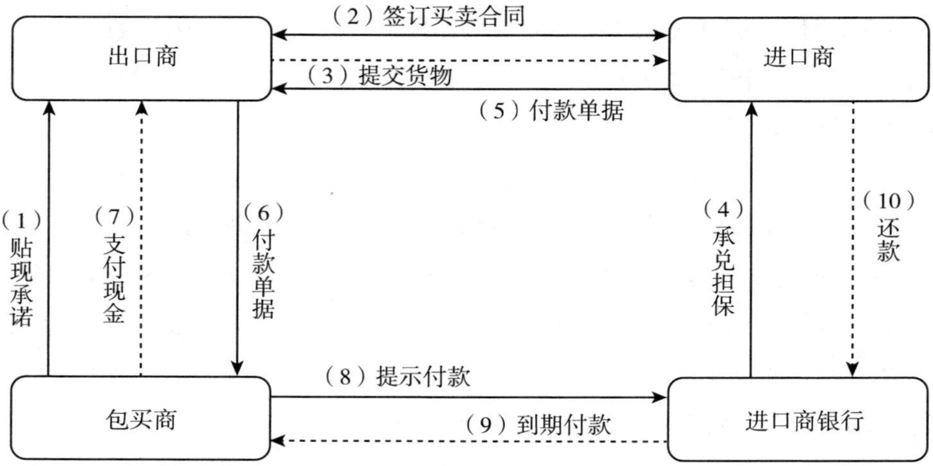

图9－4 典型福费廷交易流程

（二）无追索权贴现协议

与其他融资文件相比，福费廷融资文件一般比较简单，通常是一份简短的无追索权贴现协议。简洁的文本对出口商而言也是一个优势，不用花很多时间去阅读并与银行商谈法律条款。福费廷融资文件中除了约定出口商需要提交的文件外，还包括以下重要条款：

1. 贴现利率。贴现利率即福费廷融资的价格，其主要由以下两个方面构成：（1）包买商的融资成本，即包买商从市场上获得用于贴现资金的成本，以外币进行的融资，包买商一般都以伦敦同业拆借市场同期利率作为融资成本。（2）包买商计算的风险利率，计算该等风险利率时一般考虑福费廷交易中的货物买卖交易风险、进口商所在国政治经济风险、承兑银行风险等。此外,如果包买商给予一个宽限期,贴现利率也将反映该宽限期的成本。宽限期是指承兑汇票上记载的到期付款日和包买商实际从进口商银行取得款项之日之间的这段时间。宽限期一般不超过10天。

2. 承诺费及其他费用。承诺费以从签署福费廷融资文件至包买商实际贴现之日的实际天数,按一定比例计算。承诺费只有在出口商没有在约定的到期日前提交相关文件的情况下才收取。除了承诺费外,包买商可能还会收取一定的手续费,如海外收款发生的电传费等。

3. 到期日。包买商承诺贴现有效期的最后一日即为到期日。过了到期日,包买商的贴现承诺即失效,包买商将不再有义务向出口商提供贴现。因此,出口商必须在到期日前向包买商提交贴现所需的文件。

4. 有限追索。无追索权贴现并非完全的没有追索权,而是指有限追索。无追索权贴现协议中,一般包买商会要求保留一定的追索权。该等保留追索权的情形主要是:(1)申请贴现的票据存在无效或不可履行情形;(2)与票据证有关的基础交易项下存在任何欺诈、不合法;(3)存在任何法院禁止令或其他法院裁定阻止票据项下的付款。

四、仓储融资

仓储融资(warehouse finance)是基于仓储物(也称为存货)的市场价值而提供的融资,所以也称为存货融资(inventory finance)。仓储融资的核心是仓储物的价值,所以银行会要求在仓储物上设置担保。仓储融资的金额与仓储物价值挂钩,如果仓储物价值发生减损,借款人需要补充担保物或者提前偿还一部分贷款。常见的仓储物是具有一定价值的金属产品(如铜锭、铝锭)、农产品等。

(一)担保方式

仓储融资的核心是在仓储物上设置担保。常见的担保方式有以下几种:

1. 仓单质押

仓单(warehouse receipt)是仓库保管人收到仓储物后给存货人开具的提取

仓储物的凭证。仓单除作为已收取仓储物的凭证和提取仓储物的凭证外，还可以通过背书、转让仓单项下货物的所有权。存货人在仓单上背书并经保管人签字或者盖章，转让仓单始生效力。

我国《物权法》规定，仓单可以质押，质押自仓单交付质权人时设立。

实践中，仓单质押往往和动产质押一并设立。

2. 动产质押

我国《物权法》第 208 条第 1 款规定："为担保债务的履行，债务人或者第三人将其动产出质给债权人占有的，债务人不履行到期债务或者发生当事人约定的实现质权的情形，债权人有权就该动产优先受偿。"这一条文确立了动产质押制度。

动产质押需要转移动产的占有。占有可以是实际占有，也可以使推定占有。采用推定占有的情况下，出质人、债权人和仓库管理人达成三方协议，出质人把质押物移交给债权人指定的仓库管理人，从而实现债权人对质押物的占有。

普通法下的仓储物质押与我国的动产质押质押制度基本相似，也需要借助仓库管理人来实现仓储物的推定占有。

3. 动产抵押

我国《物权法》第 181 条规定："经当事人书面协议，企业、个体工商户、农业生产经营者可以将现有的以及将有的生产设备、原材料、半成品、产品抵押，债务人不履行到期债务或者发生当事人约定的实现抵押权的情形，债权人有权就实现抵押权时的动产优先受偿。"我国《物权法》的这一条文首次明确规定了动产浮动抵押制度。浮动抵押是一项特别的抵押，抵押人将其现在和将来所有的全部财产或者部分财产上设定的担保，在行使抵押权之前，抵押人对抵押财产保留在正常经营过程中的处分权。

这一担保方式在普通法系国家非常常见，称为浮动押记(floating charge)。我国的动产抵押制度正是借鉴了普通法的浮动押记制度。这一担保使企业在获得融资的同时，不会影响到其正常生产、销售，产生了资金放大效应。

(二)仓储管理人

在基于仓储物质押的融资交易中，由于银行没有能力实际占有仓储物，所以仓储融资往往需要与仓储管理人进行合作。仓储管理人代表提供融资的银行占有仓储物，因此，仓储管理人的角色非常重要。

仓储管理人的主要工作是担任担保物的管理人（collateral manager），对担保物进行监管。监管工作的内容包括：核定担保物权属，按照银行核定的监管担保物总值、数量对仓储物进行监管。

在仓储融资的实践中，仓储管理人的角色极其重要，也是整个融资风险控制的核心环节。银行需要对仓储管理人进行尽职调查，只有尽职调查后符合条件的仓储管理人才能进入银行认可的名单。银行在进行仓储融资时必须从其认可的名单中选择仓储管理人。

Chapter 10
第十章

特定行业的融资

第一节 电力行业

一、电力行业概述

电力项目可分为三大类,传统热源发电、可再生能源发电,以及电力传输和配电系统。传统热源项目包括:燃煤、燃气、石油、核电等。可再生能源包括:太阳能、风能、水电、生物和垃圾发电、地热、潮汐等。

电力行业是中国企业参与“一带一路”的最主要行业之一。根据中国机电产品进出口商会的统计,2016 年中国企业新签电力项目分布在 54 个国家,主要集中在东南亚和非洲,其中,孟加拉国、印度尼西亚、巴基斯坦签约额均达到 40 亿美元,居签约国别排行榜前 3 名,伊朗、老挝、越南、伊拉克等位列签约排行榜前 10 名。

中国企业电力行业“走出去”项目依然以传统优势火电为主,但是随着科技的进步,风电、太阳能发电等新能源行业也开始蓬勃发展。根据中国机电商会的统计,2016 年,火电行业共签约 49 个项目,合同额达到 245. 79 亿美元,占全部合同金额金额的 59. 3% ,遥遥领先于其他子行业;水电方面,继前 2 年连续出现特大型水电站项目订单后,签约订单金额呈现大幅回落;输变电行业项目签约势头良好,合同额 87. 17 亿美元,同比增长 110. 69% 。

二、购电合同

购电合同(Power Purchase Agreement,PPA)是电力项目公司(简称电厂)与购买电力的公用事业公司、电网公司等(简称购电方)之间签订的合同,约定购电方基于此合同购买电厂容量或电厂产出的电能的全部或部分,并支付电费。

购电合同是电厂收入的主要来源,电厂根据购电合同收取的电能费用须足够承担电厂的固定成本和可变成本的支出。其中,固定成本支出包括融资的利息支出,可变成本包括发电所需的燃料以及电厂运维费用等。此外,收取的电费也应给电厂的股东带来利润。

贷款人通常会基于电厂与具有一定资信的购电方之间签订的购电合同来判断是否为电力项目提供融资。如果决定融资,购电合同的期限需要长于贷款的偿还期,超出的期限一般称为缓冲期或尾期。贷款人通常会格外注意购电合同中的终止条款。购电合同中一般会要求项目公司、贷款人,在购电方行使终止权解除购电合同之前有合理的期限,以对违约情形进行补救。贷款人的法律顾问在审查购电合时,需要与贷款人聘请的独立工程师相协调,以确保购电合同中与检测、运营、技术和价格相关的事项正确且具有可操作性。

(一)电费的构成

购电合同中的定价通常包括两种方式,一种是容量电价和电能电价(容量电价购电合同),另一种是仅有电能电价(电能电价购电合同)。

容量电价(capacity charge)也称为固定电价(fixed tariff),是对可用机组容量的定价,即根据电厂可生产的电能而核定的电价。容量电价与购电方是否要求输送电能无关,也就是说,即使电厂不向购电方输送电能,购电方也要支付。容量电价通常为承担与电厂相关的固定支出,例如固定的运维和融资费用。

电能电价(energy charge)是就电厂实际输出的电能所支付的价格,通常根据电厂的可变支出(如可变的运维和燃料费用)来计算。电厂和贷款人一般会尽可能的将电能电价与项目预期的燃料费用关联起来,燃料费用中也包含适当的调整来应对燃料价格的上涨。

（二）购电方的信用风险

购电方的信用风险直接关联其付款风险及违约风险。如果购电方是国有公用事业公司，则不用担心其破产的风险。如果购电方是民营企业，则需要考虑其信用风险。

考虑购电方的信用风险时，主要考虑购电方的付款义务是否有担保安排。如果购电方违反付款义务，电厂可获得的赔偿金额是否充分，以及是否能满足电厂和贷款人的需求。实务中，常见的担保方式包括信用证和账户担保（如不能账户设立担保，则设立账户监管）。

三、可再生能源

可再生能源（renewable energy）是相对于会穷尽的化石能源的一种能源，其对环境无害或危害极小，可以重复利用。可再生能源具体包括：水能、风能、太阳能、生物质能、地热能、海洋能等。

近年来，随着经济的发展，人们对环保越来越重视，很多国家都重点鼓励发展可再生能源，可再生能源的清洁能源替代作用日益凸显。根据中国国家能源局的数据，截至 2017 年年底，我国可再生能源发电装机达到 6.5 亿千瓦，同比增长 14%，约占全部电力装机的 36.6%，同比上升 2.1%。① 可再生能源中，水电装机 3.41 亿千瓦、风电装机 1.64 亿千瓦、光伏发电装机 1.3 亿千瓦，分别同比增长 2.7%、10.5%、68.7%。②

（一）水电站

水力发电是现代重要能源，尤其是在河流较多的国家。水电站的原理是通过水的落差在重力作用下形成动能，利用水的压力或者流速冲击水轮机，使之旋转，从而将水能转化为机械能，然后再由水轮机带动发电机旋转，切割磁力线

---

① 参见国家能源局 2017 年能源情况新闻发布会，载国家能源局网站：http://www.nea.gov.cn/2018-01/26/c_136927061.htm，最后访问日期：2018 年 2 月 24 日。

② 国家能源局发布的 2017 年全国电力工业统计数据，载国家能源局网站：http://www.nea.gov.cn/2018-01/22/c_136914154.htm，最后访问日期：2018 年 2 月 24 日。

产生电能。根据水源类型，水电站可以分为常规水电站（坝式水电站），抽水蓄能电站（利用电力负荷低谷时的电能抽水至上水库，待电力负荷高峰期再放水至下水库发电），潮汐电站（利用海洋潮汐能发电）等。

水电站建设成本巨大，但是运营和维护成本较低，因此具有很大的成本竞争力。而且，水电站发电灵活，可以根据能源需求迅速放大和缩小发电量，因为水轮机的启动时间远远低于蒸汽轮机或燃气轮机。和其他电站相比，水电站形成巨大的水库，可以用于其他用途，如调节水源，用于灌溉，进行水产养殖，还可以开展水上运动和休闲活动。

有些水电站的大坝建设成本非常高，一旦大坝出现问题，可能会对下游区域和基础设施造成灾难性的后果。另外，建设大型水库会占用并淹没大面积土地，可能会对周边的生态系统造成影响。

1. 我国的水电站分布

我国水能资源丰富，水力资源蕴藏量和水电总装机容量均居世界前列。根据中国水利部、国家统计局《第一次全国水利普查公报》，在普查标准时点为2011 年 12 月 31 日，全国共有水库 98, 002 座，总库容 9323. 12 亿立方米；共有水电站 46, 758 座，装机容量 3. 33 亿千瓦。①

我国的水电站主要分布在长江、黄河流域。长江干流上的水电站有：溪洛渡水电站、向家坝水电站、三峡水电站和葛洲坝水电站。长江支流上还有大量大中型水电站，例如：雅砻江下游的二滩电站，大渡河的龚嘴电站，乌江上的乌江渡电站等。金沙江上游河段长约 772 公里规划了“一库十三级”开发方案，总装机容量 1392 万千瓦，其中川藏段 8 级电站分别为岗托、岩比、波罗、叶巴滩、拉哇、巴塘、苏洼龙、昌波电站，总装机容量 961 万千瓦②。黄河中上游的水电站有：龙羊峡水电站（青海境内）、青铜峡水电站（宁夏）、小浪底水电站（河南境内）。

---

① 参见水利部网站，载水利部网站：http://www. mwr. gov. cn/sj/tjgb/dycqgslpcgb/201701/t20170122_790650. html，最后访问日期：2018 年 2 月 24 日。

② 参见华电金沙江上游水电开发有限公司介绍，载华电金沙江上游水电开发有限公司网站：http://hdjsj. chd. com. cn/webfront/webpage/web/contentList/channelId/ee522404c53f42148cc8bb7eaa2c226c/pageNo/1，最后访问日期：2018 年 2 月 24 日。

2. 水电站项目建设行政审批

水电站的建设涉及投资、水利、环评、土地、城乡规划、电力等多方面的审批、许可或备案。表 10－1 是我国水电站项目建设涉及的行政审批列表。

表 10－1　我国水电站项目建设行政审批列表

<table>
<tr><th colspan="2">名称</th><th>主管机关</th><th>法律法规依据</th></tr>
<tr><td colspan="2" rowspan="3">国务院、发改部门核准</td><td>国务院：在跨界河流、跨省（区、市）河流上建设的单站总装机容量 50 万千瓦及以上项目，其中单站总装机容量 300 万千瓦及以上或者涉及移民 1 万人及以上的项目</td><td rowspan="3">《企业投资项目核准和备案管理条例》（国务院令第 673 号，2017 年 2 月 1 日实施）：第 3 条
《企业投资项目核准和备案管理办法》（国家发展和改革委员会令第 2 号，2017 年 4 月 8 日实施）：第 3 条、第 4 条、第 5 条、第 7 条
《国务院关于发布政府核准的投资项目目录（2016 年本）的通知》（国发〔2016〕72 号，2016 年 12 月 12 日实施）：二、能源
《外商投资项目核准和备案管理办法》（国家发展和改革委员会令第 12 号，2014 年 6 月 17 日实施）：第 4 条</td></tr>
<tr><td>国家发改委：在跨界河流、跨省（区、市）河流上建设的单站总装机容量 50 万千瓦及以上项目</td></tr>
<tr><td>地方政府（其具体项目核准机关由省级政府确定）：其他</td></tr>
<tr><td rowspan="2">水利审批</td><td>洪水影响评价审批</td><td rowspan="2">水行政主管部门</td><td>《中华人民共和国防洪法》（中华人民共和国主席令第 48 号，2016 年 7 月 2 日实施）：第 33 条第 1 款、第 17 条、第 27 条
《中华人民共和国水法》（中华人民共和国主席令第 48 号，2016 年 7 月 2 日实施）：第 19 条</td></tr>
<tr><td>取水许可</td><td>《中华人民共和国水法》第 7 条
《取水许可和水资源费征收管理条例》（国务院令第 460 号，2006 年 4 月 15 日实施，2017 年 3 月 1 日修订）：第 14 条、第 21 条</td></tr>
</table>

续表

名称		主管机关	法律法规依据
水利审批	水土保持方案审批	水行政主管部门	**《中华人民共和国水土保持法》**(中华人民共和国主席令第39号,2011年3月1日实施):第25条 **《中华人民共和国水土保持法实施条例》**(国务院令第120号,1993年8月1日实施):第14条 **《开发建设项目水土保持方案管理办法》**(水保〔1994〕513号,1994年11月22日实施):第3条 **《开发建设项目水土保持方案编报审批管理规定》**(水利部令第24号,2005年7月8日实施):第4条、第7条、第8条
	农业灌排影响意见书		**《中华人民共和国水法》**第23条、第35条 **《国务院对确需保留的行政审批项目设定行政许可的决定》**(国务院令第412号,2004年7月1日实施):第170项
	水利基建项目初步设计文件审批		**《国务院对确需保留的行政审批项目设定行政许可的决定》**第172项 **《水利基本建设投资计划管理暂行办法》**(水规计〔2003〕344号,2003年10月30日实施):第24条、第26条
环评审批(报告书/报告表)		环境保护行政主管部门	**《中华人民共和国环境影响评价法》**(中华人民共和国主席令第48号,2016年7月2日实施):第16条、第22条、第23条、第25条 **《建设项目环境影响评价分类管理名录》**(环境保护部令第33号,2015年6月1日实施):第31类水力发电
城乡规划审批	选址意见书	城乡规划主管部门(仅限按照国家规定需要有关部门批准或者核准的建设项目,以划拨方式提供国有土地使用权的)	**《中华人民共和国城乡规划法》**(中华人民共和国主席令第23号,2015年4月24日实施):第36条

续表

名称		主管机关	法律法规依据
城乡规划审批	建设用地规划许可证	城乡规划主管部门	**《中华人民共和国城乡规划法》**第37条、第38条
	建设工程规划许可证		**《中华人民共和国城乡规划法》**第40条
	乡村建设规划许可证		**《中华人民共和国城乡规划法》**第41条
	建筑工程施工许可证		**《中华人民共和国建筑法》**（中华人民共和国主席令第46号，2011年7月1日实施）：第7条
土地审批	用地预审	国土资源主管部门	**《中华人民共和国土地管理法》**（中华人民共和国主席令第28号，2004年8月28日实施）：第52条 **《中华人民共和国土地管理法实施条例》**（国务院令第256号，1999年1月1日实施，2011年1月8日、2014年7月29日修订）：第22条、第23条 **《建设项目用地预审管理办法》**（国土资源部令第68号，2017年1月1日实施）
	土地划拨/出让审批		**《中华人民共和国土地管理法》**第53条、第54条
	农用地转用审批	人民政府	**《中华人民共和国土地管理法》**第44条
移民安置规划及审核意见		移民管理机构	**《大中型水利水电工程建设征地补偿和移民安置条例》**（国务院令第679号，2017年6月1日实施）：第10条

续表

名称		主管机关	法律法规依据
电力审批	电力业务许可证(部分可豁免)	电力监管机构	**《电力监管条例》**(国务院令第432号,2005年5月1日实施):第13条 **《国家能源局关于明确电力业务许可管理有关事项的通知》**(国能资质〔2014〕151号,2014年4月9日实施):第1条第1项
	承装(修、试)电力设施许可证		**《承装(修、试)电力设施许可证管理办法》**(国家电力监管委员会令第28号,2010年3月1日实施):第4条

对于境外电力项目涉及哪些政府审批备案,需要寻求当地律师的意见。

(二)风力发电

风力发电是把风的动能转为电能。根据风电场的位置,风电可以分为陆上风电和海上风电。和陆上风电不同,海上风电具有一些特殊的要求,如设备的防海盐腐蚀要求,施工和运维方面依赖船舶,传输过程中需要高压海缆等设备。海上风力资源丰富,近年来技术的发展、海上风电建设运维成本降低,海上风电发展很快,但是也出现了近海发电机组拥挤、远海电力传输成本高昂等问题。

风力发电项目中非常重要的是发电设备的采购,风电设备的投入超过总投资额一半。风力发电机一般由风轮(叶片)、发电机、调向器(尾翼)、塔架、储能装置等构件组成。

我国的风力资源非常丰富。根据中国气象局于2004—2006年组织完成的最新的第三次全国风能资源调查,我国可开发风能总储量约有43.5亿kW,其中可开发和利用的陆地上风能储量有6亿~10亿kW,近海风能储量有1亿~2亿kW,共计为7亿~12亿kW。[①] 其中,风力资源主要分布在东北、华北、西北(简称“三北”地区)和东南沿海地区。1986年,我国第一个风电场在山东荣成并网发电。此后风力发电发展迅速。截至2017年年底,全国风电累计装机1.64亿千瓦,其中中东部和南方地区占25.6%,“三北”地区占74.4%;2017年全国风电发电量3057亿千瓦时,同比增长26.3%;平均利用小时数1948小时,

---

① 参见《我国风能资源分布及影响分布的气象条件》,载中国电力网:http://www.chinapower.com.cn/informationhyfx/20160825/49663.html,最后访问日期:2018年2月24日。

同比增加 203 小时。[1]

我国风电项目涉及的审批与水电项目基本相同，但是海上风电项目涉及的海域或海岛及其环境影响评估所特别规定，表 10 – 2 是海上风电项目的特别规定：

表 10 – 2　海上风电项目的特别规定

<table>
<tr><th colspan="2">审批/备案事项</th><th>主管机关</th><th>法律依据</th></tr>
<tr><td colspan="2">海域使用预审意见</td><td>海洋行政主管部门</td><td>《中华人民共和国海域使用管理法》（中华人民共和国主席令第 61 号，2002 年 1 月 1 日实施）：第 16 条、第 17 条
《国家海洋局关于进一步规范海上风电用海管理的意见》（国海规范〔2016〕6 号，2016 年 10 月 31 日实施）：第 3 条第 1 款
《海上风电开发建设管理办法》（国能新能〔2016〕394 号，2016 年 12 月 29 日实施）：第 21 条、第 22 条</td></tr>
<tr><td colspan="2" rowspan="2">无居民海岛使用权</td><td>省、自治区、直辖市人民政府海洋主管部门</td><td>《中华人民共和国海岛保护法》（中华人民共和国主席令第 22 号，2010 年 3 月 1 日实施）：第 30 条第 2 款</td></tr>
<tr><td>国务院：涉及利用特殊用途海岛，或者确需填海连岛以及其他严重改变海岛自然地形、地貌的</td><td>《中华人民共和国海岛保护法》第 30 条第 3 款</td></tr>
<tr><td>环评审批</td><td>一般审批（报告书/报告表）</td><td>环境保护行政主管部门</td><td>《中华人民共和国环境影响评价法》（中华人民共和国主席令第 48 号，2016 年 7 月 2 日实施）：第 16 条、第 22 条、第 23 条、第 25 条
《建设项目环境影响评价分类管理名录》（环境保护部令第 33 号，2015 年 6 月 1 日实施）：第 34 类其他能源发电</td></tr>
</table>

① 参见国家能源局 2017 年能源情况新闻发布会，载国家能源局网站：http://www.nea.gov.cn/2018-01/26/c_136927061.htm，最后访问日期：2018 年 2 月 24 日。

续表

<table>
<tr><th colspan="2">审批/备案事项</th><th>主管机关</th><th>法律依据</th></tr>
<tr><td rowspan="2">环评审批</td><td>海岸环评审批(报告书/报告表)</td><td>环境保护行政主管部门</td><td>**《中华人民共和国海洋环境保护法》**(中华人民共和国主席令第8号,2013年12月28日实施):第43条
《中华人民共和国防治海岸工程建设项目污染损害海洋环境管理条例》(国务院令第62号,1990年8月1日实施,2007年、2017年进行两次修订):第7条</td></tr>
<tr><td>海洋环评审批(报告书/报告表)</td><td>海洋行政主管部门</td><td>**《中华人民共和国海洋环境保护法》**第47条
《防治海洋工程建设项目污染损害海洋环境管理条例》(国务院令第475号,2006年11月1日实施,2017年修改):第10条、第11条</td></tr>
<tr><td colspan="2">气候可行性论证审批</td><td>气象主管机构</td><td>**《中华人民共和国气象法》**(中华人民共和国主席令第14号,2014年8月31日实施):第34条第1款</td></tr>
</table>

对于境外电力项目涉及哪些政府审批备案,需要寻求当地律师的意见。

(三)太阳能

太阳能是指太阳所负载的能量,一般以阳光照射到地面的辐射总量计算。太阳能的利用方式主要有:(1)光伏发电,将太阳能直接转换为电能;(2)太阳能聚热发电,通过大量反射镜以聚焦的方式将太阳能直射光聚集起来,加热产生高温高压的蒸汽,蒸汽驱动汽轮机发电;(3)太阳能热水系统;等等。

目前应用比较广泛的是光伏发电。光伏发电的主要设备包括太阳能电池板、逆变器、光伏支架等。太阳能电池板将太阳能直接转换为电能,经逆变器将直流电转变为交流电。随着技术的发展,光伏转化率逐渐提高,成本逐渐降低,因此光伏发电越来越广泛地被应用。

国际能源署(IEA)认为,光伏发电已经进入新时代,随着持续的技术创新引领的成本降低,特别是中国政府对光伏产业的支持,未来5年光伏发电将持续快速增长,每年的增量都超过风电和水电。预计到2022年,全球光伏发电量将达到740GW,达到当今日本和印度发电量的总和。[①]

1. 我国的光伏发电

随着中国光伏扶贫战略的推进,光伏发电在光照条件好的地区得到快速发展。根据国家能源局的统计,2017 年我国光伏发电装机 1.3 亿千瓦,同比增长 68.7%,[②]占全国发电总量的 7.3%。2017 年新增装机 5306 万千瓦,其中,光伏电站 3362 万千瓦,同比增加 11%;分布式光伏 1944 万千瓦,同比增长 3.7 倍。[③]

除了光伏发电量居世界前列外,中国的光伏设备生产能力也居世界首位,根据国际能源署的数据,中国公司生产的光伏设备占全球的 60%。[④]

2. 光伏电站项目行政许可

我国光伏电站项目涉及发改委的项目批复、环境影响评估、电力接网、电力业务许可、用地许可等行政审批或备案程序。对于境外光伏电站项目涉及哪些政府审批备案,需要寻求当地律师的意见。

(1)发改委项目批复和备案

根据国家能源局发布的《光伏电站项目管理暂行办法》第 14 条的规定,光伏电站项目建设需要进行备案登记。

(2)环境影响评价文件

根据《环境影响评价法》第 25 条的规定,建设项目在环境影响评价文件未经审查批准之前,不得开工建设。并网光伏发电属于《建设项目环境影响评价分类管理名录(2015 年修订)》中的第 34 类"其他能源发电",项目类别为"报告表"。因而,根据《环境影响评价法》第 16 条、第 20 条、第 22 条的规定,并网光伏发电项目建设单位应当具备具有相应环境影响评价资质的机构编制的环境影响报告表,并报当地环保行政部门审批。

---

① 参见国际能源署:"*Market Report Series: Renewables* 2017",载国际能源署网站:http://www.iea.org/Textbase/npsum/renew2017MRSsum.pdf,第 3 页,最后访问日期:2018 年 2 月 24 日。

② 参见国家能源局发布 2017 年全国电力工业统计数据,载国家能源局网站:http://www.nea.gov.cn/2018-01/22/c_136914154.htm,最后访问日期:2018 年 2 月 24 日。

③ 参见国家能源局 2017 年能源情况新闻发布会,载国家能源局网站:http://www.nea.gov.cn/2018-01/26/c_136927061.htm,最后访问日期:2018 年 2 月 24 日。

④ 参见国际能源署:"*Market Report Series: Renewables* 2017",载国际能源署网站:http://www.iea.org/Textbase/npsum/renew2017MRSsum.pdf,第 3 页,最后访问日期:2018 年 2 月 24 日。

(3)电力接入报告批复

根据《光伏电站项目管理暂行办法》第 20 条的规定,超过 6 兆瓦,项目接网意见应由省级电网企业出具。

(4)电力业务许可证

根据《电力监管条例》第 30 条的规定,经营电力业务应当获得电力业务许可证。因此,光伏发电项目应获得发电类电力业务许可证。

(5)用地许可

光伏发电项目可能涉及建设用地、农用地和未利用地的使用。根据《中华人民共和国土地管理法》第 44 条的规定,建设占用土地的,涉及农用地转建设用地的,应当办理农用地转用审批手续。根据国土资源部、发展改革委、科技部、工业和信息化部、住房城乡建设部、商务部《关于支持新产业新业态发展促进大众创业万众创新用地的意见》第 1 条第 4 项,对光伏项目建设占用农用地的,所有用地部分均应按建设用地管理。但是,实践中对于光伏发电项目的农光互补用地方式,各地做法不统一。

(四)地热发电

地热能是贮存在地下岩石和流体中的热能。地热能是一种绿色低碳、可循环利用的可再生能源,具有储量大、分布广、清洁环保、稳定可靠等特点,是一种现实可行且具有竞争力的清洁能源。地热可以用于温泉沐浴、医疗、取暖等。进入 20 世纪后,人类开始利用地热进行发电。地热发电的原理是把地下的热能转变为机械能,再将机械能转变为电能。

我国地热发电项目较少。1977 年,我国在西藏羊八井建设了 24 兆瓦中高温地热发电站。到 2014 年年底,我国地热发电总装机容量为 27.28 兆瓦,居于世界第 18 位①。

(五)生物质发电

生物质通常是指农作物秸秆(如秸秆、玉米秆、甘蔗皮等)、林业剩余物、油料植物、能源作物、生活垃圾和其他有机废弃物等。生物质能是蕴藏在这些生

① 国家发展改革委、国家能源局、国土资源部:《地热能开发利用“十三五”规划》(发改能源〔2017〕158 号)第 2 页。

物质中的能量。生物质有多种用途，如通过高温干馏、热解等方法获得木炭、焦油和可燃气体；通过把生物质压制成形燃料，用于燃烧、发电；生物质发酵生成沼气用于燃料；等等。

生物质发电起源于20世纪70年代的石油危机，在许多国家发展迅速。生物质发电包括农林生物质发电、垃圾发电和沼气发电。

我国的生物质发电起步较晚。2006年《可再生能源法》正式实施以后，生物质及垃圾发电装机容量逐年增加。2017年，生物质发电新增装机274万千瓦，累计装机达到1488万千瓦，同比增长22.6%；2017年我国生物质发电794亿千瓦时，同比增长22.7%，[①]占当年可再生能源发电量约4.7%。

四、核电项目的特别因素

（一）核电许可

核电项目的政府许可是核电项目融资中必须关注的问题。在申请政府许可的过程中，让更多的利益方广泛参与，特别是电站附近居民的参与，对成功获得许可是非常重要的。如果附近居民大部分反对，那么获得政府许可的难度就会很大。一般而言，在现有的电站边上新建电站更容易获得批准。很多电站都为未来扩建预留地方，现有项目的成功会为未来项目扩建提供支持。在英国、美国、中国都出现过政府许可被拖延的情况。政府许可的迟延可能导致电站建设成本大幅攀升。

核电站项目可能涉及多个政府许可，通常包括选址许可、建设许可、运营许可等。各个国家对核电站的政府许可有所不同，以美国、英国和中国为例：

美国的核电站政府许可曾经就分为建设许可和运营许可。21世纪初，美国对核电站许可进行了改革，将多个许可合并为一站式建设运营许可（construction - operating license），但仍然保留设计和选址许可。

在英国，核电站建设前需要通过通用设计评估（Generic Design Assessments,

---

① 参见国家能源局2017年能源情况新闻发布会，载国家能源局网站：http://www.nea.gov.cn/2018-01/26/c_136927061.htm，最后访问日期：2018年2月24日。

GDA)。该评估由英国核电监管办公室负责,对新型核反应堆设计进行评估。只有通过 GDA 的核反应堆技术才能用于英国的核电站。通过 GDA 之后,核电站的设计方案就不需要一一遵守其他监管要求。除此之外,英国核电站也需要获得选址许可。目前,英国政府正在引进战略选址评估(Strategic Siting Assessment,SSA),预计从 2025 年起,只有在通过 SSA 评估的地方才能建设核电站,政府会公布通过 SSA 的地点。

中国核电站的政府许可,除了一般建设工程的许可外,还有国家核安全局负责制定和批准颁发核设施安全许可证件,许可证件包括:核设施建造许可证、核设施运行许可证、核设施操作员执照。在申请核设置建造许可证之前,必须获得国务院或省、自治区、直辖市人民政府的城乡建设环境保护部门、计划部门和国家核安全局对厂址的批准。《核电厂厂址选择安全规定》对核电站厂址做了明文要求。选址申请获得通过后,申请者应将此意见书作为可行性研究报告的主要内容之一报有关部委审批。

(二)核事故

核事故对核电项目影响非常大。虽然核电发生事故的概率并不高,但是一旦发生事故,可能会造成极其严重的后果。1979 年美国三英里核电站事故、1986 年苏联切尔诺贝利核电站事故以及 2011 年的福岛核电站事故,这三大历史上著名的核电站事故,除了本身造成的灾害外,对核电的发展也带来了重大不利影响。

因核事故受到拖延造成损失的典型案例是美国纽约长岛肖汉姆(Shoreham)核电站。该电站于 1973 年开始建设,1984 年完工。由于期间发生了三英里核电站事故和切尔诺贝利核电站事故,长岛附近大部分居民游行抗议肖汉姆核电站,导致该电站最终没有获得运营许可。1992 年长岛电力部从投资者手中购买了电站,并于 1994 年拆除了该电站。电站建设的 60 亿美元成本,大部分转接给了当地居民,电站投资者也遭受了很大损失。

日本福岛核电站事故发生后,大部分国家都暂停了新核电站的许可,导致新建核电站出现了不可预料的逾期。

五、英国电力市场改革——CFD 制度简介

英国是清洁能源大国，其中核电占有重要地位，在 1998 年达到全部电力的 28%，[①]此后随着设施老化和新电厂减速而逐年下降。英国政府预测，为替换现有老化设施，满足英国电力需求，需要大约 1000 亿英镑的投资。[②] 为了吸引投资，英国政府推出了电力市场改革计划（Electricity Market Reform Programme，EMR），包括多项改革措施，其中最重要的一项是电力差价补偿合约制度（Contracts For Difference，CFD）。英国的电力改革值得我们参考借鉴。

（一）CFD 运作机制

CFD 是鼓励清洁能源的一项长期电价稳定机制，目的是保障发电企业收到事先确定的固定电价，同时也避免终端电力用户支付过高电费。英国政府设立低碳合约公司（Low Carbon Contracts Company ，LCCC），负责和低碳发电企业签署差价协议（CFD agreement）。差价协议约定，当电力市场平均价格低于触发价格（strike price，根据发电厂的投资成本计算）时，LCCC 对发电厂进行补偿；当平均市场价格高于触发价格时，发电厂需要退回补偿。CFD 制度为低碳发电投资者提供稳定的收益保障，降低其投资风险。

（二）LCCC

LCCC 由英国政府部门之一的电力和气候变化部（现重组为英国商业、能源和产业战略部）设立，负责差价协议的签署和管理。LCCC 的职责包括：

1. 负责签署 CFD 合约以及合约期间内的管理。
2. 预测给发电企业的付款金额，以及为支付该等款项需要从电力销售公司筹集费用的标准。
3. 管理运营电费结算公司（electricity settlements company ltd. ，ESC）。

---

① 参见 OECD 核电署 2009 年报告：*The Financing of Nuclear Power Plants*，载 OECD 网站：http://www. oecd – ilibrary. org/nuclear – energy/uranium – 2009_uranium – 2009 – en，第 66 页，最后访问日期：2018 年 2 月 24 日。

② 参见英国低碳合约公司（LCCC）介绍，载 LCCC 公司网站：https://lowcarboncontracts. uk/about – emr，最后访问日期：2018 年 2 月 24 日。

（三）英国国家电网公司

英国国家电网公司是 CFD 制度中的电力接收方，负责公布 CFD 的申请、分配指引，并负责 CFD 的分配过程。其具体职责包括：[①]

1. 制定年度电力产能报告，为政府提供电力产能建议，以满足电力市场的长期稳定。

2. 协调电力市场、CFD 机制的执行。

3. 监管电力市场的核心要求，包括产能招标、电力二级市场交易、电力产能登记等。

4. 监管 CFD 制度中的核心要素，包括申请和资质筛选、评估和预算测算、CFD 分配等。

（四）CFD 运行流程

根据英国国家电网公司的介绍，CFD 的运行流程如图 10－1 所示：[②]

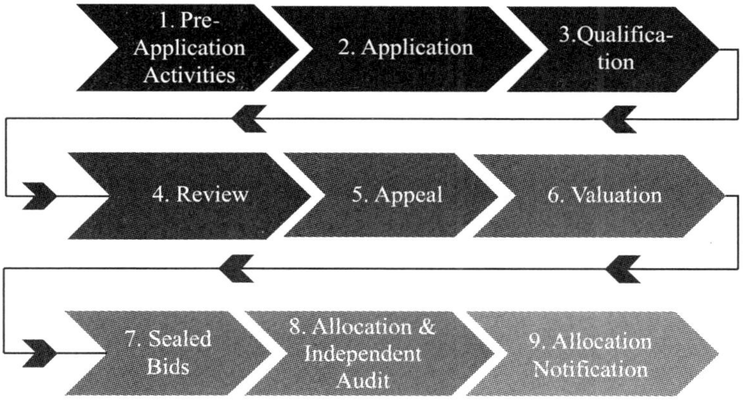

图 10－1　CFD 的运行流程

前四个阶段是资质申请和审查阶段。资质审查通过后，国家电网公司将开展 CFD 评估。评估过程中，国家电网公司将所有合格申请人的财务估值和相应的电费预算进行比较，以决定是否进行竞价招标。如果预算没有超过，则每一申请人都将获得 CFD 指标；如果超过预算，则需要进行竞价招标，以在合格

① 参见英国国家电网公司介绍，载英国国家电网公司网站：https://www.emrdeliverybody.com，最后访问日期：2018 年 2 月 24 日。

② 同上。

申请人之间分配 CFD 指标。

(五)兜底购电方(OLR)制度

OLR 的全称为 offtaker of last resort,即兜底购电方。OLR 为清洁能源电厂提供备用购电合同,旨在降低 CFD 制度下的市场风险,进而降低清洁能源投资者的投资风险。

为了不对商业购电市场造成影响,备用购电合同中的价格比市场价格会打较大折扣,并会在 CFD 合同中反映,使电厂的最低售电价格得到保证。每一份备用购电合同的期限为 1 年,到期后可以重新分配,其条款与公开市场的购电合同尽可能保持一致。通过兜底购电合同,清洁能源的投资者的投资回报将得到保障,从而有利于其进行项目融资,降低融资成本。

第二节 交通运输行业

一、概述

交通运输行业涉及的具体领域包括城市交通、铁路、农村道路、城市间道路、高速公路、港口、水路与航运、航空业、一般性交通部门等。从全球范围来看,发达国家的交通运输体系发展比较成熟,像日本、德国等国家拥有相对发达的铁路、公路网络体系,配套政策、投融资模式也比较完善。而处于发展中的东南亚、中亚、西亚、非洲等地区的交通基础设施相对比较落后,仍待开发建设。与发达国家相比,东南亚、中亚、非洲等诸多发展中国家的现代工业和商业比较弱。要大力发展经济,交通建设无疑是重中之重,因为各类贸易无一不需要借助各类交通载体。落后的交通也意味潜力和机遇,因此这些地区的交通基础设施行业也吸引了国际投资者的目光。然而,在交通设施的建设过程中,其融资交易也面临着一些问题,如何规避和解决风险是投资者们在面对众多投资项目时需要谨慎考虑的重点。

中国在全球公路铁路、交通设施的投融资方面有着出色的成绩,尤其在当前“一带一路”建设的大环境下,中国致力于“一带一路”沿线国家的互联互通,建立和加强沿线各国经济合作伙伴关系,各类交通运输行业的项目不断落地启动,利用中国的优势技术资源和充足资金发挥其杠杆作用,促进中国与世界各国的贸易合作。

二、交通运输项目的融资模式

(一)融资模式简介

交通运输行业项目的资金来源主要可以分为政府公共部门和私人部门两类。政府公共部门的资金来源,以中央政府(联邦政府)和地方政府的预算支出,以及政策性开发机构提供的资金为主。私人部门的资金来源,主要通过项目融资的方式从银行金融机构获得。

全球各个国家或地区的交通运输行业资金投入来源各有差异。通常情况下,政府公共部门在交通运输行业上的资金投入占比较大,全球各国政府在交通设施建设和经营中的发挥了重要作用,在许多国家,交通设施建设的资金可能超过70%都来源于政府公共部门,使得政府承担了交通设施项目很大部分的投资与经营风险。但是,当前社会不断发展,越来越多的国家开始引入私人部门的资金,采用公私合营(public - private partnership)模式,将交通运输行业商业化、市场化,目前很多国家的私人部门对于交通运输行业的投资甚至超过了政府公共部门。

(二)不同国家高速铁路融资模式比较

以下以日本、法国、韩国、美国4个国家的高速铁路融资模式为例,简要介绍政府公共部门和私人部门的不同投资模式。高速公路、轨道交通等交通运输领域的投资模式也大致与此类似。

1. 日本高速铁路融资模式

日本的高速铁路建设在全球范围内都十分著名,新干线的成功运营,其融资模式值得借鉴。日本高速铁路由国家、地方政府和私营公司共同投资开发,并逐步加大了地方政府和私营公司承担的比例。具体而言,“由中央政府、地方政府、国内铁路公司三方共同出资建设,由运输设备整备事业团管理资金,由铁路建设公团负责新干线的建设、管理、租赁或转让”。[①] 日本的高速铁路项目投资,“国家约占 35%,地方政府约占 15%,而私营公司约占 50%”,[②]这其实是比较典型的 PPP 模式,即“政府和社会资本合作”。其中,国家的投入资金多来源于公共事业费和新干线的收入,地方政府则通过发行债券来募集资金。

2. 法国高速铁路融资模式

1997 年,法国成立了铁路网公司(RFF)管理铁路基础设施。法国高速铁路的基本融资模式为,RFF 或特定经营者筹集建设资金(多数是采取向金融市场融资的方式),“而欧盟、中央或地方政府以及其他地方团体将给予项目投资或补贴,政府也可能为项目提供担保”。[③] 2006 年,法国政府正式将 PPP 模式作为一种新型的融资工具,授权 RFF 采取此种方式开展高速铁路项目融资。在 PPP 模式下,政府可通过合伙协议或特许经营协议的方式获得私人部门资金支持。

3. 韩国高速铁路融资模式

韩国的高速铁路基本上是公营模式,根据《韩国高速铁路建设公团法》第 19 条的规定,高速铁路建设资金的筹措方式,主要由政府捐款、发行高速铁路债券、资产运营收益、国内外贷款等构成。而事实上,韩国高速铁路项目的施工、融资及经营业绩风险 90% 以上都由公营方承担。以韩国京釜高速铁路一期为例,作为韩国历史上最大的高速铁路项目,“项目投资 12.7377 万亿韩元(约合 92.3 亿美元),政府承担 45% 的投资金额,其中 35% 为政府财政补贴,10% 为政府贷款,而韩国高速铁路建设公团(简称 KHRC,其对韩国交通部负责)承担 55% 的投资金额。在 KHRC 承担的 55% 的资金部分中,24% 来自于向国外投资人借款,29% 来自于发行国内债券,2% 来自于私人投资”。[④]

---

① 王雪芹、华梦圆:《高速铁路融资模式的比较分析》,载《建筑经济》2011 年 6 月增刊。

② 崔晓文:《国内外高铁配套政策、投融资模式和运营经验(一)》,载上海情报服务平台:http://www.istis.sh.cn/list/list.aspx?id=10223,最后访问日期:2018 年 2 月 24 日。

③ 王雪芹、华梦圆:《高速铁路融资模式的比较分析》,载《建筑经济》2011 年 6 月增刊。

④ 吴迪:《韩国高速铁路投融资体制和运营管理模式》,载《环球铁路》2011 年第 4 期。

4. 美国高速铁路融资模式

美国的高速铁路建设落后于中国、日本、欧洲等国家和地区，但是美国作为世界上最早修建横跨大陆的长途铁路的国家，其铁路里程至今仍然位于世界前列。不同于其他国家，美国的大部分铁路是利用私人资本，同时依靠政府的各种优惠政策发展起来的。铁路产业作为高度市场化的产业，铁路的运营企业大部分是私营公司，自负盈亏。以连接旧金山和洛杉矶的高速铁路项目为例，“该项目预计于 2029 年完工，项目总造价 680 亿美元，建设该高速铁路项目的资金来源于债券、联邦资助、地方政府、私人以及私营企业。其中，联邦政府仅仅拨款 30 亿美元，发行政府债券 90 亿”，[①]私营部门的投资资金占了项目的大部分比重。

（三）公私合营——融资模式的未来趋势

交通基础设施项目的巨额投资，给政府财政带来了巨大压力。此种情况下，由政府、私人部门、金融机构共同分担项目的风险的 PPP 模式在交通运输项目中得到了广泛运用，以解决项目的融资资金缺口。

公私合营（public - private partnerships）是指为了提供传统上由政府负责的基础设施和公用事业服务，政府与私营机构通过协议明确公私双方的权利和义务，由政府授权私营机构设计、建造、交付和运营设施并提供相关服务，私营机构对项目成本进行融资并通过项目运营得到回报。公私合营项目可以减少政府财政支出并由私营机构分担风险，同时凭借私营机构的自身优势提高效率。公私合营广泛应用于道路、桥梁、隧道、停车场、港口、机场、运动场馆、学校、医院、电厂等设施的建设项目，以达到利用私有资金新建、改扩建和运营公共用途设施的目的。为鼓励社会资本参与基础设施和公用事业建设和运营，我国已颁布了《基础设施和公用事业特许经营管理办法》，适用于私营机构参与投资、建设和运营的基础设施和公用事业。

公私合营项目中私营方参与的程度有所不同。有的项目中政府许可私营方修建、交付符合标准的设施并在一定期限内运营该设施，私营方则需支付许

---

① 崔晓文：《国内外高铁配套政策、投融资模式和运营经验（五）》，载上海情报服务平台：http://www.istis.sh.cn/list/list.aspx?id=10227，最后访问日期：2018 年 2 月 24 日。

可费、负责融资并有权直接向使用设施的第三方收取费用；有的项目中私营方负责融资、修建和运营设施，在一定期限后将该设施所有权转让给政府；有的项目中，公私方成立合资企业以共同经营、融资和分担项目风险。

公私合营项目常采用项目融资方式，其项目融资的风险分配机制、项目文件和融资文件安排与一般项目融资类似。政府一般与私营方或私营方组建的项目公司签订特许协议或其他形式的公私合营协议，规定项目的范围、政府的义务、私营方的义务、项目收入的来源、项目设施的所有权归属、违约责任及协议解除等。由于政府会不同程度上介入项目的开发和融资，融资方往往较关注政府为项目提供的支持方式、政府有权解除特许协议的情形、政府解约后是否提供赔偿、政府是否有权授权其他方运营存在竞争的项目等。建设和运营风险一般会通过签订建筑合同、运维协议等项目文件来约定由建筑商和运营商承担。为使融资方满意，政府有时保证项目最低收入，或同意在政府解约时支付足以偿还融资方提供贷款的赔偿金，以促成项目融资完成。

三、交通运输项目融资的特点

（一）融资金额大

交通运输行业项目的投资额较大决定了其融资资金需求较大的特点。高速铁路、高速公路等的投资额取决于待修建线路的数量、里程和单位造价。以交通投资项目分部较广的亚非拉国家为例，项目所在国家或地区经济不断发展，交通运输需求日益加剧，建设一个可以联通项目所在地内部和外部的交通网络，是需要大量人力物力和资金投入的重大工程，光凭发展中国家政府的资金投入，满足不了项目所需的资金支持，此时需要外部资金流入，以支持项目的开展。

根据亚洲开发银行的研究显示，交通运输行业技术的改善与对交通运输设施需求的增长并没有保持同步，交通运输行业仍然面临着行业发展的“瓶颈”，在未来 10 年，亚洲和太平洋地区的国家将需要投资 1. 25 万亿美元用于交通运输行业的建设①。

① 参见亚洲开发银行：“*ADB's Work in Sustainable Transport*”，载亚洲开发银行网站：https://www. adb. org/sectors/transport/overview，最后访问日期：2018 年 2 月 24 日。

(二)投资周期长、回报率不高

由于交通运输行业属于半公益性项目,往往涉及某国家或地区的整体发展战略,其投资回报率并不一定具有绝对的吸引力。同时,交通项目的建设周期长,建设期投资额大,在建设过程当中甚至可能存在运营资金的缺口。以中国30个城市的轨道交通运营收支比为例,“2016年,中国的30个城市的年度运营收支比为77.7%,相比2015年提升了17.7个百分点”,[①]虽然部分城市运营收支比超过100%,且所有城市的运营收支比逐年提高,但是从整体看来,城市轨道交通运营入不敷出仍然是普遍状况。

在项目融资的情形下,项目未来收入是偿还融资债务的主要来源,城市轨道交通项目收入较低甚至入不敷出,直接导致的后果就是可偿还债务的资金金额受限,常常通过延长城市轨道交通的投资回收期来解决相应的债务偿还问题,一般而言,轨道交通项目的投资回收期限为30年甚至更长。不仅城市轨道交通项目,高速铁路、高速公路项目也有此特点。

(三)融资成本偏好低

由于交通运输行业项目的融资期限较长,因此融资成本(利率等)的高低将对融资主体的财务费用产生不同影响。如融资成本较低,将大大减轻融资主体偿还债务的压力,因此项目公司往往偏好融入较低成本的资金。

以2017年7月泰国内阁会议刚刚审议批准的曼谷－呵叻泰中高铁项目为例,泰国原计划是向中国寻求融资交易,但泰方希望中方在项目合资公司中的出资比例达到60%,中方未能与泰方就此达成一致,同时,在中方向泰方提供贷款的事宜上,泰国认为中国为该项目融资交易提供的利率过高,因而泰国最终决定自行解决中泰高铁项目的资金问题。

四、交通运输项目融资注意事项

(一)妥善评估项目的持续性收益

交通运输行业的项目融资具有融资金额大、投资周期较长的特点。因此,

---

① 中国城市轨道交通协会:《城市轨道交通2016年度统计分析报告》,载《中国城市轨道交通协会信息》2017年第1期。

项目发起人通常采取输出技术、承包工程等方式进行，甚至在部分情况下希望尽可能地减少参与运营，以最小化地避免交通载体运营的商业和市场风险。

交通运输行业项目的建设开发通常有 BOT（建设—经营—转让）、BOOT（建设—经营—拥有—转让）、BT（建设—转让）、EPC 工程总包等模式。以最常见的 BOT 模式为例，该种方式的投资回报基本取决于项目建设完工后的未来收益，但交通项目的投资回报率和投资回收期限都决定了项目不可能实现短期盈利。高速铁路铁、轻轨、公路等项目的运营和维护成本、日均客流量大小等都是决定盈利水平的关键因素，如果项目的投资回收情况不佳，银行等债权人的债权则可能面临严重的风险。在此种情况下，债权人等应关注东道国政府和项目公司是否完善了现有的特许经营制度及交通服务行业的定价制度，以期为自身回收持续的投资收益。

以我国台湾地区高铁为例，2007 年通车的台湾地区高铁是全球最大的 BOT 交通项目之一，总里程 345 公里，总投资额为 4500 亿新台币（约合 1200 亿元人民币），由属于私营企业的我国台湾地区高铁公司负责兴建、营运。我国台湾地区的高铁项目在技术上水准相当于日本的新干线，而其运营收入的 95% 来自客运量。根据项目建设之初的评估，我国台湾地区的高铁开通后几年内，可达到在台北至高雄之间每日平均发送 140 对列车，日平均运送旅客数 25 万～28 万人次，但是我国台湾地区的高铁运营七八年后，“其日均客运量也仅仅为 13 万人次上下，运量不足导致的收入缺口，加上高额利息、庞大的折旧摊提费用，导致台湾地区的高铁一直处于亏损状态，几近破产”。①

（二）了解项目东道国国情

拥有大量交通运输项目开发建设的“一带一路”沿线国家，其社会制度状况、经济发展水平、文化习俗、宗教信仰、历史传统等各不相同，在交通载体的建设方式、运营与维护模式、投融资惯例等各方面也有较大差异。项目发起人在投资东道国交通项目时，必须要做好前期的项目研究。仅仅以宗教信仰为例，中亚、西亚等地的国家多信仰伊斯兰教，中欧东欧等地的国家或地区多信仰基督教，东南亚地区的国家或地区则以信仰佛教或伊斯兰教为主，南亚地区的国

---

① 萧师言、周礼：《台湾高铁进入破产倒计时 “地速王者”沦烫手山芋》，载《环球时报》2015 年 1 月 9 日，网络版：http://taiwan.huanqiu.com/article/2015-01/5367207.html，最后访问日期：2018 年 2 月 24 日。

家如印度其宗教信仰以印度教为主，不同的宗教信仰，在交通运输行业项目开发建设时会带来不同的影响。

以中铁建沙特麦加轻轨项目（以下简称轻轨项目）为例。2009 年，中国铁建股份有限公司（以下简称中铁建）与沙特合作开展轻轨项目，约定由中铁建采取 EPC 工程总包的方式开展项目建设，沙特方面并对项目的工期、建设、运维等进行了严格的规定。然而，由于中铁建的计划工期出现阶段性延误，导致轻轨项目工作量和成本投入大幅增加，最终中铁建于 2010 年发布公告宣布项目预计亏损 41.53 亿元（轻轨项目的合同预计总成本为 160.69 亿元，预计总收入 120.7 亿元，加上财务费用成本 1.54 亿元，项目总的亏损预计为 41.53 亿元）。① 分析轻轨项目工期延误的原因，其中有两点值得关注：

（1）宗教习俗

沙特阿拉伯宗教气氛浓厚，麦加伊斯兰教第一大圣寺周围甚至禁止非穆斯林入内。中铁建不了解相关情况，缺乏事先考虑与安排，致使劳工无法进入相应的施工现场，项目高峰时用工达 2 万人，劳动力短缺，致使中方耗尽资源在整个中铁集团内部寻找穆斯林劳工，增加了许多时间成本。

（2）工作惯例

在项目推进过程中，沙特阿拉伯方面负责的地下管网和征地拆迁部分工程严重滞后，究其原因，沙特阿拉伯当地企业普遍执行 8 小时工作制，甚至不到 8 小时，与中国的三班倒制度差异明显，双方的工程建设不能无缝对接，严重制约了工程进展。

第三节 油气行业

一、行业概况

由于近几年油价低迷，全球对石油和天然气开发与生产的投资出现大幅萎缩，许多石油公司被迫减少对海外油气项目的投入。但根据《BP 世界能源统计

---

① 中国铁建：《中国铁建沙特麦加轻轨项目情况公告》（临 2010－049），载中国铁建网站：http://www.crcc.cn/art/2010/10/25/art_155_87035.html，最后访问日期：2018 年 2 月 24 日。

年鉴》发布的 2016 年世界各地区石油和天然气消费量数据（如表 10 - 3 所示），世界各地区对石油和天然气的消费需求量依旧巨大，石油是世界上最主要的能源，占全球能源消费量的 1/3。另外随着煤炭所占份额的日益减少，天然气需求量不断上升，预计到 2035 年，天然气在中国能源需求中的份额将达到 11%；进口天然气占总消费量的比重将从 2015 年的 30% 上升至近 40%，欧洲天然气进口份额将从 2015 年的约 50% 上升至 2035 年的近 80%。[①] 由此可见，全球油气仍然具有很大的投资潜力。

表 10 - 3　2016 年世界各地区石油和天然气消费量

单位：百万吨

地区	石油	天然气
北美洲	1046. 9	886. 8
中南美洲	326. 2	154. 7
欧洲及欧亚大陆	884. 6	926. 9
中东	417. 8	461. 1
非洲	185. 4	124. 3
亚太地区	1557. 3	650. 3
总计	4418. 2	3204. 1

油气项目包括油气资源勘探、开发、炼制、集输、石油化工及联合项目，覆盖着石油天然气行业的上游和下游。上游业务通常是指原油和天然气的勘探和开发，下游项目指对能源的提炼加工以及石油或天然气产品的销售和分配。油气项目具有工程量大、投资额度高、建设周期长、技术难度高、涉及企业多、投资风险大等特点。不仅项目的内部结构错综复杂，互为关联，而且项目的外部联系相当广泛，影响因素众多。

二、油气开发许可

通常油气储藏归所在地国家所有。国家政府会授权私人企业去该地勘探和开发油气并获取能源。国家通常是通过特许协议、产量分成合同等方式来赋

① 参见英国石油公司：《BP 世界能源展望》（2017 版），载英国石油公司网站：https://www.bp.com/zh_cn/china/reports-and-publications/_bp_2017_.html，最后访问日期：2018 年 2 月 24 日。

予开发者这种权利。

（一）特许协议

特许协议（concession agreements）赋予了发起人在一定的期限内开发特许区域的权利。在开发期间，发起人对获取的油气资源享有权利，同时其须向东道国政府支付与销售能源相关的使用费。根据某些特许协议，东道国政府会要求特许区域的某些固定或不可移动的基础设施在特许期满时归东道国政府所有。东道国政府偶尔会要求产出的油气能源要有一部分在东道国销售（国内市场义务）。巴西是使用特许协议开发油气资源的典型国家。

此外，如果发起人需要开发基础设施，如新建管道将油气运输到市场（没有现成的管道或运营商）时，发起人需要签署一份东道国政府协议（host government agreements），约定各自的义务。

（二）产量分成合同

产量分成合同（production sharing contracts）最早起源于印度尼西亚，受到亚洲国家普遍欢迎，目前已成为国际上较通行和熟悉的一种石油合作开发合同形式。与特许协议不同的是，石油公司开采出来的油气资源所有权仍归东道国所有。它的主要特点是合同规定石油公司可以从油田的每年原油产量中收回其成本，成本回收以后的余额，在向资源国政府交纳所得税后作为利润，由合同双方按比例分配，一般都以一定量的原油进行支付，所以称为产量分成。这种合同把每年原油产量分成两部分，即成本回收油（cost recovery oil）和利润油（profit oil）。除了分享利润以外，在某些情况发生时政府还会要求发起人支付生产奖金（production bonus），如发起人发现了新的石油。该合同有时也会要求一定比例的产油须在国内销售。

（三）服务合同

服务合同（service contracts）规定了发起人代表东道国政府开发某一特定领域，东道国政府会向其支付一笔固定的服务费以作报酬。服务费通常取决于发起人开发运营项目的成本以及预算利润。某些东道国政府会因为政治目的而优先使用服务合同，因为东道国政府要保持对国家自然资源完全的所有权。服务合同既可以让政府保留对自然资源的所有权，也能让政府从发起人的专业技术和资本投资中获利。委内瑞拉、墨西哥和许多其他的拉丁美洲国家以及科威特和某些中东国家就是通过服务合同这种方式许可发起人开发油气资源。

三、液化天然气项目特点

天然气是埋藏在地下的可燃气体,在压力和低温条件下天然气可以液化,并装入容器运输。液化天然气产业链长,首先是天然气的开采,开采后通过管道把天然气运送到加工设施,将天然气去除杂质,再经过冷却流程使气体变成液态,然后装入储罐等待装船,下一步是把液化气导入液化气专用船,通过海运送到接收站,把液化气从船只导入接收站的储罐,随后加温使液态气化,最后通过天然气管道把气送达最终用户。

除了投资金额更高,液化气项目与电力、化工等项目的一个重大区别在于,液化气项目上下游必须在上游项目建设初期就规划好。液化站的修建往往需要3~4年,与此同步,买方的接收站的建设需要按期完成,运输船队(通常需要新建专用运输船只)也要按时到位。一个上游的液化气项目,需要中下游的海运、接收站两部分的配合。因此,液化天然气项目属于最为复杂的能源项目类型之一。但随着行业技术的成熟,液化气项目的技术、建设风险逐步可以预见,这方面又比核电项目安全和可控得多,所以很多液化气项目成功地以项目融资的方式取得建设资金。

液化气产业链由开发和销售组成。一般而言,卖方掌握上游天然气储量资产及液化设施,从而可以把天然气储备转化为液化气商品。而买方需要购买液化气,与卖方达成交易,整条产业链才贯通成型。通常情况下,卖方负责建设和运营天然气液化设施,买方负责液化气接收站。买方也常成为上游天然气储量资产及液化设施的投资方之一,买方偶尔也与卖方共同投资建设接收站。液化气的海运由买卖双方的某一方负责或双方合作进行。

液化气的海运和接收站安排是液化气项目融资的一个重点考虑内容之一。没有运营液化气船队和接收站设施经验的买方,可能无法确保液化气买卖协议的良好执行,从而影响项目收入和偿债能力。

整条液化气产业链就是买卖双方及其他参与方在价值链各环节共同投资、融资、分担风险的过程。根据液化气项目包括产业链的环节、项目的范围不同,有巨额融资需求的项目主要是海外的卖方项目，即出售液化气的项目；买方项目，即液化气接收站项目一般位于进口国内。航运部分多由买方或卖方通过自组或租赁船队解决。

对中国企业而言，一个海外液化气项目的参与方式，是购买上游天然气储备资产、投资液化设施，还是仅作为液化气购买商或者投资于航运，属于企业战略考虑，也取决于商业因素。

四、油气项目融资特点

尽管油气项目与其他类型的项目有许多相同的特征，但该领域也有许多独特之处。

（一）合资经营

由于开发油气项目成本过高，为分担投资风险，发起人通常会和其他石油公司，贸易公司等一起发起油气项目。在上游项目中，发起人通过自己的全资子公司投资项目非常普遍，各个发起人的子公司会成立一家法人合资企业来开发项目。

（二）销售协议

油气项目融资中，购买项目生产的石油或天然气的长期销售协议非常重要，是融资方为项目提供融资的主要依据之一。销售协议是项目公司和买方之间的商业安排，但由于是项目未来收入和现金流的主要来源，所以是提供融资的银行尽职调查的一个重点。为项目融资之目的，销售协议首先要求买方资信足够高，其次协议期限要足够长，覆盖整个还款期。此外，销售合同的价格条款也要合理，确保项目收入足够还款尚有空间。

（三）债务融资比例高

油气项目需要巨额融资，业主提供的资本金较低，股权债务比为 30∶70。2009 年以前，液化气项目融资的贷款来源以商业银行为主。卡特尔的液化气项目（如 RasGas 项目）中，股权债务比可低至 25∶75，出口信贷机构直接贷款和担保的贷款不超过融资额一半。

2009 年国际融资市场低迷，商业银行态度保守，大型油气项目依赖出口信贷机构的支持。例如,2010年巴布亚新几内亚液化气项目总融资140亿美元中,出口信贷机构共提供贷款及担保83亿美元,其中美国进出口银行提供22亿美元直接贷款和8亿美元担保,日本协力银行(JBIC)提供18亿美元直接贷款,中国进出口银行直接贷款13亿美元。出口信贷机构参与项目,直接与本国企业出口挂钩,而项目工程承包商的选定往往决定各国出口信贷机构对项目的支持力度。

除商业银行和出口信贷机构之外,项目往往希望从资本市场发行高级债券融资,卡塔尔的液化气项目在国际资本市场多次发行高级项目债券融资。2009年以来,除了美国 Sabine Pass 项目发行高级债券融资15亿美元,尚无其他国家的液化气项目成功在资本市场发行项目债券融资。

(四)完工担保

建设风险在很多能源类项目中通过签订一份总承包协议,由总包商承担。油气项目各个阶段之间的协调与整合极为复杂,每个阶段都需要雇用多个承包商,且每个阶段之间相互依赖。因此,石油天然液化气项目大多不是一个单独的总包协议,而是把项目工程分为几个总承包协议,由几个承包商分别进行。因此融资方通常会要求发起人提供完工保证(completion guarantee)或偿债承诺(debt service undertaking)。

油气项目融资,惯例是发起人分别按比例向银团提供完工担保(或偿债承诺),这是项目完工前最重要的风险保证,如果发起人实力弱,则会影响完工担保的力度。某一项目某发起人实力弱的情况下,有的银团对发起人/担保人有评级要求,有的要求最低资产额等,有的要求发起人作为贷款人提供发起人贷款,有的要求实力强的发起人在实力弱的发起人违约时,承担一定限度的连带责任,具体安排取决于项目情况和各方地位与要求。

(五)发起人提供高级贷款

一些大型石油企业贷款利息很低,而其出资的液化气项目融资则成本较高,因此有的石油公司在其作为业主的液化气项目中愿意作为贷款人,与银行一起贷款给项目。巨型的液化气项目,银行承贷能力有时候有限,高级股东贷款一方面可以填补贷款缺口,另一方面给予银行信心。近年来,埃克森美孚、道达尔、康菲作为业主的几个油气项目有类似安排。在2010年巴布亚新几内亚液化气项目融资中，持有项目约33%权益的埃克森美孚公司提供了超过30亿美元的高级股东贷款，与银团的高级贷款同级受偿。此举很大程度上提升项目质量，增加银团信心，促成了融资的完成。

第四节　采矿行业

采矿（mining）是指将地下和地面的矿产资源进行采掘。矿产资源（mineral resource）是指在地壳内或地表由地质作用形成具有经济意义的自然富集物。矿产资源有不同的分类方法，常见分类有：能源类矿产资源（主要指石油、天然气、煤炭）和非能源类矿产资源；油气矿产资源和固定矿产资源。其中，固定矿产资源又可以分为：煤炭、金属矿产（如金、银、铜、铁、铅、锌等）和非金融矿产（如萤石、水泥用灰岩、石膏、石棉等）。本节所述的矿产资源是指固体矿产资源。

采矿需要大量资金，参与采矿的企业往往需要向金融机构融资。在中国企业参与“一带一路”沿线地区的采矿项目中，金融机构的参与是必不可少的。采矿行业具有一些特殊特点，金融机构在参与采矿项目的融资需要特别关注。

一、矿产法律和监管

随着我国国民经济的快速发展，我国基础矿产原材料日益缺乏，许多大宗矿产品呈现出危机趋势，给国民经济的可持续发展提出了严峻挑战。在此情况下，中国企业及时“走出去”，在矿产资源丰富的国家和地区，进行勘查、开发矿产资源，与所在国家合作互利，共同发展。中国企业参与境外矿产资源开采必须了解当地的法律和监管环境。

自20世纪90年代以来，一些矿产资源丰富的国家和地区纷纷开始制定新的矿业法或修改原有的矿业法。近年来矿产法律变革的主要特征是：对矿业权的有关规定进行调整，对于矿权的种类、期限、申请人的资质等进行明确规定；减免有关的税费以便吸引更多的矿业投资；减少政府的参与，力争为投资者创建一个公平透明的市场竞争环境；强调矿产资源所有权归国家所有；对在国内经济中有重大影响的矿种制定专门的立法。

（一）矿产许可

多数国家的矿产法律规定对矿产实施许可制度，由专门的矿产管理部门来实施。矿产许可证一般分为勘探许可证和采矿许可证。

1. 勘探许可证持有人可在规定地区内对特定矿物进行勘查和勘探活动。勘探许可证可按申请人申请的期限颁发，通常期限不长，例如不超过 3 年。

2. 采矿许可证持有人有权开展采矿活动。采矿许可证的期限可以长达 30 年。

除了上述两个许可外，一些国家的法律还规定了其他类型的矿产许可。例如非洲博茨瓦纳的《矿山和矿产品法》（1999 年第 17 号法）就规定了保留许可证（retention licence）。保留许可证允许勘探许可证持有人在不能立即对矿产资源进行商业开发的情况下，保有未来在此区域采矿的权利。保留许可证有效期为 3 年，经申请可延期 3 年。南非的《矿产和石油资源开发法》也有类似的保留许可证的规定。

（二）特许费

目前，世界上大部分国家的法律都规定矿产资源由国家所有，国家采用特许的方式许可企业勘探开采。在这种特许的模式下，作为政府作出特许的条件，政府向矿产开采企业收取特许费。特许费的收取标准通常由法律规定，或者在法律授权范围内由政府和矿产开采企业谈判确定。

法律规定的矿产特许费通常以矿产开采企业所开采的矿产的收入按照一定比例计算，不同的矿产的特许费比例可能会有所不同。例如，加纳《2006 年矿产和采矿法》（含 2010 年修订）第 25 条规定按许可持有人所获矿产总收入的 5% 征收特许费。利比里亚《矿产法》第 17.4 条规定所有矿产品特许权使用费不低于 3%、不高于 10%，其中硅砂和建筑与工业矿产特许权使用费不得高于 5%，根据矿产销售收入计算。

（三）矿权担保

在采矿项目融资中，银行往往会考虑在借款人持有的矿产权利（包括探矿权、采矿权或其他许可的权利)上设置担保。在设置担保前,银行需要考虑以下问题:矿产权利上是否可以设置担保?担保的期限是否有限制?在执行担保权益时是否会受到相关限制?银行需要就这些问题寻求矿产项目所在地的律师的意见。

为了鼓励采矿业的项目融资,大部分国家的法律都会允许在矿产权利上设置担保,但会设定一些条件。例如,利比里亚《矿产法》第 9.18 条规定,在遵守法律且在事先通知土地、矿产和能源部的前提下,矿产权可以设置让与担保(assignment as security),作为对债务人履行其债务或义务的担保。矿权包括矿产许可证项下的各项权利,包括对土地的使用权。

矿权的担保方式包括让与担保、质押、抵押等,具体需要根据所在国的法律确定。由于矿产许可证都是有期限的,所以银行在接受矿权担保之前必须考虑许可证的有效期。

一旦出现违约需要执行担保权益时,银行很难直接持有矿权,因为这不符合银行的利益。银行的目标是将担保物权变现以清偿借款人的债务。银行需求寻求具备相应资质的采矿企业受让矿权。由于各国的矿产法律一般会对矿产权利的申请人设置一些门槛条件,只有符合这些法律规定的条件的申请人才可能获得矿产许可。因此,因执行担保而导致矿权转让会受到一定的限制。例如,利比里亚《矿产法》规定,在执行担保的判决发布后 120 天内,抵押权人向土地、矿产和能源部部长证明其满足合格申请人条件或将矿产权转让给其他合格申请人,部长应将上述矿产权的剩余部分授予判决所涉抵押权人或其指定的其他合格申请人。

上述限制影响了矿权担保的流动性和变现能力,从而影响了担保的价值。银行在评估矿产项目融资时需要考虑这一点。

二、矿产的储量

在评估一个矿产的价值时,储量(reserve)和资源量(resource)是两个重要概念。银行在评审矿产项目前需要熟知两个概念的区别。根据《联合国化石能源和矿产资源分类框架(UNFC)》《CRIRSCO(矿产储量国际报告委员会)勘查结果、矿产资源和矿产储量公开报告国际报告模板》(2006 年)等国际矿产资源储量分类标准，结合我国《固体矿产资源/储量分类》（GB/T 17766—1999）及2009年的修订征求意见稿，储量和资源量的区分如下：

（一）储量

储量（reserve）是基础储量的一部分。地质可靠程度为探明的（measured）和控制的（indicated），在预可行性研究、可行性研究或编制年度采掘计划当时，经过了对采矿、冶金、经济、市场、法律、环境、社会和政府等诸因素的研究及论证，结果表明在当时是经济可采或已经开采的部分。储量包含了采矿过程中的损失和混入的贫化物质。依据地质可靠程度和可行性评价阶段不同，又可分为证实储量（proved reserve）和可信储量（probable reserve）。报告储量时，有关选矿和加工回收率的因素是非常重要的。在市场条件变化的情况下，储量的数字可能会随着发生相应的变化。

基础储量（basic reserve）是发现矿产资源的一部分。它能满足现行采矿和生产所需的指标要求（包括品位、质量、厚度、开采技术条件及其他限制开采的因素等），是经详查、勘探所获控制的、探明的资源量。通过可行性研究或预可行性研究，圈出包含证实储量和可信储量的全部原地资源量。

（二）资源量

资源量（resource）是指发现矿产资源中，除基础储量以外的其余部分。包括经可行性研究或预可行性研究认定为不经济的部分和未经可行性研究或预可行性研究的内蕴经济的资源量，以及预测的资源量。

根据地质可靠程度，资源量分为探明的、控制的、推断的和预测的四个级别。

1. 探明的（measured）是指对矿区的勘探范围依照勘探的要求，详细查明了矿床的地质特征，详细控制了主要矿体的形态、产状、规模、矿石质量、品位，矿体的连续性已经确定，矿产资源数量估计所依据的数据详细，可信度高。

2. 控制的（indicated）是指对矿区的一定范围依照详查的要求，基本查明了矿床的主要地质特征，基本控制了主要矿体的形态、产状、规模、矿石质量、品位，矿体的连续性是基本确定的（具有一定的多解性），矿产资源数量估计所依据的数据较系统，可信度较高。控制的资源量的地质可靠程度较高，由于采用系统工程控制，矿床中矿体的空间分布范围及主矿体的规模、形态产状、矿石特征已基本控制，资源量估计的可靠程度足以满足开展项目的预可行性研究，作为开发决策的基础。

3. 推断的（inferred）是指对普查区按照普查的要求，在大致查明矿产的地质特征，大致控制了矿体（矿点）的展布特征、质量（品位）的基础上探获的资源量；也可以是据更高一级资源量合理外推的资源量。由于信息量有限，不确定因素多，矿体的连续性是推断的，矿产资源数量的估计所依据的数据有限，可信度低。推断的资源量同任何矿石储量类型均无直接联系，不能作为可行性研究或预可行性研究中确定矿山生产能力和服务年限的依据，只可用于矿山远景规划。

4. 预测的（predicted）是指对具有矿化潜力的地区，经过预查获得的资源量。即充分收集区内地质、物探、化探、遥感等各种信息，经分析、类比，预测为由矿引起的异常，或由矿化蚀变带、矿点露头、极少量工程见矿等显示有矿化的地段。只有在有足够的数据并能与地质特征相似的已知矿床类比时，才能估计预测的资源量。

三、矿产价格波动

矿产项目融资的还款来源是矿产开采后的销售收入。除了矿产的储量外，决定销售收入的另一重要因素就是矿产价格。事实上，采矿行业的投资活跃程度与矿产品的价格密切相关。当矿产品价格处在上升周期内，采矿行业的投资、收购就越活跃。一旦矿产品价格进入下行周期，采矿行业的投资也会冷却。

和其他大宗商品（commodity）一样，矿产品的价格也会受到经济周期、投资者信心等多重因素的影响，从而会发生周期性波动，存在不确定性。矿产品价格的波动使采矿企业的收入存在不确定性，从而影响到银行融资的还款安全性。采矿企业可以通过长期承购协议（off - take agreement）或者其他对冲方式，降低价格波动的风险。但在通常情况下，矿产品的价格很难被锁定，而是由市场决定。

银行在向采矿行业提供融资时，必须重点关注矿产品的价格。由于价格波动风险在很大程度上难以回避，银行需要综合各个因素，对矿产品的价格进行分析和预测。很多大型国际银行会定期发布大宗商品的价格预测，当然这些预测不一定准确。

四、环境保护

环境保护是采矿行业的一个重要关注点。大多数国家的法律都对采矿行业的环境保护提出了明确要求。环境保护义务一般包括以下几个方面：

（1）在取得采矿许可证之前向主管部门提交环境影响评估报告。

（2）采矿过程中采取合理的措施保护环境，并接受主管部门的定期环境评估。如果勘探开采过程中对环境造成破坏或污染，必须采取必要措施进行修复，并承担所有损失和费用。

（3）勘探开采完成后要恢复当地的地貌，包括但不限于土地复垦和水资源的恢复等。

银行在评审采矿项目的环境保护义务时需要重点审查环境保护主管政府机关对项目的评价、批准、备案文件。有一些国家会颁发环境许可批准文件。例如，根据加纳的环境法律，采矿和勘探公司在开始采矿运营之前需获得初步环境许可，在勘探或开采活动开始之日起 24 个月内从环境保护局获得正式的环境许可。政府环境主管部门颁发的许可、批准或备案文件中可能会列举勘探、开采矿产过程中需要注意的事项和履行的义务。银行需要考虑这些事项，并在融资文件中对借款人作出相应的要求。

有一些采矿项目可能涉及附近居民搬迁。搬迁会涉及诸多法律和现实问题，如可能会受到当地居民的抵制。银行在这类采矿项目提供融资前需要考虑这一点。

五、政治和其他风险

（一）政治风险

政治风险包括征收与国有化风险、货币汇兑风险、政府违约风险、战争内乱风险等。这些政府的作为或不作为可能给采矿企业造成巨大损失。中国企业在境外从事采矿项目，特别是在发展中国家进行的采矿项目，必须要考虑政治风险。

有关政治风险及其管理，详见第一章（融资基本要素）第三节（融资风险识别和管理）中的介绍。

（二）劳工问题

中国企业参与境外采矿项目需要关注当地的劳工法律，包括最低工资标准、最长工作时间、加班工资、员工解聘等方面。

此外，一些国家可能会对雇用外国员工有限制。政府总是希望能优先保证本国人就业，只要本国人能够承担的工作就不让外国人承担。有些国家的法律只允许外籍员工在外资企业或外资投资的项目工作，而且只鼓励工程师、专家等本国紧缺的外籍高级管理人员就业。例如，赞比亚《发展署法》规定，对赞比亚投资 25 万美元以上、雇佣不少于 200 名当地员工的投资者，给予一个自雇许可和最多 5 名外籍员工的工作许可，投资超过 1000 万美元的投资者，外籍员工数量可以和政府协商。

（三）进出口限制

矿产项目融资还需要考虑矿产所在国对矿产品进出口是否有限制。有些国家的法律会对部分矿产品的出口有一些限制，特别是一些贵重金属矿产或者具有重大战略意义的矿产。有些国家的法律可能规定所有矿产品的出口都需要获得许可，或者交纳一定比例的出口税。例如，赞比亚《矿产法》规定，没有经过矿产部长的许可，任何个人不得在赞比亚进行任何矿产、矿石或者矿物产品的进出口活动。金属制品和宝石须缴纳 5% 的出口税，并且宝石出口前要矿产管理部门检查和估价，并发给特别许可证。

第五节　房地产行业

从广义上讲，房地产融资是与房地产相关的所有融资，可能发生在包括土地储备、房地产开发、投资流通、住房消费等各个环节，融资方式包括股权等直接融资以及债权等各类间接融资。狭义而言，房地产融资是指为了房地产的开发或者投资而提供的贷款，房地产企业或投资方通过银行信贷、资本市场等渠道获得的债务性融资。这些融资方式主要包括银行信贷、债券发行、房地产信托投资基金(REITs)等。

本节主要介绍以银行信贷方式就商业地产的开发与投资进行的贷款融资,主要包括:房地产开发贷款和房地产投资贷款。开发贷款是向开发商提供贷款,用于房地产的开发建设。投资贷款是向投资方提供贷款,用于其投资现有已经建成的房地产。

一、房地产融资的特点

房地产融资具有以下特点:

(一)依赖土地和房屋价值

在商业地产融资中,贷款人最关注的是商业地产本身的价值。因为借款人还款来源可能就源于出售商业地产的收益,或者借款人出现违约时执行商业地产所能获得的收益。这正是商业地产抵押贷款和银行一般信贷融资业务的最大区别。从事商业地产贷款业务的金融机构往往会外聘专业的房地产评估机构对商业地产进行估值,而发放的贷款金额真是基于该估值的一个比例,一般不超过50%。

(二)资金需求量大

房地产业属资本密集型行业。房地产企业仅仅依靠自有资金不可能完成项目开发和运营。因此,房地产企业必须通过各种手段进行融资。除了上市出售股份获得融资外,还可以通过房地产信托投资基金、债券发行、银行信贷等多元化的方式获得融资。其中,银行信贷是房地产企业获得资金的一个重要来源。

(三)受宏观调控影响大

房地产行业与宏观经济周期关联度非常明显。在我国,房地产业受政府宏观调控的影响更大,过去几年政府出台了一系列政策对房地产进行调控,对房地产融资也提出了一系列监管要求。此外,由于项目巨额的营运资本及房地产市场的波动,房地产融资面临的风险较大。因此,房地产融资中需要特别关注政府监管政策和宏观调控政策。

二、房地产融资的当事方

房地产项目的开发投资涉及多个参与方。根据项目的类型不同，参与方的主体也略有区别。除了提供融资的金融机构外，主要的参与方还包括以下几方：

（一）发起人

发起人（sponsors）即商业地产开发商，是项目的实际投资者。发起人往往因为自身资金不足或不愿承担全部项目风险而选择设立项目公司运营商业地产项目。发起人除了拥有项目公司全部或部分股权外，还需要以直接或间接担保形式为项目公司提供一定的信用支持。

（二）项目公司

项目公司是项目的直接主办人，由项目发起人出资，专门为该项目成立的具有独立法人资格的项目公司。项目公司作为借款人进行融资，直接参与商业地产项目的开发和运营，并承担项目的债务责任和风险。项目公司在整个项目开发经营过程中，作为法律和经济上独立的主体与各参与方进行交易。

（三）物业运营管理公司

商业地产项目最重要的是建成后的经营管理。物业运营管理公司在房地产融资中也非常重要，因为其专业水平和经营业绩可以在很大程度上影响商业地产项目的收益。物业运营公司可以由项目公司转型过来，也可以是专业的第三方公司。

（四）工程承包商

工程承包商负责商业地产项目的建设工作，并承担延期误工和工程质量不合格的风险。承包商与项目公司签订承包合同。承包商的资金情况、工程技术能力及经营记录，会影响项目建设期的进程和风险。

（五）其他

房地产融资是一项系统的专业工作，需要聘请专业法律顾问负责融资方案的设计、分析、比较和谈判，保证相关法律文件的严谨。此外，房地产融资的参与方还包括保险公司、有关政府机构等，这些都会直接影响房地产融资的风险评估。

三、商业地产抵押贷款

商业地产抵押贷款是指向银行金融机构申请的用于投资商业房地产的贷款。商业地产贷款往往都要求将该商业地产进行抵押。

商业地产抵押贷款分为开发贷款和投资贷款。

开发贷款是指为商业地产的开发而提供的贷款，目的是新建商业地产。在国外的贷款业务分类中，往往把为购买已经建成但尚未运营的商业地产而提供的贷款也纳入开发贷款。这样分类的理由是，从银行信贷评审的角度，以及从律师工作的角度，为新建商业地产提供贷款和为已经建成但尚未运营的商业地产提供贷款具有很大的相似性。

投资贷款是指为已经建成并已经出租运营的商业地产提供融资。这类贷款包括为持有商业地产的地产商提供再融资，或者基于该商业地产为地产商的其他业务提供融资，另外也包括为投资人购买已建成并运营商业地产提供融资。

在商业抵押贷款中，最主要的担保方式就是房地产抵押。除此之外，贷款人还会要求一些配套的其他担保方式，这些担保方式包括租金收益权质押、账户质押、保险权益转让以及股权质押。

（一）房地产抵押

房地产抵押显然是商业地产融资中最核心的担保物，所以房地产抵押协议尤为重要。所有的担保文件无论是什么类型的担保，都有一些共同的必要条款，例如被担保债务类型、范围。

房地产抵押的抵押物范围包括土地和地上建筑物。因为房地是一体的，所以土地抵押会包括地上建筑物，房屋抵押会包括建筑物下面的土地。因此，房地产抵押只有两种，一种是没有建筑物的土地抵押，另一种是土地和建筑物的抵押。

抵押合同中关于抵押物的描述应当详细具体，一般应包括以下信息：详细地址,房地产所有权证编号,土地使用权证编号,房地产的用途,获得土地使用权的方式,使用期限,土地面积,建筑面积。

如果地上建筑物还处于建设过程中,尚未完工,该等在建工程也可以设置抵押。在建工程抵押的范围包括尚在建设的建筑物以及相应的土地。值得注意的是,一旦建筑工程完工,必须将在地工程抵押变更为房地产抵押。

(二)租金收益权质押

租金收益权属于出租人对承租人享有的一项应收账款。所以,租金收益权质押就是我国《物权法》第 223 条规定的应收账款质押。中国人民银行根据我国《物权法》制定了《应收账款质押登记办法》。《应收账款质押登记办法》将应收账款定义为"权利人因提供一定的货物、服务或设施而获得的要求义务人付款的权利",包括现有的和未来的金钱债权及其产生的收益。《应收账款质押登记办法》还列举了几种具体的应收账款权利,其中包括动产或不动产出租产生的债权。

在制定租金收益权质押协议过程中,需要特别注意以下事项:

1. 物业、租赁文件和质押权利

在租金收益权质押协议中,物业、租赁文件和质押权利是三个非常重要的概念,有必要进行定义。

(1)物业就是商业不动产。因为物业是产生租金的基础,所以租金收益权质押协议中需要对物业进行确定,尽可能详细地描述其地理位置、权利证书编号等信息。

(2)租赁文件是出质人或代表出质人提供租赁所依据的任何协议或文件。租赁文件是产生租金的基础合同,因此,在租金收益权质押协议中需要明确。在可行的情况下,要尽量详细地列举出租人和承租人签署的现行有效的租赁合同。如果承租人数量较多,可以选择列举几个租金比例较高的大承租人。

(3)质押权利就根据租金收益权质押协议出质的权利。从质权人的角度,只要权利的内容要尽量广泛,质押权利应当包括出质人就在担保期限内的任何时候与物业相关的任何租赁文件可能享有的所有租金收益权,以及相应的权利主张和利益,包括要求承租人支付到期租赁的权利。

2. 租金的使用

租金收益权质押的范围是未来应付的租金，一旦租金已经支付，即不再属于应收账款。因此，租金收益权质押本身很难约束出质人已经收取的租金。而从质权人的角度而言，已经收取的租金是贷款本金和利息的重要保障。所以，质权人需要考虑对已经收取的租金进行监管和约束。

在一些交易中，质权人可能会限制出质人使用已经收取的租金，除了支付必要的运营支出外，所有租金都必须留在指定的账户。但是，有些交易中，质权人也会允许出质人使用已经收取的租金。但一般而言，银行会要求出质人向其提交使用租金的申请，并且要满足以下前提条件：

(1)没有发生或存在违约事件。

(2)在提取该等资金后账户中的剩余存款仍足以支付贷款协议中下一利息期内将产生的利息及到期应付的本金。

(三)账户质押

如上文所述，仅凭租金收益权质押很难约束出质人已经收取的租金。所以，贷款银行需要考虑对已经收取的租金设置担保。

在我国，现行的《物权法》和《担保法》都没有明文规定账户质押。因此，账户质押在法律上存在一定的空白。但是，司法实践有一些变通的方式。《最高人民法院关于适用〈中华人民共和国担保法〉若干问题的解释》第 85 条规定："债务人或者第三人将其金钱以特户、封金、保证金等形式特定化后，移交债权人占有作为债权的担保，债务人不履行债务时，债权人可以以该金钱优先受偿。"由此可见，如果利用特殊的方法将账户中的金钱特定化，在不转移所有权的情况下转移占有，则可设立质押。因此，设立有效的账户质押，必须确保账户中的资金不能流动。如果有资金不时入账或者转出，则账户质押即会失效。实践中，为了解决这一问题，可以要求账户持有人在每次账户余额变动时均签署新的文件，从而设立新的质押。

如果出质人将出质的金钱货币存入银行，取得存款单，并将存单交于债权人，则应属于权利质押，应按有关存单质押的规定办理。

对于房地产企业而言，其每个月都会从承租人那收取租金，而且不同的承租人支付租金的时间可能有所不同。因此,按照上述要求设置一个有效的账户质押会有很大的操作困难。从银行的角度,可以考虑要求借款人单独开立一个账户,将固定的金额存入其中,并且在一段相对较长的时间内保持账户金额不变。账户中的金额可以要求是未来一期到期应付的本金和利息。

账户质押不需要履行任何登记或者通知程序。但是,从保护质权人的角度而言,需要向账户银行进行通知,并且,在可行的情况下要求账户行签署确认书。确认书一般会要求账户行确认,未经质权人同意,不得允许任何提取账户中的资金。如果账户行和贷款行是同一银行,则没有必要进行通知。

(四)账户监管

由于账户质押的法律要求过于苛刻,房地产融资实务中要求账户质押会有操作难度。因此,在很多房地产融资中银行并不要求账户质押,而以账户监管协议作为替代。账户监管并非一项担保,如果账户持有出现资不抵债,银行对该账户中的资金并没有优先权。但是,一般房地产企业不会有大量的闲置的现金放在银行账户中,因此,从实务的角度而言,强求对账户中资金的优先权帮助并不大。

除优先权这一点之外,账户监管可以起到与账户质押类似的效果。账户监管协议一般需要三方签署,即账户持有人、开户行和贷款银行。很多情况下,开户行和贷款银行都是同一银行的不同分行或者隶属于同一集团,这样有利于对账户中的资金进行监管。

(五)保单权益转让

保单权益转让是普通法项下的一种让与担保,是房地产融资中非常重要的一项担保方式。除了设置让与担保以外,为了更好地保护贷款行的担保权益以及贷款债权,贷款行往往还要求将贷款行列为保险单的共同被担保人之一。

让与担保不是中国法律认为的一种担保方式,所以,保单权益转让只能通过合同法项下的权利转让的方式进行。保单权益转让的具体流程需要与保险公司的协商,可以由保险公司、借款人和贷款人三方签署一份转让协议,但更为常见的是在保单上做出批注。保单是保险合同的重要组成部分,所以保单上的批注也构成有效的合约。

在设置保单权益转让时，需要重点关注以下内容：

1. 明确贷款人是保单的受益人，保单项下的保险赔偿款应当直接支付给贷款人。

2. 保险人根据保险合同的规定（如投保人进行了虚假陈述而获得保单）提出保险合同无效或者主张终止保险合同之前，需要事前通知贷款人。

四、房地产项目尽职调查

律师进行房地产融资业务时必须对商业地产项目进行尽职调查。尽职调查至少包括土地和建筑物的权属、房地产的开发建设手续以及房地产的经营等方面。

（一）土地和建筑物权属

对于土地和地上建筑物的权属，律师需要核查以下方面的内容：

1. 房地产企业与国有土地管理部门就目标物业地块签订的《国有土地使用权出让合同》及任何补充协议（若有）。如果是以协议方式从第三方获得土地使用权的，则提供相关的土地使用权转让合同，以及转让方签署的原始土地出让合同。

2. 就房地产对应地块取得的《国有土地使用权证》（或《房地产权证》）。

3. 公司就目标物业地块的缴纳地价款（含违约金、滞纳金）和契税的凭证，土地管理部门有关地价款缴清的证明。

4. 房地产对应的《房屋所有权证》（或《房地产权证》）。

5. 土地和建筑物是否有抵押。如有抵押登记的，需要进一步核查他项权利证，以及担保的主债权情况。

（二）房地产开发、建设、完工手续

对于房地产开发、建设、完工等方面，律师需要核查的内容包括：

1.《建设用地规划许可证》。

2.《建设工程规划许可证》。

3.《建筑工程施工许可证》。

4. 环境影响评价文件。

5. 竣工验收备案证书。

（三）房地产经营相关文件

对于房地产经营方面，律师需要核查的内容包括：

1. 公司与承租人或潜在承租人签订的租赁合同或意向书（如有）。

2. 公司为物业投保的保险合同及保费缴纳凭证。

3. 物业车位情况说明。

4. 物业的测绘报告。

5. 物业所属的同一个物业管理区域相关物业的预售合同或出售合同（若有），特别是其中关于物业管理和共用区域、公用设施使用、维修等的条款。

6. 公司就物业签订的物业管理协议。

7. 公司就物业签订的其他服务或供应协议。

图书在版编目(CIP)数据

国际融资法律实务指南 / 任谷龙著. --北京:法律出版社,2018
ISBN 978-7-5197-2297-5

Ⅰ.①国… Ⅱ.①任… Ⅲ.①国际金融—融资—金融法—指南 Ⅳ.①D996.2-62

中国版本图书馆CIP数据核字(2018)第112826号

国际融资法律实务指南
GUOJI RONGZI FALÜ SHIWU ZHINAN

任谷龙 著

策划编辑 刘秀丽
责任编辑 刘秀丽
装帧设计 汪奇峰

出版 法律出版社
总发行 中国法律图书有限公司
经销 新华书店
印刷 固安华明印业有限公司
责任校对 李景美
责任印制 张建伟

编辑统筹 独立策划部
开本 720毫米×960毫米 1/16
印张 28.5
字数 420千
版本 2018年7月第1版
印次 2018年7月第1次印刷

法律出版社/北京市丰台区莲花池西里7号(100073)
网址/www.lawpress.com.cn
投稿邮箱/info@lawpress.com.cn
举报维权邮箱/jbwq@lawpress.com.cn
销售热线/010-63939792
咨询电话/010-63939796

中国法律图书有限公司/北京市丰台区莲花池西里7号(100073)
全国各地中法图分、子公司销售电话:
统一销售客服/400-660-6393
第一法律书店/010-63939781/9782 西安分公司/029-85330678 重庆分公司/023-67453036
上海分公司/021-62071639/1636 深圳分公司/0755-83072995

书号:ISBN 978-7-5197-2297-5 **定价**:89.00元